［編著］モーリス・メルロ＝ポンティ
［監訳］加賀野井秀一＋伊藤泰雄＋本郷均＋加國尚志

東洋と哲学
哲学の創始者たち
キリスト教と哲学

LES PHILOSOPHES CÉLÈBRES
sous la direction de Maurice Merleau-Ponty

メルロ＝ポンティ 哲学者事典

第一巻

白水社

メルロ＝ポンティ哲学者事典　第一巻——東洋と哲学・哲学の創始者たち・キリスト教と哲学

LES PHILOSOPHES CÉLÈBRES
sous la direction de Maurice Merleau-Ponty

はじめに

本書は、モーリス・メルロ＝ポンティの総監修のもと、一九五六年にパリのリュシアン・マズノ社から刊行された『著名な哲学者たち（*Les Philosophes célèbres*）』の全訳を基礎として、それを今日的な視点から増補するとともに、わが国の読者のニーズに応えられるよう考慮して作成されたものです。

実存主義、現象学、構造主義、さらにはポスト構造主義といった思想潮流のなかで、常に注目され続けてきたメルロ＝ポンティが、当時のフランス思想界を担うメンバーを糾合し、哲学の全歴史を包括しながら、個々の哲学者たちを生き生きと蘇らせようとする稀有な企画がそこにはありました。

とはいえ、哲学の全歴史を包括することなどできるのか？　哲学者たちを現代に蘇生させるとはどういうことなのか？　すぐさま、数々の問いが生じてくることになるでしょう。メルロ＝ポンティはこうした問いにも配慮して、各章の冒頭に付した彼自身の総論で、それらを見事に論じてまいります。

そのようなメルロ＝ポンティの巨視的なとらえ方を背景に、彼のもとに参集したメンバーは、各自の得意分野ばかりではなく、思いもかけぬような領域の哲学者たちさえ取り上げ、かなり自由なスタイルでその姿を描き出していくのです。ベルクソンを論じる若き日のジル・ドゥルーズ、モンテーニュを論じるジャン・スタロバンスキー、ヘラクレイトスやパルメニデスを論じるジャン・ボーフレ、等々……。執筆者はフランスのみにとどまらず、そこには、オックスフォードのギルバート・ライル、ハイデルベルクのカール・レーヴィット、さらにはニューヨークのハロルド・ローゼンバーグまでが名を連ねています。

この書は、まさしく編纂された当時(一九五〇年代)の熱気あふれるフランス思想界の状況を髣髴させてくれることでしょう。ただし、それだけでは、わが国の読者にとって、その後の現代哲学の流れは途絶えてしまいます。私たちは考慮のあげく、メルロ＝ポンティの精神を生かしながら、現代日本の代表的研究者の方々に、その後の哲学動向と「著名な哲学者たち」を描き出していただくべく別巻(「現代の哲学」)を作成しました。

こうして本書の日本語版は、以下の四巻から構成されることになったのです。

第一巻――東洋と哲学
哲学の創始者たち
キリスト教と哲学

第二巻――大いなる合理主義
主観性の発見

第三巻――歴史の発見
実存と弁証法
「外部」の哲学者たち

別巻——現代の哲学
年表・総索引

このような過程を経ながら、本書は、メルロ＝ポンティの精神を継承しつつ、現代なお、哲学事典としても、哲学史事典としても、はたまた哲学者列伝としても読んでいただけるような、わが国における希有な出版物になったと自負しております。訳者の皆さんには、現代的視点からの増補をお願いするとともに、フランス語的レトリックや哲学的専門性に拘泥しすぎぬよう、また、日本の読者にとってすっきりとした訳文になるようご配慮願いました。

座右の「友」としていただければ幸いです。

監訳者を代表して　加賀野井　秀一

本書の構成と執筆者

〔構成〕

❖本書は、*LES PHILOSOPHES CÉLÈBRES*(Éditions d'art Lucien Mazenod, 1956)を三分冊で邦訳し、日本語版オリジナルの別巻で補完する『メルロ＝ポンティ哲学者事典』の第一巻(東洋と哲学・哲学の創始者たち・キリスト教と哲学)である。

❖まず、『メルロ＝ポンティ哲学者事典』各巻の**サブタイトル**のとおり包括する「各章」ごとに、モーリス・メルロ＝ポンティによる《**総論**》が最初に提示される。

❖次に、時代・場所・学派・主義・傾向などを**キーワード**とする「見出し」ごとに、著名な哲学者たちの「列伝項目」の紹介が続いて、《**哲学史要覧**》の体裁となる(二段組み)。

❖また、哲学史という流れのなかでもとりわけ**エポックメイキング**と思われる「哲学の巨人たち」については、くわしく紹介すべく《**肖像**》が描き出され、思潮のなかに挿入されて論じられている(《哲学史要覧》における列伝項目からの参照先にもなっている)。

❖なお、日本語版の刊行にあたっては、情報を**アップデート**すべく、原著刊行後の研究成果をもとに翻訳者・監訳者による訳註や《**補記**》を付している(刊行年や生没年を改訂すべき箇所は補完している)。

❖そして、「各章のトビラ裏」には、列伝項目の**オリエンテーション**として、ページ番号・分類区分とともに代表的な哲学者たちの《**顔触れ**》を紹介している。

＊哲学者の立項名は「姓、名」の順で、《哲学史要覧》は一般的呼称、《肖像》はフル表記とする(欧文表記はファミリーネームを大文字で示している)。

［執筆者］

❖「列伝項目」末尾の［略号表記］は執筆者を示す（原著にならって無記名の箇所もあり、J.L.は不明）。登場ページは索引末尾で一覧できる。

H.C.……Henry Corbin（アンリ・コルバン）
H.D.……Hubert Damisch（ユベール・ダミッシュ）
J.V.……Jules Vuillemin（ジュール・ヴュイユマン）
M.C.……Maurice Clavelin（モーリス・クラヴラン）
M.G.……Maurice de Gandillac（モーリス・ド・ガンディヤック）
P.V.……Paul Vignaux（ポール・ヴィニョー）
V.G.……Victor Goldschmidt（ヴィクトール・ゴルトシュミット）

❖《肖像》の執筆者は目次にて一覧できる（それぞれの論考の末尾の署名に付された所属や肩書きは原著刊行当時のもの）。

＊本書の翻訳と補記の分担は巻末の訳者略歴にて併記。本書の補記の収録ページは以下のとおり。

メルロ＝ポンティ哲学者事典［第一巻］——目次

〔凡例〕

*哲学者の立項名は「姓、名」の順で、併置するアルファベットと数字は欧文表記と生没年を示す。
本巻における欧文表記は原書のフランス語に則し、別表記については：で続けて適宜併記した。
なお、生没年における略号として、c.は凡《およ》そ(=circa)、Eは前半(=Early)、Mは半ば(=Middle)、Lは後半(=Late)、Cは世紀(=Century)、BCは紀元前(=Before Christ)、ACは紀元後(=After Christ)、{は上限と下限、?は不明、?は諸説あることを示す。

*原則として、原文における《　》は引用を示すときに鉤括弧「　」で、大文字で始まる語は山括弧〈　〉で表わす。
また、イタリック体は傍点で強調する。

*亀甲括弧〔　〕は、人名表記の揺れや書誌情報の挿入、訳者による補足説明を表わす。

*原註は○印で、訳註は*や★印で表わし、註本文はそれぞれの項目末尾に収録する。

*補記は《肖像》に後置するのを原則とするが、本巻においては哲学史の要所に挿入した。

基本フォーマットデザイン・装丁――小沼宏之

序文

著名な哲学者たちを集めて一冊の本にするという企画は、一見単純で、問題ないように思われるかもしれない。しかし、この企画にためらいがないわけではない。こうした企画は、哲学の歴史、さらには哲学そのものについて、どのように考えなければならないのかという問いを呼びおこすからである。

というのも、結局、読者は、さまざまな書き手によってつづられたわずかな頁数のなかに、哲学者たちが何冊もの本を書いて言おうとしたことを、彼らの容貌やいろいろな逸話、人生の外見とともに、スケッチの形で見出すことになるだろうからである。たとえ作品と人生――より正確にはある作品とある人生の全体――が、一つ一つ完全に解読されたとしても、われわれがそこで手にするのは、それぞれの哲学者たちの歴史ないしはそれぞれの哲学の歴史にすぎず、哲学そのものの歴史ではないであろう。だから、そういう類の本は、哲学者たちが最も気にかけていたこと、すなわち、単なる意見を越えた真理そのものに対して、忠実でないことになってしまうだろう。

複数の哲学者を寄せ集めた本に、中心となる一つの見通しがあるようにするには、どうすればよいのだろう。哲学者たちの系譜や前進と後退が見えてくるようにするためには、すべての哲学者に向かって同一の問いを設定し、問題の展開点を少しずつはっきりさせてゆかなければならない。しかし、本書はそういうことをめざす本でないので、われわれは、ここで、哲学者たちの系譜を辿ることはできないし、真理の生成を見届けることができるわけでもない。となると、本書では、哲学がいわゆる「視点」や「諸理論」のたんなるカタログでしかなくなってしまう恐れが生じる。知識人たちを描いた一連の肖像を見せられた読者には、空しい試みだなという思いが残るであろう。空しく試みるなかで、知識人たちは、自分の気質や自分の人生の偶然事から生まれた妙な思いつきを、真理とみなしているだけなのだ、という思い。また、知識人たちは、思索を開始する時点でいくつかの問題をとりあげ、それを後から来る者たち全員に受け渡すのであるが、その際、一つの精神世界から別の精神世界へと、読者が比較できるように配慮してくれはしない。

例えば、観念、自由、知る、といった語がそれぞれの肖像で共通に使われているものの、同じ意味で使われているわけでなく、また、それぞれの語の共通点を示してくれる一貫した証人がいるわけでもない。となると、複数の哲学者たちを通じてたった一つの哲学が立ち上がってくるのを、どうすれば見ることになるのだろう。

哲学者たちが探求したものをないがしろにせず、彼らについて堂々と語るためには、肖像を並べるのとは反対に、段階的に進展する唯一の理論を構成する諸契機として、彼らの学説を理解し、ヘーゲル流に、体系の統一性のなかに彼らの諸学説を位置づけることによって、それらを救済するべきではないだろうか。

たしかに、体系というのも、それなりに、厚かましいものである。体系は、哲学者たちの学説を完全無欠な一つの哲学に併合するのだから、体系は、哲学の企てを彼らの学説よりも上手に導き、もっと先へと進めてやるのだと主張する。〈存在〉を表現しようとした哲学にとって、真なるものの契機とみなされて、あるいは、もともと自分とはちがう最終的体系の最初の素描とみなされて、延命処置をほどこされても、それは救済されたことにならない。ある哲学が、〔ヘーゲル流の仕方で〕「内部から」「止揚される」とき、その哲学は魂を盗みとられ、その固有の用語や概念なしに、つまりその哲学に染みついた「さまざまな限定」〔それが限定であるか否かを判断するのは体系である〕を外された形で、保存されるという侮辱を被ることになる。あたかも、『パルメニデス』の紆余曲折や『省察』の議論の移り行きを、完全無欠な〈体系〉の一節に切り詰めても、いささかも損なうところがないかのごとくである。

実際、〈体系〉はそれまでの諸学説を既知のものとみなしており、だからこそ、もっと先に行くことができるのである。しかし、〈体系〉は、諸学説に結論をくだすとしても、諸学説を含んでいるわけではない。諸学説を乗り越えようとするヘーゲル哲学の全体的意味をわれわれが学ぶのは、まさに他の諸学説からである。否定として現われる肯定的なものと、肯定的であることがやがて明らかとなる否定的なものとが、互いのうちに入り込むようにさせている、矛盾しあうものの運動。こういうことはすべて、もともとゼノンにおいて、ソフィストにおいて、デカルトの懐疑において、始まっている。〈体系〉は、それらの諸々の学説のなかで、始まっているのだ。それは、たくさんの鏡から光線が集中する焦点である。だから、もし鏡がその焦点に向かって光を放つのをほんの一瞬でもやめてしまえば、その焦点は無に帰してしまう。現在へと侵犯し、発展的に現在を越えてゆくのは、過去なのだ。〈真理〉は、むしろ、すべての諸哲学と時代を共にする、想像上の体系〔この体系は完全無欠な〈体系〉とは違う〕として存在し、この体系は、すべての哲学にそなわった意味発信能力をすべて損なうことなく保持している。現実に存在するあらゆる哲学は、明らかに、この体系のいまだ形をなさない素描でしかない……。

ヘーゲルにもそれはわかっていた。「哲学史はすべて現在形」である、とヘーゲルは言う。この言葉が意味するのは、プラトン、デカルト、カントは、彼らが見たものにおいてだけ真理に触れているのでなく、彼らが見なかったものにおいても真理に触れている可能性がある、ということである。ヘーゲル哲学を準備したさまざまな紆余曲折は、過去のものではない。彼らはその存在を認められており、それ以上に、必要とされている。彼らは道程であり、〔究極的〕〈真理〉は、道程で見出されたものすべての記憶にすぎない。過去の諸哲学は歴史のなかで呼吸し動き続けているにもかかわらず、ヘーゲルは歴史に対して自分の体系を閉じてしまう。ヘーゲルは、過去の諸哲学とともに、不安、運動、偶然の働きを、封じ込めてしまった。〈体系〉はそれに先行したものの真理を表わしている、と語ることは、諸々の偉大な哲学は「破壊されえない」（マルシャル・ゲルーの言葉）★01、と語ることでもある。なぜ破壊されないかというと、それは、それら偉大な諸哲学が、究極の体系によって完全な仕方で発見されるはずのものをあらかじめ部分的に見てとったからでなく、むしろ、あとに続く哲学が、かならず通らなければならない道の道標《みちしるべ》――プラトンの想起や「イデア」、アリストテレスの自然《ピュシス》、デカルトの欺く霊といった道標――を打ち込んだからである。

いつだったかサルトルは、デカルトという実在の人物、つまり、あの人生を生き、あの言葉を語り、あの著作――揺らぐことのない塊、破壊しえない道標――を書いたデカルトと、デカルト主義、つまり、後継者たちのもとで絶えず変化するので捕まえることのできない「ぶらぶら歩きする哲学」とを、区別し対置したことがあった。サルトルの考えはもっともだったが、どこまでデカルトが前進し、どこからデカルトの継承者たちが開始するのか、それを示す境界など存在しないということを忘れてはならない。つまり、デカルトのなかに存在する諸思惟と継承者たちのもとに存在する諸思惟を、それぞれ枚挙しようとすることなど無意味であり、それはちょうど、ある言語の語彙を数え上げようとすることに意味がないのと同様である。こうした条件をつけたうえでやはり肝心なもの、それはまさに、デカルトと呼ばれる思惟する人生であり、その航跡が幸運にも著作として保存された思惟する人生である。デカルトが現在のわれわれにとって生きているのはなぜか。それは、デカルトが、今日では解消されたさまざまな状況に囲まれ、当時のさまざまな心配事やいくつかの思い違いに取りつかれながらも、そうした偶然的な諸問題に答えたということ、そして、その答え方は、今われわれが遭遇している諸問題にわれわれが答えようとするときに、学ぶことのできる答え方であったということである（もちろん、今われわれが遭遇している諸問題はデカルトのそれと違うものであり、われわれの答えも別である）。

偉大な哲学者たちの一員とみなされるのは、永遠の真理だけをつかむことに専念したからではない。作者が自分の人生を問いたださなければ、真理がかくも長きにわたって響きわたることはないのだ。過去の諸哲学は、それぞれ最終的体系の一契機として、自分の精神のうちにのみ、生き延びているわけではない。過去の諸哲学が非時間的なものに近づくことは、博物館に入ることではない。過去の諸哲学は、その真理と錯乱とを伴った企てとして、まるごと生き延びているのであり、そうでなければ、過去の諸哲学が長続きすることは一切ない。〈存在〉を手に入れようとしたヘーゲルという人物自身、今日、生きてわれわれに思考をうながしてくるのは、彼の哲学の深さによってだけでなく、その独特のこだわりと奇癖とによるものでもある。諸々の哲学すべてを含んでいるひとつの哲学というものはない。哲学全体が、時として、個々の哲学のなかに存在する。よく知られた言葉を使って言えば、哲学の中心はいたるところにあり、その円周はどこにもない。★02

したがって、真理、全体は、最初から存在している、――しかしそれは、成し遂げるべき仕事としてである。だから、やはりまだ存在していない、とも言える。自らの過去に対する哲学のこの独特な関係は、一般的に言って、外部（例えば、個人の歴史や社会の歴史）との哲学の諸関係についての理解へと、われわれを導く。

過去の諸学説と同様に、哲学は、哲学者自身と彼の時代とに生じたすべてのことを糧《かて》として成立している。しかし、哲学はその出来事の中心をずらし、象徴と語られた真理の次元とにその出来事を移し替えるのだ。その結果、哲学では、人生によって著作を判断するより、著作によって人生を判断するほうに、多くの意味があることになる。

個人や社会の歴史が、象徴記号を用いた哲学者の構築物の真理を、保持していると考える人たちと、反対に、哲学者の意識こそが、原理的に、社会的で個人的な歴史の鍵を握っていると考える人たちがいる。しかし、われわれは、そのどちらか一方を選ばなければならないわけではない。そんな二者択一は絵空事であって、その証拠に、そのどちらかの考えを擁護している人たちが、実は、反対側の考えに頼っているのである。

諸哲学を内側から見てゆく内的研究の代わりに社会‐歴史的説明を置くことが考えられるのは、その意味と推移が明瞭に認識されていると信じられた歴史に準拠することによってのみである。例えば、「全体的人間」とか、人間と人間との「自然的」平衡状態、人間と自然との「自然的」平衡状態といった、ある種の観念が想定されている。そうした歴史の目的《テロス》が与えられると、どんな哲学も、この必然的未来に対する、転換、疎外、抵抗として提示されるか、あるいは反対に、その必然的未来に向かう段階や進歩として提示されうることになる。しかし、この指導原理はどこから来たのか、この指導原理に一体どんな価値があるのか。――〔これに対して、次のように反論する人がいるだろう〕こうした問いは問われるべきではない。そんな問いをたてること自体すでに、現実に根ざした弁証法にいわば「抵抗すること」であり、弁証法の敵に与《くみ》することになる。――しかし、そもそも、弁証法が現実に根ざしていることが、どのようにしてわかるのか。哲学によってだ。ただし、それは〈過程〉に変装した、隠れた哲学である。諸哲学についての内的研究に対立して主張されているのは、社会-歴史的説明でなく、実は、社会-歴史的研究に隠されたもう一つの哲学なのだ。

ヘーゲルは自分で経験したとおりに疎外を理解したのだ、と考える人たちがいる。なぜなら、彼は、資本主義社会の疎外を目の当たりにし、その疎外にそって思考したからである、というわけだ。この「説明」が、ヘーゲルの疎外にしっぺ返しし、ヘーゲルの疎外を逆に資本主義の一つの挿話にしてしまうとしても、それは、人間が、自らを疎外することなく、自らを対象化するような社会を示すことができればの話である。しかし、そのような社会は、マルクスにとって、一つの観念にすぎなかったし、われわれにとってさえ、すくなくともそのような社会は事実でない。ヘーゲルに対して突きつけられているのは事実でなく、人間と社会全体との関係についての一つのものの見方である。客観的説明の名のもとに、あいかわらず、ある思想が別の思想に異議をとなえ、それを錯誤として否定しているだけだ。マルクス主義の観念は、歴史を説明する仮説として、マルクス以前と以後における資本主義の歴史を明らかにしているのだ、と答えるならば、話は、諸事実と歴史の蓋然性の土俵へと移行する。しかし、この土俵に移っても、同じようにして、疎外についてのヘーゲル的観念を「テストしてみる」のでなければならないであろう。例えば、ヘーゲルの疎外観念が、マルクス主義の観念に基づいた諸社会を理解するにあたって助けとなっていないか、を調査しなければならないであろう。ヘーゲルの疎外観念はヘーゲルが生きた社会の産物なのだ、と学者風を吹かせて宣言してしまうと、こうした調査はばっさり排除されてしまう。したがって、人は諸事実の土俵にとどまっているわけでなく、いわゆる歴史的「説明」は、哲学するそぶりを見せずに哲学し、諸観念を現実に偽装し、正確な説明抜きに思考する、一つのやり方なのだ。歴史の概念が諸哲学を説明できるとすれば、それは、歴史の概念自身が哲学となり、暗黙の哲学となる、という条件のもとでのみである。

他方、内在性に最も夢中になっている哲学者たちは、文化や体制を自分たちの法廷に呼びだし、文化や体制に外部から裁きをくだしている。そんなとき、彼らは、奇妙にも、自分たちの主張にそむいてしまっていることになる。なぜなら、内在性といっても、それが自分たちの内在性でないときには、内在性など彼らにとって重要でなくなってしまうかのごとくだから、である。というわけで、いわゆる「純粋な」哲学の信奉者たちと社会‐経済的説明の信奉者たちは、われわれの眼には、同じ穴の狢《むじな》に見える。長々と続く彼らの論争に付き合う必要はない。「内部」も「外部」も誤った概念であり、どちらにも与する必要はない。哲学は、「諸事実」の内にさえあり、いたるところにある。——生活からの感染を受けないような保護領域など、哲学には一切ない。

純粋な哲学と純粋な歴史という神話の双子をしりぞけ、両者が実際どういう関係にあるのかを理解するために、しなければならないことがたくさんある。まず、哲学的観念をあるがままに捉える、概念ないし意味についての、理論が必要だろう。歴史からもちこまれた重荷を投げ捨てず、かつ、自分の起源へと還元されてしまうことのない、哲学的観念。文法や構文の新しい形が、旧来の言語体系の残骸や一般的歴史の偶然から生まれたにもかかわらず、その形を新しい体系に仕立てようとする表現の意図に従って、組織化されるのと同様に、哲学の観念は、干満を繰り返す個人の歴史と社会の歴史とのなかで生まれたにもかかわらず、たんに一つの結果、一つの物、ではない。それは、開始であり、道具である。新しいタイプの思想と新しいタイプの象徴体系において顕著なように、哲学の観念は、もともとその観念が適用された領野とは関係のない適用領野を、自分用に組織するものであり、その新しい適用領野は領野内部からしか理解できないものなのだ。起源は罪でなく、かといって、功徳でもない。成熟に達した全体こそが、判断の対象となるべきなのだ。判断の基準は、その全体が経験についてどのような見方とつかみ方を、われわれに与えてくれるのか、にある。歴史的アプローチは、哲学を「説明する」のに役立つというより、状況に対する哲学の意味の過剰を示すのに役立つのである。つまり、どのように、歴史的事実として、哲学が、自分の発端となった状況そのものを理解し、その発端状況とは別の状況を理解する手段として、その状況を変質させているのか、を示すのに役立つのである。哲学における普遍は、ある哲学者の諸限界がもう一つの歴史にのめり込む、その瞬間と地点に宿っている。それは、心理学的事実の歴史や社会的事実の歴史と並行して存在する別の歴史ではなく、ある時はそれらの歴史と交差し、またある時はそれらの歴史から離れる歴史であり、むしろ、同じ次元に属さないもう一つの歴史である。

この関係を理解するためには、心理学と歴史理論における生成の観念も変更しなければならないだろう。精神分析とマルクス主義を、経験とみなすことによって、理解しなおさなければならない。その経験は、測定する尺度である原理が、測定されるものを前にして、つねに問い返される、そういう経験である。無階級社会や争うことのない人間という規範への近さに従って、階級や社会を格付けすることが求められているのではない。現実を否定するそのような実体規範は、現実の社会や人間を考えるのに役立たない。理解しなければならないのは、現実の社会や人間の矛盾がどのように機能しているのか、であろう。つまり現実の社会や人間が、麻痺させられているにせよ、活性化させられているにせよ、なんとか落ち着いた状態を保っているようにしている、その平衡状態の型を理解しなければならないのだ。精神分析においては、性生活と同じく職業と仕事を考慮し、マルクス主義に関しては、経済分析の変数と同様に体験された諸関係を、生産と同様に諸関係の人間的質を、政府筋からの規制と同様に非合法の社会的役割を、考慮する、というように、すべての点に関して理解を徹底しなければならないであろう。こうした類のさまざまな比較は、ある好みや選択に根拠を与えることがありうるとしても、理想的な発生系列を与えるわけではない。ある人間の型と別の人間の型との関係がそうであるように、ある歴史的形成と別の歴史的形成との関係は、真と偽との単純な関係にはけっしてならない。「正常な」人間だからといって、さまざまな矛盾を自分自身から除去した人間であるわけではない。それは、矛盾を利用し、生きるために必要な自分の仕事に矛盾を持ち込んでいる、そういう人間である。歴史に席を譲ることになっている歴史以前という観念、つまり、完全な本当の〈社会〉が今にも到来することになっており、その〈社会〉で人間は人間と和解し、自然と和解するという、マルクス主義の観念も、やはり相対化してみなければならないだろう。なぜなら、そういう〈社会〉はたしかにわれわれの社会批判が要求するところであるが、そういう〈社会〉を生産するように予定された力が、あらかじめ歴史のなかに存在するわけではないからである。人間の歴史は、ある日、その時計のすべての文字盤の上に一遍に、真昼の同一性[★03]を表示するという仕方で、早々と作られるわけではない。社会−経済的な歴史のさまざまな進歩は、革命の日までは、同質な社会や無階級な社会への移行というより、できるだけ生きにくくない人生を、つねに特定の型に収まらない文化装置を介して、追求することにある。肯定的なものから肯定的なものへとつねに進み、純粋な否定において乗り越えられることのけっしてないこの歴史と、世界との絆をけっして断つことのない哲学的概念との関係は、きわめて緊密である。それは、ヘーゲルとマルクスが、別々の仕方ではあるが、考えたように、曖昧《あいまい》さを含まない同じ意味が、理性的なものにも現実的なものにも宿っているからだ、という理由によるのでなく、「現実的なもの」と「理性的なもの」[★04]が、人間たちの歴史的実存という、同じ生地のなかで切り分けられているからであり、同じ生地であることによって、現実的なものは、理性をいわば約束されているからである。

たった一人の哲学者を考えてみても、その哲学者にはさまざまな内的な差異がひしめいており、さまざまな不一致を通じてこそ、その哲学者の「全体的」意味を見出さなければならない。サルトルが語った唯一無二のデカルト、つまり三世紀前に一度限り生きて書いたデカルトの、「根源的選択」を見出すとすれば、それはおそらく、デカルト自身が、いかなる瞬間にも、自分自身と合致したことがなかったからである。デカルトが、テキストに基づいてわれわれの眼に映ずるデカルトになったのは、徐々に、デカルトが自分自身にフィードバックしたことによってでしかない。デカルトを完全にその根源において捕まえようとする考えは、デカルトがなにか「中心的直観」のようなもの（永遠の性格、絶対的個人）でなければ、おそらく幻影である。しかし、当初ためらいがちだったが、経験と実践によって自己を明確にし、少しずつ自分自身を学んだ（デカルトという）言説は、自分がかつて断固として排除したものそのものにまなざしを注ぐことをけっして完全にやめはしない。われわれは、余白を伴わない一つの対象として、哲学を選ぶのではない。選択は、選択されないものを、消し去ってしまうわけでなく、選択されないものを、余白として維持している。純粋悟性に属するものと生活の用途に属するものとをはっきり区別するデカルトと、他方、その区別した諸秩序の結合を主要なテーマとするような哲学プログラムを思い描いているデカルト、両者は同じデカルトである。哲学的な選択は（おそらく他のさまざまな選択も）、けっして単純ではない。哲学と歴史は、いずれも曖昧なところがあるからこそ、互いに触れ合うのである。

哲学とは何かを明確にするには不足であろうが、哲学と歴史と逸話を一緒にした本書の企画を可《べ》しとするには、以上の説明で十分であろう。こうした乱雑さは哲学の一部である。哲学は、脱線したり、中心に立ち戻ったりしながら、その乱雑さのなかに統一を形成する手段を見つけるものだ。それは、関心の中心にひそかに指示を仰ぐことによって、全体がその中心（つまり、最初は目印が一切ない遠近法の中心）に間接的に結び付けられているような類の統一性である。哲学の歴史は、ヨーロッパやアフリカの大陸のように、一つの全体でありながら、そこには、湾があり、岬があり、起伏があり、三角州があり、河口がある。それは、もっと大きな世界のなかに置かれていながら、しかし、生じるすべての事象の萌《きざ》しをそこに読み取ることができる。したがって、どんな流儀のアプローチであろうと、哲学者たちにふさわしくないとして禁じられることはないはずだ。肖像シリーズだからといって、それがただちに哲学に危害を加えるとはかぎらない。

解説者が複数で、見方も一様でないという点については、そのことによって哲学の統一性が破られるとすれば、それは、哲学の統一性が、横並びに置かれたものの一体性や積み重ねただけのものの一体性である場合だけである。しかし、哲学の場合、どの哲学もそれぞれ一つの言語であって、その言語を別の言語に直接翻訳するわけにゆかないし、逐語的に重ね合わせることができるわけでもない。また、ある哲学は、哲学特有の仕方で、別の哲学にとって必要とされるので、解説が多様であるからといって、その分、哲学が多様になるわけではない。それどころか、解説者の方々に、いわゆる「客観的な」報告書でなく、主観性の極みと言ってよいだろう一人の哲学者を前にした、自分の反応を書くように求めるならば――実際、われわれはそうした――、同時代人である解説者の方々が、それぞれ担当した著名な哲学者に、差し向かいで問いかけたさまざまな問いの間に、一種の収斂と親近性が見出されるのである。

こうした諸問題は、序論で答えを出せるものでなく、また、出せるものであってはならない。哲学の統一性が、差異や隔たりによって、次第に弱まるとすれば、われわれは、その統一性を考えることの難しさを、この本の折々に、再発見するにちがいない。東洋やキリスト教の思想に関して哲学とは何かを規定しなければならないとき、哲学という名が、概念にそっくり翻訳されてしまう学説にしか属さないのか、それとも、哲学という名を、〔概念のような〕水準や種類の意識にまでは至らない経験、知恵、教えにまで、拡張することができるのかどうか、を問わなければならないであろう。哲学者たち自身が自分ではっきり見たわけではない展開の行く先をわれわれが描くという危険をおかすたびに、そして、哲学者たちがはっきり自分のものとしたわけではないテーマに沿って、展開の行く先を整理する危険をわれわれがおかすたびに――ということは、要するにこの本の各部分とともに――、もう一度、われわれは、過去の諸哲学を現在において設置するという、われわれの権利がどこまで行くのか、また、カントが言ったように、過去の哲学を、過去の哲学が自らを理解した以上に、われわれは理解していると、自負してよいのかどうか、そして最後に、哲学はどこまで意味を手中にしているのか、を自問しなければならないであろう。われわれと過去、われわれと東洋、哲学と宗教、それぞれの間の断絶を、それぞれ新たに跨《また》ぎ越し、間接的な統一性を見出すことを学ばなければならないであろう。そして、読者は、われわれがさきほど冒頭で立てた問いが、繰り返し戻ってくるのを目撃するであろう。なぜなら、その問いは、哲学への幕開けでなく、哲学そのものだからである。

モーリス・メルロ＝ポンティ（コレージュ・ド・フランス教授）

訳註

★01 M・グルーについては『メルロ＝ポンティ哲学者事典』第三巻「列伝項目」参照。

★02 メルロ＝ポンティは、本書『哲学者事典』の各部冒頭に掲げた《総論》を集めて一つの論文とし、「どこにもあり、どこにもない」(Partout et nulle part)と題して、論文集『シーニュ』(Signes, 1960)に収録した。その際、この序文は「哲学と『外部』」と題されている。論文「どこにもあり、どこにもない」では、『哲学者事典』の二つの《総論》、「哲学の創始者たち」(第一巻所収)と「歴史の発見」(第三巻所収)は、省かれている。なお、「どこにもあり、どこにもない」は、ライプニッツが言及し、パスカルやヘーゲルにも見られる言葉であるが、クザーヌス、さらにはヘルメス文書にさかのぼって、その原形が見出される表現である。本書『哲学者事典』第一巻の《肖像》「ニコラウス・クザーヌス」を参照。

★03 ニーチェが『ツァラトゥストラ』で語った「真昼(正午)」における永遠の「今」を指している。『メルロ＝ポンティ哲学者事典』第三巻のニーチェの《肖像》を参照。

★04 「理性的なものは現実的であり、現実的なものは理性的である」(ヘーゲル『法哲学要綱』序文)。

I

東洋と哲学

慧能

117
［儒教、道教、仏教］

孔子

108
［中国の古代哲学］

マハーヴィーラ

069
［ジャイナ教］

朱子

120
［新儒教の開花と……］

孟子

109
［中国の古代哲学］

ナーガールジュナ

071
［非正統派仏教］

王陽明

122
［新儒教の開花と……］

老子

110
［中国の古代哲学］

シャンカラ

076
［ダルシャナ］

康有為

123
［新儒教に対する反動］

董仲舒

114
［儒教、道教、仏教］

オーロビンド・ゴーシュ

080
［インド・西欧時代］

〈東洋〉の名を冠する、それだけでも一巻の書物を必要とする膨大《ぼうだい》な思想文献は、本当に《哲学》の一部と考えてよいのだろうか。それは、西洋で哲学という名で呼ばれたものと照合することができるものだろうか。この文献では、果てしなく続く研究の地平線に真理が現われるとか、存在を知的に征服しわがものとすることが真理であるとか、というようには考えられていない。真理はむしろ、あらゆる哲学以前に、人生そのものに点在する宝物であり、さまざまな学説の間で共有される宝物である。思想は、昔のいろいろな企てをもっと前進させなければならないとか、少なくともそれらの企てのなかからどれかを選ばなければならないとか、感じておらず、ましてや、全体を見渡して新しい観念を形成し、それによって、以前の企てを決定的に乗り越えなければならないなどと思うことはない。思想は注釈と融合であり、反響と和解である。古いものと新しいもの、対立する諸学説は、ともに手をたずさえている。読み手は世俗的で、そこに、すでに獲得されたものがあるとか、すでに過ぎ去ったものがあるとは思っていない。彼が入りこんだ不可思議な世界、そこでは何も終わることがなく、死者たちの思想が居座っており、両立できないと思われた諸学説が互いに混ざり合っているのだ。

たしかに、この点について、われわれは自分の無知を頭に入れておかなければならない。西洋思想も、インドや中国の思想を見るのと同じように、遠くから大雑把に眺めてみれば、おそらくそれは、くどくど同じことを反芻《はんすう》し、いつまでたっても解釈を繰り返し、うわべは肯定しているように見せながら実は歪曲《わいきょく》し、あるいは、自分でも知らないうちに思わぬ変化を生じさせているように見えるはずだ〔などと、われわれは思い込んでいる〕。とはいえ、〈東洋〉に関するこうした印象は、専門家の間に根深く存在している。マッソン＝ウルセル[★01]氏はインドについてこう述べている。「われわれがここで相手にしているのは、一切の統一性を欠いた広大な世界である。この世界では、ある瞬間に完全に新しい仕方で現われるものは何もなく、「止揚《しよう》された」はずのものも廃棄されることはない。この世界では、人間の集団は混沌としており、宗教はてんでんばらばらで解きほぐしがたく絡み合い、学説は異常に繁殖している」。現代の中国人研究者[○01]は次のように書いている。「孟子《もうし》や荘子《そうし》が書いたような、いくつかの哲学的な著作には、筋の通った推論と議論が見られる。しかし、西洋の哲学的著作に比べると、まだ十分はっきりと述べられてはいない。中国の哲学者たちが、格言や箴言《しんげん》、暗示や教訓話などの形で、表現する習慣があったのは事実である。中国の哲学者たちの言葉や文書は、意を尽くして語ることをせず、際限なく仄《ほの》めかしに満ちている。孔子《こうし》の『論語《ろんご》』や老子の哲学の簡潔な文章は、前提を見失った結論にすぎないのではない。『老子《ろうし》』に語られている思考を全部まとめて、新しく分厚い本に書きとめることができる。その本の出来の良し悪しにかかわらず、それは一冊の新しい本になるだろう。われわれはその本を『老子』の原文と逐一照らし合わせることができ、おそらくその本は、『老子』の原文を理解するのに大いに役立つであろう。しかし、もとの『老子』にとって代わることは決してできないであろう。郭象《かくしょう》は荘子の偉大な注釈家のひとりである。彼の注釈は、それ自体、道家《どうけ》思想に関する古典文献となっている。それは、推論と根拠づけの形で、荘子の暗示と比喩を書き写したのだ……。しかし、やはり考えてしまう。荘子の暗示的なスタイルと、郭象による注釈の明確なスタイルは、どちらが良いのだろうか。後世のある禅僧は、「世間では、郭象が荘子について注釈を書いたと言われているが、私は、むしろ荘子のほうが、郭象について注釈を書いたのだと言いたい」と、述べている」。

西洋哲学が経てきたこの二〇〇〇年間、キリスト教のテーマがあいかわらず続いているのは、まちがいない。そして、ある人が言ったように[02]、停滞しているように見えるその見かけの下に、運動と歴史を見てとるためには、おそらく、文明のなかにいなければならない。しかし、西洋におけるキリスト教の持続と、中国における儒教の持続とを、比較するのは困難である。われわれ西洋人の間で生きつづけているキリスト教は、哲学ではない。それは、謎めいた出来事の総体についての、つまり、ある経験についての、物語と瞑想であって、その出来事自体が、多くの哲学的洗練を呼び起こし、たとえ、数ある哲学の内の一つの哲学だけに特権が認められたにせよ、複数の哲学を終始生みだしたのは事実である。キリスト教の諸テーマは、種子であって、遺品ではない。儒教《じゅきょう》の伝統にある典拠の不確かな大量の文書、紀元後三世紀から四世紀の新道教《どうきょう》におけるさまざまなテーマの寄せ集め、中国の文官が数世代にわたって熱中した完全な調査と和解という馬鹿げたくわだて、朱熹《しゅき》(朱子《しゅし》)(一一三〇~一二〇〇年)から科挙の廃止(一九〇五年)まで続いたあの哲学的正当性にあたるようなものを、われわれは何ももっていないのではないか。そして、もし、諸学説の内容に踏み込むならば——中国哲学の外的諸形式は、結局のところ、その哲学が表現する人間と世界の関係に執着しているので、ぜひとも踏みこまなければならないだろう——、西洋のいかなる学説も、それに匹敵するほど厳密な、ミクロの世界とマクロの世界との合致を説いたことはなかっただろうし、一つ一つの事物と一人一人の人間に対して(無頓着というストア派の逃げ口上を使って厄介ばらいすることもなく)それらに固有な位置と名称を定め、「礼」を枢要な徳として定義したことはなかっただろう。中国の哲学者たちは、理解するとか認識するとかの観念そのものを、西洋の哲学者たちのようには、考えていない。彼らは、対象を知的に生みだすことを提案しないし、対象を把握しようともしない。彼らは、ただ、対象をその原初の完全性において呼び起こそうとする。だからこそ、彼らは仄めかすという仕方で語るのであって、この場合、注釈と注釈の対象、包むものと包まれるもの、意味するものと意味されるもの、といった区別をすることはできない。それゆえ、彼らにあっては、アフォリズム（格言）が概念★02への暗示であるのと同じくらい、概念はアフォリズムへの暗示になっている。

もし、こうしたことが正しいならば、東洋というこの存在論、この分割されていない時間において、どうすれば、人物のプロフィール、生成、歴史を、見出せるのだろうか。哲学者たちが皆、同じ太古の世界を中心にしてその周囲をぐるぐる回っているときに、一人一人の哲学者たちがもたらしたものを、どうすれば区別できるだろうか。彼らは、太古の世界を自分の頭で考えようとしているのでなく、ただそのまま目の前に出現させようとしているだけなのだ。中国の哲学者は世界に幻惑されており、その関係に中途半端に割って入ることはできない。歴史、習慣、文明を手段にして、秘儀を伝授されるか（その場合、中国の哲学は、この驚くべき歴史的な出来事の上部構造の一つとなるが、その構造に内的真理はない）、あるいは、理解することを断念しなければならない。人間が作り出すもの、あるいは、創設するものとして、インドと中国はきわめて興味深い。しかし、すべて制度というものがそうであるように、インドと中国という制度は、その真の意味を見分けることをわれわれに期待している。それらの制度は、われわれに、その真の意味を完全に与えてはいない。中国とインドは、自分で語っていることを完全に把握しているわけではない。哲学をもつにいたるには、彼らには、自分自身とその他すべてを自らつかもうとする探求が欠けている。

このような指摘は、今では定番になっているが、それで問題が解決するわけではない。こういった指摘は、そもそもヘーゲルに由来する。〈東洋〉を「理解すること」によって「止揚する（乗り越える）」という考えを発明したのはヘーゲルであり、〈東洋〉に対して西洋の真理観念（世界をその真理において全体的に捉えなおしたものとしての概念）を対峙させ、〈東洋〉をその同じ企てにおける失敗として定義したのもヘーゲルである。こうした態度をわれわれが受け入れることができるかどうかを決める前に、断罪の言葉を思い起こしておくのは価値がある。

〈東洋〉の思想は、ヘーゲルにとって、精神が見かけと虚栄から自らを解放することをそこで学んでいるという意味で、たしかに哲学である。しかし、例えばピラミッドのような、人間界に現われた他の多くの珍事と同様に、東洋の思想は自分の内に閉じこもった即自的な哲学でしかない。つまり、哲学者ヘーゲルによって精神の萌しを読みとられはするが、自覚した純粋な状態で精神がそこに存在するわけではない。なぜなら精神は、諸現象から分離され、諸現象の上に置かれているかぎり、まだ精神とは言えないからである。この抽象的思惟は、その代償として、全体的に把握されていない諸現象の増殖をもたらす。したがって、一方で、「何も見ない」直観、「何も考えない」思惟、形態を備えていない「一者」、永遠の、静寂な、絶大な実体、比類のない内省、神という神秘な名、無際限につぶやかれる「オム」という音節[★03]――すなわち、無意識と空虚がある。他方、意味を欠いた細部の群れ、奇妙な儀式、果てしない目録、並はずれた枚挙、身体と呼吸と諸感覚を狡猾にあやつる技術（これさえあれば、何でもできてしまう。例えば、他者が考えていることを見抜くこと、象の力、ライオンの勇気、風のような速さ）がある。インドの托鉢僧――冷笑的なギリシアのキュニコス派哲学者たち、キリスト教の托鉢修道会士たちと同様に――において、「外的諸関係の極度の捨象」が見られるが、この場合は、その捨象自体が挑発的で、露骨で、おかしなものになっている。媒介の運動、すなわち、内部から外部に向かって推移し、外部から自己へと回帰する運動、はどこにも見当たらない。インドは、「有限者における概念の放射」を知らず、そのため、この精神の予感が「幼稚[○03]」な形にとどまっている。

中国にはたしかに歴史がある。中国は野蛮を文化から区別し、熟慮して野蛮から文化へと前進した。しかしそれは、「自らの原理の内部で安定する文化」であり、彼方へと自己展開する文化ではない。中国では、インドと別の次元で、内部と外部、普遍と凡俗な知恵が、直接に向かいあっており、麻痺を生じさせている。中国では、世界の秘密が亀の甲羅のなかに探られ、道徳批判を伴わない形式主義的な法が実践されている。「感覚的なものをこれほど抽象に近づけてみせることは、ヨーロッパ人には思いもよらないことだろう[○04]」。思考は抽象化を利用することなく可感的なものへと横滑りし、その間、変転することも、成熟することもない。

東洋思想は宗教であるとさえ言えない、とヘーゲルは付言する。それは、哲学に無縁であるのと同様に、われわれの言う意味での宗教に無縁であり、しかも同じ理由でそうなのだ。西洋の宗教は、「自由と個体性の原理」を前提している。それは、「自らを振り返る主観性」を経験し、精神から世界への働きかけへと移行した。西洋は、自己を把握することと自己から出ること、自己を実現することと自己を否定することは、精神にとって、同じことであるのを学んだ。東洋思想は、この否定が実現することすら疑っていない。東洋思想は、われわれのカテゴリーではつかめないものであって、有神論でも無神論でもなく、宗教でも哲学でもない。ブラフマン、ビシュヌ神、シヴァ神は、個人でなく、根本的な人間的状況の暗号でも象徴でもない。それらの神についてインドで語られていることは、ギリシア神話やキリスト教の喩《たと》え話のもっている汲みつくしがたい意味に匹敵する力をもっていない。

それはほとんど実体であり、あるいは哲学素である。中国人は、自分たちの文明が、最も非宗教的であり、最も哲学的である、と自負している。しかし実のところ、東洋思想は、直接的世界に触れる精神の働きについての認識を欠いており、宗教的である以上に哲学的であるわけではない。したがって、東洋思想は独自なのである。東洋思想がわれわれに本性を見せるとすれば、それは、われわれが、われわれ自身の文明の到達した形態を忘れることによってでしかない。しかし、われわれは、われわれ自身の個別的または集団的過去のなかに、東洋思想を理解するに必要なものを持っている。東洋思想は、宗教も哲学もいまだ存在しないはっきりしない領域にとどまっている。それは直接的精神の袋小路であって、われわれはそれを回避することができたのだ。こうした形でヘーゲルは、分別を欠いたまたは特定の型にはまらない思想として、東洋思想を精神の真の生成へと組み込むことによって、東洋思想を止揚するのである。

こうしたヘーゲルの見方はいたるところにある。科学や資本主義の発明によって西洋を定義するとき、その発想の元はいつもヘーゲルである。なぜなら、資本主義と科学によって文明を定義することができるのは、資本主義を「世俗世界での禁欲」として理解し、科学を「否定的なものの働き」として理解する場合だけだからであり、東洋に向けられる非難の理由はいつも、禁欲と否定的なものを知らずにいたことだからである。

したがって、問題はきわめて明瞭である。ヘーゲルとその追随者たちは、はるか遠方から概念に接近しつつあるものとして東洋の思考を扱うことによってしか、東洋の思考に哲学的意義を認めない。知についてわれわれ西洋人がもっている観念はきわめて融通のきかないものであって、われわれとまったく異なったタイプの思想に対しては、概念の初歩的素描として自ら屈服するか、それとも、非理性的なものとして失格するか、という二者択一に追い込んでしまう。しかし、この絶対的な知、この具体的な普遍という道を東洋は自らに閉ざしてしまったわけだが、問題は、ヘーゲルのように、その道をわれわれがもっていると自惚《うぬぼ》れることができるのか、ということである。実際のところわれわれがその道をもたないとすれば、別の諸文化についてわれわれがくだす評価全体をこそ、見直さなければならない。

フッサールは、生涯の終わりに、まさに西洋の知の危機を露呈したときでさえ、「中国…、インド…は、経験上の、つまり、人類学上の、〔単なる〕例である」と書いている。[05] したがって、フッサールはヘーゲルと同じ道を辿っているように見える。しかし、フッサールが西洋哲学に対してあいかわらず特権を認めているとしても、それは、西洋哲学がもっているはずの権利上の力によるのではない。

つまり、あたかも西洋哲学が、存在しうるすべての文化の諸原理に、絶対的明証性において、精通しているかのように、考えているからではない。それは事実の名においてであり、西洋哲学に一つの任務を割り当てるためである。フッサールによれば、思想はすべて歴史の総体、「生きられた世界」、の一部である。したがって、思想はすべて「人間学の見本」なのであって、どんな思想にも特権はない。フッサールは、「生きられた世界」を探索するにあたって、原始的と言われる諸文化が重要な役割を果たすことを認めてもいる。そうした諸文化は、現にある世界の変容態《ヴァリエーション》をわれわれに与えてくれるのであり、それなくしては、われわれは自分の偏見にのみ込まれたままになり、われわれ自身の生の意味さえも見失ってしまうであろう。しかし、当然のことながら、西洋が発明した真理の観念は、西洋以外の諸文化を理解し、したがって、全体的真理の諸契機として西洋以外の諸文化を回収することを強い、正当化するものであるということは、依然として事実である。たしかに、ある歴史が自らの成立を奇跡的に振り返ったということがあったのであり、そのことによって、西洋思想は、その特殊性と「局地性」に埋没しなかったのだ。〔しかし〕それは成就されるのを今のところ期待している仮定であり、意図なのだ。もし、西洋思想が、その主張どおりのものであるとしたら、西洋思想は、すべての「生きられた世界」を理解することによってそれを証明し、「人間学のさまざまな見本」を越えた自分独自の意義を事実によって証明してみせなければならない。したがって、「厳密な学」——または絶対知——としての哲学の理念がここに再び現われる。しかし、問いの視点がここには伴っている。フッサールは、晩年、「厳密な学としての哲学、その夢は終わった」[06]と語ったと言われる。この話が本当だとすれば、彼が言いたかったのは、哲学者は、率直に言って、もはや絶対に根本的な思惟を誇ることはできず、世界の知的所有と概念の厳密性とを我が物顔に主張することはできない、ということである。たしかに、自己とすべての事象を見守ることが哲学者の任務として残っているが、その任務で話が済むわけではない。なぜなら、今や、その任務は、さまざまな現象野を通じて追求するべきものであり、いかなる形式的アプリオリも、それらの現象野に対する支配を、哲学者にあらかじめ保証するわけではないからである。

フッサールはそのことをすでに理解していた。すなわち、われわれの哲学的課題は、概念を、破壊することなく、開示することである。

西洋哲学のなかには、なにかしら他に代えがたいものがある。例えば、着想しようとする努力、概念の厳密性は、たとえそれらによって現実が完全に汲み尽されることはないとしても、依然として模範とすべきものである。文化はその透明性の程度、つまり、自分自身と他の諸文化についてその文化が有する意識、に従って判断される。この点に関して、(広い意味での)西洋は、準拠となる体系でありつづけている。つまり、西洋こそが、意識による把握の理論的かつ実践的な諸手段を発明したのであり、それこそが真理という領野を開いたのである。

しかし、自己と真理をこのように所有することを自らの課題としたのはたしかに〈西洋〉だけであったが、[★04]他の諸文明にも夢としては浮かび出ており、逆に、〈西洋〉の場合でも、そうした所有が実現したわけではない。〈ギリシア〉と〈東洋〉の歴史的諸関係に関してわれわれが学んだこと、そして反対に、東洋の思想のなかにわれわれが発見した「西洋的な」ものすべて(詭弁術、懐疑論、弁証法や論理学の諸要素)が、哲学と非哲学の間に地理的境界線を引くことをわれわれに禁じている。純粋または絶対的な哲学という名のもとにヘーゲルは〈東洋〉を追い出したのだが、それはまた西洋の過去の良き部分をも追い出した。おそらく、境界線の基準を厳密に適用すれば、その基準を免除されるのはヘーゲルだけであろう。

そして特に、フッサールが言ったように、〈西洋〉は、そもそもそれ自身が歴史的創造物であり、しかも、自分以外の歴史的創造物を理解するという骨の折れる任務をもっぱら負わされた歴史的創造物であるがゆえに、新たな創造をかさねることによって、「歴史的完全現実態」としての自らの価値を正当化しなければならないのであり、それゆえ、真理と概念についての〈西洋〉の思想、およびあらゆる制度——科学、資本主義、さらに言えばエディプスコンプレックス(哲学はこうした諸制度と、直接的にまたは間接的に、縁続きの関係にある)——についての思想にいたるまで、再検討することが、まさに〈西洋〉の運命なのである。再検討の目的は、必ずしもそうした諸制度を破壊することでなく、そうした諸制度が遭遇している危機に対峙することであり、また、そうした諸制度を生みかつ長らえさせた起源を再発見することである。われわれ西洋の哲学や経済学を装備していない諸文明は、こうした迂回路を経て、教育的価値を取り戻す。とはいえ、科学以前や哲学的意識以前に存在するもののなかに真理と救いを求めたり、神話の断片をわれわれの哲学の内部にそのまま持ち込むことが問題なのではない。大事なことは、われわれからこれほど隔たった人間の変容態を目の前にして、われわれ西洋の諸制度が遭遇している理論的諸問題と実践的諸問題の意味を獲得することであり、われわれの諸制度がそこで生まれ、われわれの諸制度が長期に成功を収めてきたためにわれわれが忘れてしまった、存在領野を再発見することである。〈東洋〉の「幼稚さ」には、われわれが学ぶべき何かがある。たとえそれが、われわれ大人の考えの狭さでしかないとしても。〈東洋〉と〈西洋〉の関係は、子供と大人の関係とちがって、無知と知、非-哲学と哲学の関係ではない。それはもっと繊細な関係であり、

〈東洋〉の側から発するあらゆる先取り、言わば「早熟」を受け入れる関係である。人間精神の統一性は、《非－哲学》が真の哲学に対して単に帰属し従属することによって、成立することはないであろう。人間精神の統一性は、それぞれの文化が自分以外の諸文化と結ぶさまざまな側面的関係のなかにすでに存在しており、ある文化が他の文化の内に目覚めさせるさまざまな反響のなかにすでに存在しているのである。

哲学的普遍性の問題については、自分の知らない文明との関係について旅人がわれわれに語ることを、当てはめてみるのが良いであろう。中国の写真を見ると、それが絵空事にとどまっていれば――つまり、まさにわれわれが行なう切り取り、中国についてわれわれがもつ観念に、とどまっていれば――、侵入を許さない宇宙のような感じがする。反対に、中国人たちが一緒になって生活している様子をカメラマンがとらえようとするだけで、逆説的にも、中国人たちがわれわれにとって生きはじめ、われわれは彼らを理解するのである。概念に逆らうように見える学説も、われわれがそうした学説の置かれた歴史的人間的な文脈のなかでそれらの学説を捉えることができるならば、われわれはその学説のなかに存在と人間との諸関係の変容態を見出すことになるであろう。この変容態は、間接的普遍性として、われわれ西洋人自身について、斜め方向からわれわれを啓蒙してくれるであろう。インドと中国の哲学は、存在を支配しようとするよりも、われわれと存在との関係に反響し、共鳴しようと努めたのである。西洋哲学は、存在との関係に改めて出会い、西洋哲学が誕生することになった最初の選択を再発見することを、インドと中国の哲学から学ぶことができるのであって、われわれが、《西洋的》になることによって自らに閉ざしてしまったさまざまな可能性を推しはかり、おそらく、それらの可能性を再開することを、学ぶことができるのである。

以上の理由から、われわれは、〈東洋〉を著名な哲学者たちの展示場に登場させるべきである。とはいえ、詳細な研究に必要な紙幅を割くことはできないので、われわれとしては、一般論よりも、要領を得たいくつかの代表例を提示するほうを選び、そこにおそらく読者は、〈東洋〉が哲学に対して行なった、隠れた貢献を見てとるであろう。

モーリス・メルロ＝ポンティ

原註

○01 フォン・ヨウ＝ラン『中国哲学史概論』三二―三五頁。
○02 レヴィ＝ストロース。
○03 ヘーゲル『哲学史』。
○04 同。
○05 『ヨーロッパの学問の危機と超越論的現象学』（仏訳『哲学研究』一九四九年四―五月号、一四〇頁〈第一部第六節〉）。
○06 《Die Philosophie als strenge Wissenschaht, - der Traum ist ausgetraumt》。

訳註

★01 ポール・マッソン＝ウルセル〔Paul MASSON-OURSEL, 1882-1956〕はフランスの東洋学者、哲学者。中国をギリシアとインドに比較する社会学的研究から出発した。著書として、『インド哲学史素描』（一九二三）、『比較哲学』（一九二三）、『ヨガ』（文庫クセジュ、一九五四）など。
★02 ここで言う「概念」は、以下明らかになるように、ヘーゲル哲学における「概念」を念頭に置いている。
★03 「バラモン（司祭者）にむかって、ブラフマンとは何か、とたずねると、わたしが内部にひきこもり、外部の感覚をすべて閉ざし、心のなかで「オム」ととなえるとき、それがブラフマンだ、という答えがかえってきます」（ヘーゲル『歴史哲学講義』第一部第二編〔長谷川宏訳、岩波文庫〕）。
★04 原文はcette possession de soi-même et du vrai, que l'Occident seule a prise pour thèmeとなっているが、seuleはl'Occident（男性名詞）にかかるのが妥当と思われるので、seuleをseulと解して訳す。

インドの二人の哲学者

インド思想を代表するものとして、あらゆるインドの哲学者のなかから、宗教の高名な始祖とまだ一般的にはよく知られていない一人の聖人を取り上げるのは、奇妙な選択だと思われるかもしれない。仏教の始祖ブッダは、はるか昔にインドでは忘れさられ、異国へとその存在が伝えられたのだが、仏教が伝来したその異国において、昔日のインドは威光を放っていたのである。近年になってインドは、自国の過去の栄光を表わすものとしてブッダを再発見し、セイロンやインドシナ半島の仏教徒たちの手になる年代記に従い、ブッダの死後二五〇〇年期を祝賀しようと準備している。ただしインドは、セイロンやインドシナに、ブッダの哲学的天分に関する最良の解釈者を見ているわけではない。一方、聖人ナンマールヴァールは今でも熱烈な崇拝の対象となっているが、タミル語が話される南インドに限られた現象であり、インド全土にあまねく知られているわけではない。その上、哲学的思弁の領域においては、インド固有の伝統を受け継ぐ学者たちによって、すでに凌駕された存在でもある。にもかかわらず、われわれはこの二人の思想家を選んだ。ただし、インド哲学の三五〇〇年にわたる活動を特徴づけるという課題を、この両思想家によって果たすことはできないだろう。なにしろ、インド哲学は、一般的にはそこを共通してつらぬくひとつの文明によって統合されているが、個々の知的な学説と探究においてはその深部で多岐に分かれ、その多岐多様な領域が集まってグループをなしているのである。しかし、他の多くの思想家のなかから選別して、この二人を代表者としてわれわれが問題にするのは、彼らがいずれもインド世界において中心的役割を果たしながら、他方、その本性において互いに対立する傾向をもっているからなのだ。また、宗教とのつながりを理由として、彼らが他の専門的哲学者たちと比べ見劣りがすると言うのであれば、それに対し、実際には始祖ブッダが応用心理学的方法の創始者であり、聖人ナンマールヴァールがインド思想の最も広範な思想運動の一つを特徴づける存在論的思弁の解釈者であることを、これから明らかにしようと思う。

また、著名なインドの大哲学者たちのなかで、特に名の知られた者たちの例に従って、インド思想はつねに必ず宗教と結びついていると信じられてしまうことがあまりに多いのだが、そのような考えには気をつけなければならない。インドでは、強固な唯物論の諸学派が早くから存在しており、特殊な宗教的信依とは独立して、あるいはそれとは別に、論理的研究が絶えず行なわれつづけていたのである。これらの研究は、本質的に正しい判断の条件と基準の探究を目的としていた。そのような研究を活気づける真理確立への関心が、宗教的真理に対してだけでなく、科学的真理に対しても同様に働いていたのである。世界の有機的構造、さまざまな自然現象——特に、天文学的、生理学的、心理学的自然現象——や病理学的障害の発生を、理にかなった仕方で提示しようと努めること、それこそが、インド文化の統一性を深いところで支える方法であったとさえ言える。宗教、哲学、文学は、この統合の基盤を形成するには、あまりに多岐に分岐し、しばしば相互に対立していた。反対に、天文理論と医学理論は、すべての思想家たちの共有財産だったのであり、この共有財産がなければ、彼らは仲たがいしたままであったにちがいない。ブッダによって説かれた教義と生来の人間を新たに生まれ変わらせる術策は、特に宗教に限定されるわけではないインドの思想と経験を一人の尊師が実践したことをわれわれに示すことになるのであって、その尊師を神とし、より正確には神々を凌ぐ一個の存在としたのは、信奉者たちなのである。

〔ジャン・フィリオザ(コレージュ・ド・フランス教授)〕

ブッダ

❖IE BUDDHA (SIDDHARTHA GAUTAMA)

558-478 BC

「テーラ・ヴァーダ」(〔初期南伝仏教である〕「上座部」)、つまりブッダ本来の教説に最も近いと一般に目されているこの教団の年譜によれば、ブッダは齢八十歳にて、一九五六年五月現在からちょうど二五〇〇年前、満月の日に亡くなったとされている。しかしながらこの年代は、一般の年表とこの年譜を対応させたうえで算定すると、同教団の複数あるブッダの年代記より割り出される年代と一致しない。実際に死去した年は紀元前四七八年、したがって生誕は紀元前五五八年であったと推定できる。その生涯は伝説に覆われ、彼が創設した教団より分派したさまざまな宗派に応じて、内容がしばしば異なっている。しかし、最古の文献から検証しても、多くの本質的な点、完全に真実として認められる諸点に関しては、記述内容が一致しているのである。

ブッダは、インド東北部、ネパール・ヒマラヤ地帯をわずかに南に下った地方に存在したカピラヴァッツに拠点をもつ、シャキャ族に属する高貴な部族の長を父として生まれた。占者たちは次のように予言していたという、もし彼が世間にとどまるならば世界的な君主となろう、あるいは、もし彼が世間を捨て宗教上の隠者としての生を送るならば、ブッダ、すなわち「悟りを得たもの」となるであろうと。彼は「目的に達したもの」という意味をもつシッダールタという個人名やゴータマという一族の名で呼ばれたりもする。聖人伝〔仏伝〕作家たちの記すところによれば、若きシッダールタは神童であり、その幼年時代は、その誕生時になされた予言の正しさを予感させるものだった。母は、彼がこの世に生を受けた後、程なくして亡くなっており、父によって育児を委ねられた叔母の手で大切に育てられた。彼には、この世のあらゆる喜びが与えられるように、また彼がとらわれる恐れのある、あらゆる苦悩が彼の目に触れることがないように配慮された。というのも彼に求められたのは、聖人になることではなく、王になることだったからだ。学問を修め、芸術やスポーツ全般に習熟した彼は、若くして結婚する。彼は幸福だと思ったであろう、もし人生の苦悩を彼の周辺から隠蔽しようという慎重な配慮が功を奏し、そうした苦悩を彼が発見したときに、それはさほど憂慮すべきものではないと思えたならば。宮廷の遊園から外出した道の途上で、次々と遭遇した四人の人物が彼に精神の危機を引き起こし、遁世に向けての決定的な使命を呼び起こすこととなる。彼が出会ったのは、ひとりの老人、ひとりの病人、ひとりの死者、そして最後に、ひとりの出家修行者であった。この最後に出遭った修行者のように、財産といういずれは無くなってしまうことが確実な、不確か

❖ LE BUDDHA（SIDDHARTHA GAUTAMA）

なものを捨て去り、自分自身も出家しなければならない、不確実さや苦悩の憂いのない恒久的な生き方を探求するために発たねばならないと彼は自覚したのだった。

シッダールタは、家族への執着を断ち切れないでいた。その折りも折り息子が生まれた、もしくは生まれようとしていた。葛藤する心の危機は過酷なものだったが、決定的だった。家族の絆にまつわる人としての義務が、息子の誕生によって果たされようとするまさにそのときにわきおこった〔出家をすべきだという〕葛藤は、バラモン教の古い制度によって、彼に自由を与えるものだった。なぜなら、〔人生の最終段階に出家遊行を奨励する〕この制度によれば、同じような状況において、人は社会と家族から離れてよいことになっていたからだ。★01 ある夜、祝宴に疲れ、眠りこける妻と側近たちの姿が、彼に嫌悪感をもよおさせる。死の想念にとりつかれ、殺戮の現場を目の当たりにしているように思った彼は、忠実な従者のみ引き連れ馬に乗り出奔する。伝説では、数多の奇跡を伴った「偉大なる出城」と呼ばれる。しかし、献身的な使用人を帰還させる際の悲痛な別離の場面は、人間的情感をたたえている。

犠牲的行為は果たされたが、どこに真理を探求すべきか、シッダールタにはいまだ知る由もなかった。しかしながら、進むべき一本の道をはっきり認識していた。それは流浪の宗教者になることだった。バラモン教の慈悲の教えは、いたるところにいた彼のような出家者を尊守することを誇りとし、また道を得ようとする者が、導師への奉仕に身を捧げることを可能にしてくれるものだったのだ。彼が師事した最初の師〔アーラーラ・カーラーマ〕が授けた教義は、後にサーンキヤ(sâmkya)★02の名の下で伝統的に教授される、外的世界と内的世界の諸現実についての、ある分析形式と同一の教義であったと考えられるのである。そこでは諸現実を全般的に列挙し、自然〔原質〔プラクリティ〕〕の構成要素と、それを知覚したり理解したりする心的存在〔霊我〔プルシャ〕〕の構成要素とを探査することが問題とされていた。しかし、特筆すべきことは、この新米の学徒が、ヨーガという偉大な方法に基づく精神を律する実践の手ほどきを受けたと思われることであり、それはインドにおいて、宗教的か否かを問わず鍛錬して己の生理と思考を制御することをめざす人々に共通の、一般的方法であった。

ヨーガは、その実践や目指される能力のいくつかが、未開文明の人々における「シャーマン」的行為との間に外的な類似性をもつことから、先史時代に起源を有すると考える論者たちもいる。少なくとも部分的には、古代インド文明において先在した土着の基層から由来するものであろう。実際、生理学的理論がすでに発達していた時代におけるバラモン教の文献に、その現われを見ることができる。生理学的理論はヨーガの特徴であり、人々が実践経験を試み、ヨーガの技法を確立させるに至っていたことは、その理論に基づいて容易に説明されるのである。ヨーガの基本的教義によれば、生命の本質要素は気息〔プラーナ〕である。気息は、さまざまな形をとって身体のいたるところに拡散して作用し、身体に関する機能だけでなく心の機能をも主導するものである。神経やリンパ管に相当する体管を通じて、特に心臓や臍部のような、インド医学において、身体器官のなかでも生命体にとって弱点となる部位とされていた器官に収斂する体管を通じて、気息は体中をめぐるのである。同様の理論に従って、呼吸〔同じくプラーナ〕の制御が、生命体の気息〔プラーナ〕全体に作用する方法となったのはまったく自然なことである。事実、呼吸の制御〔調息〕は、特にそれがあらかじめ衛生学的措置をとったうえで行なわれ、身体を一定の姿勢に保つよう努めると同時に、自発的に調整された、あるいは意識せずにゆっくりと準備された瞑想や精神集中を伴うときには、著しい生理的、心理的効果を引き起こすのである。

　このように確立されたヨーガの技法は、心の次元において、対象に対する無意志的な思考運動を停止させ、心の構えを掌握すること、すなわちサマーディ（samâdhi）〔三昧、もしくは定《じょう》〕へ本質的に至る。それを世俗的な意味での注意作用以上に、完全に行なうことである。その時、心的存在は対象と合一に至る、対象と一体化するとみなされるのである。それこそがサマーパッティ（samâpatti）と呼ばれる境位である。対象に対する心の構えは、当初、意識的なものであるが、もし新たな心的現象が出現せず、意識が活動を停止するときには、無意識のうちに存続するものとみなされている。ヨーガの理論は、結局、心的存在の無意識的部位を非常に重要視するものである。つまり、単に意識的活動にのみ心的存在を限定させるものではまったくない。それは、心的存在が次々と占める状況において行なう心の活動の痕跡の総体によって、永続的に構成されつづけるものとして、心的存在を捉えているのである。このような痕跡、すなわちヴァーサナー（vasanâ）〔薫習〕とは、無意識的な心的存在の内部にその固有の活動を保存し、後発する情況において効果を発揮する仕度をととのえた性向を心的存在に設定することを意味するサンスカーラ（samskâra）〔行《ぎょう》〕（「造作」や「形成」）のことでもある。したがって、思考の対象の選択は、心的個体の前途に対して、自発的に類似の傾向を形成してしまうのである。だから、ヨーガによってこそ、人間は自ら己を方向づけ、導いていくことが可能となるのである。

　さて、最初の師によってシッダールタに教示され、宗教者ゴータマを生んだ技法は、まさしくヨーガの技法であった。それは、表象を無と捉えることに「即して」心的存在を捉えることで成就するのである。さまざまな表象を漸進的に消去していき、最終的な二段階では空間の無限性の消去と思考の無限性の消去にいたるものである。そのようにして、心的存在は、ほとんど純粋な存在に還元されて、経験概念から独立したものとみなされた。

しかしながら、シッダールタはヨーガで満足することはなかった。彼は最初の師を離れ、第二の師〔ウッダカ・ラーマプッタ〕から概念現象を消去する道をさらに先へと進む。彼は最終段階へと至るが、そこでは「思念があることも、思念がないことも」もはやない。けれども彼は、己が探究するものをそれ以上は見出せず、志を同じくする五人の同志を連れ、第二の師のもとを離れる。とはいえ、習得した方法を完全に放棄したわけではなかった。それらの方法は、忘却されなければならなかったのではなく、不完全であるとみなされながらも、ブッダの教説のなかで正統性をもちつづけたのである。二人の師を通じて得たのは、特殊な精神修業の修得のほかに、古典的バラモン教のヨーガの行法として存続していた五つの「行法」——信心、気力、〔感覚を絶った〕心の沈着〔制感〕、心的存在を「定置する」能力〔凝念〕、明知を修得することだった。

心的存在を、表象活動の伴わない純粋存在へと還元することは、彼にとって決定的な解決とはならなかった。その還元によって、複雑に構成された現象世界との関わりが消滅することはなかったのであり、その現象世界はあらゆる構成されたものと同様、崩壊を免れないものであり、感情の次元ではそれが否応なく苦の要因になるのである。結局、彼は、ひとつの肉体に結びつけられている心的個体が、その肉体の死後、別の肉体において活動を再開し、それが際限なく繰り返すという、魂の輪廻の信仰を完全に受け入れていたのであろう。

輪廻の教義は、インドの主要信仰のひとつである。しかし、バラモン教の最古の文献中には輪廻信仰は現われておらず、またその最初の記載をもってそれが即座に起源を明らかにしていると断定することもできない。多くの論者が、先史時代に遡るインドの文化的基層にそれが存在していたという説を支持している。そうした説の正否はともかく、いずれにせよヨーガの思想のなかで、輪廻は自然な説明をされている。つまり、時代を越えて生きつづける心的経験が残した無意識の遺物の総体からなる心的存在は、肉体の死とともに亡びるわけではないのだと。心的存在は、知覚や行為の器官を通じて行なわれていた物質世界との関係を失っている間、当面の優位な活動に相応して、ひとつの肉体と新たな関係を結ぼうとするのである。心的存在は、受胎の瞬間、ひとつの新たな胎児のうちに入り込むとき、これから成育していく新たな生命存在のなかで、心的存在が包蔵する潜在性、また、心的存在を形成する過去の心的諸行為に、それ自体が依拠している潜在性によって決定される運命を実現し、それを甘受するのである。同様のことが、際限なく繰り返される。というのも各々の生において——少なくとも純粋に動物ではなく、そこで概念化の能力をもつものの生においては——新たな心の行為が起るからである。これが、カルマン（karman）〔業《ごう》〕、つまり「行為」の教義である。この考え方においては、つねに効力を発揮しようと準備している過去の心的行為の無意識の蓄積が、まったく更新されることなく、汲みつくされて空っぽになってしまう場合にしか、新たに生まれやがて死ぬという必然性に、終止符を打つことができないのは明らかである。

こうした目的に達するためには、心を空にするヨーガの実践では不十分であると判断した宗教者ゴータマは、苦行によって目的を完全に遂げようとする。そのために彼はあやうく命を落としかけるのだが、健康を回復すると同時に苦行を放棄する。つき従っていた五人の弟子たちは、それを真の覚悟がないためだと考え、彼を見棄ててしまう。出家より六年の月日が流れ、彼は三十五歳になっていた。それこそはボディ〔Bodhi〕〔菩提〕と言われる真理の「悟り」へといたる最後の努力を行なったときであり、その時から彼は「覚者」、すなわちブッダとなるのである。

その時彼は、ガンジス川の南、現在のパトナ市から直線距離で一〇〇キロメートルほどの地点にある、ガヤーにいた。苦行の断食を止めてから力を取り戻すと、一本のピッパラ樹〔別名、アシュヴァッタ樹〕の樹下に留まり、ひとり、瞑想を続けた。この樹は、ポプラの葉のように、先が長く糸のようになって絶えず風に揺らいでいるハート型の葉をもったいちじくの木の一種である。伝説のなかで、同時に死であり愛でもある神、マーラ〔魔〕と呼ばれる、欲望が力をふるう現実世界を支配する恐るべき神の攻撃と誘惑の物語が挿入されるのは、まさにこの場面である。ブッダが逃れようとしていた、生と感覚からなるこの世界の広大無辺なひろがりに、今一度想いをはせることによって、最後の疑惑と最後の執着という最終的な危機がおこらねばならなかったのだが、その物語が挿入されるのに相応しいのは、この場面以外にはありえない。しかしながら、敵意をもついかなる相手を前にしても、ブッダの根底に本質的特質のひとつとして存在する清浄な慈悲の感情が保たれることで、この試練のなかにあっても己が見失われることはなかった。彼はヨーガによる統御を行なっていたのである。仏教的であり、またバラモン教的でもある、普遍的なヨーガの技法において基本をなしている、一連の段階的瞑想を応用したのである。

第一段階は、欲望を起こさない表象を選択し、衝動を抑制することである。それは知的活動と陶酔感を伴っている。第二段階では、自己自身に安らい自発的な清浄心へと思考を統合することによって、歓喜の情動を伴う至福の感覚のもとで、陶酔感を保持したまま知的活動は静められる。第三段階では、歓喜は消え去る。それはあらゆる情念の刺激が止まったことを意味する。以降、至福感は明確に動ずることなく存続する。最終段階で、心理現象を統御する手順に従い、最後に残されていた感情現象としての至福感が、ついに除去され、完全に純粋な状態で不動心と明晰な知の境地が決定的に現われるのである。

一日目の、夜を徹して瞑想の全行程を踏破した後、二日目の夜には、輪廻に捉えられ、「苦」である世界に拘束されて生きている生類のさまざまな条件を検討することで、己の得た明知の確かさを直ちに確認するのである。三日目の夜、ついに目的を達し、この世に拘束される理由とそこから逃れる方法を自覚するにいたる。彼は真理の悟りにいたり、ブッダになったのである。そのときまでは、あらゆる解答に対し「否」と否定せざるを得なかったのだが、ついに「肯定に至ったもの」、タターガタ（Tathâgata）〔如来〕として姿を現わしたのである。

彼の確信は、想定しうるいかなる科学ともまったく関係がない。後に説法のなかで、世界からの開放に役立つ探求ではないことを、強調しなければならなかったが、それは四つの真理〔四諦〕、つまり、それぞれ、苦、苦の生まれる条件、苦の止滅、そして苦の止滅に至らしめる道を問題とするものだったのである。

遅かれ早かれいつかは苦を生み出すことになる非恒常性〔無常〕は、世界における全事物（ダールマ：dharma）である構成物を作る大法則であり、事物はこの法〔同じくダールマ〕に従属しているのである。恒常的なものではない事物は、それ自体で絶対的に存在する〔実体存在である〕ことが不可能なのである。事物は一時的な相を示しているだけであり、固有の確実な本性を欠いた流動的な構成されたものでしかないのである。そのような構成物である事物を探索する主体の観点からは、それは以下のような五つの集合体〔五蘊《ごうん》〕に還元することができる。表象（ルーパ：rûpa）〔色《しき》〕、いわば感覚の対象的世界の集合体。感覚（ヴェーダナー：vedanâ）〔受《じゅ》〕の集合体と形態知覚（サンジュニャー：samjñâ）〔想《そう》〕の集合体。この二つの集合体は、ひとつの名〔精神的なもの〕を〔物質の〕形に付与することによる感覚の認識に相当するものである。精神機能、精神状態や傾向を組織するメカニズムを含む無意識的心理形成（サンスカーラ）〔行《ぎょう》：形成力、形成されているもの〕の集合体、あるいは場合によっては、意識的心理形成の集合体。最後に意識的思考（ヴィジュニャーナ：vijñâna）〔識《しき》〕の集合体。ある身体のなかで心的活動を行なう主体は、死にいたる生と新たな生の場を得る死との悪循環〔輪廻〕に捉えられている。いかにしてこのようなことが起こるのかを、根本から研究しようとするのではなく、ブッダは何によってこの循環のひとつひとつの運動が起るのかという原因へと注意を向ける。例えば、生誕こそが老いと死を生む原因となる、欲望が原因となって私有が生じる、感覚が原因となって欲望が起こる。このように考えることで、苦の悪循環を断ち切るためにはいかなる原因を除去すべきかを、見出すことが可能となるのである。

この点に関し、ブッダの深い思索がいかなる解答にいたったかについては、残念ながら正確なことはわかっていない。実際、さまざまな文献において、問題となる原因〔ニダーナ：nidâna〕〔因縁〕の一覧が掲げられているが、その内容は多岐多様にわたっている。最終的に一般に採択されている十二因縁のリストは、恐らくブッダ本人にまで遡るものではないだろう。ただ、ブッダの思想の少なくとも本質的な点に関しては、古い諸文献が一致して示す記載事項から、十分に認識することができるのである。

胎児の形成、誕生、老い、死は、中断させることのできない自動的な展開である。自殺は、仏教徒にはつねに禁じられている。自殺は苦であり、苦を逃れる道ではない。自殺は、罪ある行為を行ない、それゆえに蓄積されたエネルギーを新たに使用するために、再び生まれてこようとしている個体を方向づける諸行為の総体のなかに、暴力的に内蔵されている衝動的なひとつの行為として想定されている。生誕から死へと、自然に導かれていくものでなければならない。しかしながら、胎児のなかに死の存在が再び発動されることは、輪廻の連鎖の欠陥である。心的存在が修行を通じて備えることで、この運命の再発動を免れさせることが可能だが、発動が再開された後では、もう一度、最後までその行程を辿るしかないのである。さて、この再発動を引き起こすもの、それは事物における現実化の活動と適応しようとする性向であり、欲望に起因する性向である。そこで、動因となっている欲望を取り除くことで、この馬鹿げた連鎖の動きを停止させることができるのである。

しかし、欲望を抑制する必要は苦行者全員が感じていることであり、その必要を見出したことが真理の悟りを形成したわけではない。ブッダの果たした貢献は、欲望が作り出される条件とそれを止滅させる方法を明確に表示したことにあるのである。

ブッダによれば、欲望は感覚に由来するが、それは事物と接点をもつ感覚である。事物との接点は、具体的にひとつの形〔物質的なもの〕をまとい、抽象的にひとつの名〔精神的なもの〕を受け入れているある集合体において存在する個体にとっての事実であり、より端的には、それは「名-形」〔ナーマルーパ：nâmarûpa〕〔名色《みょうしき》：心的・物的な諸要素より成る個体的存在〕と呼ばれるものである。この個体を条件づけているものとは、結局、思考であり、より適切には、特に意識的な思考として呼び集められた心理的集合、ヴィジュニャーナ〔識〕なのである。

したがって、効果的に、決定的に欲望を抑制することは、個別のひとつひとつの欲望を意志や苦行の戒律によってではなく、心理学的な戒律を課すことで心理現象全体を変えることにより行なわれることになる。情念を抑制するだけでなく、むしろそれ以上に、情念の湧き起こる源泉を干上がらせることが必要となるのである。そのことが「止滅」〔煩悩の炎が吹き消された状態の安らぎ、さとりの境地〕、すなわちニルヴァーナ〔nirvâna〕〔涅槃〕へと導くのである。

心理学的戒律、「道《どう》」すなわちマールガ（mārga）は、全存在、物質的活動も含めた存在の戒律となる。なぜなら、物質的活動は、それを方向づける思考、あるいはそれが引き起こす思考と密接に関係しているからだ。その戒律は、「正しい」（サミャーク：samyak）八つの活動〔八正道〕から成っている。すなわち、正しい事象の知識や見解〔正見〕、正しい思考の表現〔正思〕、正しいことば〔正語〕、正しい活動や行動〔正業〕、正しい生活手段の獲得〔正命〕、正しい修養努力〔正精進〕、正しい、学んだ知識を思い出す心の落ち着き〔正念〕、そして最後に、正しい、ある対象に心を集中していく際にとる確固とした姿勢〔正定〕であり、この最後のものは、まさしくヨーガの行を成就させる働きをするサマーディ〔三昧〕のことである。

このように確固たる信念を獲得したブッダは、伝説によれば、なおそのまま数週間を過ごしたという。この間、伝説は栄光と奇跡の物語を展開させているが、内容は資料によってさまざまで、より新しい資料になるに従いより驚嘆すべき物語となっており、人々の熱狂的な信仰心が、この悟りにいたった果断なる求道者を、次第に超自然的存在として顕彰するにいたったことがわかる。それにもかかわらず、これらの伝説は、ブッダが人間的側面をもちつづけていたことを、今一度、伝えているのである。ニルヴァーナに達したブッダは、その直後には、彼が得た悟りを他の者には理解する能力がないために、困苦して得たものを自分が失ってしまうことを恐れ、他者に説法することをためらったという。しかし、彼はこの新たな迷いをしりぞける。少なくとも道を求めている人々のために、ともかくも出家して悟りを得ようと修行をしている人々のために、説法をしなければならないと決意する、なぜなら蓮の花は泥沼より咲き出でるのだから。彼は真理を守り伝える教団を結成し、以来、最後の休息である死におもむくまで、道を求める人々と行動をともにしつづける。彼はそのとき、自分の最初の導師たちのことを想っている。彼らを超えようとしてその下を去ったのだが、彼らの強くひたむきな精進のことは好ましく思っていたのである。残念ながら、導師たちはすでに亡くなっていた。そこで、かっての弟子たちのところへ向う。ブッダを無能だと考えて袂を分かったわけではなく、求道の道をともに歩むには弱い人間だと思ったがゆえに、彼を見捨てた弟子たちのもとへと向う。

ブッダは弟子たちをベナレスで見つける。彼らは悟りを得られず、偏見に凝り固まっていた。ブッダが来るのを見ると、協議をして、彼を受け入れないことを決める。しかしその意思決定に反して、ブッダが近づいてくると彼らは立ち上がった。それは彼が確信を得て、「肯定にいたったもの」であることを知るためだった。夜が訪れる。最初ブッダは沈黙している。次に苦行の放擲について説明し、最後に四つの真理〔四諦〕を述べる。それが最初の説法、いわゆる「法の輪の始動」〔初転法輪〕であり、以降だんだんと大きくなっていく教団の創設であった。

間もなく、弟子たち以外の者がこの小さな集団に加わり始める。教団を構成したのは、より高い生き方を求めて世間を棄てた修行者〔出家遊行者〕だけではなかったのである。時には、宗教的生活と仏教の戒律に篤く帰依する在家信者も参加していたのである。この集団の周辺には次々と新たな在家信者が増え、彼らは社会に留まりながら熱烈な信者になり、現に出家僧になっている者と熱のこもった対話に耽ったりしたのである。

だが、この若き教団は、いかなる場所にも固執することがなかった。乞食《こつじき》をしながら、師とともに町から町へと移動したのである。乞食《こつじき》はインドのいたるところで慣例化しており、出家者に対する施し〔喜捨〕は大変賞賛された行為で、面識のない出家者が相手であっても、すすんで行なわれていたのである。移動が困難な雨季の間のみ、ブッダは自らの瞑想と弟子たちへの説法のために、一時的に定住していた。師が立ち寄ったり、逗留したりすると、いたるところで改宗者が現われ、時には劇的な改宗をする者もおり、特に、ブッダが程なくして帰還した彼の生まれ故郷においては顕著であった。このような成功が、やがて嫉妬、中傷、幻滅をひきおこす。ライバルである外部の宗教指導者たちは容易に沈黙させることができたし、中傷もなくなった。しかし、教団内部での紛争、宗教界に足を踏み入れたブッダの従兄弟のひとり、デーヴァダッタ〔提婆達多〕の敵対行為と、師ブッダを教団の業務から排除しようとした数名の信者たちによる策謀は、より重い問題で、少なくとも一時は深刻なものであった。そもそも初期の改宗者には、たいそう大きな行動の自由が与えられていた。というのも、ブッダは教団を強固に組織化することにこだわっておらず、教団を設立するにあたっては、ひとつの特殊な規律を課していただけだった。戒律に従うこと以外には、師を中心とした流浪集団の宗教的な生活流儀を受け入れるという規律を課するだけに止められていた。ブッダは集団生活を送る僧たちのための規則を、経験に基づいて少しずつ定めていく。違反や、さらにはスキャンダルが生じたさいに、禁止事項を定式化しており、その他さまざまな問題が生じた際には、忠告をしたり、許しを与えたりしている。判断を下したり助言を与えたりしたが、支配しようとはしなかった。

教義を説くにあたっても、ブッダは経験に即して行なった。弟子や新たな参加者に、四つの真理〔四諦〕、明確で秩序だって教示されている真理の詳細や帰結を、筋書きや体系を立てたりせずに語ったのである。

その上、理論的関心の対象でしかなかった多くの問題を、彼は受けつけなかった。それらの問題を解決しても苦を止めることにはつながらなかったからだ。毒矢で傷ついた者に行なうべきことは、一刻も早く傷の手当てをすることであって、その者を相手に弓や毒の説明をすることではない。世界には終末があるのか、それとも無限なのか、永遠に続くものなのか否か、生命力は身体に属するのか、あるいは身体とは独立した実体なのかといった類の問いに回答することを拒否した〔無記《むき》〕。ニルヴァーナの本性は何かとか、生き、苦しみ、輪廻する存在の本性は何かといった疑問には触れず、そのまま捨て置いた〔捨置《しゃち》〕。そして仏教の戒律を通じて、次のような問題から解放されたのである。さまざまに異なる状況を貫いて存在しているのは、固有の本質を授けられたひとつの人格なのか。あるいは、それはさまざまな行為から生じる心的構成物であるひとつの集合体、連続して続く状況のなかで生じる新たな行為によって絶えず更新されていく集合体なのか。ある集合体が、生成の個別の連鎖を保持しているのか、そうではなく、ある人格性が保持しているのか。ブッダにとって重要だったのは、それが集合体であろうと、魂であろうと関係なく、苦しんでいる者を治癒することだったのだ。

集合体のなか、あるいは心的人格の周囲に、仏法を理解させるための性向、情念や欲望を断ち、それらを不動の清浄心に置き換えるという性向を、最終的に形成させるという方法をもちいて、彼は治癒の手段としたのである。悪い性向を破壊し、善い性向を方法的に構築するこの作業は、ある最終的解決を目指している。なぜなら、善い性向は、絶えず更新される生における心的活動や、その活動によってこの生へ参与することの停止——無力化というよりむしろ休息である停止——へと導くものだからだ。

この方法は、ある人々に対してはおそらく即効性をもつだろう。その他、大多数の人々にとっては時間がかかりすぎる。偶然に蓄積された性向を消尽させ、それから師の勧めによって選びだされ、秩序だった心の修養によって得られる性向を身に定着させ活動させるためには、段階を踏んだ多くの生活実践を必要とするからである。

そのために、すでに悟りを得た者は、まだ悟っていない者が悟れるように助け、悟りへの道を示そうとした。その道は本質的に心理作用を変革する技法であるが、さらに強い意味で言えば、尊師への、師の聖遺物、師のイメージ、師の法〔仏法〕への深い信仰に身を包みこむことでもあるのだ。

雨季を除いて絶えることなく行なわれていた弟子たちを伴った旅の途中、深い絆で結ばれた弟子たちに見守られながら、ブッダは高齢で息を引き取った。文献が伝える彼の最期の語りは、理想的な師にふさわしい清浄心によって抑制されているにもかかわらず、情感にあふれているが、そのことは、ブッダの方法が単に冷徹で非人間的な心理技法ではなかったことをうかがわせる。すでに病み老いた師は、それでも進み続けることを望んでいたが、ついに力尽き、ひとたび横たわると、もはや再び立ち上がることはなかった。彼の直弟子たち、とりわけ説法が行なわれはじめた初期の時代からつき従っていたアーナンダ〔阿難〕は、師の傍らで涙にくれる。師は弟子たちを安心させ慰撫する。この最期のときには、これまでの説法のなかで行なわれてきたような、体系的な勧告を与えることは、もはやなされなかった。それを求めなかったことで、アーナンダは後に惨い非難を受けるのだが、ブッダは弟子たちに対して、事物が無常であり、それが避けることのできない別れをもたらすことを思い起こさせ、覚悟を促すことを語るだけに留めたのだった。この時こそ、ブッダの「完全なる止滅」、すなわちパリニルヴァーナ(Parinirvâna)〔般涅槃〕が完遂したときであり、尊師の最期の物語を尊重して、伝説が、当然のこととして奇跡の類型的記述を展開するときでもある。師に接した者はすべからく、その崇拝の念をイラン東部から日本にまで、セイロンからモンゴルにいたる地域にまで広めており、また、その人間的威光が並外れたものであり、賛美せずにはいられなかったのである。幸いなことに、伝説は、神々に優るものとして称揚することでブッダという人間に粉飾を加えてはいるが、人間であることを隠蔽してはいないのである。

〔ジャン・フィリオザ(コレージュ・ド・フランス教授)〕

訳註

★01 「四住期」(アーシュラマ)の制度。人生を四期に分ける。第一「学生期」:先生宅で、「ヴェーダ」などの聖典を学ぶ。第二「家住期」:家に帰って結婚し、家庭・社会生活を営む。第三「林住期」:男子が誕生すると、財産を子に譲り、森に入り簡素な宗教的生活を営む。第四「遊行期」:一切の執着を棄て、修行者の生活を営む。

★02 サンスクリット語のアルファベット表記については、以下、フィリオザによる原書のフランス語表記に準じた。

ナンマールヴァール

❖NAMMÂLVÂR

ナンマールヴァール（NammâLvâr）とは、[◯01][★01]コロマンデル海岸とインド半島の最南端を含むタミル地方の言語で、「われらの聖者」を意味する。この国のヴィシュヌ派の信者間で呼ばれた名であり、実際には、彼はカーリ（Kâri）の息子で、マーラン（MâRaN）という名前であった。その家族はヴェララール（VellaLar）というカースト階級に属し、バラモン教の階級分類では、シュードラ（çûdra）の階級に相当する。[★02]それは劣等階級（不可触賎民）の範疇を含まない、その上位にある分類として認知される四階級のなかの最下層階級か、または、まさしく劣等階級（不可触賎民）の範疇を含んでいる分類における最下層階級に相当するものである。しかし、バラモン教における分類を、そのままタミル地方に適応するのは勘違いもはなはだしいのである。実際には、ヴェララールとはバラモン教の階級の外部に存する貴族階級だったのである。カーリは、半島の最南端に位置するティルネルヴェリ州（Tirunelvelli）にあるテンギュルギュール（TeNgurûr）の町の出身であり、この町がアルヴァールティルナガリ（ALvârtirunagari）「聖者の富裕なる町」となったのは、カーリの息子の栄光によるのは間違いないだろう。カーリはパーンディヤ（Pândya）王国（七六五〜八一五年）のパランターカ（Parantâka）王のもとで大臣職を務めていたようである。

当時タミル地方では、すでにヴィシュヌ神の信仰が熱狂的に盛んになっていた。カーリは、ヴィシュヌを深く信仰する家庭より妻を得て、伝説によれば、その夫婦の子供が、世界を導き悪人たちと戦う、ヴィシュヴァクシェーナ（Vishvakshena）「その軍勢がいたるところに及ぶもの」の姿をとったヴィシュヌ自身の化身であったと伝えられている。この表現は重要である。なぜなら、それは、人間的な崇高さと神聖さのなかに、人間の特性ではなく、「至高存在」の属性が現われていることによって、彼が人々の信仰を集めていたことを示しているからだ。ところで、この信仰は、ヴィシュヌ信仰以外の宗教、相対的に遅れて伝播した仏教にまでひろく広まり、そこでの「生けるブッダたち」のことはよく知られている。なお、この信仰では、神の恩寵によって、神の化身が現われ人間が救済されるが、同様に撃退された悪人たちまでもが救済されるのである。なぜならその激しい情念は、愛ではなく怒りによるものであっても、彼らを神的存在、神の救護と救済のほうへと運んでいく力となるからだ。

かくして驚くべき子供が産まれるのだが、彼は叫び声をあげることもなければ、泣くこともなく、乳房を求めることなく、ただ

❖ NAMMÂLVÂR

沈黙し静かに微笑んだのである。両親は大層不安を覚えたが、神の意志に委ねたのだった。彼らはタマリンドの樹陰に子供を安置したまま育て上げる。その場所で、彼は不動のまま、口もきかず、眼を閉じ、そのまま一六年が過ぎる。そのとき、ヴィシュヌの聖地から聖地へと旅をしていたもう一人の聖人、マドゥラカヴィ(Madurakavi)がこの驚くべき子供にすっかり魅入られる。彼は子供が聾唖者であるかどうかを知りたいと思う。石で音を鳴らすと子供は眼を開く、初めて外部の世界を感知したのだ。それから聖人が問いを発すると子供が答える。

問いは謎かけの様相をなしていた。「もし霊妙なるものが死の胎内に生まれたならば、それは何を食するのか？　それはどこに休らうのか？」。問いは端的に次のことを意味していた。この動くことのない身体のなかに存続している生命があるのか否か？　答えは次のようなものだった。「それはそれを彼処で食する、それは彼処に休らう」、つまり「私の霊的存在は、ここに現存する身体には不在であり、それはもっと遠くに生き、休息している」と答えたのだ。

後世に付け加えられた物語は、ほとんど真実らしい外観をもっていない。物語がともかく伝えているのは、聖人が幼少の頃から外的世界からは距離を置き、自閉症のような態度を示していたことだ。しかしながら完全な自閉症、特に純粋に無意志的な自閉症だったわけではない。日常の自閉的態度にもかかわらず、彼は外的世界を認識し、言語を解し、存在と事物の問題について黙考を重ねていた。思弁を拒否する厳格な仏教哲学のような立場の哲学を除けば、バラモン哲学とインド哲学一般が古来より問題にし続けていた問題である。

マドゥラカヴィは、聾唖者の身体の外にある知者が神の化身であることを信じ、疑念を抱くことなく彼の弟子になった。師を敬う気持ちを、神への崇拝のレベルに推し進めたのである。このマドゥラカヴィこそが、以降、この知者の発した言葉、たとえ神自身としてではなくとも、少なくとも熱烈な信仰者として、人々を救済するために神の素晴らしさを謳いあげる、ナンマールヴァールの言葉を記録し続けた人物である。

ナンマールヴァールとマドゥラカヴィの存命中の状況について、ここで記した以上のことは、ナンマールヴァールの詩のなかで暗示されていることを除けば、ほとんど知られていない。しかし、ナンマールヴァールは特殊な子供であったが、それにもかかわらず、その詩を見れば、いずれの時代の詩をとりあげてみても、インド文学と哲学の大変広範な知識を得ていたことは明白である。だが、われわれに伝えられている詩の表現形式を見ると、彼の作品が修正を施されている可能性はきわめて高いのである。彼が存命した時代から約一〇〇〇年という、その間の当該状況が不明な年月をへだてて現われた、新たな詩の創作者、ナータムニ（Nâthamuni）は、当時、一般にはほとんど知られておらず、聖者の国を訪《おと》なう信仰篤い巡礼者の間に伝わっていたナンマールヴァールの詩歌に接して、感嘆の念に打たれたのである。ナータムニは、聖者の国に立ち寄り、ナンマールヴァールの詩歌を研究し、その忘れ去られていた詩歌や、彼と同じ精神の系譜に連なる他の聖者たちの作品からも神秘的な啓示を受けている。ナータムニがそこで得た啓示の感覚は、彼がその教えを復元しようとしていた聖者たちに特有の霊感を、彼自身にも与えていた可能性がある。したがって、彼がナンマールヴァールとその係累の者たちの作品とみなした詩歌のすべてが、彼ら自身の手になるものであると信じることはできない。しかし、ナータムニが何もかも創出することは不可能である。彼は、地方においてはまだ生きており間違いなく豊かであった、現実に保持されていた伝統に依拠していたのである。インドでは普通のことだが、この伝統においては霊感を与えた詩歌のテクストのほうを、その作者たちの伝記的状況よりもはるかにしっかりと守り伝えているのだという事情にだけは、留意しておかなくてはならない。われわれが要約した少年期のナンマールヴァールとマドゥラカヴィとの関係をめぐる物語は、比較的後代に作られたものであり、誰もが認める伝統的資料に相当しているわけではない。というのも、詩人カンバル（Kambar）が、ナンマールヴァールとマドゥラカヴィからなるひとつの人格を作り上げたものだからである。つまりナンマールヴァールの教義と信仰は——それこそが何よりも重要な点であるが——彼の人生の具体的事実に関することとは比べものにならないくらい、明確に伝えられているのである。その教義と信仰は、四つの詩的作品によって明らかにされている——詩は、西洋と比べるとインドでは、はるかに多用されている表現様式であるが——その四作品とは、『ティルヴィルッタン』（Tiruviruttam）：「ヴィルッタン（viruttam）という韻律からなる幸運の詩」、『ティルヴァーイモリ』（あるいは『ティルヴァーイモジ』）（TiruvâymoLi）：「幸運の口より発せられた言葉」、『ティルヴァーシィリヤン』（Tiruvâçiriyam）：「アーシィリヤン（âçiriyam）という韻律からなる幸運の詩」、『ペリヤティルヴァンダーディ』（Periyatiruvandâdi）：「詩節の最後と次の詩節とが連続する幸運の大詩篇」である。最も重要なのは『ティルヴァーイモリ』であり、ヴェーダーンタ（vedânta）という語の意味である「知恵の成就」という教義について説かれた、ヴェーダーンタの聖なるテクストのひとつとみなされていた。聖なる偉大なウパニシャッド（upanishad）と同様、少なくとも原理上では、インドで最も古く、最も権威をもっているヴェーダの伝統に属するものとみなされていたのである。それは「タミルのウパニシャッド」（doramidopanishad）であり、そのような認識のもとに、サンスクリット語に翻訳され、タミル語、サンスクリット語、そして時には、サンスクリット語とサンスクリット語の文法形式がタミル語のフレーズに混じって作られた折衷語によって、さかんに注釈されたのである。この折衷語は、マニプラヴァラン〔あるいはマニプラヴァーラ〕(manipravalam)と呼ばれ、「真珠と珊瑚」という意味である。

そこではもうひとつ別種の混合、存在論的思弁と熱狂的崇拝との混合が現われている。あるいは、むしろナンマールヴァールの思考の特徴である、人間の認識圏内に「絶対存在」(l'Etre absolu)が姿を現わすことに驚嘆する感情が、そこで炸裂しているのである。

古代ヴェーダーンタは、この「絶対存在」を見出していた。そして、それが人格的なものではないことを認識していた。ヴェーダーンタは、人間の人格に、生き思考する身体に、組織だったひとつの統合体を捉えていたが、それは、その外部に属するものである他者たちの「自我」を排除して限定づけられた、ひとつの「自我」の概念をとりまく、偶然的で一過性の要素からなるものと考えられていた。当然、そこに不変で、自立した、恒久的存在を想定することは否定されている。しかし、あらゆる「自我」のなかに、あらゆる現実の事象のなかに、そして想像においてしか存在しない事がらのなかにも、存在するものに共通の基体を認めていた。そこに、「存在」(l'Etre)を見ていたのである。その本質は、まさしく存在が存在する、としか言いようのないものであり、さらに正確には「実在するもの(存在者)」(サット：satはサンスクリット語で「ある」を意味し、〔フランス語における〕「être」に相当する動詞の中性現在分詞 Existant)と呼ばれるものである。それに対し、経験的に存在するものはすべて、「生成した」(ブータ：Bhūta)事象と命名されている偶然的存在様態でしかないものである。ある一時的なひとつの中心へと関連づけられる活動と感覚によって表象されている自我に執着することに対して、ヴェーダーンタは、普遍的自己の認識を対置させる。自我の境界を越えて、それ自体で、いたるところに遍在する唯一の「普遍的自己」〔宇宙我〕(le Soi universel)を認識することで、人間精神はその「自己」と合一するのである。

この認識が、人間的条件を脱して救われること〔解脱〕を可能とするのである。すなわち、輪廻の必然性を免れさせるために、輪廻する精神的身体に働きかけ、輪廻させる推進力を最終的に取り除くヨーガや仏教の心的技法と同様、ヴェーダーンタの認識は、生にこだわる激しい欲望を消滅させ、個的自我〔個我〕(le moi individuel)を、この固有の自我のなかに現存する「普遍的自己」〔宇宙我〕のほうへと向わせたのだ。それを、普遍的なものを通して個我を乗り越え、自己が内在的であると同時に超越的であることを自覚させることによって行なったのである。★03 この認識は、〔輪廻転生する現象という〕人間的条件を、完全に価値の低いものにしてしまう可能性をもっていたし、実際にそのようにみなしてもいた。しかしながら、つねに必然的にそうであったわけではない。

簡明な諸原理からなる純粋な論理が、人間的条件へと人々の目を向けさせ、時にはそこに思索を展開させていくことがあったのだ。

複雑な事態を注意深く考察するその論理は、人間的条件に——さまざまな原理によって、一貫性を欠いたものとなっている通俗的な「自己保存本能」というよりは—むしろ「生の価値」を捉えていたのである。存在論的には、完全に「普遍存在者」(l'existant Universel)に従属する偶然的な存在である諸現象は、それらが実在する限りは、普遍存在者の性質をより少ししか帯びていないというわけではないのである。「世界」は、〔それ自体で有る〕「自性存在者」(l'Existant en soi)によって支えられているという事態を通じて、自性存在者と比較すれば、世界は儚いものだとみなす認識が見失っている点を捉えなおすのである。世俗的認識の誤りは、偶然的な世界が実在することへの確信をもたなかったことにあるのではなく、世界が偶然的なものであると同時に、不可欠の実体を有していることを見ようとしないことにあるのだ。自性存在者の優位性についての認識は世界を否定するものではない。それは世界を階層性において把握するものだ。だからこそ、知者は、世界のなかで生きつづけることができる、すなわち偶然的なもののなかで行動しつづけることができるのである。自性存在者を〔絶対超越的な〕至上の実在とみなす幻想に欺かれないようにすることで、知者は、現実にあるものとしてそれに接することが可能となる。そうすることが、物事の自然な秩序にとどまり、己の宿命である義務を果たすために必要であることを、有名な『バガヴァッド・ギーター』は教えている。知者にとって、それは、自我、私の自我ならびに他者の自我に固執しないことであり、世界において、その行為において、あらゆる点において存在する現実の要素を、その真の源泉へと立ち戻らせることに尽きるのである。

しかし、感覚的な存在であるすべての者たちが帰属する「普遍存在者」は、この世界の感覚性の領域にとどまる人間にとっては、神の姿をとって現われるのである。特に、それはヴィシュヌ神、すなわち「遍在するもの」の姿で、人間に対して現われるのであり、現象的に与えられているもの全体が、人間の観点では、ヴィシュヌの夢幻的な姿の発顕なのである。やはり『バガヴァッド・ギーター』が教示していることだが、そこでは、ヴィシュヌ神への崇拝、礼拝、信愛が、その神へと人間を導く行為、より的確にはヨーガの行為として、示されているのである(第IX章34)。まさにこの点を、ナンマールヴァールとその他のヴィシュヌ派の聖人たちは根拠としているのである。

彼らの生きた時代は、『バガヴァッド・ギーター』をその一部に含む『マハーバーラタ』の哲学において、あるいは、むしろタミル地方の伝統において、生が高い価値をもっていたのである。『バガヴァッド・ギーター』と同様、ナンマールヴァールが精通していたあるタミル語の著作、ティルヴァッルヴァル(Tiruvalluvar)の『クラル』(KuRal)〔短い詩節〕の詩句集は、格言の形で生の理想、すなわち正しい秩序、有用性、愛を描き出している。その詩句集では、神があらゆるものの原理として立てられている、ちょうど母音のaが、すべての文字の端緒となる原理であるように。また、出家している賢者たちを尊んでいるが、社会の完成体である家族の繁栄と生を保証する、自然の正しい秩序の上に、彼らを位置づけている。

ナンマールヴァールは、自身が部分的に霊感を受けた偉大な著作群を、哲学的にも感情的にも乗り越えて、その思想を推し進めていった。〔ヴィシュヌが〕唯一普遍的に遍在する必然性を他の誰よりもよく了解し、その遍在をいたるところに見出した。また他の誰よりも、彼はこの遍在者〔ヴィシュヌ〕に身を捧げたが、それは己を世界の外部へと投げ捨てたり、自我を放棄することを無理強いするものではなかった。この世界、この自我を通して、彼はそれを見、愛した。そして、それが現実に彼の前に姿を現わしていたからこそ、喜びを見出していたのだ。唯一普遍の遍在者が、同時に超越性と臨在性をもっているというパラドックスを前にして、歓喜し、驚嘆していたのである。

「自性存在者」は、唯一の実在であるがゆえに宇宙のあらゆる存在するものに共通する場なのであるが、同時に、この宇宙のあらゆる活動、あらゆる様相に共通の場でもある。したがって、盛期ヴィシュヌ派のひとつ、パンチャラートラ派がすでに教示していたように、すべての事象が自性存在者の発顕であり、さまざまな変移するものの統一として自性存在者は存在するのである。それこそが、後にラーマーヌジャ〔十二世紀〕の学説が強調することになる確信であり、その点を通じて、彼のヴェーダーンタ哲学は「分化したもの〔現象世界〕における非‐二元論」〔制限不二論〕〔ヴィシィシュタ・アドヴァイタ〕の確立としてみなされるようになる。その学説は、シャンカラ〔八世紀〕の学説と対立している。シャンカラは、純一な非‐二元論〔不二一元論〕に力点を置き、〔制限不二論のように〕完全な実在の考察を損なうことになる、分化したもの〔それはそれと異なるという別異性の相、多としてある現象界〕の考察にこだわりつづけることを無知であると主張したのである。ナンマールヴァール自身は、何よりも分化したもの〔諸現象〕のなかに完全な実在を捉えることで、二つの見地の両立を図っていた。なぜなら、分化したもの〔諸現象〕は完全な実在によってすっかり充たされているか、あるいは、分化したもの〔諸現象〕は存在しないかのどちらかだからである。無は完全な実在から生じるか、さもなければ、無は存在しないということになろう。有か無かは経験から与えられるもので、現存の形式によるか、不在の形式によるかにすぎないのだが、どちらにしろ、それは唯一の「存在者」〔l'Existant〕より生じる二つの状態なのだ。★04

「もし、それは「ある」〔有〕と言うならば、それはまさに、その形とともに、その形のためにあるのであり、形づくられた事物こそがここにあるのである。もし「ある」のは「それ」〔唯一存在者〕であって、それ〔事物〕は「あるではない」〔無〕と言うならば、事物は形の不在としてあるのであり、示されているのは、形を欠いた事物なのである。「ある」もしくは「あるではない」と言われるこれらの特質の把持において、この〔ある（有）、あるではない（無）という〕両傾向とともに、〔その場において〕それ〔唯一存在者〕が限りなく拡がっているのである」（『ティルヴァーイモリ』I、I、9）。

ナンマールヴァールの注釈者たちは、これらの言葉によって、彼が「存在者」を否定しようのないものとして肯定しているのだと解釈しようとしている。特に、あらゆる事物は、絶対真理における固有性が「空」であると主張し、普遍的に存在する実体のことを考慮せず、相対的真理しか認めない中観派の仏教徒たちに対してその批判が向けられていると解釈しようとしている。それはともかくとして、ナンマールヴァールにとって、この実体は、経験的に存在するもの全体の基体なのである。より適切には、「唯一者」（l'Unique）が、経験的存在のさまざまな形態を通して現われる全体の一切を担っているのである。

この存在全体を占めるものである唯一者を介して、世界の存在するものの次元において、すべてが生起し、行為が起こったり、起こらなかったりするのである。

「立っていたり、座っていたり、寝ていたり、歩いていたり、立っていなかったり、座っていなかったり、寝ていなかったり、歩いていなかったりする者たち、永遠に占有するものとしての唯一の存在に、彼らが思考を通じて到達するのは困難である。〔同時に〕彼らは、唯一の存在とともに永遠に留まりつづける、揺るぎないもの、われらのものである」（『ティルヴァーイモリ』I、I、6）。

ナンマールヴァールの教説の主要な特色をなす、この根本的基体は、それを明らかにした者たちによって、「われらのもの」と呼ばれるものである。必然性という観点からは虚しいものである偶然的な自我を棄て去るかわりに、それ以降、エンペルマーヌ（EmperumāN）「われらの主」と彼らが呼ぶものが明らかに了解されている限りは、彼らはその基体〔われらの主〕と結ばれているのである。しかし、この自我のさまざまな偶然的特徴との結びつきが問題なのではない。まったく反対に、彼らは、個人の人格のなかに、神への愛の飛躍しか残さないようにするために、自我を放擲するのである。

「精神、言葉、行為、これら三つのものを、見よ、破壊せよ、汝を主に服従させせよ！」（『ティルヴァーイモリ』I、2、8）。

ここに神秘主義者が姿を見せている。ナンマールヴァールは、知的には、「存在者」の永遠の唯一性を認識していた。一方、感情的には、その偉大さを熱烈に感じていたのである。われわれが「主」と表現している言葉は、原語のタミル語では、より意味深い言葉である。ペルマーヌ（PerumāN）は本来「偉大なもの」という意味であり、イレイ（IRei）は「超越」という概念を担っている、すなわち、卓越性と超越性という二つの意味を同時にもっているのである。その結果、〔人間的条件である〕生の外部に出ることなく、知性のみならず感覚によっても、精神的飛躍のみならず身体行為においても、生を完全にその至高の原理に立ち戻らせるために、彼は信仰心を確固たるものにしようとする。信仰心は、身体行為としては、固有の寺院への巡礼や礼拝といった敬虔な行動となり、またこの信仰心は、経験的に存在するものを、無意識的になされる輪廻の再生の循環から開放し、本来の不滅性へと導くものとなる。[★05]

「賞賛に値することを行ないながら、素晴らしい水を含んだ花々を投げながら、われらが父の名を想え！　この生の根を、彼は切り落とすだろう。それゆえ、われらは語ったのだ、真実このようなことを理解しつつ。いわく、豊穣なる園々を有するアナンタプラム（［Anantapuram］無限の町、〔ケララ州〕トラヴァンコール［Travancore］地方にある町トリヴァンドラム［Trivandram］）の偉大なる「存在」の蓮の根元に触れるものたちは、不滅のものとなるだろう」（『ティルヴァーイモリ』X、2、5）。

それは偶像崇拝だと言えなくもない。しかしながら、存在論的認識によって修正された偶像崇拝であり、その崇拝自体が目的となっているのではなく、人間の経験存在の全体を、それが依存する普遍性へと参与させるひとつの技法として適応させたものなのである。それゆえに――これはナンマールヴァールの思想が生み出した新たな主要な特色であり、彼が興した組織全体に共通の特色となっているのだが――信者にとって、唯一普遍的な存在は人間的な姿で現われるのである。唯一普遍的なものは、単に存在論的な意味で遍在しているだけでなく、人間性のうちに、顕《あき》らかな形で「降臨」しているのである。そこにアヴァターラ（avatâra）〔権化・化身〕の教義が存在する。その教義では、至高の力は己を人間たちに啓示するために、意識をもつ個別の存在するものの姿をとるのである。ナンマールヴァールはこのような唯一者のさまざまな顕現について、とりわけクリシュナ、この魅力的で非凡な童子の姿で現われ、ついであらゆるものの心を虜にしてしまう若き英雄の姿で現われる神について、倦むことなく深く思索しつづけた。この人間的な存在、彼に対して、人間が自分の息子や愛するものに抱くような愛の心が働く存在は、人間に向って己のもとへと到達する方法を伝える「唯一存在者」（l'Unique Existant）以外の何ものでもないのであり、ナンマールヴァールにとって、この神は、魂を高揚させる驚嘆すべき存在であると同時に、宇宙を解明するものでもあるのだ。

アヴァターラの教義は、おそらく、哲学自体とは関係なく独自に生まれた先在する諸信仰を、至高存在についての哲学的概念と一致させようとするものであるが、ナンマールヴァールから興った諸思想は、ある程度までその教義の正当性を認めているのである。知性が、「普遍存在」（l'Existence universelle）を、〔人間によって〕知覚される存在次元、この下位の世界において見出すのならば、アヴァターラの教義は同様の捉え方で、降臨し形をそなえて現われた「普遍的神性」を介して、人間的条件のなかで感じられる神性を説明しているのである。

ナンマールヴァールにおいて、その思想は絶えず神秘主義を懐胎しながらも、それを合理化するものであった。そこに、彼の思想を継承する学者たちが、彼を哲学者として取り扱い、彼の詩にスコラ学的な注釈を施してきた理由があり、同時に、その他のヴィシュヌ派の信者たちによって、その賛歌が守り続けられてきて、今でもなお、歌われている理由が存するのである。ヴィシュヌ派の思想や信徒たちの活動と並行して、それに勝るとも劣らない輝かしい系統をもつシヴァ派の思想家たちや信者たちによる活動があり、その世界や思想が想定する「普遍存在」の威光を、ヴィシュヌ派と同様の形式で理解し賛歌を捧げている。ヴィシュヌ派とシヴァ派は、インドの存在論的思弁の、二つの主要な宗教的変奏旋律を奏でているのである。〔ジャン・フィリオザ(コレージュ・ド・フランス教授)〕

原註

○01 原語に近い発音はājivār(ナンマージヴァール)である。以下、文中タミル語の名詞のなかで、大文字表記した文字は、相当する語音を記したが、ラテン・アルファベットには正確に対応する音がないものである。

訳註

★01 従来の日本語の文献ではナンマールワールが一般的。以下、タミル語のアルファベット表記はフィリオザによる原書のフランス語表記に準じた(原註01参照)。

★02 種姓(バルナ)制度。ブラフマナ(祭司)、クシャトリヤ(王族・武士)、バイシャ(庶民)、シュードラ(奴隷)の四階級と、四姓の外に置かれた不可触賤民のチャンダーラ階級が存在した。

★03 ここでの概説は、ウパニシャドの宗教的・哲学的思想の精髄である、「汝はそれなり」(Tat tvam asi)の思想を基盤としている。「汝」とは、「個我」(アートマン)のこと、「それ」とは、全存在世界の根源的リアリティ、万有の形而上的最高原理である「ブラフマン」、すなわち「宇宙我」のことである。要するに、「個我」(アートマン)と「宇宙我」(ブラフマン)の一致、あるいはむしろ、両者が元来一体であることの自覚が説かれている。

★04 シャンカラ(七〇〇～七五〇年)は、ブラフマン(宇宙我)とアートマン(個我)とは、不二(同一)であり、「分化したもの」である物質世界は、マーヤー(幻影)のように虚無であると説いた。「制限不二論」を説いたラーマーヌジャ(一〇一七～一一三七年)は、ブラフマンと個我と物質世界はすべて実在で異なっているが、三者は不可分離の関係にあるとみなした。ラーマーヌジャは、ブラフマンとヴィシュヌを同一であると考えて、その三者関係を理論づけたが、ナンマールヴァールは、同様に唯一の実在であると同時に、物質世界にも遍在しているというヴィシュヌの特質を基軸に論を展開しているのである。

★05 シャンカラは、解脱のために必要なのは知識のみであると説き、礼拝などの行為による方法論を否定した。それに対し、『バガヴァッド・ギーター』に見られる思想と同様に、ナンマールヴァールは、解脱のためには、知識も行為も必要であるとする、知行併合論の立場に立っている。

補記

およそ三〇〇〇年から四〇〇〇年にわたって堆積された膨大な地層を擁するインド思想・哲学の世界から、二人の哲学者を選別することはそもそも至難の業だが、それにしてもジャン・フィリオザの選択は意表を突くものだ。ブッダとナンマールヴァール。ブッダに関しては、まず妥当であること説明は不要であろう。しかし、ナンマールヴァールに関しては、途惑う者も多いだろう。筆者の知る限りその著作は邦訳されておらず、またその名が言及されている邦訳文献を探索しても僅かな数しか見出せない（例えば参考文献に挙げたR・G・バンダルカルやM・ヘーダエートゥッラの著作など）。しかも、彼を主題的に論じたものは皆無である。何者なのか？

時代は「バクティ文学期（六〇〇〜九〇〇年）」である。タミルの宗教・社会・文化の大きな変革期で、タミル全土にバクティ（bhakti：神に対する熱烈な帰依信仰）の気運が高まり、隆盛であったジャイナ教、仏教は徐々に排斥されはじめる。北はパッラヴァ王朝、南はパーンディヤ王朝などの為政者の支持の下、シヴァ教やヴィシュヌ教が勢力を得て、ヒンドゥー寺院をわたり歩きつつシヴァ神やヴィシュヌ神に対するバクティを、タミル語で謳い上げる宗教詩人たちが活躍する。彼らの言葉は民衆にも広まり、この一群の宗教詩（賛歌）が後にまとめられ、シヴァ派聖典『ティルムライ』（聖なる秩序）、ヴィシュヌ派聖典『ディヴヤプラバンダム』（聖なる作品集）と総称される。ナンマールヴァールは、この後者に作品がおさめられている十二人のアールヴァール（七〜十世紀）の一人、彼らの活動の中期に位置づけられる伝説的宗教詩人である。

問題は、仏教の始祖とタミル・バクティ期の宗教詩人という哲学の本流から逸脱しているかに見える両者に、いかなる「哲学」を見出すかである。フィリオザは、ブッダを「応用心理学的方法の創始者」、ナンマールヴァールを「（インド固有の）存在論的思弁の解釈者」と規定して論説している。堅実な論旨ではあるが、インド固有の存在論に関し、インド哲学の根本命題について説明がないので、以下に補足する。

インド哲学は、紀元前八〜七世紀のウパニシャッド文献から、その自覚的な歩みが始まると言われている。ウパニシャッドに記される最初期の哲学者たち、ウッダーラカ・アールニ（紀元前八世紀後半）は「有」（ブラフマン＝梵）の哲学を興し、ヤージュニャヴァルキヤ（紀元前七世紀）は、「自己」（アートマン）の本質を本格的に探究した最初の哲学者であるとされる。彼らにとって、日常的に他者との差異によって把握される相対的な「自我」とは位相の異なるこの「自己」は、「有」と単純に弁別できるものではないとみなされ、以降、両者の関係をめぐる思索の多岐多様にわたる変奏が、インド哲学の豊穣な旋律を紡ぎ出しているのである。根底に響いているのは、「Tat tvam asi」（汝はそれなり）というウパニシャッドの主旋律である。「汝《トヴァム》」とは「個我」、すなわちアートマンのこと、「それ《タット》」とは全存在世界の最高原理、ブラフマンのことである。つまり、この命題の意味するのは、いわゆる「梵我一如」のこと、個的人間は、宇宙の究極的根底である絶対者ブラフマンと完全に一致する、もしくは、両者は元来一体であることを説いているのである。ナンマールヴァールの「存在論的思索」を考察する際には、この命題を念頭に置いておく必要がある。特にヴェーダーンタ哲学の伝統において、この命題が「大文章《マハーヴァーキャ》」（根本命題）であることを認識すれば、フィリオザが、ヴェーダーンタにおける二大学派、「不二一元論」を説いたシャンカラ（八世紀）と「制限不二論」を説いたラーマーヌジャ（十一〜十二世紀）の対比に言及していることの意味が明確になろう。シャンカラの思想を極端に単純化して記せば以下のようになる。ブラフマンは「絶対有」であり、唯一の「実在」、「一」なるものである。それに対し、われわれが日常的に生きている現象世界とは、さまざまな個別の事物が存在する「多」なるものである。にもかかわらず両次元が同一であるという矛盾を超克するために、現象世界がマーヤー（幻影）という「無明」、すなわち無知に覆われているために「梵我一如」の真理が見えなくなっているという論理を立て、この「無明」を取り除き、真の知に覚醒することが哲学の営みであると見なしたのである。問題は、われわれが生きているなかで感じるリアリティが否定されてしまう点である。ラーマーヌジャは現象世界も実在と捉え、「生」の現実と「有」を接合する道を探究したと言えるのだが、バクティ期の宗教・哲学運動が少なからぬ影響を与えていると考えられるのである。ナンマールヴァールの場合、ブラフマンはヴィシュヌに置き換えられているが、理論的な相違はない。そこには「超越」に還元されない、「内在」としての神の問題がある。フィリオザはアヴァターラ（化身）の理論を示唆するが、それは神（絶対有）に内在的に顕現する個別化、「自己差異化」の問題である。ある意味、それはマーヤーと関係する。マーヤーは、本来、幻術師が幻を見せる能力であり、ひいては神が世界を現出させる不可思議な能力につながる。すなわち、マーヤーとは、神＝有の自己差異化の働きであり、「一」なる本体を隠蔽するものだが、実際には、この「差異」を通じてしか、人間には「一」なるものを了解する術がないのも事実である。すなわち、マーヤーには隠蔽と顕現という背反する二方向の作用が同時に働いているのだ。西洋哲学に照示すると、それがハイデガーの説く非‐隠蔽性を意味する「アレーテイア」としての「真理」、「存在」を隠蔽しつつ明るみにもたらす「真理」論と接点のあることが理解されよう。

残る問題は、ブッダの位置づけである。フィリオザは、「絶対有」のような観念的本質問題に関わることを拒否し、形而上学を超克する合理的精神を体現した人物としてブッダを捉えているようだ。間違いとは言えない。しかし、ブッダもまた「梵我一如」の命題を自覚していたはずである。ブッダが、二人の師による教えに満足できなかったのは、自我を徹底的に無化しながら、究極的にはすべてが「ブラフマン」に還元される思想構造に疑念があったからであろう。ニルヴァーナの境地に徹すれば、ブラフマンさえも消えるはずだ。それが「有」だとか「無」だとかも言えないはずだ。すべては「空」、そしてその思想を支えるのが、全事象を関係性において把持する「縁起」論である。この哲学の自覚化は、中観派の始祖、ナーガールジュナ(二〜三世紀)の登場を待たねばならない。いわゆる大乗仏教の登場である。ところが、フィリオザは、大乗仏教を「非正統派」としてほとんど認めていないようである。西欧の一部の研究者に根強く見られる姿勢である。そのために、大乗仏教から「仏教」にアプローチすることが常態である日本人にとっては、ブッダの哲学的可能性の線が、そこで切断されていると感じられ残念な点である。もっともインド哲学を貫く柱として、ヨーガの存在を指摘しているのは、フィリオザの卓見である。『ヨーガ・スートラ』に明記されているように、それは「心の作用の統御」だが、何よりも身体技法であることを忘れてはならない。呼吸法が基盤にあるのはそれゆえである。十二〜十三世紀以降に体系化される「ハタ・ヨーガ」では、身体と世界の構造との相関性が探求される。身体における六つのチャクラに、下部から順に「気」を通し、最後に頭頂部にあるサハスラーラへと抜けることによってブラフマンのエネルギーと合体する由である。ここには明らかに身体が、「中空構造」をなしているという認識がある。つまり、「穴」が開いているのだ。身体に吸入される気を通し、身体の内部と外部は時に逆転し、内部の詰まった「私」という実体など存在しないことを、身をもって知ることになる。インド哲学が、一つの哲学的体系に一元化されることなく、多様性を保持し続けているのは、固執すべき「自我」という立脚点など存在しないことを体感するヨーガの伝統を守りつづけているからであろう。

ジャン・フィリオザ(一九〇六〜一九八二年)は、当初、医学の道に進み(医学博士一九三〇年)、後にインド学へと転じている(文学博士一九四六年)。一九五二〜一九七八年、コレージュ・ド・フランスのインド文学・言語の教授職を務める。著書に*Magie et médecine* (PUF, 1943), *Les relations extérieures de l'Inde* (Pondichéry, 1956), *Les philosophies de l'Inde*, (PUF, 2006) などがある。

主要著作

ブッダの著作

▼仏典に収録された談話からなるテクスト。

ナンマールヴァールの著作

▼『ティルヴィルッタン』TIRUVIRUTTAM(聖なる詩節)。
▼『ティルヴァーイモリ』TIRUVÂYMOLI(聖なる言葉)。
▼『ティルヴァーシリヤン』TIRUVÂÇIRIYAM(聖なるスタンス)。
▼『ペリヤティルヴァンダーディ』PERIYATIRUVANDÂDI(大いなる連鎖)。

参考文献

*翻訳にあたり参照した文献は多数あるが、主要なものは以下のとおりである。

▼『バラモン経典・原始仏典』(『世界の名著I』)長尾雅人編、中央公論社、一九六九。
▼中村元・三枝充悳『バウッダ〔佛教〕』講談社学術文庫、二〇〇九。
▼立川武蔵『ヨーガの哲学』講談社学術文庫、二〇一三
▼R・G・バンダルカル『ヒンドゥー教――ヴィシュヌとシヴァの宗教』島岩・池田健太郎訳、せりか書房、一九八四
▼M・ヘーダエートゥッラ『中世インドの神秘思想』宮元啓一訳、刀水書房、一九八一。
▼ティルヴァッルヴァル『ウパデーシャ・サーハスリー――真実の自己の探求』前田専学訳、岩波文庫、一九八八。
▼シャンカラ『ティルックラル――古代タミルの箴言集』高橋孝信訳注、平凡社、一九九九。
▼井筒俊彦『井筒俊彦全集　第十巻　意識の形而上学』慶應義塾大学出版会、二〇一五。

〔翻訳・補記＝小嶋洋介〕

インドの哲学

インドの哲学文献の広大さは世界でも最大級レベルの一つだが、それはインド文明の豊饒性、多様性、持続性に由来している。ここでは、その簡単な手引きを提示するにとどめる。読者に留意していただきたいのは、インド篇のために引証されている哲学者の数は、他のほとんどの国々のケースと比べると、実際に存在した哲学者の実数とはかなり低い率の人数しか紹介されていない点である。例えばニヤーヤとヴァイシェーシカの二学派のみを取り上げても、一八〇名の著作者が検証されたが、そのうち言及されているのは一二人ほどにすぎない。

ヴェーダ哲学（紀元前一五〇〇〜一〇〇〇年）

『リグ・ヴェーダ』、賛歌のヴェーダ（ヴェーダとは「知識」を意味する）。宇宙発生説、物理学の思弁、生理学、世界の秩序と関係する祭祀主義。

『ヤジュル・ヴェーダ』、祭詞のヴェーダ。

『アタルヴァ・ヴェーダ』、呪文集。

ブラーフマナ哲学（紀元前一〇〇〇〜六〇〇年）

『**ブラーフマナ**』、主要な八編の文献。特に『**シャタパタ・ブラーフマナ**』における、宇宙的、祭祀的思弁。

『**アーランヤカ**』、主要な六編の文献。象徴的解釈。

『**ウパニシャッド**』、原初の文献群は約一二編の文献から成り立ち、後世の追加で一〇八編に増大している。主要なウパニシャッドは以下のとおり——

『**ブリハッド・アーラニヤカ**』
『**チャーンドーギヤ**』
『**カタ**』
『**イーシャー**』
『**ケーナ**』
『**ムンダカ**』
『**マーンドゥーキヤ**』
『**プラシュナ**』
『**カウシータキ**』
『**アイタレーヤ**』
『**シュヴェーターシュヴァタラ**』
『**タイッティリーヤ**』

そしてより後期において『**マイトリ**』

これらのウパニシャッド文献は、宇宙の要素、人間の要素、宗教・祭祀的具物の要素との間に調和と関係性を提示するさまざまな思弁からなっている。宗教・祭祀的具物のなかの、第一等の位階には、ヴェーダの「コトバ」と、特に、コトバの普遍宇宙的根元である「ブラフマン」が挙げられている。

『ウパニシャッド』に明示されている主要な哲学者は、以下のとおりである。

ヤージュニャヴァルキヤ（『ヤジュル・ヴェーダ』再編期における一時代）
ウッダーラカ・アールニ
ライクヴァ
サッティヤ・カーマ・ジャーバーラ
ガールギー（女性）

ヴェーダとブラフマンから独立した思想家（紀元前六〜五世紀）

ここに挙げる思想家たちは、ほとんどが、彼らの敵対者である、ブラフマン主義者、仏教徒、ジャイナ教徒たちによる暗示や引用によって知られている者たちである。ただし、生理学者と医学者に関しては例外的に、その多くの著作が失われずに残っている。

アージーヴィカ派

主要な哲学者は以下のとおりである。

ナンダ・ヴァッチャ

キサ・サンキッサ

特に**ゴーサーラ**

唯物論者とローカーヤタ

主要な哲学者は以下のとおりである。

ブリハスパティ

アジタ・ケーサカンバリン

カクダ

パーヤーシ

バーグリ

懐疑論者〔**不可知論者**〕

この派の主要な哲学者は、**サンジャヤ**である。

詭弁論者、〔**霊魂**〕**否定論者**、**非－体制主義者**

チャールヴァーカ〔「能弁家」を意味する〕とナースティィカ〔「虚無論者」を意味する〕が相当する。

生理学者と医学者

主要な哲学者は以下のとおりである。

アートレーヤの教義は、主に後継者たちによって著わされている。

ベーラと**アグニベーシャ**

チャラカにより、右記後者〔アグニベーシャ〕の著述は紀元後二世紀に編纂された。チャラカ〔その著作は判断力の批判と科学的有効性の要素を含む〕『スシュルタ・サーミター』のなかに同じ伝統が見出される。

ヨーガ

これは、精神的制御と無意識の訓練の技法である。

アーラーダ・カーラーマ〔パーリ語：アーラーラ・カーラーマ〕と**ルドラカ・ラーマプトラ**〔パーリ語：ウッダカ・ラーマプッタ〕、彼らはブッダの師であり、今日、名前が知られている限りで判明している、ヨーガの教義の最初の主唱者たちである。

ジャイナ教（紀元前六〜五世紀）

運動の主導者は**パルスヴァ**（紀元前九世紀）と、特に**マハーヴィーラ**〔ニガンタ・ナータプッタ〕（紀元前五四〇〜四六八年）。

正統派文献

主要文献は以下のとおりである。

『アンガ』（「肢」〔信仰の本体＝中心聖典〕）は一二編の文献。

『ウヴァンガ』（「副肢」〔副聖典〕）は一二編の文献。

『パインナ』（「雑記」）は一〇編の文献。

『チェーヤ』は六編の非哲学的文献。

『ムーラ』（「基礎」）は五編の文献。

これらの文献は、中世－インドの言語、いわゆる「アルダマーガディー語」〔半マーガディー語の意。アールシャとも呼ばれる〕を使って記されている。

後期－正統派文献

以下の文献は、しばしば哲学的内容を含み（認識の理論や蓋然説）、大変重要である。その哲学的言説は、特に次の人物たちによる。

クンダクンダ（紀元後一世紀）は、『パヴァヤナ・サーラ』（「シャウラセーニー語」のタイトル）の著者。サンスクリット語に翻訳されたタイトルは『プラヴァチャナ・サーラ』。

ウマースヴァーティは、『タットヴァールターディガマ』の著者。

シッダセーナ・ディヴァーカラ（七〇〇年頃）は、論理学者。『ニヤーヤ・ヴァターラ』を著わす。

ハリバドラ（九世紀）は、対立する教説に対する批判家、『サダールシャナ・サムッサーヤ』〔六派哲学集成〕の著者。

正統派仏教

ブッダ〔シッダールタ・ゴータマ〕

❖ IE BUDDHA (SIDDHARTHA GAUTAMA)　558-478 BC

仏教の始祖。彼の言葉に基づき、後継者たちの宗教会議により、正統派の文献の集成が作成される。その最初の会議は、ブッダの死の直後に行なわれた「ラージャグリハ」〔王舎城〕の宗教会議である。

さまざまな学派による正統派文献は、「テーラヴァーダ」〔すなわち「長老上座部」の宗派〕においては、中世インド語、いわゆる「パーリ語」で残されている。他の宗派においては、サンスクリット語、もしくは混交〔ハイブリッド〕サンスクリット語〔仏教梵語〕、あるいはチベット語や中国語への翻訳によって、残されている。

*『メルロ＝ポンティ哲学者事典』第一巻《肖像》参照。

哲学的内容を含んだ正統派文献集成

『スッタ』〔経〕〔パーリ語〕は、主要な一八六編の文献集成〔特に『ブラーフマジャーラ・スッタ』〔梵網経〕と『マハーヴァストゥ』〔大事〕〕、五六編の小文献群と二三〇〇編を超える断片的文献、さまざまな集成から形成された一五編を超える文献、そのなかの、哲学的一編が、『パティサンビダー・マッガ』〔無礙解道〕である。

『アビダンマ』〔＝アビダルマ〕〔論〕は、感覚の専門的分析、対応する用語の要点、原因の連鎖の分類からなる七篇の文献。特に『パッターナ』〔発趣論〕と『カターヴァットゥ』〔論事〕における教派的命題の議論。

準正統派文献

『ミリンダパンハ』〔ミリンダ王の問い〕は、仏教の尼僧〔ナーガセーナ〕とギリシア人の王〔ミリンダ王〕〔紀元前一世紀〕との議論。

注釈文献

ブッダゴーサ〔仏音〕〔五世紀〕は、広範な注釈文献のなかで、最も重要な代表者であり、同時に、教義の講話『ヴィスッディマッガ』〔清浄道論〕の著者である。

ヴァスバンドゥ〔世親〕〔四世紀あるいは五世紀〔二人説あり〕〕は、サンスクリット語による、教義の集大成である『アビダルマ・コーシャ・カーリカー』〔阿毘達磨倶舎論〕を著わす。この大全は、仏教の広大な哲学的文献の出発点となる。

非正統派仏教

主要な著作は、以下のとおり。

『プラジュナ・パラミータ』は、多くの校訂修正を受けている。

『アビサマヤ・ランカーラ』は、**マイトレーヤ・ナータ**〔弥勒〕〔一世紀〕の作に帰せられている。

ハリバドラ〔師子賢〕〔十世紀〕は、上記の著作〔『アビサマヤ・ランカーラ』〕に関する注釈書、『アビサマヤ・ランカーラー・ロッカ』を著わす。

『スートラ』〔経〔サンスクリット語〕〕には、さまざまなものがある。特に『サッダルマ・プンダリーカ・スートラ』〔法華経〕、『ランカ・アヴァターラ・スートラ』〔楞伽経〕、『サマーディラージャ・スートラ』〔三昧王経〔＝月灯三昧経〕〕。

マードヤミカ〔中観〕派あるいはシューニヤ・ヴァーダ

この派の理論は、経験的事物はその固有の実体的存在性が空であること、そして相対的次元においてしか実在しないことを主張する。

この派の主要な代表者は、以下のとおり。

ナーガールジュナ〔龍樹〕〔一～二世紀〕は、『ムーラマドヤマカ・カーリカー』〔中論頌〕の著者。

チャンドラキールティ〔月称〕〔六〇〇年頃〕は、『プラサンナパダー』〔浄明句〕の著者。

アーリヤデーヴァ〔提婆〕〔四～五世紀〕

サンガラクシタ〔衆護〕〔五世紀〕

ブッダパーリタ〔仏護〕〔五世紀〕

バヴィヤ〔清弁〕〔五世紀〕

シャーンティデーヴァ〔寂天〕〔七世紀〕は、『ボディチャルヤー・ヴァーターラ』の著者。

シャーンタラクシタ〔寂護〕〔八世紀〕

ヴィジュニャーナ・ヴァーダ〔唯識〕派あるいはヨーガ・アーチャーラ

この学派は、現象世界が表象としてしか実在しないことを主張する。そして、意識の表象を探索する方法としてのヨーガを実践する。

主要な哲学者は、以下のとおり。

アサンガ〔無著〕〔四世紀〕は、『マハーヤーナ・サングラハ』〔摂大乗論〕、『マハーヤーナ・スートラランカーラ』〔大乗荘厳経論〕、『アビダルマ・サムサーラ』〔大乗阿毘達磨集論〕などの著者。

ヴァスバンドゥ〔世親〕（四世紀あるいは五世紀〔二人説あり〕）は、『ヴィムシャティカー』〔唯識二十論〕、『トリムシカー』〔唯識三十頌〕の著者。

スティラマティ〔安慧〕（六世紀）は、『トリムシカー・ヴィジュニャプティ・バーシャ』の著者。

論理学派

主要な哲学者は、以下のとおり。

ディグナーガ〔陳那〕（五〇〇年頃）は、特にチベット語で残された著作。

シャンカラスヴァーミン〔商羯羅生〕（六世紀）は、『ニヤーヤプラヴェーサ』の著者。

ダルマキールティ〔法称〕（七世紀）は、『ニヤーヤビンドゥ』〔正理一滴〕の著者。

ダルマモーッタラ〔法上〕（八～九世紀）は、ダルマキールティの著作の注釈書の著者。

タントラ諸派

この派に属するさまざまの学派は、グノーシス的、象徴的、儀礼的、ヨーガ的な特色をもつ。その教義と実践はパラドックスを好む。人々を性的な昇華に参与させるものである。その文学は、一部、サンスクリット語で伝えられているが、より完全なものは、チベット語による版である。三〇〇篇の基本文献、三〇五五篇の注釈本、その他雑編を擁する。特筆されるのは、以下のとおり——

『グフヤサマージャ』
『サムプトドバーヴァ・タントラ』
『パンチャ・クラマ』
『エーカッラ・ヴィーラ』
『マハーカーラ・タントラ』
『シャムヴァローダヤ・タントラ』
『アビダノッタラ』

さまざまな学派が存在する。特に「シッダ〔成就〕派」と「無上派」の原理の代表者は、以下のとおり。

インドラブーティ（七〇〇年頃）は、『ジュニャーナ・シッディ』の著者。

さらに、「カーラチャクラ」〔時輪〕（十世紀）の学派を参照。

インドの古典哲学

古典叙事詩の哲学

ヴィヤーサは、『マハーバーラタ』の校訂者。そのなかの『バガヴァッド・ギーター』『アヌ・ギーター』『サナツジャーティーヤ』において、そして第十二巻に相当する『シャーンティ・パルヴァン』のなかの多くの節において、多数の哲学的言辞が含まれている。

宇宙論、社会の規律と法学

『**ダルマ・シャーストラ**』は、基本の一八篇の文献を含む「正しい規律の論」、そのなかの『マーナヴァ・ダルマ・シャーストラ』、すなわち『マヌの法典』（キリスト紀元年前後の数世紀）。

政治

カウティリヤ（紀元前三世紀）は、『アルタ・シャーストラ』（実利論）の著者と推定されている。この文献は、後世、編集、改作されたが、社会哲学の観点を含む。

言葉の哲学

主要な哲学者は、以下のとおり。

パタンジャリ（紀元前二〜一世紀）は、『マハー・バーシャ』の著者。

カイヤータ（十一世紀）は、右記（『マハー・バーシャ』）の注釈である『プラディーパ』の著者。

ナゴジィバーッタ（十八世紀）は、右記（『マハー・バーシャ』）のもう一つの注釈である『ウッドヨータ』の著者。

バルトリハリ（七世紀）は、『ヴァーキヤ・パディーヤ』の著者。

シェシャクリシュナ（十六世紀）は、『スフォタ・タットヴァ・ニルーパナ』と『スフォタ・チャンドリカー』の著者。

伝統的な一般書

これらの書の主要なものは、『**プラーナ**』（古伝話）である。基本の十八編の文献に加えて、副次的な十八編の文献である『**ウパプラーナ**』、すなわち「副プラーナ」を含む。特に、『ヴィシュヌ・プラーナ』と『バガヴァッド・プラーナ』が挙げられる。これらの文献は、さまざまの時代に著わされたもので、その多くは、教派的な色合いをもつ教義を含んでいる。

シヴァ派哲学

基本のテクストは『**アーガマ**』〔聖典〕である。それは二八編の文献を含み、多くの『ウパーガマ』〔副アーガマ〕と『シヴァ・スートラ』が付加されている。

トリカ派〔**カシミール・シヴァ派**〕

この学派は、八〇〇年ごろ、カシミールで創設される。主要な哲学者は、以下のとおり。

ヴァスグプタ〔九世紀？〕は、『スパンダ・スートラ』の著者。

ソーマーナンダ〔九世紀〕は、『シヴァ・ドゥリシティ』の著者。

アビナヴァグプタ〔十世紀〕は、『プラティヤビジュナー・ヴィマルシニー』の著者。カシミールのシヴァ主義者のなかで、最も重要な人物である。

ジャヤラター〔十二世紀〕

シヴォパディヤーヤ〔十八世紀〕

シャイヴァ・シッダーンタ派〔**シヴァ聖典派**〕

この学派は、特に南部において栄える。サンスクリット語とタミル語の、大部の文献を有する。

主要な著者は、以下のとおり。タミルのシヴァ主義者、六三名の聖人〔ナーヤナール〕、その多くは、神学者である。

アッパル〔七世紀〕

サムバンダル〔七世紀〕

スンダラル〔九世紀〕は、『テヴァラム』のなかに集積された賛歌を書く。

ティルムラル

マーニッカヴァーチャガル〔七世紀？〕は、『ティルヴァーシャガム』と『ティルッコヴェイヤール』の著者。

メーイカンダデーヴァ〔十三世紀〕は、『シヴァナーナボダム』の著者。

ヴィシュヌ派哲学

この哲学の基本テクストは、以下のとおり。

『**パンチャラートラ・サンヒター**』〔パンチャラートラ本集〕は、サンスクリット語の二一五編の文献を有する。

『**ナライラッピラバンダム**』は、一二人の聖人〔アールヴァール〕と一人の女性聖人の著作の集成。そのなかの『ティルヴァーイモリ』は、**ナンマールヴァール**〔八～九世紀〕の著作である。この集成は、タミル語をもとにした文学的文献から成る。

ダルシャナ

「**ダルシャナ**」(世界観・人生観＝哲学)は、六種の専門化された古典的思弁を含む。

ミーマーンサー哲学あるいはプルヴァ・ミーマーンサー

言葉と儀礼活動の効能について。

主要な哲学者は、以下のとおり。

ジャイミニ(キリスト紀元の初期頃)は、『ミーマーンサー・スートラ』の著者。

シャバラスヴァーミン(五世紀)は、『シャバラ・バーシャ』、右記(『ミーマーンサー・スートラ』)の注釈書。

プラバーカラ(七世紀)は、学派の特殊分派の創始者。『シャバラ・バーシャ』の注釈書、『ブリハティー』、『ラグヴィー』の著者。

クマーリラ(七〜八世紀)は、この派のもう一つの特殊分派の創始者。『シューローカ・ヴァールティカ』と『タントラ・ヴァールティカ』の著者。

ローガクシバスカラ(十四世紀以前)は、『アルタ・サングラハ』の著者。

マダヴァ(十四世紀)は、『ジャイミニーヤ・ニヤーヤ・マーラーヴィスタラ』の著者。

アパデーヴァ(十七世紀)は、『ミーマーンサー・ニャーヤ・プラカーシャ』の著者。

ヴェーダーンタ哲学あるいはウッタラ・ミーマーンサー

この哲学体系は、存在の一元性と現象の多様性との関係を問題とする(ブラフマンのテクストにおいてすでに立てられた学説に基づく)。

主要な哲学者は、以下のとおり。

バーダラーヤナ(キリスト紀元の初期頃)は、『ブラフマ・スートラ』の著者と推測されている。

ガウダパーダ(八世紀)は、『カーリカー』、『マーンドゥーキヤ・ウパニシャッド』に関するオリジナルな注釈。

ヴァルミキは、もう一つの作者不明の著書、『ヨーガ・ヴァシシュタ』(十世紀と十四世紀の間)の著者と推測される(真実性は欠く)。

ヴェーダーンタに属するさまざまな学派は、以下のとおり。

ケーヴァラ・アドヴァイタ学派

すなわち「不二一元論」。

この学派の主要な哲学者は、以下のとおり。

シャンカラ（八世紀）は、ヴェーダーンタ哲学者のなかで、最も著名である。仏教の偉大な敵対者。『ブラフマ・スートラ』の注解書である『シャーリーラカ・ミーマーンサー・バーシャ』と他の多くの著作の作者。ただし、いくつかの著作に関しては、著者に認定することが疑わしい。

ヴァーチャスパティミシュラ（八五〇年頃）は、『シャーリーラカ・ミーマーンサー・バーシャ』、『バーマティー』という注釈書ほか、多数の著書の著者。

マンダナミシュラ（九世紀）は、『ブラフマ・シッディ』の著者。

スレーシュヴァラ（九世紀）は、『ナイシュカルミヤ・シッディ』の著者。

マーダヴァと**バーラティティルター**（十四世紀）は、『パンチャダシー』の著者。

サダーナンダ（十六世紀）は、ヴェーダーンタの古典教書である『ヴェーダーンタ・サーラ』の著者。

ベーダ・アベーダ学派

すなわち「別異無別異論」（不一不異論）。

主要な哲学者は、以下のとおり。

バースカラ（九世紀）は、『ブラフマ・スートラ』の注釈書の著者。

ヤーダヴァプラカーシャ（十一世紀）

ヴィシィシュタ・アドヴァイタ学派

すなわち「制限不二論」。

主要な哲学者は、以下のとおり。

ナータムニ（一〇〇〇年頃）は、『ナンマールヴァール』の編纂者、注釈者。

アラヴァンダール（十一世紀）、別名ヤームナ・サーリヤ。

ラーマーヌジャ（十一〜十二世紀）は、『ブラフマ・スートラ』に関する『シュリー・バーシャ』と『バガヴァッド・ギーター』に関する『シュリーマド・ギーター・バーシャ』、すなわち「「シュリー・ヴァイシュナヴァ派」のなかで、繁栄した派の主要作家」というタイトルの著作の著者。

ドヴァイタ・アドヴァイタ学派

すなわち「不一不二論」。

主要著者は、以下のとおり。

ニンバールカ（十二〜十三世紀）は、『ヴェーダーンタ・パリジャータ・ソーラブル』と『ダシャ・シュローキー』の著者。

ドヴァイタ学派

すなわち「二元論」。

この学派の主要な哲学者は、以下のとおり。

マドゥヴァ（十二〜十三世紀）、別名**アナンダティルタ**は、三七の著作の著者、ならびに「ブラフマ・サンプラダーヤ」の創始者。

ジャヤティルタ（十四世紀）

ヴャサティルタ（一四六〇～一五三九）

シュッダ・アドヴァイタ学派

すなわち「純粋一元論」。

最も重要な哲学者は、以下のとおり。

ヴァッラバ（一四七九～一五三一）

サーンキヤ哲学

この哲学は、世界を構成する実体の列挙と分析からなっている。一般の哲学テクストのなかにも、この哲学は姿を見せている。

主要な哲学者は、以下のとおり。

イーシュヴァラクリシュナ（四世紀頃）は、『マータラ・ヴリッティ』における約四〇〇の注釈である『サーンキヤ・カーリカー』の著者。

ガウダパーダ（五〇〇年頃）は、『ガウダパーダ・バーシャ』の著者。

ヴァーチャスパティミシュラ（八五〇年頃）は、『サーンキヤ・タットヴァ・コームディー』の著者。

アニルッダ（一五〇〇年頃）は、『サーンキヤ・スートラ・ヴリッティ』の著者。この書は、「カピラ」神話（十世紀と十五世紀の間）に帰せられる『サーンキヤ・スートラ』の注釈である。

ヴィジニャーナ・ビクシュ（十六世紀）は、『サーンキヤ・プラヴァカナ・バーシャ』の著者。

ヨーガ哲学

古典的ヨーガは、精神生理学の思弁と規律から成る。

主要な著者は、以下のとおり。

パタンジャリ（紀元後初期）は、『ヨーガ・スートラ』の著者と推定される。

ヴィヤーサ（六世紀）は、『ヨーガ・スートラ』に関する注釈『ヨーガ・バーシャ』の著者と推定される。

ヴァーチャスパティミシュラ（八五〇年頃）は、『ヨーガ・スートラ』に関する注釈書『タットヴァ・ヴァイシャーラディー』の著者。

ボージャ（十一世紀）は、『ラージャマールタンダ』の著者。

ヴィジニャーナ・ビクシュ（十六世紀）は、『ヨーガサーラ・サングラハ』の著者。

ニヤーヤ哲学

論理学。

主要な哲学者は、以下のとおり。

ガウタマ（別名**アクシャパーダ**）（一一六〇年以前）は、『ニヤーヤ・スートラ』の著者と推定。

ヴァーツヤーヤナ（別名**パクシラスヴァーミン**）（四世紀）は、『ニヤーヤ・スートラ』に関する注釈『ニヤーヤ・バーシャ』の著者。

ウッディヨータカラ・バラドヴァジャ（七世紀）は、『ニヤーヤ・ヴァールティカ』他の著者。

ウダヤーナ（十世紀）は、多くの著作あるが、なかでも『クスマーンジャリ』の著者。

ジャヤンタバッタ（十世紀）は、『ニヤーヤ・マンジャリー』の著者。

新・ニヤーヤ

すなわち「新論理学」。

主要な哲学者は、以下のとおり。

ガンゲーシャ（十二世紀）は、『タットヴァ・チンターマニ』の著者。

ヴァルダマーナは、ガンゲーシャの息子。右記『タットヴァ・チンターマニ』に関する注釈書『タットヴァ・チンターマニ・プラカーシャ』の著者。

パクシャダルマミシュラ（十三世紀）

ヴァースデーヴァミシュラ（十三世紀）

シャンカラミシュラ（十五世紀）

ラグナータ・シローマニ（一四七七〜一五四七）

ヴァイシェーシカ哲学

この哲学は、世界と理性の構成についての弁別的分析からなる。それは、生理学の次元におけるアトミズムの教義であり、精神と理性の分析においては、「ニヤーヤ」と関係づけられている。

主要な著者は、以下のとおり。

カナーダ（一世紀頃）は、『ヴァイシェーシカ・スートラ』の著者。

プラシャスタパーダ（五世紀）は、『パダールタダルマ・サングラハ』の著者。

チャンドラ（六世紀）

シヴァディトヤ（九五〇年頃）は、『サプタパダールティー』の著者。

アンナンバッタ（十七世紀）は、『タルカ・サングラハ』の著者。この書から、三五の著作が派生している。

ヴィシュヴァナータ・ニヤーヤ・パンチャーナナ（十七世紀）は、『バーシャ・パリチェッダ』の著者。

タントラ哲学

この哲学は、仏教のタントラ主義と類似しているが、シヴァ主義の性格を有している。シヴァ主義のアーガマ〔聖典〕と結びつけられているが、シャクティが強調されている。シャクティは、シヴァの女性的力〔特に性力〕であり、象徴的な、時には性的な祭祀を引き起こさせる源である。この哲学は基本的な六四篇の文献を含み、その文芸作品は、一般的に著者不明の約一〇〇〇篇の文献からなっている。

インド・イスラーム時代〔十三～十四世紀〕

インドにおけるイスラームの定着によって、両者の暴力的衝突の圏外で、インド的概念とイスラーム的概念との数多くの比較が、宗教的人々や、インドとイスラーム双方のコミュニティから自由な立場の人々の手で行なわれた。イスラーム教徒の宗教運動である「スーフィ」は、神学の諸概念と神秘主義の構えとの統合を促進させる。その統合は、哲学的というよりは、宗教的なさまざまな宗派の、多くの詩人や聖人によって実現されている。

哲学的なアプローチは、特に以下の人物によってなされた。

ニザームッディーン〔一三二五年死去〕は、インド思想の価値を熟知したイスラーム神秘主義者。

ファイズィー〔十六世紀〕は、イスラームの改革者グループに所属した、サンスクリット語の著作の翻訳者、特に『ヨーガ・ヴァシシュター』を訳す。

アブル・ファズルは、右記ファイズィーの弟で、『アーイーネ・アクバリー』〔アクバルの鏡〕の著者。

アクバルは、一五五六年から一六〇五年に至る、モンゴル帝国皇帝、前記ファイズィーとアブル・ファズル両名の影響下にある寛大な諸学統合論者である。新たな宗教、いわゆる「ディーニ・イラーヒー」（神の宗教）を設立した。

ダーラー・シコー（一六二一〜一六五九）は、モンゴル帝国皇帝シャー・ジャハーンの息子であり、一時的な後継者である。イスラーム哲学とインド哲学を比較する、数多くの著作の作者。『ウパニシャッド』の多くの部分を、ペルシア語に翻訳した。

ミルザー・ジャーネ・ジャーナーン・マズハル（一七〇一〜一七八一）は、ダーラー・シコーの理念の継承者。

インド・西欧時代（十九〜二十世紀）

ヨーロッパとの接触は、イスラームとの接触の場合と同様の哲学的な成果をもたらすとともに、伝統的なインドの思想的立場、特に「ヴェーダーンタ」と「ヨーガ」へと回帰する反応を引き起こした。

主要な哲学者は、以下のとおり。

ラーム・モーハン・ローイ（一七七二〜一八三三年）は、自由有神論者、諸派統合主義者の協会、「ブラーフマ・サマージ」の設立者。

ケーシャブ・チャンドラ・セーン（一八三八〜一八八四年）は、「ブラーフマ・サマージ」の改革者。

ダヤーナンダ・サラスヴァティー（一八二四〜一八八三年）は、ヒンドゥー主義の純粋化を説くヴェーダーンタ主義者、「アーリヤ・サマージ」の設立者。

ヴィヴェーカーナンダ（一八六二〜一九〇二年）は、聖ラーマクリシュナ（一八三四〜一八八六年）の弟子、「ヴェーダーンタ」の伝播者で、修道会と「ミッション・ラーマクリシュナ」の設立者。

オーロビンド・ゴーシュ（一八七二〜一九五〇年）は、ヴェーダーンタ主義者で進化論者、『神の生命』や「バガバッド・ギーター」、「ヨーガ」などに関する多くの著作の著者、ポンディチェリにおける人性改善と教育のための総合ヨーガ道場（アーシラム）の設立者。

サルヴァッパリ・ラーダークリシュナンは、ヒンドゥー主義の哲学者、インド哲学の古典学者で歴史家、インド共和国の副大統領。

インド哲学を論じたインド人歴史家

マーダヴァ（十四世紀）は、『サルヴァダルシャナ・サングラハ』、すなわち「全哲学綱要」の著者。

マドゥスーダナ・サラスヴァティー（十六〜十七世紀）は、『プラスターナ・ベーダ』の著者。

ビマチャルヤ・ジハラキカール（十九世紀）は、『ニヤーヤ・コーシャ』、すなわち「インド哲学専門用語辞典」の著者。

スレンドラナート・ダスグプタは、『インド哲学の歴史』の著者。

中国の二人の哲学者——荀子と荘子

三〇〇〇年から四〇〇〇年にわたって絶えることなく続いている中国文化は、人間経験に関して、看過することのできない大全を形成している。中国文明のもつ永続性がわれわれの関心を引きつけるのであるが、その独自性によってもわれわれを魅了せずにはいない。なぜなら、中国文明は、長期にわたって外部からの影響を受けることなく発展を遂げてきたからだ。そのために古代の中国人は、西洋人とは異なる思考法で、また西洋思想からみると奇妙なカテゴリーを立てて、それを理路の根底に据えている。その土台の上に、古代の中国人は自分たちの世界観を作り上げたのだが、その係累を継ぐ中国の人々は、以降二〇〇〇年以上もの間、古代の世界観で十分であるとみなしてきたのである。そして、東アジアの他の文明に属するさまざまな地域や国の人々も、自ら進んで古代中国の世界観を取り入れてきたのである。いくつかの観点から見るといかにも奇妙な思想であるのに、その思想が中国社会に非常に強い統一性を与えたことが確実であるということは、その思想自体に大きな哲学的な力があるという事実をこそ明らかに示しているのであって、魔術的な思想が社会的な効力を及ぼすことの実例のひとつなどでは、決してないのである。

　中国の最初の思想家たちは、おそらく紀元前三〇〇〇年に遡る、たいへん古い宗教的伝統について思索をめぐらしている。夏《か》と殷《いん》（歴史上最初の王朝）の文明と周《しゅう》（紀元前十一世紀～紀元前二二一年）の文明との間に断絶の存在していなかったことを、今日、われわれは知悉《ちしつ》しているが、それは、何よりも孔子《こうし》と老子《ろうし》によって明らかに示されている事実なのである。周の人々が殷の祭儀を取り入れていたと孔子が述べたとき、真実が語られていたのだ。（おそらく他の文化からもたらされた何らかの要素によって豊かになった）この殷に由来する文化的遺産が、伝統的な文化基盤を形成している。そこから封建時代（紀元前八世紀～六世紀）に、二つの哲学体系、表面上は対立しているが、実際には相補的な関係にある学説が現われる。それが儒教《じゅきょう》（Confucianisme）と道教《どうきょう》（Taoïsme：タオ思想）である。この二大教義に、中国人の魂の奥深い二筋の傾向が示されている。前者は儀礼と伝統的な慣習を重んじる現実主義、後者は感性と絶対的自由を重んじる神秘主義である。

　この両「学派」は、紀元前五～三世紀の間、対立しあっていた数多くの哲学的体系のなかで、中国帝国時代にも存続しつづけた唯一の二大学派である。すなわち、統一帝国の時代に先立ち、その礎が築かれることになる戦国時代と呼称される動乱の時代は、中国哲学の

❖ BOUDDHISME, TAOÏSME, CONFUCIANISME

黄金時代でもあった。三世紀の間続くことになる戦国時代の政治的、社会的な不安定性は、精神を開放しつつ、知的活動の沸騰するような活性化を引き起こしたのである。そのような活気のある状況は、その後の中国においては、もはや近代に至るまで現われることがなかった。さまざまに異なる思想が流行し、この特別な時代における人々の考え方を変えていくが、儒教の生み出す新たな調和状態を社会が認めていくなかで、結局、その他諸々の思想は姿を消し、以降、中国思想は、先に述べたように二つの根本的な概念に制限された枠のなかで発展を遂げることになる。例外的に、唯一、仏教《ぶっきょう》(Bouddhisme)によって新しい概念がもたらされている。ただし、紀元後初頭に移入されたこの宗教には、それが人々に影響を及ぼす段階になる前に、中国人の思考様式が否応なく付け加えられている。仏教のもたらした要素が、いくつかの点で中国思想を豊かにしたのは確かだが、その射程は相対的には制限されたものであり、伝統思想の根底が覆されるようなものではなかったのである。これから儒教と道教の最も典型的な二人の哲学者の思想を紹介する前に、いわば中国思想の基本的カテゴリーとでも言うべきものを形成する諸概念を一瞥《いちべつ》しておこう。

中国の古典思想は宗教と魔術に完全に従属したままであったといえる。その思想をはっきり認識するためには、封建社会であり、また農業社会でもあったという中国社会の内部、強固に身分が階層化されていた状況に身をおいて把握しなければならない。その状況下では、一方で名誉と名声の感覚が支配的であり、他方で自然との合一や魔術宗教的な効力に関する感覚が圧倒的な力をもっていたのである。

中国社会は、以下に示すような二重の特質をつねに保持し続けていた。その社会が、封建時代には軍人である貴族階級によって統括された農民の共同体であり、帝国時代には官僚である貴族階級によって統括された農民の共同体であったという二重の特質である。形態としては、この二重性は都市と農村の対立に現われている。封建都市は、本質的に領主とその臣下たちの居住地である。しかし、都市は農村と緊密に結びついており、農村にとって経済的ならびに宗教的中心の役割を果たしていた。貴族たちの祖先崇拝は農民たちの信仰と関連があり、領主たちの住む都市は、礼拝のための場所であるとともに商業の場所でもあったのである。人民を形成する貴族と農民という二つのグループは、生活領域がまったく異なっていたのだが、絶えず交流しあっていたのである。農民たちの生活は、四季の移ろい、仕事や祭事の流れによって秩序立てられていた。そのような社会生活の規則的な変化には、それが緩やかな時と集中する時とがある。男性の仕事と女性の仕事が定期的に交代する際にも、農地の祭事が高揚を迎える際にも、同様の変化の波がある。都市においては、公的なものであると同時に私的な性格の強い人間関係は、農村でのリズムある変化をともなった関係とは反対に、つねに一定不変であることを特徴とする。このような共同生活の連続性は、人間関係をより複雑なものにし、仕事を配分し思想を分類することが必要になる。男女の性の対立が存在したが、農民における（男女の性差がグループ間の対立ではなく、家庭内における男と女の役割の分担として存在していた）性の差異とは違った風に現われていた性の対立以外に、都市では、個人と君主一族との関係が階級的な秩序から成り立っていたのである。貴族たちは、日常が厳密な式典儀礼に従って規定されていたので、封建的宗教の法典化の作業を徐々に推し進め、公式宗教の性格づけを遂行した専門家たち、いわゆる「学士」に取り巻かれて生活していた。儒教の正典とされる書物、「経書」は、彼らの手になる抽象化と分類作業の産物である。

　中国思想は、自然世界と人間社会が相互に依存しあっており、宇宙の秩序が生類と事物の階層的序列に基づいているという、二重の理念によって支配されている。それは、タオ（道）、陰陽、要素（行）、数理の概念のなかに含まれているものだ。宇宙とは、一なる全体性において、あるいは多なる多様性において考察される、一つの複合体なのである。哲学者たちは、タオを一なるものをなす秩序の原理と呼ぶ。本来「道」を意味するタオという用語は、思想家たちに応じて、さまざまに異なった意味のニュアンスを表わしているにもかかわらず、つねに根底に存在する根本原理は、効力のある徳の原理である。その徳とは、端的に言えば、魔術師や易者の力、もしくは彼らのmodus operandi《モウダス・オペランディ》（運用法）であろう。それは天や王のようなすぐれた魔術師たちの力であるといえる。古代中国の神話や祭式へと遡行することによって、この概念の起源を窺い知ることができるだろう。

　農民たちは、季節の節目ごとに大祭をもよおしたが、その際、宇宙的な生がよみがえり、世界の調和が周期的に再創造されると感じていた。それらの祭りは、聖別化された場所、宇宙に相当するまったく自然のままにある神殿に、少年と少女を交えた若者たちが集まって行なわれていたのである。貴族たちにとって、秩序は、首長からもたらされていると考えられていた。そのため、農民たちにとって聖なる場所に宿っていた生の原理が、王の権力と混同されるにいたったと思われる。さらに天の権力も保持していた王は、天のタオ、もしくは王のタオと区別されることなく捉えられていた。実際、王とタオは、同じ力をもっていたのだ。天の代理人である王は、空間（近くにいる、そして遠いところにいる配下の者たちが服従する範囲の空間）と時間（季節のめぐりと収穫）に責任を負っていた。中国皇帝の主要な義務のひとつは、暦を公布することであった。古代中国の、古いいくつかの年鑑歴、素朴な観察と民衆の知恵が豊かにつまった暦が現代に伝わっているが、おそらくそれは、最も古い中国思想の成果を表わしていると思われる。これらの年鑑暦、同様に、より学術的な暦を作り上げていく作業が、タオや陰陽の概念のような、思弁的思考や哲学的概念の構築を刺激するのに役立ったのは確かであろう。タオは「一なるもの」だが、現実には陰と陽という二つの相に分岐している。陰と陽という用語は、非常に明確な固有の意味をもっている。陰は丘の陽のあたらない斜面、陽は丘の陽のあたる斜面を意味している。そこから拡大して、影と光の意味になる。しかし、哲学者や学者にとって、陰陽は、事物、そのなかでも特に空間と時間を説明したり、分類するために使用される本質であり、原理のことである。実際、陰は闇や冷たさの原理であり、陽は太陽や熱さの原理である。それゆえに、南と東は陽に属し、北と西は陰に属する。また暑い季節は陽に、寒い季節は陰に属する。しかし、陰と陽は、何よりも二つの性の原理なのだ。陰は、受動的な女性的なもののすべてを象徴し、陽は能動的な男性的なもののすべてを象徴する。それらは、あらゆる事物を二つのグループに分類するカテゴリーの役割をしている。しかしながら、次の点を指摘しなければならない。❶この分類法は、階層関係を含んでいる。なぜなら、天が大地よりも、王が女王や大臣よりも高位に存在しているように、陽は陰より優れたものと位置づけられているからだ。❷それはいかなる意味でも、善と悪との対立を含んでいない。ただし、この相互のカテゴリーの一方への分類は、その固有の本質からではなく、相対的な位相から、そのもう一方の項との関係において、優れていたり、劣っていたりするのである。この相対的な位相関係こそが、陰と陽の性質や属性に含まれる区分を創り出すのである。

　陰陽の理論は、中国の哲学と科学において、たいへん大きな役割を果たしてきた。とりわけ天文学者、占星術師や易者が使用した理論だが、より特殊には、『易経《えききょう》』の図表に基づいて思索を展開した思想家たちによる諸学派を通じて活用されたのである。儒家《じゅか》によって正典である「経書」とみなされた『易経』という書は、当初、卜筮の教書にすぎなかった。ところが、中国人の形而上学的思考に、最も強い刺激を与えた書のひとつであることは明白なのである。というのも、この書は、宇宙の形成を非常に暗示的な方法で表わしているからだ。それは、主として六本の線〔六爻《りくこう》〕が組み合わされた卦《か》が、六四集まって構成されている。基本的な三本の線〔三爻《さんこう》〕からなる八個の卦が、さらに二重に組み合わされて、八の二乗で六四卦となることからできあがっており、それによって事物のさまざまな様相を凝縮して象徴的に表現しているのである。ここで陰と陽は、水平な横線によって示されており、完全な線〔陽爻＝奇数〕と切断された線〔陰爻＝偶数〕からなっている。これらの線〔爻〕の三本が重ねあわされて、三爻の卦は形作られていて、その可能な異なる組み合わせが、八卦である。これらは時間・空間の八方向に配置され、一種の羅針盤もしくは運命の回転盤を形成し、その各要〔三爻の卦〕は、空間・時間の様相や性質を表わしている。『易経』の六四卦の六爻を円の周囲に配置すると、卦の示す意味〔卦辞・爻辞〕がより分析的に叙述されるのである。

　しかし、宇宙を象徴的に表示するもう一つの方法があり、それは「中心」〔中〕を考慮しているという優れた点がある。二もしくは八による配列に依拠するのではもはやなく、「五つの要素の理論」〔五行説〕に則り、五の分類に依拠するものである。すなわち五要素★01〔五行〕は、「四季－四方」と、方法的に立てられる「中」に相当していて、次のように秩序づけられて配置されている。

❶水＝北－冬、❷火＝南－夏、❸木＝東－春、❹金＝西－秋、❺中＝土（第五の要素〔行〕では、時間の「中心軸」の働きをする一年のなかのある短い期間が、季節の代わりに据えられている）。[★02] この配列において、諸要素は、空間－時間が中心と結びついた四つの区域から構成されているという思想を表わしている。同時に、要素〔行〕と結びついた数字は、時空間の象徴的価値も表わしているのである。マルセル・グラネは、あるすぐれた著作のなかで、古代中国の思想における数〔数理〕が、数学とはあまり関係のない理論的思索のために、どのように使用されていたかを明らかにしている。[○01] 賢人たちは、数理を使用することで、「宇宙的生を支配する儀礼的秩序」を表現していたのだ。階層の論理は、数の分類体系とわれわれが数から形成されているという思想の着想を与えたのである。

陰陽、五行、数理は、宇宙の構造を省察するのに簡潔な方法を提示しているだけでなく、生理学や心理学の構築にも役立っている。結局、宇宙と同様、人間も陰と陽の調和であり、五行の結合なのである。これらのカテゴリーは、明らかにミクロコスモスとマクロコスモスとの関係を示している。陰と陽から成り立っているという理由で、人間は地と天の要素から作られているのである。人間は二つの気、あるいはむしろ、陰と陽という、二つの気の系列をもっているのである。陰の気は、地の性質を帯びるわれわれの血、繁殖力のある体液、骨と結びついている。陽の気は、天の性質を帯びるわれわれの息や心的エネルギーと区別されるものではない。この異なる気は、中心にある力、すなわち心臓〔中心的臓器〕に宿る知的意志によって支配されている。知的意志は、あらゆる気の統一、統合を保つ役目をになっている。というのも、気は外部世界からの誘惑に絶えず惹かれており、分散する傾向をもっているのだが、気の分散が病や死を意味しているからである。

人間は、五つの臓器〔五臓〕をもっているが、その各々が五行と対応し、五臓は感覚器官と関係する身体の開口部を通じて、マクロコスモスとつながっている。個人の生命力は、臓器と外部世界との間に生じる相応性の質に拠《よ》るのである。中国の医学と衛生学を導いたのはこのような概念であり、さらにそれは道徳の指針にもなった。というのも道徳や感情は臓器に依存する、つまり臓器がマクロコスモスへと関係していることに依存しているからである。これら一連の照応関係のおかげで、医者や道徳家は、ミクロコスモスとマクロコスモスという二つの宇宙の間に調和を維持したり、調和を立てる固有の行動を規定することができるのである。

この理論体系において、物質と精神を弁別する境界はないに等しい。神聖性と生命力は、マクロコスモスとミクロコスモスとの関係の調和に基づいてあらわれた一つの現実にすぎない。しかしながら、究極のところ、この調和、つまり宇宙の秩序は文明と区別されるものではない。文明に対しては君主が責任を負うのであり、君主は他の誰よりも完全に自身の生命力を維持し、神聖性を保たなければならないのである。儒家と道家が対立する点は、何よりもこの目的を達成するための方法に関してなのである。

荀子（紀元前三世紀）

儒教は、荀子《じゅんし》〔c.298-c.238 BC, SIUN TSEU : Xunzi〕★03のおかげで哲学的に強固な基礎を得たのであり、それによって儒教は国家の公的教義として認められることになるのである。当時のさまざまな思想傾向の影響を受容したこの思想家の重要性は、その著作が古典〔四書〕のひとつに位置づけられている孟子《もうし》〔孟軻《もうか》、紀元前三七二年頃～二八九年頃〕の重要性を凌ぐとは言えないにしろ、少なくとも同等の位置にはあるのだ。荀子以降、儒教は新儒教の時代、著名な朱熹《しゅき》〔朱子《しゅし》〕〔一一三〇～一二〇〇年〕が古典的形而上学を一新する時代に至るまで、偉大な理論家を輩出することはなかったのである。○02

荀子〔別称：荀況《じゅんきょう》あるいは荀卿《じゅんきょう》〕の生涯には、不明な部分が多い。紀元前三世紀初頭に生まれ、始皇帝が中国を統一した後、程なくして亡くなったことは確実であろう。つまり、彼は戦国時代末期を生きたのである。荀子は秦王国が勝利をおさめつづけることを確信していたが、その秦は、法家の能力に負う、強力な経済的、軍事的機構を導入していた。法家は、この時代、最も流行した思想原理のひとつを作り上げた。その思想は、より現実的な方向性を示していた。賢人の道徳的権威に依存するのではなく、今後は、刑法を通じて、政府が絶対的で普遍的な指針に従うようになることを、法家は望んだのだ。当時、すでに厳しいものになっていた物資の問題を、法家は断固たる方法で解決しようと考えていた。この学派の中心的論者、韓非子《かんぴし》は、財源の量と比べ人間の数が多すぎることを認識していた。この韓非子は、荀子の弟子であった。荀子も同じ問題を憂慮していたが、孔子の伝統的教義を否定することなしに、その時代の諸問題を解決しようと欲していたのである。刑法に訴えることをやめ、他の客観的な規則を探求した孔子は、古い儀礼主義のなかにそれを見出している。彼の独自性は、儀礼主義の規則を、宗教的信仰に依拠させるのではなく、道理に基づかせようとしたことにある。孔子は、古代の理想がまだ公然と議論の対象に取り上げられてはいない時代に生きながら、彼の哲学の特質である人間的精神を古代の理想に注入したのである。その哲学は、形而上学的思弁を拒否し、道徳的な完全性を重視したものだった。儒家の徳の実践は、魂を向上させ、善なる人間同士の間でお互いを尊重しあう感情を発展させることを目指していた。その立場に立って、孟子は法家の論者と争い、人間の本性は本質的に善であり高貴なものであって、懲罰に訴えることなく育成できると主張していた。

❖ SIUN TSEU

荀子は、孔子に最大級の賛美をささげていた。それに対し、孟子に向かっては、その思想の不完全性、人間の本性に関する楽観主義を非難している。孟子に対抗して、荀子は次のように主張していた。「人間の本性は悪である。善なるものを、人間は人為的に獲得するのだ」(『荀子』巻第十七「性悪篇第二十三―一」)。人為的手段をとおして、文明のおかげで、人間は社会的存在に、善なるものになるのである。唯一教育だけが、悪しき天分を矯正することができるのである。荀子の学説は、心理学に基づく倫理学であり政治学である。

荀子は、すべての儒家たちと同様、文明が中国古代の君子たちによって作られたことを認めていた。模範とするに値する古代の叡智のおかげで、儒家たちは真理を見出したのである。

ならば、真理はいかにして知られるのか？　思考するためには、心(精神)を平静な状態へと集中させ、自身を無として示さなければならないと、荀子は語っている。そこにあるのは、神秘的状態を表現する道家の経験であるが、荀子の哲学者としての観点からは、健全な思考状態を示すものなのだ。まず第一に、「無」によって認識されるのは、公平無私な状態である。それを通じて、過去の経験、中途半端な印象、想像力、情動、偏見などが、精神にとりついてくることがないようにするのである。第二に、「精神の統一」は、多様な認識によって精神が散漫にならないようにさせるものなのだ。それは精神を研ぎ澄まし、集中しようとする意志によって実現されるのだ。三番目の状態である、平安、平静の状態は、夢や幻想によって知性が混乱させられないことだが、その状態にあっても、われわれの精神の絶え間ない活動が、決して完全に休息することはないのである。「精神は、水をはった水盤に比べられる。揺り動かさなければ、不純な濁りは底にとどまったままだ。澄んで光輝く表面は、それを見る者の、ごく小さいまつげをも映してみせるのだ」(『荀子』巻第十五「解蔽篇第二十一―八」)。しかしながら、ささいな障害、昆虫のたてるもの音によって、人間の平静は乱され、合理的に思考することが妨げられるのである。誤りの源泉となるもの、特に情念や欲望を認識し、コントロールすることが望まれる。この情念と欲望は尽きることがなく、自然に抑制されるものではない。だから、人間の本性は本質的に悪であると言うことができるのだ。精神は、情念や欲望を取り除こう、あるいは軽減しようとして無駄骨を折る(というのも、それらの力や数は感情に依存していて、意志によるコントロールは利かないからだ)。知性の器官、心臓は、人間に固有の能力である分別の能力を与えられている。この能力のおかげで、われわれが感じる外部の事物に関し、それを本能的反応で受容するか反発するかの選択を、われわれは行なうことができるのである。この選択なしに、われわれは何も認識することはできない。事物は、意識に喚起される程度に応じてしか、認識されないのだ。「感覚は認知する、しかしそれは認識ではない」。荀子にとって、認識は意志による活動であり、(意志を発動する）精神は自由である（『荀子』巻第十五「解蔽篇第二十一－八」）。それが認識と意志の原理である（中国人にとって、意志は「心」や精神から切り離されているものではない）。事物の正確な認識は、正確な行動の原理である。しかし荀子によれば、ある規範を拠りどころとすることは、大多数の人間にとって必要なのだ。この規範は、古代の賢人の教えからもたらされている。なぜなら、もし理論的には誰でも完璧な知恵に到達できるのならば、大部分の人間は、お互いに矯正しあおうとする意志をもつ。唯一文明のみが、欲望を統御し教育することを、人に強《し》いることができるのだ。なぜなら、文明は、「儀礼」（礼）や「名辞」（名）といった客観的な規則の上に成り立っているからである。

古代の王たちは、欲望（欲）によって生まれた争いが、混乱を招いたり、財（利益・財産）を奪いあって、枯渇させる引き金になることを避けるために、「儀礼」（礼）を法制化した。「礼は、欲が財（の不足）のためにゆきづまったり、財が欲によって枯渇することもないようにする、そして、欲と財の両者が互いに釣り合いを取って発展していくようにするものだ。ここに礼の起源がある」。続けて、さまざまな経済活動から生まれた生産物が、さまざまな感覚器官から生まれた欲望を、いかにして充足（正確には、「養」（養って十分にする））させようとするかを示しながら論じ、荀子は次のように結論づける。「それゆえ、礼は充足（養）の原理なのだ。欲の充足（養）を得た教養人（君子）は、（充足状態の）弁別（別）にもこだわるのである」（『荀子』巻第十三「礼論篇第十九－一」）。問題となっている別とは、経済活動と資産の制度的な配分の弁別を含んでいる。礼は、人々を、その行動、その役割、その序列と一致させることを強制する。さらに、礼は、財の正当な配分を可能にする公正さの精神を支配する。社交性は、公正さに依存し、公正さは礼によって可能となる。その結果、礼の恩恵で、人間はより良い存在になることができ、人間は、第二の本性、荀子が、自然的なものと対立させ、「作為的なもの」（偽）と呼称する人格を構築することを可能とするのである。人間は礼によって、単により良くなるだけではなく、より美しくなる。この礼は、人間の品性における調和をつかさどる音楽から切り離されないものだ。荀子は、神々の実在を信じていない、しかしながら、死者の霊への奉納と同様、神々を讃える儀式を承認していた。そこに美的表現方法と心理的必然性をとらえていたのだ。例えば葬式の儀式は、苦しみの感情を表出し、それを軽くするのである。一方、音楽は喜びの表現である。人々は、歌や踊りで喜びを表出せずにはいられないのだ」（『荀子』巻第十四「楽論篇第二十—一」）。

知恵（知）によって制定された客観的規則の第二のカテゴリーは、名辞（名）によって構成されている。名は礼と同等の重要性をもつ。結局、争いごとをなくすには、言葉が正確でなければならないのだ。したがって荀子は、その著述に「名辞を正しくすること」（正名）という一章を設けている。

中国の伝統的論理学は、論理的思考の術というよりは、むしろ名づけの術なのだ。その点、荀子もまた、名の問題に関わった多くの哲学学派の影響を被っている。しかし、彼自身は正統的儒家の枠内にとどまっている。事実、正確な名称を使用すること〔正名〕を主張した最初の人物は、孔子である。あらゆる制度と人々の幸福は、名に従属している。特に、家族や国家において、想像を絶するような混乱が生じることを見たくなければ、人の呼称は、性、年齢、身分の区別に、正確に対応していなければならない。中国語においては、単一音つづりの文字、少なくとも書かれた場合にはそうであるような文字を使用していることが、個々の語にこのような重要性が付与されていることの理由となっている。中国語の文章では、リズムが文を構成する規則〔シンタックス〕の働きをしており、一種の独立性をもった一つ一つの語が、〔意味の〕喚起力をもっているのである。もし名がリアルさを生み出すものならば、意識して良い使い方をして発音することが不可欠であり、非常に重要なのである。話し言葉と書かれた文字は、中国においてつねに神秘的な価値を秘めていたのである。

孔子以降の哲学者たちは、論理の問題、とりわけ詭弁論者の問題に携わった。詭弁論者たちはプロの論争家で、パラドックスを提示することで思想家たちに衝撃を与えていた。そのなかには悪ふざけに近いようなものもあったが、論理的秩序にしたがった問題に対して、人々の注意を喚起するという長所をもつものもあったのである。紀元前四世紀末頃の論理学者、公孫龍《こうそんりゅう》は、「白い馬は白くない」という命題、あるいは、白い石における「硬さと白さの弁別」をめぐる議論によって著名である。しかしながら、詭弁論者が論破しようと躍起になっていたのは、分類と一致をめぐる伝統的学説に対してであり、同じく儒教的道徳全体に対してだったのである。荀子は単に詭弁論者たちと対立しただけでなく、彼が異端とみなしたあらゆる学説に抗して、儒教を擁護したのである。荀子は、孔子の「正確な名称」〔正名〕の理論を、より厳密性を加え、古代の名称の魔術的性格を排除することによって、取りあげなおしている。荀子にとって、古代の王たちが立てた用語は、中国民衆の慣習に応じているのであり、「住民たちが互いに意思を通わせたり、帝国の人民たち全体を一つにまとめることを可能にする」〔『荀子』巻第十六「正名篇第二十二－三」〕ものだった。「名辞を正しくすること」〔正名〕は、荀子にとって、政治的にも、道徳的にも重要なものであった。彼には、共通言語なしに中国の一体化は考えられなかったのである。同時に、名称のなかに曖昧さを投じるということが、間違った資料を提供したり、間違った測定を行なったりするのと同じくらい重い重罪であるとみなされていなかったことを、嘆かわしく思っていたのである。異端の哲学者や詭弁論者は、言語の不当な使い方をすることで、国家と風習のなかに混乱を引き起こしているのだ。「硬さと白さ」や「白い馬」についての論争に、頭が混乱した者が何人もいたが、荀子にとっては、少なくとも、その無益さを示すことが緊急の課題だと思わせるのには、十分な議題だったのである。この例によって明らかなのは、思想が相変わらず具体性に捉われ続けていた時代にあって、中国の詭弁論者には、精神に衝撃を与えること、抽象概念を論理的に考えていくように精神にしむけるという功績があったという点である。そこで荀子は、「白い馬」の正当性、その完全に明白な表現を明らかにするために、用語の意味を拡大させて一般化して捉えることで、一種の用語の分類作業を行なうのである。しかし、論理に関して、それが社会的道徳的秩序の原理であるという条件内においてでしか関心をもっていなかったために、より徹底的なレベルにまで分類作業を行なうことはなかったのである。その意味が、社会的な決まりごとから帰結している名とは、客観的な規則から価値を得ており、その価値と一致する各人の関心に由来していることを明らかにすれば、それで十分であると荀子は考えた。なぜなら、「高貴な価値と下賤な価値との間の違いがはっきりしないとき、同じものと違ったものとが分けられないとき、この場合は、自分でも理解することができないという支障が生じたり、事業の失敗からもたらされる災禍が明らかになるということがないのである。それが、なぜ賢人たちが、区別や分別を立てたかという問いに対する理由である。彼らは、一つ一つの現実に対応する名辞を制定したのである」〔『荀子』巻第十六「正名篇第二十二―二」〕。

荀子の論理は、彼の道徳と同様、社会の階層概念を含んでいる。名辞、礼儀、公正は、各々の人物や事物をそれにふさわしい地位に置くことによって、論争や衝突を回避し、人々の間に調和を押し広めるものだ。身体の器官が、相互に置き換えることができないのと同じような流儀で、社会は組織されている。社会の機能、階層的序列は、明白で厳密に限定され、区分されていなければならない。社会的身体の各器官が、その機能に完全に適応しているような理想状態においては、「天子は、見ようともしないで見ており、聞こうともしないで聞いており、思慮をめぐらさなくても知っており、動こうと思うことなくすべてを動かしているのである。天子は、玉座にひとりで不動のままでいるべきであり、そうすれば、帝国全体が、あたかも一個の身体であるかのように、その秩序のもとに存在するのである」〔『荀子』巻第八「君道篇十二―六」〕。理想の天子に関するこの記述は、伝説上の天子の伝統的表現と一致している。ただし、〔伝統的表現と異なり、荀子にとって〕天子は、もはや完全に組織立てられた行政による合理的な効果を示唆するひとつのイメージでしかないというわけではなく、また、天子を超人的な支配者とみなし、その「マナ」〔神の贈与〕が、空間、時間のなかに広まっていくといった神秘的な事態を表現しているわけでも、もはやないのである。同じように、荀子にとって、道（タオ）は徳より上位に存在するものではない、そうではなく、徳、あるいはむしろ、礼が、〔道より上位にあって〕秩序の最も高い原理に位置しているのである。

荀子の偉大な功績は、儒教に合理的な基盤を提供したことにある。儒教に宗教的な価値を捉えているだけでは不十分であることが明白になった時代において、増大した人口に比べ財があまりに乏しかった時代において、荀子は、道徳的伝統の精髄を遵守するための公式を見出したのだ。純粋に人間的な現象である文明は、一種の社会的慣習の上に据えられており、その規約に従って、ひとりひとりの人間は、各人に割り当てられた仕事と地位を受け入れなければならないのである。というのも、社会における階層は各人の生まれついての地位によるのではなく、各人の能力に基づいて制定されているからだ。荀子は、この点を非常に正確に説明しており、儒教は、次のような方針をつねに守りつづけたのである。もし最も身分の低い者であっても、知的で、学問をおさめることを通じて自己を磨くことができる人物であれば、その者をこそ、最も高い地位へと昇進させるべきである。理想の政府は、賢人たちによる政府である。

荘子（紀元前四世紀）

紀元前一〇〇年頃に執筆活動を行なった歴史家、司馬遷《しばせん》が伝えるところによると、荘子《そうし》〔c370-c300 BC, TCHOUANG TSEU : Zhuangzi〕は、その名を周といい、梁《りょう》の恵王《けいおう》（紀元前三七〇〜三一九年）、斉《せい》の宣王《せんおう》（紀元前三一九〜三〇一年）の同時代人である。楚《そ》の威王《いおう》は、荘子を宰相に迎えようとしたが、この哲学者は、それを堂々と断ってしまう。道教〔タオ思想〕に関して、最上級の教えをもたらしてくれる書の著者について、われわれが知っていることは以上につきる。さらに、『荘子』という書は、多くの問題をはらんだまま今日に伝わっている。オリジナルのテクストや多くの章に、三世紀から二世紀にかけて、弟子たちによる注解が挿入されているからだ。弟子のなかには、伝説的な人物、列子《れっし》の名を冠した、別の重要な一書『列子』に関わる者もいるのである。

❖ TCHOUANG TSEU

さらに、荘子の教義は、本質的に老子《ろうし》の言説を基盤にしていると、司馬遷は伝えている。老子は孔子の同時代人であり、漢の時代に、道教の始祖とみなされた人物である。しかしながら、老子の人物像は完全に伝説の影に覆われており、実在の人物ではなかったのではないかという疑いがある。『老子』もしくは『道徳経』と題された書に関しては、現在みられるような形に編纂されたのは、紀元前三〇〇年頃に至ってからである。われわれが現在手にするような『道徳経』を、荘周〔荘子〕が知らなかったのは、ほぼ間違いない。古代道教の思想や著述の正確な年代記を作成することは、現実的に不可能である。反対に確実なのは、この教義が、著作として現われた時代よりも、はるかに昔の哲学的、宗教的伝統に根差していることである。体系的学説として呈示したのは、老子でも、荘子でもない。最初は、アフォリズムや格言の形式をとっており、そのなかの数編は、秘教学の性格をもっていた。『荘子』は確かに論争的な書だが、多くの部分が小話、寓話、箴言から成り立っている。それは、中国文学における最も美しい記念碑的作品である。荘子自身の著述であるかのように見せかけた文章は、ある偉大な作家によって書かれた作品なのである。その著作家は、どうやら、この著作を読む者、もしくは聞く者が知らないような、新たな哲学的学説を教訓的に論説することを気にかけてはいないようだ。目的は、読者〔聞く者〕を、誤りから救い出し、開放し、信奉者を作ることにある。[03] 実際、その哲学は、中国の宗教的伝統から発している。道〔タオ〕の形而上学、倫理学、神秘学は、シャーマン的世界の刻印を帯び、『荘子』のなかの一篇、「楚の国の悲歌」〔『荘子』人間世篇《じんかんせい》第四－八〕のような文学的テクストも生み出している。封建領主の宮廷では、儒家の宗教や道徳を練り上げる儀礼家たちを召しかかえる一方で、魔術の専門家たち、占朴者、占星術師、医者、薬剤師をかかえていた。伝説によると、老子は、周の宮廷の「図書・公文書官吏」〔守蔵室の史〕であったが、この役職は、魔術の技術の知識に関わっている。しかし、道教の信奉者たちは、都会の儀礼的生活を逃れ、自然に囲まれた田舎に隠棲することを好んだ。己の内面の純粋性を保つために名誉を棄て去る、このような「隠者」は、中国の歴史を通じて絶えず存在していた。荘子は、王の祖先を祭る寺のなかに自分の甲殻が奉納されることを名誉と思うより、「沼の泥のなかに、尾を引きずって生きる」ことを好む亀のように〔『荘子』秋水篇第十七－五〕、自由に生きようとする「隠者」の一人であったと思われる。孔子の弟子たちの儀礼の形式主義、因習性を軽蔑して、道家たちは、個人の生命力を高めたり、文明の束縛から社会を解放することを目指す哲学を模索したのである。彼らの学説は、反体制的神秘主義として定義できるだろう。

実際、自然状態に還ること、無垢の幸福状態、つまり、人間が、文明の創始者、いわゆる賢人によって、生類や事物の自然な自発性を狂わせてしまう以前の状態に戻ることが問題なのである。人間の天分や独創性に対する最初の騎手、最初の陶工、最初の大工などと呼ばれる賢人たちは、自然を単に暴力的に扱うことしかできなかったにもかかわらず、間違った賞賛が彼らに与えられてしまったのだ。「馬たちは、草原のなかで、自由に生きているとき、草を食み、水を飲む。馬たちは喜びを感じるとき、お互いの首を交差させ、こすり合わせる。怒ったときには、馬たちは、お互い背を向け、後ろ足で蹴りあう。馬たちの行なう行動はそれだけだ。しかし、綱でつながれ、馬具をつけられはじめると、馬たちは、くつわや手綱を外そうとして、ずるがしこくなり、首をかがめたり、いきり立ったりすることを学んだ……」(『荘子』馬蹄篇第九－一)。同様に、人々がまだ堕落していなかった頃、「彼らは、何をするともなく家にいたり、当てもなく散歩したりしていた。お腹いっぱい楽しく食べて、腹鼓を打って自由に遊んでいた。人々にできることは、それくらいのものだった。ところが、賢人たちが出現し、儀礼や音楽を制定して、民衆に威儀を正すように主張しはじめ、また、賢人たちが、徳(仁義)をかかげ、人々の心を和らげようとしはじめると、人々は、学識のために骨を折り、富のために争うようになり、もはやその流れを止めることができないほどになったのである。それは賢人たちの過失である[★04]」(『荘子』馬蹄篇第九－二)。荘子は、あらゆる人為的学問、技術の進歩、とりわけ道徳家や政治家の発言を批判していた。荘子にとって理想の政治は、人間の相互関係のなかに野心が入り込む隙がないような村の小さな共同体のなかで、人々に質素な生き方をさせるものである。真の賢人は、道家たちが「聖人」と呼ぶ者だが、彼は民衆に干渉しないように努めることで、民衆への愛を示す者なのである。それが、『道徳経』のなかでたびたび問題とされる「無為」の教義、すなわち「非－行為」という教義である。「無為によって為されないことは何もない」(『老子』第三十七章)。なぜなら、道(タオ)と天の、人には感知できない作用は、人々に理解されることがなくても人々の上に働いているものだからだ。同様に、聖人は、完全に無心になって道と天の働きを生かし、それを妨げたり独占したりすることなく、発展するがままにさせる。「自然(天地)が産みだす物は、驚くべきものであり、虚栄心を生んだりはしないのである。自然の季節は、明らかな規則に応じて変化しているが、それはいささかも法令化されているわけではない。万物は、完全に道理にのっとっているが、その理由を説明することはしない。聖人は、自然の驚くべき働きを自分の霊感の源泉として把持し、万物の道理に通達している。完全な人間(至人)は人為的な介入をせず、大聖人はいかなる作為も弄しない(いかなる自発的行動もとらない)。以上が、いかに自然にならうべきかという方法の提示である」(『荘子』知北遊篇第二十二－二)。

つまり、文明は自然を堕落させ、あらゆる私的な知識は欺瞞である。道家の立場は荀子と対立している。人為的なもの、後天的なものは、道家にとって、取り除いて純化する必要のある悪なのだ。瞑想を通じてわれわれは、己に固有の真の本性を明らかにするのである。「戸口から一歩も出ずに、宇宙〔天下〕を知る！　窓から外を見ることなく、天の道〔タオ〕を知る！　遠くへ行けば行くほど、〔道を〕知ることは少なくなる。聖人は、移動することなく知り、見ることなく明らかにし、何もすることなく成し遂げる」〔『老子』第四十七章〕。外部とのあらゆる関わりから純化された自我は、宇宙〔天下〕の唯一の原理と一体化する。

道家たちにとってタオは、その概念を共有する思想がそれに付与するものと近似するある価値を懐胎しているのである。それは、秩序と統一の宇宙的原理なのだ。しかし、この原理は、道家においては瞑想の対象となり、個人的救済の希望になっている。ゆえに、老子は、『道徳経』第十六章のなかで、次のように述べている。

「絶対的な空虚に達することで、完全なる静寂を知る。〔そうすれば〕あらゆる物〔万物〕が動き出す。それらが、還っていくのをじっと眺めよう！　なぜなら、数かぎりなく存在する物〔万物〕は、各々が静寂である根元へと還っていくからである。そうして彼らは、自分たちに与えられた生の権限を返還するのだ。それは避けることのできない運命である法なのだ。その法を知ること、それは啓かれていること〔明〕である。その法を知らないこと、それは愚かにも災いに身をさらすことである。避けることのできないものを知ることが知である。知を通じて、われわれは普遍性〔常〕に至る。普遍性〔常〕から、王の効能へと至り、王の効能から、天の効能へと至る。天の効能から、われわれは道〔タオ〕に至る。タオと一致することで、われわれはタオとともに自分たちも永遠なものとなり、自分たち自身の救済が保障されるのである」。魂の空虚と安逸は、物の働きの外に身を置くことを、聖人に可能にし、精神の向上によって神秘的合一と救済に至ることを可能にする。これが、老子の教義の精髄なのだ。さらに老子は、真のタオは、言葉で表現しようのないものだと語っている。二つの相が、タオに付与されているように思われる。一つは隠された相で、被造物である万物にとって、己が存在する以前に存在するものだ。もう一つの相は、タオが作り出したもののなかにあって、明白で目に見えるものだ。すなわち、見えない道〔タオ〕と「万物の母」と形容される感覚される自然〔『老子』第一章〕、それらは、同じひとつの現実の、同じひとつの効能の二つの面である。効能を、細部において現われるものとして表現しようとするとき、つまり個人のなかに「徳」を形成する効能が提示されるとき、心理的、魔術的エネルギーの潜在力が、Tö〔徳〕と呼ばれるのである。この第一原理は、しばしば二重の表現、「Tao- tö〔道－徳〕と表現されることもある。

老子は、救済をある知的行為に委ねている。すなわち、普遍的生を支配する法則を理解する行為である。荘子は、弁証法的な過程を通じて、われわれを忘我〔extase〕へと導こうとしている。彼のタオの概念は、老子の概念と異なっているわけではない。タオはいたるところにあり、最も高貴な事物に存在しているのと同様に、最も下劣な事物のなかにも存在している。タオは、個々の存在物に先立って存在するものだ。タオは無限であり、永遠であり、それは超越的であると同時に、内在的なものだ。タオは、あらゆる対立するものを一致させる統一である。それは論理的必然性なのだ。われわれを納得させるために、荘子は意識的に詭弁的論法を駆使する。以下のような考えが、その理由とされている。数多い見解があるが、それらはどのようにして区別されるのか。あらゆる見解の相違は、視点、趣味、習慣の問題から生じ、すべての命題が相互に依拠しあっている。空しい議論に引きずりこまれるがままになることは、無益なことである。タオを、まったく理解できないままでいる者は、真理か、誤りか、「諾」か「否」かといったことを考える拠点を欠いているのである。なぜなら、「これ」と「それ」は、つねに相関関係にあるために、「あるもの」に対しては、つねに「その他のもの」が存在するからである。「これ」は「それ」に匹敵し、一方は他方を生む。さらに、「このもの」と「そのもの」は、それぞれがお互いの根拠となるようなシステムをもち、その固有の領域においては、おのおのの判断の基準も有効性をもつのである。すべては状況の問題であり、したがってすべては相対的であり、詭弁論者たちに同調して、ある百歳の者は若くして死ぬと言い、ある新生児は長く生きたと言い、一個のレモンは一つの山に匹敵すると言うことには、正当性があるのである。けれども、このような判断をやめるほうが、もっと良いのである。なぜなら、存在するものの集合は、タオにおいて「一」であり、この論理的な軸は、対立するもの、命題と反命題との輪の中心に、知性にとって必要不可欠な統合を作り出しているからだ(『荘子』斉物論篇第一-四)。

無限の観念は、タオが実在するものではないことを把握する、絶好の機会を提供することでもある。詭弁論者たちのアフォリズム「極度に微細なものは、形がない(感覚しうる外観をもたない)、極度に大きいものは、限定することができない」が、引用された後、寓意的な人物の口を借りて、荘子はそれに答えて語る。無限に大きなものと無限に小さなものは、物質的にわれわれの理解の外にあるものではないのだが、時間的にも空間的にも、より大きいものやより小さなものを、どこまでも想像することのできるわれわれの精神が、到達することのできないものなのだ。しかしながら、それはまだ感覚的な外観の領域にあるものであり、物質的世界について語られているのである。もはや言説にも想像力にも従属することのない現実のある次元が存在するのだ、なぜなら、それは空間や時間の概念によって、理解できるものを何ももっていないからだ(『荘子』秋水篇第十七-二)。タオは純粋に概念的な実体である。しかしながら、それは忘我(extase)を通じて知ることができる一つの現実なのだ。確かに、長期の準備、弁証法的アプローチが必要だが、その過程で、タオの信奉者は、自分の心からこれまでに得たすべての理念を取り除かなければならない。まずは、社会的制度の相対性、良い、悪い、といった、一般的に人為的なものである、あらゆる価値の相対性を打ち破らなければならない。次に、忘我へむけての予備的実践、祖先崇拝において、供犠に先立ってなされる清めの儀式に類似する瞑想が行なわれる。この「浄化の道」を通じて、自己の外へ、順に、人間世界の意識、自分をとりまく対象物の意識、ついには、個人的生命の観念自体を捨て去ることが問題となる。そのとき、霊感が、唯一なもの〔タオ〕のヴィジョンが、そこでは時間が消滅し、結局、生も死もない、一つの実在性に参入しているという霊感が、不意に到来するのである〔『荘子』大宗師《だいそうし》篇第六－四〕。

道家の哲学者たちは、ここで、宗教的信条を合理的に捉える。荘子は、たびたび、生命を延ばすこと〔不老長生〕を目的とする実践について暗示的に語る。結局、それは、農民にも貴族社会にも共通した関心事であった、生命力を増進させ不死にいたる実践だったのである。後世の宗教的な道教は、このような結果をめざしての、半ば実証的、半ば魔術的な古い術を継承している。その術のなかのあるものは、苦行者の瞑想に関わっており、また他のものは、アルコールによる酔いを奨励し、また他のものは食養法をとりあげる。最も重要な術は、呼吸法を実行することにある。これらの実践の下に隠れているのは、つねに、人間の身体の構造を、宇宙的生のリズムと結びつけなければならないという理念だったのである。道家たちにとって、タオとは、対立するものの統合を実現する位相というだけではなく、魔術－宗教的な力の源泉であり、タオの思想家たちは、魔術的な力、ただし、行使することが控えられているその力を、自分たちの聖人たちが保有しているとみなすことにためらうことはない。徳が完全である人々は、もはや極端な暑さも、寒さも感じない。彼らはめまいを感じず、酔った者が車から落ちても死なないように、怪我をすることがない。なぜなら、酔った者は、驚きも、恐れも感じないから、体がこわばることなく、不意打ちで物にぶつかっても支障がないのである〔『荘子』達生《たっせい》篇第十九－二〕。荘子は、長生を得るための実践を止めることがなく、また、魔術を信じている。しかし、彼は魔術に満足していたわけではない。なぜなら、彼の考えでは、忘我を通じてのみ、生命力を完全に傷つけることなく、保持することができるからである。その上、生と死はあらゆる対立物がそうであるように、同じ現実の二つの面にすぎず、存在形態の変化を示しているにすぎないのである。人間の生は、可能なあらゆる存在条件を考慮すれば、最上のものでは必ずしもなく、生に執着したり、また死を恐れるべきでもないのである。夢を見ている者は、自分が夢を見ているとは知らないでいる。われわれが夢を見ているのではないということを、どのようにして知るのか？「ある日、荘周〔荘子〕は、自分が蝶になった夢をみていた。蝶は、ここ、かしこをひらひらと飛びまわり、自分の境遇にすっかり満足し、荘周であることを忘れていた。突然、彼は目を覚まし、荘周に戻っていることに驚愕する。私は誰だ？　夢を見ていた荘周が一匹の蝶であったのか、夢を見ていた蝶が荘周であったのか？」〔『荘子』斉物《せいぶつ》論篇第二－九〕。普遍的生は、絶えざる変化、ある形態から別の形態へと、いわば、全体にとってはエネルギーの消失なしに起こる変移からなっているのである。したがって、生と死は、等しいものとみなすことができるのである。「大自然〔天下〕は、万物が一つになるところである。もし、われわれがこの一なるものの境地に到達するならば、もしわれわれがこの「一」と一体化するならば、われわれの身体は、もはや取るに足りない塵芥同然の存在でしかなくなり、生死の変移は、昼夜の交替と同じように、心をかき乱されるようなものではなくなるのである」〔『荘子』田子方《でんしほう》篇第二十一－四〕。なぜなら、〔タオの〕原理と一体化した者には生も死もない。あるいは、死はもはや存在しないというべきか。忘我の過程で、われわれの内に存在する生の内在的原理は、宇宙的「気息」〔気〕と合一する、「一なるものと一体化する」ことで、ある意味では、〔タオの原理は〕外に現われているものだからである〔『荘子』山水篇第二十－七〕。

　もし、荘子の神秘学が、いくつかの側面から、キリスト教やイスラム教の霊的偉人たちの神秘学と比較しうるものとするならば、その形而上学は、とりわけ、ヘラクレイトスの哲学を思い起こさせるものだ。ヘラクレイトスの哲学のように、「一なるもの」との合一を実現するために理性を呼び覚まし、読者を誘う神秘的な冒険は、純粋に精神的なものだ。深い瞑想の不動性のなかで、精神は精神ではないものをすべて棄ててしまう。すべては精神的な苦行であって、身体的なものではない。多くのことを知ることが問題ではない。儒家が推奨する学問は有害なものだ。なぜなら、それは精神を分散させるものだからだ。荘子が、「知性は吐き出す」必要がある、と語った理由はそこにある。時間に限りのあるわれわれにとって、事物の多様性を認識することを強く望みすぎることは危険なことだ。それは、衰弱と堕落の機会を増やすことにしかならないだろう。さまざまな感覚の文明化された使用は、エネルギーの消耗を引き起こす、それは欲望や情念を目覚めさせるからだ。細部に手間取る観点は有害であり、目くらましでしかない。「賢者は、目で聞き、耳で見る」という奇妙な定式において、荘子は、全体的な存在を介してこそ、さまざまな存在するもの全体と内的に一体化することで、全体的な知覚を得ることができることを示唆しているのである。被造物同士の関係は、神秘的な次元にしか属さないものであり、タオにおける「一」〔斉一〕のレベルにおいてしか、実際に有効性をもって生じてはこないのである。儒家たちが課した恣意的な弁別やその祭式は、障害物に等しいものでしかないのである。

　実際に効果的な教えは、言葉を使わずに行なわれたものでしかない。それは、最上の行為が、余計な手出しをすることではないことと同じであり、また、最上の言葉が、何も言わないことであるのと同じである。なぜなら、老子が語っているように、言うものは知らない、知るものは言わないからだ。あらゆる秘訣は、伝達不可能であり、機械的なものに頼ることは有害で、ごまかしみたいなものだ。職人の技は、〔作為的な〕技術ではなく、自然の作用と同じくらい自発的で、自然の活動と同じように易々と行なわれるものでなくてはならない。

道家《どうか》は、世俗の出来事に対してはまったく役に立たないように思われる。しかしながら、〔道家の〕聖人は、自立性、活力、精神の徳を保つことによって、真に有用な存在なのである。彼は世間を忘れ、生き続けることしか考えない、なぜなら、その効能は、歳を取るに従って増してゆくからである。「精神的な力を養うこと」によって、タオの力自体に参与することによって、聖人は「何万もの人々を動かし、変貌させることができる」、彼は「神に等しい存在なのだ」。超越的状態に至った道家たちは、「桃源郷」に生きているのであり、そこから彼らの徳は、世界に有益な影響を広めるのである。

「はるか遠く、姑射《こや》の山の上に神人たちが住んでいる。彼らの肉や皮膚は、氷や雪に似ており、まるで処女のような優美さを備えている。彼らは、俗界の食物を食べることはなく、風を吸い、露を飲む。大きな雲に乗って移動し、空飛ぶ龍を引きつれている。この世の空間を越えた境地に、彼らは遊んでいるのだ。彼らの精神が、結晶のように集中すると、人々を疫病から防御し、豊かな収穫を確実にもたらすのである……」〔『荘子』逍遥遊《しょうようゆう》篇第一―三〕。

個人の力を大いに増大させることを保障する、特有の秘訣を授ける荘子の教義は、野心家の王たちを魅惑しないではおかなかった。始皇帝と漢の武帝は、道家たち、魔術師たち、錬金術師たちを身の回りに置き、彼らから威信と不死を得る奥義を手にいれようと望んでいた。しかし、道教は、秘密主義で神秘主義的な政治的党派の組織者たちも魅了していた。その自由で平等な精神は、あらゆる非―順応主義者や反逆者たちを勇気づけていたに違いない。荘子は、「賢人を排除しなさい！　学者たちを追放しなさい！　そうすれば、国家はよく統治されるであろう！」と公に宣言していたわけではない。それにもかかわらず、道教の精神は、文人たちの世界に浸透していくことをやめることはなかった。荘子こそが、多くの詩人や芸術家に、直接的にしろ間接的にしろ、霊感を吹き込んでいるのである。間接的には、瞑想に耽る仏教の様式としての禅があるが、これは仏教が道教から強い影響を受けて形成されたものである。一般的に、道教の哲学は、何よりも世間のなかにあって自己を自覚する非常に独特な方法を呈示していて、中国のエリートたちに個人的救済の教義と流儀を、ならびに、神秘学と詩によって、あまりに堅苦しい公式の伝統主義から己を開放する手段を提供してきたのである。

〔マックス・カルタンマルク（国立科学研究センター研究長、パリ）〕

原註

○01 マルセル・グラネ『中国思想』、人類の進歩叢書、二五の二、パリ、一三九四。第三章、数。

○02 『荀子』、この三十二章からなる著作は、非常に良好な状態で手に入る。全体として、その真実性は確実である。主要な章が、ホーマー・H・ダブスによって、英語に訳されている。『荀子の著作』、ロンドン、一九二八。

○03 『老子』と『荘子』は、ジェイムズ・レッジによって、英訳されている――タオイズムのテキスト(東洋の聖なる書:三十九・四十巻)、オックスフォード、一八九一。『道徳経』には、アーサー・ウェリーによる、より良い翻訳がある――『道とその力』(一九三四)。もう一冊、J=J・L・ドュイヴァンダクによるテクスト考証研究つきのフランス語訳『道と効能の書』(パリ、一九五三)。『道徳経』『列氏』『荘子』の、L・ヴィーガーによる解釈的翻訳『タオイズムII』(一九一三)は、「タオイズムの父たち」の思想を初めて学ぶのに有効である。

訳註

★01 「木・火・土・金・水」によって象徴される五つの「気」といういわば「動因」のこと、原語では五行。

★02 立春、立夏、立秋、立冬の前の「土用」という期間。

★03 凡例のとおり、以下、人名や(『老子』『列子』『淮南子』など)著作名の欧文表記は原書のフランス語表記に則し、別表記については:で続けて適宜併記する。また、生没年における略号として、c.は凡《およ》そ(=circa)、Eは前半(=Early)を、Mは半ば(=Middle)、Lは後半(=Late)を、Cは世紀(=Century)、BCは紀元前(=Before Christ)、ACは紀元後(=After Christ)、～は上限と下限、?は不明、?は諸説あることを示している。

★04 引用文中で批判される「賢人」は、原文では「聖人」と記されている。ここでは、道家以外の、特に儒家における「聖人」が想定されていると考えるべきであろう。

補記

中国思想・文化を貫く二本の柱、「中国人の魂の奥深い二筋の傾向」が、儒教と道教（タオ思想）であるとする見解に、多少の異論はあるとしても、全面的に否定する者はほぼ皆無ではなかろうか。中国哲学を代表する二人の哲学者として、それぞれの学派から一人ずつ選別することは理に適っている。そこでマックス・カルタンマルクが提起するのは、荀子と荘子である。道教の始祖として老子も当然相当するが、実在が確定できない伝説的存在である。荘子の選択は自然である。一方、荀子に関しては議論を呼ぶかもしれない。儒教と正対するならば大御所の孔子、もしくはそこに哲学的な練成を施したという点では孟子のほうが相応しい。

孔子も孟子も国家への政治的寄与を学問の主要目的と見なしていた。しかし、結局、政治的実践には失敗している。荀子がそれに成功したというのは、紀元前二二一年、天下統一を成し遂げた秦の始皇帝が、帝国の政治に法家を重用し、その主導者である韓非子が荀子の弟子であった事情を指す。法家は国家の法規を明確に定め、君主さえもそれに従う義務のある旨、厳密化したのである。すなわち現在の法治国家に通じる原則を呈示したのである。このような法の認識に必要な合理的思考を準備したのが荀子であり、そこに「偉大な理論家」と呼ばれる所以がある。もっとも、秦帝国は一〇年も経ずして滅亡（紀元前二〇七年）している。むしろ儒教の政治的重要度がより増すのは、紀元前二〇二年に興った前漢においてである。儒教が国教に定められるのである。この儒教の隆盛は、直接、孔子に由来したわけではない。孔子の思想は、同族的な「共同体」を対象としたものにすぎない。それに対し、異民族・文化の支配を前提とした「帝国」の政治は、荀子によって改変された儒教哲学を必要としたのである。その変革の内実をここで論じる余地はないが、儒教が帝国の教義となるにあたって、荀子の貢献が大きかったことは間違いない。カルタンマルクが評価するのは、その点であろう。しかしながら、中国文化の中核を一貫して貫いていく儒教の筆頭であり、神にも比せられる大聖人と見なされるに至るのは、孔子をおいてないことも事実である。

次に、儒教と道教との関係について補足的考えを記す。カルタンマルクによって、両教は以下のように分類整除されている、儒教は「儀礼と伝統的な慣習を重んじる現実主義」、道教は「感性と絶対的自由を重んじる神秘主義」であると。ただし、両者は完全に対立しているわけではなく「相補関係」にあるとみなされている。ならば、両者の分岐点が形成される共通の地場とは何か。鍵は「孔子の伝統的教義」にあると思われる。荀子は法家に全面的に賛同していたわけではなく、「伝統的教義」を引き継ぎつつ、政治改革を実行することを提言した。その「教義」とは何か。孔子は「古い儀礼主義」を尊びつつ、その規則を「宗教的信仰に依拠させるのではなく、道理に基づかせようとした」、そこに教義の根幹がある。孔子の儀礼主義は、宗教的信仰を超克することによって成立する。逆に言うと、その淵源は「宗教」である。カルタンマルクは、古代中国社会における宗教・魔術としての自然信仰や祖先崇拝をそこに把持している。さらに、それを理論化した「陰陽」「五行」「数理」の概念に見られるような「マクロコスモス（宇宙）とミクロコスモス（人間）」との照応思想こそが、両教義の共通基盤とみなされる。この基盤は、道家の立場からは「自然《じねん》」、「自《おのず》から然《しか》なる」働きに人間存在を基礎づけることに他ならない。この自然中心主義に「直接」立ち還ることが、道《タオ》の思想だと言ってよい。よく知られているように、老子・荘子の思想は一般的に「老荘思想」と呼称され、紀元前最後の数世紀に生まれた不老不死の仙術を実践する救済宗教としての「道教」と弁別される。（カルタンマルクは一貫してtaoïsme「タオ思想、すなわち道教」の語を使用している）。この宗教としての「道教」は、儒教と同じく漢帝国のもとで発展を遂げるのだが、その宗教的な素地は老荘思想に懐胎しているものだ。中核にあるのは、自我を滅して道《タオ》（自然）に至る、「無為自然《むいじねん》」になること、単に道徳的な意味での「我意」（エゴ）を捨てることではなく、人間と自然、ミクロコスモスとマクロコスモスとの合一に至る「神秘体験」である。マクロコスモスは、あらゆる存在者を包摂する「道《タオ》」に収斂される。対する儒家は、人知を経てこそ、道《タオ》は価値を持つと考える。ただし、カルタンマルクは次のような興味深い指摘をしている。真理を捉えるべく「思考するためには、心を平静な状態へと集中させ、自身を無として示さなければならない」と荀子の語る内実は、「神秘的状態を表現する道家の経験である」。いわば、荀子流の「無為」の思想である。政治的参加を拒否、国家を忌避し続けた道家は、この点で儒家と鋭く対立しているが、儒教を「国家の教義」へと導くに当たっての功労者、ある意味、道教と対極に位置する荀子が、実は道家と通底する世界観を有しているのではないかという問題の呈示である。もちろん荀子の「無為」は、儒教の理路に回収して説明可能だが、それでも儒教と道教の接点への問いに繋がるものだ。これは道家からの影響なのか、あるいは儒教にそもそも淵源しているものなのか。儒教とは「人間主義の思想である」と規定し、儒教における宗教的要素や「神秘主義」を排斥する考えが、今日でも主流を占める。しかし、「古い儀礼主義」を「宗教に依拠しないもの」に再構築したのが孔子の儒教であるとしても、その「宗教」的基盤はそう簡単に消去されるものなのか、再考が必要であると思われる。この点を明確にするためには、「道《タオ》」の思想と対照する「儒」の思想を認識しなければならない。

　孔子以前に遡って「儒」の思想の深層を論究したパイオニアは、加地伸行である。加地によれば、儒教の本質は「宗教」である。孔子が「儒」の思想を体系化し理論・思想として成立させたのは事実だが、「儒」は本来シャーマン、すなわち「天上の神・魂など神霊なものと地上の人間とをつなぐ能力を持つ祈禱師」である。すなわち儒教の原点はシャーマニズムであり、歴史的変遷を経ても、その本質を懐胎しつづけていることを加地は指摘する。儒教が「宗教」であるとは、「死」を了解可能なものにする体系的思索を提供しているからである。孔子は「死」に関心を払わなかったという一般的解釈に対し、加地は明確な反論を呈示している。今日残る民間信仰としての儒教を見ても、その死者たちは、現生と完全に切断された異次元へと消え去るわけではなく、祖霊として、姿は見えずともこの世の一角に留まりつづける。そして子孫である生者たちの運命に影響を与えるものであり、また生者たちの儀礼行為によって、生者の世界に立ち戻ることの可能な存在であると考えられている。儒教の原点とは、このように生と死の交流を機軸とする「霊」の思想、儒（シャーマン）が捉える「霊的なものの働き」を、政治や道徳をはじめとする現実認識に組み込んだ思想と言えるのではないか。その「霊的なもの」とは、具体的には祖先の霊として顕現する。死者の視点から世界が規定されるのだ。けだし、死者の霊を実体的に捉えることは、王権の正当性を保持する上での根拠となる。国家の権力思想に適応するのである。ゆえに祖先に対する「孝」、祖霊に対する愛の発現としての「仁」、愛の表現としての「礼」が重視され、その儀礼制度を司る点に、儒家の最重要の仕事、宗教的にして政治的使命が存するのである。このような観点から、孔子の「天」の意味を解明する必要があるのではないか。例えば、孔子にとって、天命を知り、畏れ、従うことは君子の条件である。天とは不可知なものであり、天命は人間の力をこえた運命、「天が人や物に与えた正理」である。すなわち、孔子は「超越」レベルに「天」を提起している。それは一見すると「一神教」の神に似ている。人間には抗えない運命の力を振るう、いわゆる絶対的な「他者」であるかに見える。しかしながら、天とは神霊の概念化だと理解するならば、それは儒家（シャーマン）を通じて、この世に現存する生者たちと交流可能な存在である。絶対的な「超越」ではないのである。興味深いのは、儒教が「死」を基軸に現生を把持するのに対し、道家は「生」を基軸にする。すなわち道《タオ》は「万物の母」、存在するものを生み出す「子宮」のような存在なのだ。「生」の根源的力である道《タオ》を知る者が長命であり、不老不死の霊知を得るとみなされることに不思議はないのである。このように方向は異なっても、生と死は、そもそも切断することのできない根源的「一」に発するものである。道家が天よりさらに上位に位置づける道《タオ》は、そのような「一なるもの」であるが、「道」という継続性を含意する言葉が使用されている点が興味深い。過去の死の係累を連ねるものであるとしても、反対に未来へ向けて生を伸張させるものであるとしても、それは存続しつづけるもの、それ自体は目に見えない「霊的な働き」であって、物的存在としては「無」なのである。ともあれ、儒教と道教の根元は「霊」の哲学にあり、それを道《タオ》という「自然」の働きに包摂するか、媒介者である儒の立場に立脚させるかの相違が、両学派の原点にある分岐点ではないかと考えられる。

マックス・カルタンマルク（一九一〇〜二〇〇二年）は、ウィーンに生まれるが、中国学研究のための地としてパリを選び、マルセル・グラネ（Marcel GRANET, 1884-1948）とアンリ・マスペロ（Henri MASPERO, 1883-1945）という両巨頭の謦咳に接し影響を受ける。北京中国学研究所の所長（一九四九〜一九五三年）、次いでパリ高等研究実習院第五部門（一九五七〜一九七九年）の教授職などを務める。著書に、*Lao Tseu et le taoïsme*, Seuil, 1965や *La Philosophie chinoise*, (Que sais-je, no.707), PUF, 1972 などがある。

主要著作

＊『荀子』については原註02を参照、『孟子』については原書のとおり記載しておく。

荘子《そうし》

▼『荘子《そうじ》』（三部三十三章からなる著作。一章から七章を含む第一部のみ荘子自身の著作であろう）〔（全四冊）金谷治訳注、岩波文庫、一九七一－一九八三〕。

孟子《もうし》（孟軻《もうか》）

▼『孟子』（十四章からなる書で、「四書」のひとつ）〔（全二冊）小林勝人訳注、岩波文庫、（上）一九六八、（下）一九七二〕。

参考文献

＊翻訳にあたり参照した文献は多数あるが、主要なものは以下のとおりである。

▼『論語』金谷治訳注、岩波文庫、一九六三。
▼『荀子』（全二冊）金谷治訳注、岩波文庫、（上）一九六一、（下）一九六二。
▼『老子』蜂屋邦夫訳注、岩波文庫、二〇〇八。
▼『荘子』（全四冊）金谷治訳注、岩波文庫、一九七一－八三。
▼加地伸行『儒教とは何か』中公新書、一九九〇。
▼M・カルタンマルク『老子と道教』坂出祥伸・井川義次訳、人文書院、二〇〇一。
▼アンヌ・チャン『中国思想史』志野好信・中島隆博・廣瀬玲子訳、知泉書院、二〇一〇。

〔翻訳・補記＝小嶋洋介〕

中国の古代哲学（紀元前二世紀まで）

教義の大いなる多様性と学派の多数性（諸子百家《しょしひゃっか》）によって特色づけられる。

儒家――孔子とその学派

孔子《こうし》（孔夫子《こうふうし》）

❖K'ONG TSEU : Kongzi (CONFUCIUS : Congfuzi) 552（551?-479 BC

山東《さんとう》省、魯《ろ》国における没落した士族階級の一家の子息である。彼は、魯の国王側近の補佐役だったが、王がライバルの策略にはまって位を譲り渡したときに、その職を辞任している。以降、十三年間にわたり、その名にふさわしい君主、仕えるのに値する君主を探して国から国へと放浪する。死去する三年前、魯国に戻り、文官の仕事と自身の教義の布教活動に専心する。孔子は、「文人の教義」として儒教を立てた創始者であるが、魔術的祭祀主義が絶えず姿をのぞかせつつも、より具体的な現実へと目覚めていく時代に生涯を送っている。孔子が世間に与えた独自性は、古代の最高の賢者たちの教えや行為へと還ることによって道徳の改善を説くことで、古代の概念や信仰に新たな革新的な意味を与えたことにある。彼の関心は、道徳の改善への関心が中核であり、その教説のために先人の資料を利用して「民衆に普及」させており、そこにまったく新しい解釈を与えているように思われる。

伝承によれば、孔子は六種の古典を照合することで、六種の教義を立てた。その古典とは、『易経《えききょう》』（変化の書）（卜筮のテクストだが、後の世に、形而上学的、宇宙論的、といった思索の基礎を提供する）、『詩経《しきょう》』（詩句の書――民衆の、あるいは典礼の詩歌が、『論語』（孔夫子の対話）のなかで、道徳教育のためのモデルとして提示されている）、『書経《しょきょう》』（「歴史的な」書紀の書――この書は、政治の秘訣を提示していたに違いない）、『礼記《らいき》』（典礼定式書）、『春秋《しゅんじゅう》』（春と秋の年代記――この書は、後の正統派の理論によれば、分別と義務を確定することで、叱責するべきか賞賛するべきかを明確にする（大義名分を正す）ものである）、『楽経《がっけい》』（音楽の古典――現存しない）が相当する。直接の後継者たちによって集められた口述文集である『論語《ろんご》』（孔夫子の対話）によれば、孔子の哲学の理想とは「君子」であるが、それは、徳の力による王、少なくとも道徳的に王である存在だ。孔子の教育は特殊な能力の獲得を目的とはせず、また物的金銭的な目的も有してはいない。

彼の普遍的な関心と認識は、「人々を教導すること」に実行性を与えることであったのは確かである。彼は「仁」と「義」を実践する。(「仁」は、時代と文脈に応じて、人間性、愛、人間の尊重と訳され、「義」は、正義や公正と訳される)。この両概念は、二十世紀に至るまで、礼、信、智の規則を付加することによって、完全なものとなる儒教道徳の軸である。誰でも誠実に努力しさえすれば理解可能な、平俗な道徳性を支持する彼は、中間の道(中庸)に身を置いていた。苦行は推奨せず、形而上学に対しては、大変慎重な態度をとっていた。「人に対する義務を遂行すること、才人を尊びながら距離を置くこと、そのような振る舞いが、知者と呼ばれるに相応しいであろう」。

子思《しし》

❖TSEU SSEU : Zisi　492〜485?-431〜400? BC

孔子の孫。伝統的に、『中庸《ちゅうよう》』(中道とその教え)の作成者とされるが、おそらく事実ではない。

孟子《もうし》(孟軻《もうか》)

❖MENG TSEU : Mengzi (MENG K'O, MENCIUS : Mengke)　c.372-c.289 BC

鄒《すう》の国(山東省)の没落した豪族の子孫。彼の思想は、儒教における魔術的祭祀の要素から抜け出し、孔子の儒教の教義を社会、政治的な問題に適応させるという観点から発展させている。法家《ほうか》と墨家《ぼくか》との間に生じた激しい争いから孔子の教義を守護し、人間性と正義の概念を明確にして深化させている。彼は、慈善的な政策をしく政府を賞賛する。「王は、徳と人間性(仁)によって統治しなければならない……、そうであってこそ、人々は納得して従うのである」。「国家においては、人民が最も尊いものであり、続いて重要なのは社稷《しゃしょく》(土地と穀物の神)によって象徴される国土であり、君主はその最後に位置し最も軽いのである」。「人間の性は、本来、善である」という彼のテーゼは、荀子《じゅんし》と対立する。人間は、善なる本性をみがく方法に応じて、下劣な、もしくは高貴なやり方で、天賦の徳が生育するのである。彼の著作は、結局、神秘的な性格の形而上学的要素を含んでいるが、後に、そのことが新儒教主義者たちに大きな財産をもたらすことになる。「己の性を知る者は、天の性(天命)を知る」——「万物は、すべてわれわれの内に備わっているのである」。

荀子《じゅんし》

❖SIUN TSEU : Xunzi　c.298-c.238 BC

趙《ちょう》国(現在の河北省)の出身。当時流布していた儒家、道家、法家の思想を、始めて統合する。彼の著作は、二十世紀以上の間、その大部分が省みられずにいたが、実際には、弟子の李斯《りし》と同様、儒家たちの偉大なる旗印のような存在であった。

＊本書「中国の二人の哲学者——荀子と荘子」も参照。

墨家

墨子《ぼくし》（墨翟《ぼくてき》）

❖MO TSEU : Mozi (MO TI : Modi)　c.479-c.381 BC

山東省《さんとう》魯《ろ》国出身で、孔子の同郷人。孔子と同じように、財産をもたない士族の出自であった。彼の信奉者たちは、他の学派とは違い、組織だった共同体を形成していた。当時の悪を避けるために、彼は質素であること、公平で「普遍的な」愛情を説き、戦争の廃絶を推奨した。実際的な有用性、具体的な結果に基づいて行為の道徳的価値を判断することで、孔子とは正反対の道をとったのである。洗練されず、時に禁欲的で悲観的な彼の哲学は、やがて姿を消し、十九世紀になるまで復活することがなかった。墨子の名を冠した現行の文集は、完全に異なる二つの部分からなっており、その後半部は、紀元前三世紀の彼の学派による解釈的記述を示している。

道家

『老子《ろうし》』(LAO TSEU : Laozi)

孔子の同時代人であったと思われる**老子**《ろうし》（**老聃**《ろうたん》）の作に帰せられる著作の名。しかしながら、『老子』の現行テクストの成立は、その思想の土台はもっと古い時代のものであるとしても、紀元前三世紀以前に遡《さかのぼ》ることはないと考えられる。『道徳経《どうとくきょう》』（道と徳の本、『老子』の別称）は、一連の寓話の形で神秘主義的教義を開陳している。それは、「タオ」（道）に関するものだ。「タオ」は、存在でも、非－存在でもない、言葉に表わせない原理であり、根源的一性であるものだが、「非－行為」（無為《むい》）と「おのずからの働き」（自然《じねん》）を通じて、いわば、意識的な努力をしたり、意図的な行為を排することで生まれ、現出する。賢者は、宇宙的律動のハーモニーに参与することで、「タオ」に従う。彼は、意識的な行為、すなわち否応なくある反応を引き起こすあらゆる行為を避ける。彼はテーゼ、アンチ・テーゼを有する一切の命題を立てることがない。「賢者は、過度なもの、過剰、もしくは極端なものを拒絶するのである」。

＊本書「中国の二人の哲学者――荀子と荘子」も参照。

楊朱《ようしゅ》

❖YANG TCHOU : Yang Zhu　5C BC

ほとんど最初期の道家の一人である。彼の理論は、孟子によって数多くの批判の対象となった。彼の思想は、他の思想家たちの著作中における引用によって、今日に残されている。人生を充溢させるには、その過程で、外部からの干渉を避けて、個人のあるがままの状態を維持しなければならない。それが、彼の哲学の本質的考えである。人生は、おのずから完成されるのだ。

欲望で、自分の心を詰まらせてはならない、そのために、さまざまな情念の調和を保つ必要が生じるのである。『列子』の最後から二番目の章は、「楊朱」と題されていて、楊朱の哲学を、一種の純粋な快楽主義として示そうとしているが、おそらく後の時代になっての記述である（「列子《れっし》」の項参照）。人間は、その短い生涯から、最大限の喜びを引き出さなければならない、道徳の戒律で人格を洗練させたり育成しようとすることは、狂気の沙汰だ。むしろ、結果を慮《おもんぱか》ったり世間の意見を気にしたりせずに、本能のおもむくままに、心を自由にゆだね、欲求を満足させるべきなのである。

慎子《しんし》（慎到《しんとう》）

❖CHEN TSEU : Shenzi (CHEN TAO : Shen Dao)　M4C BC

「自然への還帰」を起点とした彼は、後天的に獲得されたあらゆる学問や、自我を肯定することを、一切、否定した。「学問によっては、知ることができない！」。自己を実現し、長寿（長寿は、後代の道教《どうきょう》にとって、資産となる概念である）を得るために、老子と同じ実践を行なうことを命じる。「あらゆる事物が、同等の価値をもっていることを知っている賢者は、公平無私である。賢者は愛他主義であり、知識を棄《す》て、避けることのできないことに従うのである」。韓非子《かんぴし》によれば、彼は「君主の権力の効用」を強調する法家の理論も、同じように支持していたと思われる。彼の名を冠した書物は、おそらく、彼の死後、作成されたものである。

荘子《そうし》（荘周《そうしゅう》）

❖TCHOUANG TSEU : Zhuangzi (TCHOUANG TCHEOU : Zhuangzhou)　c.370-c.300 BC

荘子の名を冠したテクストの集成『荘子《そうじ》』は、道家の哲学的記述の起源に相当する時代に書かれた部分と、その後のさまざまな時代に成立した部分とが含まれており、そのなかのわずかな一部のみが、この偉大な師の記述に由来するものであろう。

＊本書「中国の二人の哲学者——荀子と荘子」も参照。

呂不韋《りょふい》

❖LU POU-WEI : Lü Buwei　c.300-235 BC

哲学の専門家ではなく、商人であり、そつのない財務専門家である呂は、（紀元前二二一年に中国を統一することになる）秦《しん》の始皇帝《しこうてい》に仕えて、さまざまな役職を歴任、秦帝国の宰相となる。永続的な栄光を確保するために、宮廷の文人たちに、当時流通していた、哲学的、政治的、その他の理論の「大全」である『呂氏春秋《りょししゅんじゅう》』（呂氏の春と秋）を編纂させた。今日に伝わるその著作には、独創的な思想は示されていない。特に、道家の思想が中核を占め、儒家、法家、墨家を、道家よりも重要度の低いレベルに位置づけている。

『列子《れっし》』（LIE TSEU : Liezi）

哲学的記述の集成。道家の教義を例証する伝承のほかに、現存する宇宙に現われるタオの変容の理論を含む。この集成は、伝統的に、紀元前四世紀に生存したと推定される**列子《れっし》**（4C BC, LIE TSEU : Liezi）の名をもつ人物の作とされている。しかしながら、確実に言えるのは、テクストが紀元後四世紀以前のものだということだけである（「楊朱」の項参照）。

『淮南子《えなんじ》』（HOUAI-NAN TSEU : Huainanzi）

道家の魔術と実践に関心を寄せる淮南《わいなん》国の王、**劉安《りゅうあん》**（LIU AN）（紀元前一七九～紀元前一二二年に自死）が、宮廷に集めた哲学者、学者、つまり諸学派の「専門家」たちによって編纂させた哲学的内容の双書のタイトルが『淮南子』（Huainanzi）である。そこには、心理学的、生理学的療法などに関する記述も存在するが、それに加え、明確な宇宙論の記述も含んでいる。太初は、形のない位相から始まり、原初の気を進展させる。気の軽く、透明な要素は天を形成し、重く、濁った要素は地を形成する。この天と地を作る両要素が、それぞれ陽と陰に相当する。陰と陽の調和ある和合が、次に四つの季（四象）を生み、続けて次々と何万もの存在物、すなわち万物を生み出すのである。そこから、事物と宇宙の間の関係や従属をめぐる詳細な説明が続く。その説明には、数多くの民間信仰が挿入され、時代の精神を浮き彫りにしている。特に、超自然的なものと、魔術的効能に対する関心が見てとれる。

法家

商鞅《しょうおう》

❖CHANG YANG : Shang Yang　400-338 BC

秦《しん》の国家が形成されるにあたり、大きな貢献をした諸思想を生んだ哲学者。秦は、その覇権を他の国々にも及ぼし、ついに統一帝国を作り上げる。商は、厳格で正確な法と計画的農業によって、国家の資産を増やすことを推奨した。

申不害《しんふがい》

❖CHEN POU-HAI : Shen Buhai　?-337 BC

「政治の方法」（術）の重要性を強調した法家。彼の著作は、当時の他の著作のなかに収められた引用によってしか残っていない。

韓非子《かんぴし》

❖HAN FEI TSEU : Han Feizi　?300-234〔233?〕BC

韓《かん》の国（現在の河南《かなん》省）出身で、一時、荀子の弟子であった。法家の流派の絶頂期を体現している。彼は先人たちの思想を、道教《どうきょう》や儒教《じゅきょう》から援用した概念で補完することで、統合した。「規範」〔法〕、「政治の方法」〔術〕、「力の地位」〔勢〕を、君主の手中におさめながら、良き政府の確立を協力して目指さなくてはならない。それには古の賢者たちをモデルにすることによっては、実現不可能なのである。なぜなら時代は変わったからだ。人民の精神を混乱させることにしかならない「異端」の教義は、排除されなければならない。事物の名〔名称〕は、その現実と一致していなければならない。人間の本性が悪であり、利益になることしか熱望しないために、君主は不変の中庸を保ちながら、報酬と罰によって、その権力を知らしめるのである。このようにして、「非－行為」〔無為〕によって、支配することが可能なのである。韓非子の名を冠した著作の現行テクストは、加筆、増補された部分を含んでいる。

李斯《りし》

❖LI SSEU : Li Si　?-208 BC

哲学者というよりは、むしろ政治的人間である彼は、韓非子とともに、荀子の弟子であった。帝国の創始者〔始皇帝〕の宰相の役職にあって、法家の理論を実践した。紀元前二一三年における、有名な「焚書《ふんしょ》」を指導したために、儒家たちの永続的な憎悪をかうことになる。紀元前二〇八年に処刑される。

『管子《かんし》』〔KOUAN TSEU : Guanzi〕

管仲《かんちゅう》〔?-645 BC, KOUAN TCHONG : Guan Zhong〕の作とされる著作。管仲は、紀元前六四五年に亡くなった役人で、模範的な有徳の人物として著名である。この集成に集められた相互に大変異質な要素からなるテクストは、実際には、三世紀以降に現われたもので、なかでも、道家と法家の潮流と関係がある。

論証家

恵施《けいし》

❖HOUEI CHE : Hui Shi　?-c.645 BC

宋《そう》の国〔現在の河南省《かなん》〕の出身。彼の論述は、当時の多くの著作、特に『荘子』のなかに残されている。衆人に異化作用を与え、柔軟な思索へと導くことで定評のあった、彼の著名な十のパラドックスは、当時の道家の思想家に影響を及ぼさずにはいなかった。

公孫龍《こうそんりゅう》

❖KONG-SOUEN LONG : Gongsun Long　└3C BC

趙《ちょう》の国〔現在の山西省《さんせい》〕の出身。特に、白馬のパラドックスに関する談話で著名である。その他のパラドックスにおいても、彼が行なっていることは、一般概念と固有の事物とを弁別する試みである。

儒教、道教、仏教〔紀元前二世紀～紀元後十世紀〕

多様な思想体系〔諸子百家〕は、儒教《じゅきょう》と道教《どうきょう》によって凌駕、もしくは吸収される。この両思想に、三世紀以降、仏教が参入してくる。

儒教の思想家たち

董仲舒《とうちゅうじょ》

❖TONG TCHONG-CHOU : Dong Zhongshu　c.179–c.104 BC

河北《かほく》省出身の、この豊かな精神の持主は、〔漢の〕武帝《ぶてい》〔紀元前一四〇～八七年〕の臣下として、儒教の教義に関して倦《う》むことなく働きつづけた第一人者であった。魔術的思想家たちの激しい敵対的思想に立ち向かわなければならなかった彼は、儒教の統一的体系を創出しようという意図から、陰と陽〔陰陽〕と五要素〔五行〕の学派の宇宙論的、形而上学的な思索を、正統派の教義のなかに組み入れようとした。その結果、挑戦的ではあるが、しばしば人工的で奇妙な理論が生じた。うがった見方をすると、キリスト紀元後二世紀におけるグノーシス思想と類似する構想を想起させるのである。彼は、陰陽、五行、四象の間の相互作用と合一を説いている。それは、ミクロコスモス〔人間〕とマクロコスモス〔宇宙〕との関係の、数的体系、そして、人間的制度と道徳観念との位階構造を展開させる。彼は歴史の弁証法を練り上げるが、その根拠として『春秋』を引用する。また、「兆候」〔易〕の理論も受け入れる。その理論によると、良い政府であるか、悪い政府であるかが、それと相関的な宇宙の反応を引き起こし、それが幸運な出来事か不運な出来事〔吉凶〕として現われるのである。彼の歴史への関心は、現在の社会機構に当てはまる先例の記録としての歴史に限られたものだが、すでに孔子の教えのなかに、暗黙のうちに存在していた考えだ。そのような関心のもつ重要性は、例えば、孔子を半ば神のような存在とみなした董仲舒の解釈が、後に、超自然的なものに対してより小さな役割しか認めない正統派にとって代わられた後にも、まったく失われることはなかったのである。

揚雄《ようゆう》

❖YANG HIONG : Yang Xiong　53 BC-18 AC

四川《しせん》省出身。彼の時代には、董仲舒とその後継者が儒教に導入した異質なさまざまな要素に対して、それを修正しようとする反動が現われる。揚雄は、自分の学問領域に、古代道教から多くのものを借用している点で、形而上学に捉われているにもかかわらず、一方で、この修正主義の潮流に与しているのである。

王充《おうじゅう》

❖WANG TCH'ONG : Wang Chong　27-c97 AC

浙江《せっこう》省出身。自分が、当時の多くの偏見にとらわれた囚人のままであると考えたこの人物は、その状態を抜け出し自立したいと考える。そこで、その時代に盲信されている信仰や教義を批判のふるいにかける。孔子自身も容赦なくその対象とされる。王充は、神々も、霊魂も、死後の生命や歴史も信じてはいない。その哲学は、道家の自然思想から霊感を得ている。「天は、「非-行為」(無為)によって、生じる」。彼は、運命論に強く傾いている。天命が幸運も不幸も決定する、叡智や純粋な生活が、それを変えることができないわけではないとしても。

道教の思想家たち

王弼《おうひつ》

❖WANG PI : Wang Bi　226-248(249?)

江蘇《こうそ》省の出身。部分的には、「改革」された儒教において重要なものであった自然思想が原因であったが、なによりも時代の混沌とした状況が要因となって、新道教が発展した。王弼のような人物たちが、それに一役かっている。彼らの哲学は、孔子を賢者のなかでも最も卓越したものとして尊びながらも、静寂主義や超然とした純粋思想のほうに、より大きな比重をかけて論じていた。早熟の天才、王弼は、『老子《ろうし》』と『易経《えききょう》』について注釈を著わしたが、それは今日にいたるまで権威をたもっている。彼によれば、「存在」(有)と「非-存在」(無)とは対立しない。彼は、言葉、象徴、理念の間のさまざまな関係に関する理論を練り上げる。彼の説によると、情動的諸感情は、自然的本性に固有のものであり、取り除くことができないものだが、しかし、諸感情を調和させることを学んだ賢者は、それらに束縛されることがないのである。

郭象《かくしょう》(?-c312, KOUO HIANG : Guo Xiang)**と向秀《こうしゅう》**(c221-c300, HIANG SIEOU : Xiang Xiu)

両者は、河南《かなん》省出身であり、ともに『荘子』の注釈書を著わす。彼らは、事物の因果の相ではなく、自発性の相に光を当てている。宇宙は、原因なく、おのずから現出した。神々は、おのずから存在する。「タオ」は、この自発性の原理の別称にすぎない、結局、宇宙の究極的神秘は、そもそも超克できないものなのだ。彼らが「自動－変化」〔自然而然〕と呼ぶ自発性から生じるのである。結局、いかなる事物も、その変容、変遷において、他の事物に依存しないものはない。各事物はおのずから変容する、これは関係が存在しないことを意味しているのではなく、これらの関係が意図的なもの、志向的なものではないことを意味している。彼らは、鍵概念である「非－行為」〔無為〕と「原初の実直さ」〔自然本性〕の意味を練りなおす。「非－行為」〔無為〕とは、己の生来の本性の範囲内で、自由に活動することである。「完全な人間」とは、「何ものにも依存しない」人間、つまり、その幸福がいかなる固有の形式にも関係していない人間、精神に、ほんのわずかな混乱さえも起こさず、いかなる状況にも馴染むことができる人間である。

仏教の思想家たち

僧肇《そうじょう》

❖SENG-TCHAO : Sengzhao　374-414

陝西《せんせい》省の出身。紀元後一世紀になってまもなく、仏教が中国に導入されたが、当初、道教の用語を必要に応じて使用しなければならなかった。インドの弁証法の影響で、中国思想の柔軟化が起こる。僧肇は、インド－西域人である鳩摩羅什《くまらじゅう》（クマーラジーヴァ）の弟子僧で、新道教と仏教の混合であるオリジナルな哲学を早くから作り上げることに成功した。『肇論』〔肇の論考〕のなかで、事物の不変化性について論じている。事物と出来事は、時間と空間における相対的な位置を変えることができない。ある事物、ある出来事は、他の瞬間や他の場所においては、実際もう一つの新しい事物であり、新しい出来事なのだ。ゆえに、例えば、運動は表面的にしか運動ではないし、逆もまた同様で、静止は表面的にしか静止ではない、と言えるのだ。実際には、事物は、運動においても静止においても存在していないのである。不変化性は、運動や静止を超越している。次に、彼は、類似の方法で実存について論じ、最後に完全な認識（プラジーニャ）と絶対的真理（パラーマールタ・サティヤ）との関係について論じている。

道生《どうしょう》

❖TAO-CHENG : Daosheng　c.360-434

江蘇《こうそ》省出身、やはり鳩摩羅什《クマーラジーヴァ》の弟子である。新道教に基づきながら因果応報の理論を発展させる。俚諺「良い行為が、報酬をもたらすわけではない」を、その理論に当てはめる。因果応報と呼ばれるものは、精神の活動に由来する。そこで、外的状況に対して、それを精神のなかに割り込ませることなく、反応するように努めなければならない。ゆえに、身体的には活動したまま、精神を活気づかせることは避けるのである。そのようにして、精神は輪廻を超越し、行為の因果応報を超克する。道生は、「即座《そくざ》の成仏《じょうぶつ》」、「即時《そくじ》主義」(頓悟《とんご》)(対立するのは「漸次《ぜんじ》主義」(漸悟《ぜんご》))のテーゼ(頓悟成仏説)の最初の提唱者であったとも、考えられている。慧能《えのう》に関する解説も参照せよ。

玄奘《げんじょう》

❖HIUAN-TSANG : Xuanzang　596{602-664

河南《かなん》省出身。インド経典の最も優れた翻訳者である。ヒンドゥー的思想の、抽象的で突飛な形式に即しながら経典を理解することのできる精神の持主だった。さらに、彼は自分の分析を注釈として付して翻訳を補完したが、そこに自分自身の解釈を加えている。その解釈には、異国の精神が浸透しているために、ほとんど普及するには至らなかった。

慧能《えのう》

❖HOUEI-NENG : Huineng　638-713

広東《かんとん》省出身。禅《チャン》(瞑想、日本語の発音で「ゼン」)の宗派が創設されるが、それは、紀元後六世紀、インドから来訪した宗祖、菩提達磨《ぼだいだるま》による伝統に基づいている。実際には禅宗《ぜんしゅう》は、古代道教との類似性によって、中国思想の一潮流になるのである。七~八世紀に、漸次《ぜんじ》に悟る知性主義(漸修漸悟《ぜんしゅうぜんご》)の立場をとる者たちは、神秀《じんしゅう》とともに北宗《ほくしゅう》を形成したが、そこから別れた潮流として、即時に悟る反-知性主義(頓悟直路)、さらには経典を打破する立場をとる分派、それが慧能とともに南宗《なんしゅう》を作る。特に、この後者の宗派は、後に日本へ伝えられ、そこでは今日もその教義が生きている。教義は、心から心へと言葉による媒介なしに伝えられる、なぜなら、根本原理は説明不可能なものだからだ。この原理はあらゆる定義をすり抜け、実質を有するものではなく、知的行為によって捉えることができるものではない。精神は、「非-知性的」修行によって鍛錬される。慧能は、この禅の原理を深く探求した。彼は、「すべての人間の本性は、仏陀《ブッダ》である」と教示する。人間は、至上の認識(般若《はんにゃ》)によって、そのことを再認識すれば充分なのだ。般若智を有するか否かが、賢者と愚者を隔てる唯一の差異なのだ。

新儒教の開花とその支配的広がり（六〜十六世紀）

先駆者たち

王通《おうとう》

❖WANG T'ONG : Wang Tong　584-617

山西《さんせい》省の出身。儒家であり、その教えは、存命中から大きな反響を呼び起こした。ある精神的価値を、仏教や道教にも認めながら、儒教を「中国人に相応しい」唯一の教義であるとみなす。

韓愈《かんゆ》

❖HAN YU : Han Yu　768-824

河南《かなん》省出身。哲学者であるというよりは、学者、官吏、随筆家である。彼が寄与したのは、道教のキーワードである、道（タオ）と徳（霊験、効果、行為）を、儒教の正統のなかに統合しようとした点にある。道と徳の語の道教のなかにあった意味を保持しながら、そこに道徳的な定義を与えるために、それを仁と義（孔子の項参照）に関係づけている。

李翺《りこう》

❖LI NGAO : Li Ao　772?-841(844?)

甘粛《かんしゅく》省出身の随筆家であり、韓愈《かんゆ》の後継者。その哲学的理論は、彼が敵対して闘った宗教である道教と仏教の教義に類似している。彼は、『易経《えききょう》』『孟子《もうし》』『大学《だいがく》』から引用文を抽出したが、それらは新儒教を特質づけるものとなっている。本性（性）と感情（情）は、相互に依存している。すなわち、前者は感情の源泉であり、後者は本性を照示する手段である。誠実さを養うことで、真理は実現される。そこから、無を経て、己の本性の照示や実現に至るのである。本性は、賢者にも、普通の人々にも、同様に存在する。

最初の新儒学者たち

周敦頤《しゅうとんい》

❖TCHEOU TOUEN-YI : Zhou Dunyi　1017-1073

湖南《こなん》省出身。道教の資料を使って、宇宙論的、存在論的理論を展開する。彼の著作『太極図説《たいきょくずせつ》』（大いなる極の図の説明——太極《たいきょく》は「最高の頂点」とも訳せる）において、宇宙の進展を描出しているが、それによると、宇宙は太極から発し、陰、陽、五行によって、「萬の数多くの存在」へと分化していく。この存在するもののなかで、人間は、他の被造物と共通の起源を有しているが、自分の存在を意識しているという理由で、他を超越している。人間は、五つの徳（孔子の解説を参照せよ）を通じて、宇宙と合一するのである。賢者は、生まれたときから、五徳を有している。有能な人物は、教育によってそれら五徳を獲得する。君主は、五徳を所持することで、唯一、その効能の放つ威光によって統治するのである。

邵雍《しょうよう》

❖CHAO YONG : Shao Yong　1011-1077

河北《かほく》省出身。道教の影響下で形成された過去の理論を使って、『易経』（変化の書）に基づく数の体系を構築した。「先天」、すなわち目に見える世界からは隠れている現実に関する理論を、『易経』の六爻の象徴的価値から構成されるさまざまな関係を提示することによって、構成する。主観的自己と客観的自己、後者が前者を含むのだが、その両者の間に、彼はたいへん繊細な心理学的弁別を立てる。「事物の観点から、（すなわち客観的に）事物に見入ること（観物）は、自然に従うことである。私の観点から、（すなわち主観的に）事物に見入ることは、感情に従うことである。自然は、安定しており洞察力に富む、感情は、部分的で盲目である」。

邵雍の思想は、道教の思想にたいへん近い。諸存在の統一（一元）は、智恵の原理（般若）のように、介在するものを有しない。彼は、最終的に、周期循環する宇宙の年代記（先天易学）を作成する。

張載《ちょうさい》

❖TCHANG TSAI : Zhang Zai　1020-1076(1078?)

陝西《せんせい》省の出身。懐疑を本性とした者で、若い頃、道教と仏教の教義を学ぶが、最終的に儒教にいたる。彼は、厳密に孟子主義の体系をつくる。原初の気、大いなる調和、タオ、それらはすべて「虚」であって、あらゆる対立物、すべての見えるものと見えないもの（心など）を、潜在的に包含している。宇宙は、気の凝縮（陰）と分散（陽）の働きによって規定されている。人間は、宇宙と一体である。ゆえに、賢者は、個別の一つ一つの存在と合一し、また事物の総体と合一する。賢者は、あらゆる人間を自分の兄弟であるとみなす。それに対し、大多数の普通の人々は、感覚と個別の自我に捉われたままなのである。

合理主義者たち（理の研究）

程頤《ていい》

❖TCH'ENG YI : Cheng Yi　1033-1107

河南《かなん》省出身。程顥《ていこう》の弟で、「合理主義者」の潮流における最初の哲学者とみなされ、後に朱熹《しゅき》〔朱子《しゅし》〕が、彼の主要思想を再興した。彼は、初元の原理が二種の現象で現われる点を強調した。すなわち、精神の次元（形を超えたもの）〔形而上〕と物質の次元（形にとどまるもの）〔形而下〕の間、要は、心と気の間に差異を提起したのである。彼にとって、陰と陽は、タオ（＝精神的世界の原理）の物質的世界における現われである。しかしながら、自然の自発性によって変容する原理は、物質なしには実在しない、それは、本質的原理なしには物質が存在しえないことと同様である。人間に関しては、その（精神的）本性〔性〕は、純粋な善である。外部世界との接触によって形成される感情〔情〕は、部分的に善であり、部分的に悪である。人間の行為は、その認識状態によって条件づけられている。このようにして優れた人間は、認識を練り上げ深めることによって己の人格を磨き、それを通じて、行ないが必然的に善いものになるのである。

朱子《しゅし》（朱熹《しゅき》）

❖TCHOU TSEU : Zhuzi (TCHOU HI : Zhu Xi)　1130-1200

福建《ふっけん》省出身。同時に、文献学者、官吏、卓越した哲学者である。彼の哲学的著作は、先人たちの思索の「集大成」となっている。彼は、二十世紀にいたっても認められている儒教の正統派を確定した。一二四一年以降、彼の書字板が、儒教の寺院に置かれている。彼は正統派の基本文献として、『論語』（孔子との対話）、『孟子』、『大学』（高度の教学・学府）、『中庸』（不変の中道）を、最終的に立てたが、他のほとんどの古典に対するのと同様に、それらの書に、注釈・論評をほどこしている。彼の思想体系において、厳密に弁別されるのは、一方は、超越的、精神的な（形を超えた〔形而上〕）原理、太極、すなわち恒久不変の根源的理と、もう一方は、具体的、物質的（形に留まる〔形而下〕）実体、すなわち気、言い換えると、絶え間ない創造と破壊の周期の働きを受ける性質をもつものの二つの次元である。この二つの実体は、けっして経験的に分離して存在しているわけではないが、理のほうが上位の次元に位置しているのである（続けて、このテーゼが、程頤の理論に基づいて、練り上げられている）。さらに各々の事物は、大原理〔太極〕を「映し」たり、そこに参与したりすることで、その固有の理を有しているのである。人間の本性〔性〕は、人間におけるこの理なのである〔性即理〕。しかしながら、人間の性である理が外へ現われる方法は、感情〔情〕を構成する物質に依存している（朱熹は、この理としての性を、永遠に純粋な真珠に例えている、つまり真珠ができるか否かは、それが清らかな水のなかにあるか、濁った水のなかにあるか、という物質的条件に依存しているのである）。心を育成するためには、程頤《ていい》が語ったように、認識が深化することが求められる。とりわけ、霊感は、論証的思考を瞑想が補うことによって生まれる産物なのである。

観念論者たち（心の研究）

程顥《ていこう》

❖TCH'ENG HAO : Cheng Hao　1032-1085

河南《かなん》省の出身。程頤《ていい》の兄で、程頤とともに周敦頤《しゅうとんい》の弟子である。張載と同様、彼は最初、「異端」の教義に関心をもつ。彼は、新儒教における、観念論の潮流の創始者とみなされている。彼の思想体系は、先人たちの思索をもとに、その用語を変更することで形成されている。宇宙全体は、原初の気から発する。事物のさまざまに異なる特性や質は、ある何らかの存在、もしくは対象物が、この気を「正確に、正しく、完全に」受け取るという事態、または、ある他の存在や対象物が、「何かを媒介にして、部分的に」のみ、この気を受け取るという事態の相違によって説明される。人間は、気を、その完全さの内に、「正しく」受け止める唯一の存在である。世界における反対命題は、相対的なものでしかない。例えば、悪はそれ自体で実在性をもっているわけではなく、むしろ善の過剰、あるいは欠如なのである。彼は唯一の理と、可変的な純粋さをもつ原初の物質である気の概念を発展させる。人間は主観的自己を絶対化することで、宇宙との根源的な一体性を失う。愛（仁）の実践を、誠心誠意行なうことによって、その一体性を取り戻すことができるのである。

陸九淵《りくきゅうえん》（陸象山《りくしょうざん》）

❖LOU KIEOU-YUAN : Lu Jiuyuan（LU XIANGSHAN : Lu Xiangshan）　1139-1193

江西《こうせい》省出身。朱熹《しゅき》の同時代人だが、己の観念論的思想を、その敵対者たちに対して認めさせることはできなかった。彼の思想は神秘主義と類縁性がある。宇宙の原理は、われわれの心において実感され、認識可能なのである。愛（仁）は、人間と宇宙（コスモス）の間の根本的一体性をあらわにする。彼は、自然と感情の間、（言い換えると、理と物との間）に弁別や対立があることを否定する。

楊簡《ようかん》

❖YANG KIEN : Yang Jian　1140-1226

浙江《せっこう》省出身。陸九淵《りくきゅうえん》の哲学の主要な継承者で、その哲学をより正確に表現した。「私の本性（性）は清らかで純粋だ、それは深く限界がない。それは物質的なものではない！　宇宙の形相は、私の心のなかにある（心［cœur］は西洋の精神［esprit］と同義だが、ここではむしろ「魂」［âme］のことだと言えるだろう）。外的世界と内的世界は、相互に浸透し合い、絡み合い、その結果、私の精神にとって世界は内的でも外的でもない。かくして、宇宙（コスモス）の変化は、私自身の変容であり、私の本性（性）は、おのずから宇宙の原理（理）と合一しているのである！」。ただし、先入観からくる概念、利己主義、臆断や頑迷によって、人間は宇宙と一体となる道をふさぎ、失ってしまうのである。

王陽明《おうようめい》（王守仁《おうしゅじん》）

❖WANG YANG-MING : Wang Yangming (WANG CHEOU JEN : Wang Shouren)　1472-1528〔1529?

浙江《せっこう》省出身の哲学者であるが、波瀾にみちた政治や軍における職歴は、〔明〕王朝における最も高い職を歴任するまでにいたる。彼の理論は、程顥《ていこう》によって始められた観念論哲学の頂点を飾るものである。彼は、個的自我と原理の合一（精神〔心〕は、即、原理〔理〕である）〔心即理〕、また活動〔動〕と平静〔静〕の合一（動は、心の「本体」の発顕を示し、静は、心の「本体」の外的様相を示している）、また認識と行為の合一（真の認識を得るものは、それを実践的に働かせることができる、そうでなければ、それは真の認識ではない）〔知行合一〕を主張する。自分の人格を磨くためには、利己心、頑迷、偏見などを排除して、愛〔仁〕を宇宙全体と合致させることで、「直観的認識」（孟子《もうし》から借りた表現）〔至良知《ちりょうち》：本来的良知のかがやきに満たされる、すなわちおのずから知に至ること〕を強化しなければならない。

新儒教に対する反動（十七～二十世紀初頭）

道教や仏教から借用された思想による批判、すなわち哲学の発展と増大していく西洋からの影響によって引き起こされた改革の企てである。

新儒教に依拠する哲学者たち

顔元《がんげん》

❖YEN YUAN : Yan Yuan　1635-1704

河北《かほく》省出身。十六世紀末頃、新儒教に対抗しようとする反動が現われる。新儒教は、道教や仏教の理論を導入することで、儒教の古典や正統派の教義の意味を変質させ、歪曲していることが批判される。しかしながら、哲学的批判の向上と関係のある、改革派の潮流にいた哲学者たちは、新儒教から完全に脱却できたわけではない。顔元が明言しているのは、精神的理と物質的形との弁別は、正統的基本テクストに従ってはいないという点だ。彼は、人格につりあった教育の必要を説いているが、それには、すべての古代の自由学芸（例えば、弓術など）が、新たに組み込まれるべきであると主張している。自由学芸は、紀元前一世紀から、その一部はなおざりにされており、新儒教が登場して以降、その傾向はますますはなはだしくなっていたのである。

戴震《たいしん》（戴東原《たいとうげん》）

❖TAI TCHEN : Dai Zhen (TAI TONG-YUAN : Dai Dongyuan) 1723〔1724?-1777

安徽《あんき》省出身。低い身分の出身だが、当時の偉大な自由思想家の一人になる。朱熹《しゅき》〔朱子《しゅし》〕の学派の解釈に取り組み、気に内在する原理を提示する。感情〔情〕もまた、自然から直接生起すると考える。彼は新儒教の禁欲的傾向を除外する。感情を抑制するのではなく、それを公明正大に現われさせるためには、調和のとれた感情の発展が必要なのである。そのようにして、人間だけが、認識の能力によって、〔自然を〕認識する能力を与えられ、「自然な」ものの知覚を通じて、「道徳的に必然」であるものを捉えるに至るのである。

源泉回帰の哲学者たち

廖平《りょうへい》

❖LEAO P'ING : Liao Ping 1852-1932

四川省出身。十九世紀半ば、西欧からの増大する影響が、ある反応を引き起こした。董仲舒《とうちゅうじょ》〔同名の項参照〕の流派の「グノーシス的」解釈が取り上げられたのである。ある時期、康有為《こうゆうい》に影響を与えた廖平の哲学は、古典のある新たな解釈、それは五段階にわたる変更を経る必要があったが、その解釈を通じて、大変動の起こりつつあった時代にあって、精神の指針を見出そうとしたのである。その結果は、大部分があまりに不自然なものであったために、一つの歴史的な関心しか呼ばないものである。

康有為《こうゆうい》

❖K'ANG YEOU-WEI : Kang Youwei 1858-1927

広東《かんとん》省出身。政治的作家にして、改革者である。古い精神的遺産を誇り、それが身に染みついていた最後の偉大な思想家であるが、同時に、西洋文明に対して開かれた姿勢をとっていた、それどころか好意を抱いていた思想家である。そのために、彼の非常に大部な哲学的著作は、それが対応する知的状況と同様、複雑な合成物となっている。彼は、ライプニッツのように、「門弟たち」のために第二の体系となるものを展開した。彼は、過去二十世紀間に行なわれた古典の解釈を、ほとんど全面的に否定した。董仲舒の解釈とその後継者に賛同したからである。彼らのテクストと理論の上に、彼はより緻密で「明朗な」深い解釈を付け加えた。ちなみに、十九世紀の一部の中国人の眼には、組織された教会が西洋の強大な力を作り上げた要因の一つであると映っており、そのことが董仲舒一派のテクストにおいて、聖なる半神である孔子を、イエスや仏陀に比肩しうる存在とみなさせていたことは確かである。康有為は、あらゆる時代が固有の知的、政治的な環境を有しており、それによって、時代は運命づけられると断言する。彼の政治-歴史的体系は、『春秋《しゅんじゅう》』の古い注釈のなかで使われている、「混乱の時代」（拠乱世）、「平和に近づきつつある時代」（升平世）、「大いなる平和の時代」（太平世）という用語を軸に展開している。孔子は、「混乱の時代」を生きた。現在は、「平和に近づきつつある時代」である。そして、康有為は、少なくともその「秘教的」著作のなかで、大いなる平和の教えの公布を要請する賢者として、自分自身を思い描いている。最も明確な彼の考えは、『大同書《だいどうしょ》』（大共同体の書）、一八八四年に構想され、彼の死後、一九三五年にようやく全文が出版されたその著作のなかに表明されている。彼は、この世界の苦悩を詳細に検討している。特に、同時代における苦悩を討究しているが、それは、続く未来において、必然的にもたらされる苦悩からの救済法を布告することを目的としている。苦悩は、本質的に「隔壁」の存在から生じている。国家、階級、民族、性、派閥、職業、といった専門分野を分断する「隔壁」は、来るべき大共同体の時代である、大いなる平和の時代には、崩れ落ちてしまうだろう。

大いなる平和の世紀のための彼の予言は、他の著者たちの予測より、はるかに大胆だが、より普遍的で人間的でもある。当時の中国人一般からすると、科学の進歩に対する極端な楽観主義を彼は示している。来たるべき世界において、最も大きな役割を果たしているのは、役人たちではない。医者たちこそが、人間たち個々の幸福を高めるに違いない！ 大いなる平和の世紀における精神的な次元においては、キリスト教、イスラーム教、儒教のような宗教は、その歴史的な使命をすでにやり終えているだろう。高い精神の持主たちは、仏教に打ち込むであろう。仏教が使命を果たした後、人々は、「天界で、無邪気に遊ぶのである」。

譚《たん》嗣《し》同《どう》

❖T'AN SSEU-T'ONG : Tan Sitong　1865-1898

湖南《こなん》省出身。体系的で、洞察力に富んだ思想家である彼は、康有為《こうゆうい》と同じテーマを発展させる。彼は、人間性に関する偉大な師たちの教えに通底する深い類似性を明らかにしようとする。「百日維新《ひゃくにちいしん》」（戊戌変法《ぼじゅつへんぽう》）が挫折した後、彼は亡命を拒絶し、死刑に処された。

梁《りょう》啓《けい》超《ちょう》

❖LEANG K'I-TCHAO : Liang Qichao　1873-1928〔1929?〕

広東《かんとん》省の出身。康有為《こうゆうい》の弟子で、すぐれた名文家であり、さまざまな改革運動に参加した。中国と西洋の歴史への彼の関心は、政治概念の進展についての研究、特に同分野の西洋における研究へと、彼をおもむかせた。彼の手になる、ホッブス、スピノザ、モンテスキュー、ベンサム、ルソー、そのほかの思想家たちの伝記的一覧とアンソロジーの翻訳が、彼の関心の在《あ》り処《か》を明示している。彼は、アメリカとヨーロッパを旅している。知的、芸術的な面からみて、インドもまた中国の哲学的遺産に対して、特に「純粋で絶対的な愛の思想によって」財産を与えてくれたことをすすんで認めている。改革の必要を意識していたが、既成の権力に対しては保守的である。政治形態を力によって変えることはできないからだ。民主的自由は革命によって手にいれることはできないのだ（彼は、モデルとして、民主主義が地方政治の次元では、あらかじめ存在していたアメリカ合衆国と、革命が民主主義の政体を打ち立てることがなかったフランスの例を引く）。彼にとって、国家の秩序の基盤は地方政治にある。一九一四年から一九一九年にかけて起こった諸事件に対する彼の反応、それは唯物論への失望、偏狭なナショナリズムを拒否することであったが、それらは同時代の西洋人たちの反応と異なってはいない。中国に関しては、社会主義はまだ必要でないと彼は考えていた。むしろ、資本主義を発展させなければならなかったからである。

II

哲学の創始者たち

タレス

131
［ソクラテス以前の哲学者たち］

エンペドクレス

157
［ソクラテス以前の哲学者たち］

アナクサゴラス

158
［ソクラテス以前の哲学者たち］

デモクリトス

159
［ソクラテス以前の哲学者たち］

ディオゲネス

203
［ソクラテス学派］

アリスティッポス

204
［ソクラテス学派］

セネカ

259
［中期・新ストア主義］

マルクス・アウレリウス

260
［中期・新ストア主義］

ギリシア人以外の民族は、思いがけなく哲学に出会ったか、あるいは偶然に、一時的に、哲学に触れた。ギリシア人は、哲学を創始した。哲学という呼び名は後からつけられたものだが、ギリシア人はその哲学全体の主要な姿勢を身をもって実践し、その身構えの意味を明確にした。世界を通じて、多くの文明が多くの思想と習慣を生みだし、それらがわれわれの関心を惹いたのは確かだ。しかし、実際、われわれがそれらに近づこうとすると、話を移し変える必要があったり、代表的事例や証言や歴史的文書としてでなければ接近できないのに対して、ギリシア人が、ほとんど下準備なしに、また話の運びを示さずに、哲学的関心によって生み出したさまざまな定型表現は、語られた言葉がもつその固有の力によって、まちがいなく時代を突き抜けることになるものであったし、われわれの記憶や「人類の立場」においてでなく、われわれの最も現代的な思考において、われわれの心の琴線に触れるものである。二五〇〇年を経て、われわれが彼らのテキストを再び採りあげるとき、彼らの言葉の行間に脈打っているのは、まさにわれわれの生命であり、世界を問うわれわれの仕方なのだ。そこには逐語的に読み取れる言語が存在し、われわれのものと同じ思考の運動や捉えなおし、そして沈黙が存在する。われわれは同じ土俵に立っているのだ。

これに対して、われわれが感嘆の気持ちを抱くのは相続人としての感謝の念の表われであり、われわれはそもそもギリシア人に由来しているのだから、われわれが彼らのなかに自分を見出したのは驚くにあたらない、という反応がおそらくあるだろう。しかし不思議なのは、ギリシア人の見つけたものが喚起力を保持しており、しかもその喚起力が無傷である、まさにその点だ。何世紀にもわたって、哲学者たちは自分の最良の部分において自らをギリシア人に準《なぞら》えたこと自体がギリシア人の功績であり、彼らに創設者としての資格を与えるのである。

もちろん、哲学のすべてのテーマをギリシア人が見出したわけではない。彼らは運動する世界という観念をもたなかった。彼らは人道的配慮を多少示してはいるが、世界を未開人《バルバロイ》とギリシア人に分け、奴隷と自由人に分けることをしばしば受け入れた。奴隷解放に前向きだったが、それがどんな革命となるか予感せず、「もはやギリシア人もユダヤ人もない」とは考えなかった。またギリシア人は、文化と国家の扉が開くのを待っていた(今なお待っている)膨大な潜在的大衆を——すべての民衆がそこで生きたいと望む世界がどうなるかという問題を——予感せず、空間、時間、静止、運動などを、いかなる原理にも依拠せずに、絶えず定義しなおさねばならない科学と芸術の不安も予感しなかった。歴史と主観性の、ギリシア人がもたなかったある意味が存在する。しかしこれらはさほど重要でない。いずれにせよこうした獲得物は、ギリシア人が切り拓いた地平線のうちにあり続けている。なぜなら、哲学を成り立たせている問いの領域を創造し理解したのはギリシア人だからである。ギリシア人によって初めて、そして決定的に、哲学は生命と学問のあらゆる前提を明るみに出す探求となり、無制約の知の願望、絶対的透明性の願望となる。哲学者は経験に基づく存在としての世界、社会、そして自分自身に対して距離をとり、その距離によって定義される。

さらにギリシア人は、その反省の極点で、反省に先立つ存在が生起するのを発見しなおし、根源的な知は非‐知に再会することを理解するところまで達していた。したがって哲学者は、単に身を隠し、自己へと立ち戻るものではない。あまりに親しく自明な事物と自分との間に彼が置く距離は、もっと大きな注意を喚起する手段にほかならず、《存在者》に対する懐疑は、《存在》の顕現にほかならない。ギリシア人は、絶対知を夢見ただけでなく、絶対者は《相対者》に住みついていることを理解した。

したがって、彼らは弁証法(つまり、おのずから乗り越えられる懐疑論)を発明したのだ。言い換えれば、逆説において誕生する真理、誤る能力と切り離せない真理の能力、他者であることにおいて自己であること——これは内在を意味している。しかし、それぞれの観念は自分と別の諸観念へとわれわれをおのずから導くのだから、それは反転によって達成される内在であり、したがって、超越と呼ばれもする。

理性は想像力の幻と同じくらいはなはだしい幻でありうる。ギリシア人が創造した理性は、自分が単なる理性でしかないとすれば、本当の意味での理性ではなくなるということを知っている理性である。つまり、それは、自分たち以外の人間に語る余地を残す理性であり、さらに、もし寓話であっても、それが具体的な想像力の助けとなる想像力であるならば、寓話にさえ同意する理性である。例えば想起説という寓話は、魂の出生以前の過去についての夢物語のようなものであるが、哲学者たちは幾世代にもわたって、認識はすべて再認識であり、絶対に外的なものがわれわれに到来することは一切ないという考えを、この寓話に読みとってきた。それは、要するに、内在性の純粋な原理である。

ギリシア人が哲学を作った。なぜなら彼らは、自然と自由、存在と理念、目的論と機械論、否定的なものと肯定的なもの、理性と非理性、正義と権力、楽観論と悲観論、人間主義と反人間主義に関して、われわれの不易の座標軸をなす諸々の対立の意味を明らかにしたからである。それだけではない。特にギリシア人は、互いに対立する者が生じ、絶えず繰り返されることを洞察し、そしてニーチェが言ったように、アポロンはディオニュソス無しにはなすところがなく、ソクラテスはオイディプス無しにはなすところがない、ということを洞察したからである。

ソクラテス以前の哲学者たち

タレス

❖THALÈS

c.640-c.546 BC

彼は延々と続く独白というもの、つまり、神話とギリシア思想が隣り合っている独白というものに終止符を打った。イオニアの最も豊かな都市ミレトスでは、タレスのもとに人々が集まって、共同で実践的な研究を行なった。そうした対話から哲学が生まれたのであり、なるほどタレスは書物を書き記すことがなかったかもしれないが、哲学の歴史を開くことになった。このとき初めて、人間は人間の言うことを聞き、人間に対して答えるようになる。そしてこのとき初めて、人間は見つめるようになる。それはまず海であって、いたるところに広がり、生命がひしめき合い、陸地が浮かんでいるところの海である。さらに、砂漠をひたしてあらゆるものを豊かにするところの水である。それらはいわば、最も直接的な実在なのである。ここにこそ本源的な原理、生成の変わらざる基盤というものがあるのだとタレスは確信している。タレスは「すべては神々に満ちている」と述べたが、その言葉から始まって、経験そのもののなかに存在の秘密を捉えようとする探究が推し進められていく。そのさい神的なものは、理解を根拠づけている原理と一体になっていくのである。

［H.D.］

アナクシマンドロス

❖ANAXIMANDRE

610(611?)-540(546?) BC

紀元前六世紀ころにタレスのあとを継いだ。アナクシマンドロスの著作では『自然について』という書物が唯一かなり遅くの時期まで残っていたが、現在まで伝わっているのはそのひとつの断片だけである。彼にいたって、探究は前進している。すなわち、より多くのものが要求されるようになり、より組織立ったものになる。アナクシマンドロスは発明者として時間を計測することに関心を寄せているし、地理学者としては陸地の地図を作成することを思いついている。さらに天文学者として宇宙についての驚くほど複雑な表象を入念につくり上げているし、古生物学者としては人間がいかにして海から生まれ魚に由来するのかということを説明している。とはいえ、哲学が自然学に還元されてしまうということは、もはやない。ここで初めて思惟は、思惟自身について問いかけ、自らの起源について反省するように思われる。原理とは、もはや世界をなすひとつの基本元素ではなく、タレスの言う水を越えた〈無限なるもの〉であって、すべてはそれから生じてそれへと還っていく。要するにそれは、源であるとともに限界でもある。これはたしかにはっきりしない観念だろうし、さらにはきわめて多様な関心が混じり合っている学説だろうが、その学説の曖昧さはすでにして深く弁証法的である。 〔H.D.〕

アナクシメネス

❖ANAXIMÈNE　585?/550?–525?/480? BC

ミレトス学派の最後の代表的人物として有名。アナクシメネスはアナクシマンドロスの弟子であり、おそらくは後継者であった。アナクシメネスもまた、この上なく明快に読み取りうる世界の表象を組み立てようと、観察を行ない理解することを望んでいる。彼は古代天文学を切り拓いた、そのように表現することもできるだろう。すなわち彼は、がっしりして透けている天の穹窿《きゅうりゅう》の下に、大地の円盤が空気の上に浮かんでいると考えており、この空気というものを原理とみなしている。なぜなら世界は呼吸するひとつの生きものであり、その空気はいたるところに広がって無限に散らばっていくからである。そうした考えを見れば、この弟子が師の教えを理解していたことがわかるだろう。つまりアナクシメネスは、タレスと同様、経験のなかに原理を探し出すのだし、その上この原理は、ある点からすれば、アナクシマンドロスの〈無限なるもの〉なのである。だが、アナクシメネスは弁証法的な説明の仕方については嫌がっているようにも見える。彼によれば、現象の多様性がどこからやってくるかというと、唯一の原因のもっぱら機械論的働きによる原理、すなわち空気が凝縮したり膨張したりするという原理からやってくる。とはいうものの、この機械論にはなおも力動説が重ね合わされる。つまるところ、空気は神なのであって、生命の力、あらゆるものの源であるとともに場である。 〔H.D.〕

ピュタゴラス〔ピタゴラス〕

❖PYTHAGORE　582?/570?–500?/480? BC

サモス島に生まれ、ギリシアに移住する。紀元前五三〇年にクロトンで、教育を行なう神秘主義的な学派を設立し、ピュタゴラスはその学派のなかで神と同じように崇《あが》められた。これはまた、大きな成功と相当な政治的役割を果たした結社でもあった。ピュタゴラス学派に関して現代のわれわれが興味深く感じるのは、彼らの学説が伝統的な宇宙論やオルフェウス教に影響を受けているということよりも、彼らが「数学説」〔すなわち、万物の根源を数学で解明しようとする学説〕という思索的な努力を行なっているということである。フィロラオスによれば、「われわれが知ることのできるものはすべて数をもっており、数がなければいかなるものもわかりえないし、知ることもできない」。数は諸事物の原理である。

それはモデルなのだが、〔事物という〕コピーを離れては存在しえないようなモデルである。だが現実を数学化するということは、あくまで現実の深遠な統一性を顕《あら》わにするということであって、いささかも抽象化を意味するのではない。なぜなら数はこのとき、論理の手段としての概念ではなく、むしろ最も具体的な実在であって、学者はその実在の特性を研究するということになるからである。数とはつまり、あらゆる種類の存在や実在に適用されて、その本質、その調和、その構造を明らかにする形象なのである。〔H. D.〕

ヘラクレイトス

❖HÉRACLITE 576{540?-c.480 BC

*『メルロ＝ポンティ哲学者事典』第一巻《肖像》参照。

クセノファネス

❖XÉNOPHANE 565-c.470 BC

コロフォンに生まれる。クセノファネスはあちこちを転々と暮らしたが、おそらくそれは吟遊詩人としての暮らしであった。しかしこのクセノファネスという詩人は、神託によって語ることはしない。彼はたしかな弁証学者であり、批判が知恵というきわめて重要な価値をもつことを主張しながら、論争を行なっている。「臆見はすべての人間の宿命である」。というのも真理は〔キリスト教の言うように〕啓示ではないし、〔ヘーゲルの言うように〕意識と矛盾する絶対知ではなく、苦しみを多く伴う研究の成果であるからだ。これはまた、自らのもつ力だけによりながら、古くからの自然学を断ち切るような探究の結果であり、さらにそのようにして、感覚的なものの次元や社会的・人間的次元よりも上位にある次元を定義しようとするような探究の結果である。アリストテレスによれば、クセノファネスは歴史上初めて「〈一者〔＝一なるもの〕〉を打ち立て」た人物であり、歴史上初めて神のうちに、唯一最高の実在、不動不変で永遠の実在を見て取った人物である。これはさらに言うなら、存在の全体性と同一であるような実在、また、実在であるすべてのもののうちにまるごと現われているような実在のことである。クセノファネスは存在と見かけを区別しようとしつつも、皮肉も自分の限度も忘れずに「神々に対する配慮」をしており、それゆえに〈存在論〉の父であると同時に「エレア学派連中」の父ともみなされている。〔H. D.〕

パルメニデス

❖PARMÉNIDE c.540-c.450 BC

*『メルロ＝ポンティ哲学者事典』第一巻《肖像》参照。

ゼノン（エレアの）

❖ZÉNON D'ÉLÉE 490{485?-? BC

*『メルロ＝ポンティ哲学者事典』第一巻《肖像》参照。

ヘラクレイトス

❖HÉLACLITE

576〜540?–c.480 BC

もしあらゆるものが煙と化すことがあれば、鼻がそれを識別するであろう。

エフェソスのヘラクレイトスについてわれわれに残されているのは、古代以来の「暗い人」というあだ名と、本物と認められた百あまりの断片断簡集である。ヘラクレイトスは紀元前六世紀から五世紀初め頃の人と考えられている。モンテーニュの『エセー』中にも見られる素朴なイメージは、陽気なデモクリトスとは対照的な〈陰鬱な思索者〉だ。が、その哲学的なイメージからすると、むしろ若干年下のエレアのパルメニデスとのほうが較べやすい。ヘラクレイトスの断章中に見出される「生成の哲学」はエレア派の不動主義と対照をなしているからだ。こうしたわけで、形而上学者たちが物質のなかに凝固させた現実に、生命や生成あるいは「主観性」を返そうとしている哲学者たちはみな、すすんでヘラクレイトスの後ろ盾を求めるのである。まずはヘーゲル、そしてマルクス主義者たち、ニーチェもそうだ。ベルクソンは、自分の思想を「運動主義者」とするどんな解釈にも明確に反対するという留保をつけたのにもかかわらず、何年か前にベルクソンに敬意を表して刻印されたメダルの裏側には、かの有名な πάντα ῥεῖ《パンタ・レイ》［万物は流転する］という伝統的にエペソスの人ヘラクレイトスに帰されてきた思想を〔メダルに刻印されている「すべてのものは時間において運動する」という言葉で〕再現するまでになったのではなかったか。

このようにヘラクレイトスを参照した人たちの特徴は、いずれもヘラクレイトスの思想をずっと後代の形而上学が時代を超えて先取りされたものとして登場させているという点にある。例えばヘーゲルやその弟子たちにとって、ヘラクレイトスはギリシア時代のヘーゲルだ。すなわちヘラクレイトスが言明している普遍的な生成においては、対立物の相対性という鋭敏な感覚が、すでに少なくとも弁証法の初歩的な下書きを導入している。とはいえ、直接的なものという前哲学的な魅惑からいまだなお自由ではない、ということになる。こうしたことからヘーゲルは、「ヘラクレイトスの命題で私の『論理学』のなかに採用しなかったものは一つもない」と言うのである。ニーチェにとってヘラクレイトスは、本質的かつ根源的に生成の無垢を理解した人である。だからこそ「力への意志」の教説にヘラクレイトスが必要だった。かくてニーチェは特に好んで次の一節を引くようになる。「時は、子供が戯れに将棋の駒を動かしているようなもの、王権は子供の手にある」。またベルクソンは、ヘラクレイトス流の運動主義を現代風に新しくしたものだ、という非難に異議を唱えつづけることになる。

❖ HÉRACLITE

ヘラクレイトスの「運動主義的」解釈はすでにプラトンの時代にはしっかりと確立されていたようだ。「ああ、すべては去る。わが今も孔《あな》だらけだ」〔ヴァレリー「海辺の墓地」、中井久夫訳〕。『クラテュロス』のソクラテスもすでにヘラクレイトスの思想を解釈しつつ、「自分自身をも有るものをも断罪して、何もののいかなる点も健康ではなくて、〔…〕、カタルで悩んでいる人間同然の状態に事物もまたあるのであり、万物が流出物とカタルで悩まされているのだと思うこと」と言っていた。このちょっと重めのわざとらしいイロニーは、プラトンがヘラクレイトスを拒絶していることを示すものだ、というわけではない。むしろ逆で、エレア的不動主義の危険に対して『ソピステス』の〈エレアからの客人〉はヘラクレイトスに対して次のように呼びかけているのである。「いったいわれわれは、ほんとうに動や生や魂や思慮が、まったき意味での実在にそなわっていないというようなことを、そう簡単に信じてよいものだろうか〔…〕、厳かな聖像さながらに、知性をもたずに不動のまま立っている、などということを？」。

われわれが『力への意志』のうちに読み取るのは、ギリシア人自身が、初めのうちは覆われてはいなかったいくつかの可能性をヴェールで覆いなおす任を歴史的に負わされているということである。おそらく、ヘラクレイトスを生成の哲学者として解釈することが古代からすでに優勢であったこと、これはニーチェのあずかり知るところではないが、西洋哲学が初めからあからさまにしていた起源にヴェールをかけなおしている最も見事な例の一つである。というのも、驚いたことに、しばしば引用される有名な〈万物は流転する《パンタ・レイ》〉――われわれの時代にはヘラクレイトスの全思想の十全な要約と考えられているこの句は、このエフェソスの哲学者に帰される真正の断片のなかにはまったく姿を現わさないのだ。われわれがそれないしそれに近いものを見出すのは、プラトンの『クラテュロス』のなか、また数世紀後のシンプリキオスのなかである。〈万物は流転する〉はヘラクレイトスの言葉ではありえないというわけではない。何にせよ、ヘラクレイトスを〈万物は流転する〉によって解釈するよりも、この〈万物は流転する〉そのものを、より広く真作と認められている他の断片の光のもとで解釈するのが適切であろう。

ヘラクレイトスを注意深く読んでみると、まずわかるのはどのようにして誤解が成立しえたのかということである。このエフェソス人は、神託のような語り方で、イメージを多用して語る傾向が強い。さて、断片のなかで少なくとも三回は繰り返し現われているのは川のイメージである。川の流れというイメージは、まず何よりも絶えることのない流動という観念を呼び覚ます。ところがヘラクレイトスは、川と言うときにはむしろ水の流れと川の永遠さとを対比させるのだ。「同じ川に足を踏み入れようとしても、つぎつぎと違った水が流れ去っていく」。かくして、川の水が絶え間なく変化するということによって、生まれ出ると同時に逃れさるということ、近づくことがそのまま川が自らを遠ざけることであるということ、このことによって、川の絶え間なさこそが確証されるのである。同じように「太陽は日ごとに新しい」が、しかし「太陽は適限を踏み越えるようなことをしないであろう。そんなことをすれば、正義の女神《ディケー》につかえる報復の鬼神《エリニュス》たちが、それを探索して摘発するであろう」ということを知る。同じく、「火の転換。まず海となり、海の半分は大地に、半分は熱気流となる」ともある。結局、海にはもう何も残らないではないか。そうではない。というのは、海は絶えず自分で元に戻るので、「〔大地は溶解して海となるが、〕海の分量は、大地となる以前にそうであったのと同じ比率のものである」。かくして、ヘラクレイトスの教えるものは、普遍的な流れではなく、波や炎の動性を貫く川の永続性、太陽の永続性、海の永続性なのである。ヘラクレイトスはこうしたことから、「それぞれの日の出現は、一にして同一である」と結論する。セネカはこれに「一日はすべての日に等しい」という見事な表現を与えた。

しかし、ヘラクレイトスのものとされてきた流れに関する教説とは対立するこの永続性に関する教説は、変化のただなかで安心できる避難所のある穏やかな小島を提供してくれるものではない。というのも、ヘラクレイトスにとって永続性があるのは、相反するエレメント同士がたえず対立し合う戦いの火の真っ只中にほかならないからである。〈永続性を確立できるのは変化の真っ只中でである〉となる深い理由、それは、このエフェソス人にとっては、何であれ自らを存在させることは、自分の可能性に反する逆のものがおのれの最も内奥に住んでいるのでなければ不可能だからである。かくして、昼はそこに言外に含まれている夜によってのみ昼であり、夜がその闇を拡げることが出来るのは、生まれつつある昼の脅威を内に抱えているからである。哲学者の鋭い目のもとでは、何ごとも一面的でありきたりなものに単純化されてしまうことはない。「神は昼にして夜、冬にして夏、戦争にして平和、飽食にして飢餓である。これが変化するのはあたかも火の場合に、香料と混ぜられると、それぞれがそこに喜びを見出すのに応じて呼び名がつくのと同様である」。しかし、神がこのようなものだとすると、神そのものにおいてのみ、根源的に、終わりなき戦いの火がつけられることになる。「戦いはすべてのものの父であり、すべてのものの王である。ある者たちを神々に列し、ある者たちを人間の列に置いた。またある者たちを奴隷とし、ある者たちを自由人とした」。もちろん明らかに、このような戦いは一撃ごとに敵対者が変わるような乱闘ではない。最高度に緊張した拮抗状態にあって相互に反対側を向いたままで保たれる対立物の一致である。このような一致は本性上、平板な妥協に含まれる不一致を融和させる、というようなものではない。ヘラクレイトスは、強いコントラストのうちで接合するときにこの一致が働いているのを見る。この接合によってのみ、弓は矢を放ち、竪琴は音楽を奏でるのだ。「逆向きに引っ張り合う一体化（調和）」。プラトンは「調和」についてのこのヘラクレイトスの啓示が考えることのできないものであることを見抜くことになる。というのも、『饗宴』でプラトンが言うところでは、調和は反対物がその不調和を放棄するときにのみ生まれうるからである。調和は、なるほど協和音を前提とし、協和音は敵対するもののもつ打ち解けないとげとげしさを取りのける。しかし、ヘラクレイトスが言っている「調和」という語は、うわべだけの甘ったるく緩い曖昧な妥協からは、なおもまったく自由である。調和よりも接合を。ヘラクレイトスが語っているのは、活発に分化するものが生い茂るようにして現われてくること(φύσις)《ピュシス》であり、これは、単なる音と良い音との間でのためらいに対抗するものである。このためらいは、思想が現われるやすぐさま捉えることによって、その現われを哲学へと落とし込んでしまい、ヘラクレイトス的な差異を、より適切な比率で混ぜ合わされたプラトン的な混合物に帰すことになってしまうのである。

われわれはヘラクレイトスのなかに、感覚を断固として批判する立場を見出す。「目と耳は、その意を解せぬ魂をもつ場合には、人々にとって悪しき証言者である」。ヘラクレイトスの弟子たちはここで、いずれ経験主義が大切なものとして集めることになる誤解を創始することになる。師の思想に運動主義的な解釈をたっぷり浸透させた上で弟子たちは、感覚は悪しき証言者だ、なぜなら、感覚はわれわれに恒常的で固定したものを見させるが、そこには逆に常なる変容しかないのだから、と教える。プラトンの『テアイテトス』を見ればわかる。そこでソクラテスは、彼らの「とどまりがあるのを取り押さえられない」という言い方を捉えるべきだと教える。ニーチェも同じことを言う。感覚は長い合理主義の遺伝によってゆがめられてしまい、「最も短命にしてうつろうもの、生という蛇の腹に輝く黄金の閃光があること」を取り押さえることができなくなってしまった、というわけだ。しかしここでヘラクレイトスは、『テアイテトス』に出てくるヘラクレイトス主義者およびニーチェがそうありたいと望んだ現代のヘラクレイトス主義者の、まさに対蹠点にいる。ヘラクレイトスにとって目や特に耳が悪しき証言者だというのは、ものわかりの悪い魂にあってはむしろ、対立物のただなかにおける統一を原初的な〈戦い〉という坩堝《るつぼ》そのものとして見て取ることができず、現実の対立する諸局面をばらばらのままで結びつけているからなのである。ここで、ものわかりの悪い魂をもつ哲学者たちはみな、狭い視野しかない自分の感覚の犠牲になっているのだ。ギリシア最高の賢人ホメロスでさえ、不和の女神ディスコルディアが神々と人間との間に消滅することを望んだのだ。不和を原理として見ることがまったくなかったからである。戦いの女神エリスが別名正義の女神ディケであること、つまり〈戦い〉こそが見えない接合であり、目に見えるいかなる壮麗なものをも凌駕していること、さらにはそれを構成しているのが差異であること、こうしたことを知らない以上、ホメロスは、ヘシオドスが昼と夜が一つのものであることを知らなかったのと同じ側にいるのである。こうして、「最もよく見えるそれそのものは、一目瞭然なものを認識し保持することしかさせない」。というわけで、もはやそれは、ものわかりの悪い魂の感覚が認識していることにではなく、断片一一四で言われている――語呂合せ★01をうまく訳すことはできないが――〈理知を伴って(ξὺν νόῳ《クシュン・ノオーイ》)〉しか知られえないもの、つまり〈普遍的な戦い(πόλεμος ξυνός《ポレモス・クシュノス》)〉にまで高まることがないのである。

ヘラクレイトスの〈この普遍的なもの(ξυνόν《クシュノン》)〉と、プラトンやアリストテレスがここから派生させた――とはいうものの不十分な仕方で、また衰退という様相の下で派生させた――〈共通のもの(κοινόν《コイノン》)〉との間にある隔たりは、どれほどのものだろうか。ヘラクレイトスの調和《ハーモニー》と、それは不一致であるから受け入れられるものではなく除去すべきだと主張するプラトンの協和《コンソナンス》、その間にどれだけの隔たりがあることか。〈普遍的なもの〉は、プラトンのイデアやアリストテレスの形相のように、類の無差別的な普遍性をもたない。こうした類は、個物の上を飛翔し、どんな個物をもけっして捉えられない。〈普遍的なもの〉とは、集まったもの、集結したもの、収拾されたもののことであり、「あたかも国家《ポリス》が法によって強固にしなければならないのと同様で、しかも、はるかに強力にそうすることを要する」。ポリスの成員は「市壁を守って闘うがごとくに、法を守るために戦わねばならない」。というのもこの法は、諸々の差異の敵対的緊張と共通する外延をもつ統一を守護するものだからである。もしこの統一がなかったらポリスは家畜にも等しい麻痺状態に陥ることになるのだ。しかし、ポリスの法はそれ自身が、「唯一なるもの」「神的なもの」を糧としている。ちなみにこれは、法(νόμος《ノモス》)というより、結局は理性(λόγος《ロゴス》)さらには自然(φύσις《ピュシス》)と呼ばれるべきものであり、それはそれで諸々の差異の対立から湧き出る統一によってしか成立しえないもの、父であり王であるゼウスの名で呼ばれることを非としかつ是とするもの、すなわち〈戦い〉のことである。

自然《ピュシス》あるいは理性《ロゴス》、さらには宇宙《コスモス》の戦いがゼウスの名で呼ばれることを非としかつ是とするということ、ここにこそこのエフェソス人の最も捉えがたい暗い闇がある。これを、時代と無関係に、例えばスピノザのイメージをヘラクレイトスに投影して汎神論とみなしたり、さらに時代を無視してショーペンハウアーやニーチェを投影してペシミズムとみなすことで片づけられると思ったとしても仕方のないことかもしれない。が、このようにレッテルを貼る前に、まずはフッサールの教訓に従って、「言葉の背後に隠れているもの」を探究するのがよかろう。たしかに、ペシミズムも汎神論も、どんな問題探究でも巧みにかわせるという利点のある「解決」である。けれども、〈エフェソス人の神託〉は、オプティミズムもペシミズムもなく〈一にして全〉を語り、それも、近代の汎神論よりさらに原初的で探究的な言葉で語る。その言葉は、〈一にして全〉を自然《ピュシス》が閃光のなかで出現するところで語る。このとき自然は、われわれがそこから生まれ出てくる起源である〈戦い〉という唯一の源においては、理性《ロゴス》である。しかしここで、われわれの困惑を最高点にもたらすつもりなのか、その言葉は同時に次のように言うのだ。「火は、いつも生きており、定量だけ燃え定量だけ消える」。これを読むと、ここにきて「唯物論」タイプの宇宙論の原初的な省察へと送り返されたような印象を受ける。ミレトスの体系で、根本元素の凝結と緊張が結果として熱と冷たさ、光と影を生みだす、というあの議論である。本当は、ヘラクレイトスはこの手の「唯物論」とはまったく無縁である。反対物の教義はヘラクレイトスにあってはより原初的な起源から出てきたものではなく、その教義が根本的な出発点なのである。火はそれゆえ、すべての対立の基盤となる根源的な統一であり、ちょうど香料が燃えることによってさまざまな芳香が生みだされるのと同じことが起きるのである。火は、普遍的な対立し合う価値よりもさらに根底にある根本元素であって、多様性において対立が起こる場所でありかつ対立物を結びつけるものなのである。もっとも、この対立物の統一は、手近なところしか捉えない感覚に対しては消えてしまうのだ。火が断続的にしか現われないもの、例えば炉の熱や、犠牲の炎、太陽の照明、松明の微かな光、また天体の輝きなど、そうしたもののうちにしか死すべき者に対しては現われないとしよう。そうだとしても、無知の状態から救われた魂、すなわち「その限界は、それに行き着こうとして、たとえあらゆる道を踏破しても、見つけ出せないであろう。それほど深い理《ことわり》(λόγος《ロゴス》)を、それはも」つ、と言われる魂にとって、火はけっして不在ではないのである。火はかくて、理性《ロゴス》の深さそのものであり、自然《ピュシス》の現われない豊かさであり、宇宙《コスモス》の原初的な接合であり、相違し対立することで対比づけられた永続的な統一における対向的緊張の永続的な集成なのである。

　この原初的な対向と対立という法に従って起源なき火の全面的な統一が展開し続ける。われわれとしては、この法がその月並みと見せかけた外見の下にひそめている φύσις κρύπτεσθαι φιλεῖ《ピュシス・クリュプテスタイ・ピレイ》という、ヘラクレイトスのなかでもおそらく最も神秘的な言葉、これを理解するにいたるまでその後を追い続けるなければならない。普通は危なげなく「自然本性は隠れることを好む」と訳される。この普通の訳は φύσις《ピュシス》を「自然」と訳してよければ、もちろん正確だ。しかし、ヘラクレイトスが「自然」と呼ぶものが、自然学や生物学の枠内で自然として知られうるものではまったくなく、むしろ何ものもそこから逃れられない、衰退することのない出現のことなのだ、と気づいてみると、また、こうした出現がギリシア語で言う、〈覆いを取る(ἀλήθεια《アレテイア》)〉ということに他ならず、後のわれわれの言い方では、真理のことを示しているということを考えてみるならば、問題は、隠れること(κρύπτεσθαι《クリュプテスタイ》)〉であり、〈好む〔愛する〕φιλεῖν《ピレイン》〉という語が示す親密な関係によって、自然－真理とも関連した問題でもある、ということになる。自然《ピュシス》の覆いを取ること、それがどのようにして覆いを取っていないことを「好む〔愛する〕」ことができるのか。なにしろ、覆いを取っていないことに対して、距離を取っているように見えるからこそ対比になるのだから。こうした覆いを取ることは、一瞬の閃光のうちですべてのものを前面に現われさせ、多数のもので充ち満ちるために、閃光の最初の驚きを覆い隠す。最終的にはすべてを管轄する現前という炉の統一性は、太陽のように、一定量を割り当てられているので、何ものも限度を超えることができない。こうしたわけでヘラクレイトスはこう明言できるのだ。「彼らがとりわけ絶えず関わり合っている理《ことわり》――全体を司るもの――、それと彼らは相容れず、また毎日突き当たっているものごとが、彼らにはなじみのないものに思われている」。しかし、ものわかりの悪い魂が、現前する多様なものと存在するものへの崇拝にその目と耳とを没頭させているがために、そうした理からは遠ざけられているとしても、それでもなお、逃れ去るもの、すなわち現前の炉や絶えざる生ける炎、われわれがそれに根本的に委ねられている〈運命(μοῖρα《モイラ》)〉、こうしたものを決定した〈知を備えた唯一の存在(ἓν τὸ σοφόν《ヘン・ト・ソポン》)〉への愛と魂とは依然結びついているのである。この対立は最も秘密な統一のただなかでのみ分離し、統一から遠ざかることによってその統一を救うものであり、ヘラクレイトスが垣間見た敵対的接合を頂点にもたらす。それはまだよく知られていないギリシア的思惟と呼ばれるものにおける謎の呪文ἀλήθεια《アレテイア》〔真理〕、この逆説に満ちた否定的な構造のうちで行なわれる。

ヘラクレイトスは、最初にも言ったように、古代以来「暗い人」とあだなされてきた。彼の言葉は、アリストテレスも言うように、句読法もよくわからないし、その言説は統辞法に挑んでいる。ラテン人はもっと容赦なかった。「暗い曖昧な言葉で語り、真理を求める真面目なギリシア人ではなく、頭の軽い人々の間で有名だ」とルクレティウスはエフェソスの託宣者ヘラクレイトスについて語っている。また、キケロはこう言う。「彼はわざと理解させようとしなかったのだ、そんなことはどうでもよかったのだ」。

このように手厳しくするほうがむしろ容易だが、おそらくプロティノスだけはそうしなかった。「思うに、彼は比喩を用いて述べているだけで、そのことばの意味をわれわれには明らかにしないままに放っているのであるが、それはおそらく、彼自身が探究して見出したように、われわれも自分で探究すべきであると考えたからであろう」。しかしヘラクレイトスが示した比喩はうまい表現などという域を越えている。自分でも「期待の外にあるものを期待するのでなければ、それは見出されないであろう。それは見出しえないものであり、それには到達しえないものだから」と言っている。とすれば、謎めいた断片のうちに、説得力のある言葉による応答が見つからないとしたら、われわれこそがもっと高度に目覚めてあるべきだということになる。ヘラクレイトスは、われわれが証拠という太陽の下で死んで麻痺状態にあるところで、〈生気を与える閃光〉という始源の新鮮さのほうへと絶えず飛び越えていく。閃光が見えなくなるところでの言葉はつねに鋭利であるが、しかしまたその言葉は徴《しるし》を保持してはいる。「デルポイの神託所の主は、語りもせず隠しもせずに、徴を示す」のである。〔ジャン・ボーフレ(パリ)〕

訳註

★01 岩波版『ソクラテス以前哲学者断片集』の註では、「理知を伴って(ξὺν νόῳ)」と「遍きものによって(ξυνῷ)」の間の語呂合せとされている。

〔翻訳＝本郷均〕

パルメニデス

❖PARMÉNIDE

c.540-c.450 BC

思惟されたものと存在とは同一である。

ヘラクレイトスが百あまりの多彩な断片を通じて伝えられているのに対して、エレアのパルメニデスは今なお伝えられている一篇の詩によって、あたかもギリシア神殿中のパルテノン神殿のように、ソクラテス以前の世界の最も圧倒的で最もよくまとまった遺跡を残してくれている。この遺跡は、西洋思想の、ということはおそらく哲学の将来にとって最も決定的なものである。というのもこの詩の中心的な語は、後にアリストテレスも言うように、「かつて、今も、そして永久に探求されかつ永久に逃げ道のないもの」、つまり存在だからである。

パルメニデスの〈詩〉とは徹頭徹尾この存在——あるいは存在者——の語りであり、これは道ないし道程の多様性を数え上げる語り方において明らかになる。可能なものごとと不可能なものごとのはざまで、パルメニデスは道であるものと道ではまったくないものとを区別する——そして、道であるものにおいて、彼はさらに真の道筋であるものと、罠だらけの道程であるものとを区別する。生きる力のあるものと生きる力のないものとを分け、生きる力のあるものにおいては、進むべき道筋と避けるべき道程を分けるというこの区別こそ『方法の詩』★01というパルメニデスの〈詩〉が定めたものである。これは、『方法叙説』より二十世紀も前、方法という考えが生まれたそのとき、早くもその考えの可能性を基礎づけているのである。デカルトは、彼の有名な『叙説』がパルメニデスを起源とすることを知らない。デカルトたちがパルメニデスについて知っていたことは、歴史についての教養をもつ今のわれわれと、おそらく大差ない。この教養のおかげでわれわれは、移り変わりや系譜関係、先行者たちについてはきわめて詳しくなったものの、起源との関係についてはまるっきり朦朧《もうろう》とした状態のままに放っておくことしかしないのだ。というのも起源とは、遠い過去のうちに埋もれた先行者ではなく、まだ荒削りの状態にある範例《はんれい》であり、思想の進歩が後に純化させ、変容させ、言葉を更新していくことになる諸問題を先取りするものだからである。起源とはむしろ、まず湧出《ゆうしゅつ》し、その後、その電光は徐々に隠されていくも時の流れによって守られつづけ、歴史の端から端まで永遠な仕方で賭けられているものであろう。だとすれば『方法叙説』とは、パルメニデスのこの『方法の詩』という少なくとも廃墟としては残された

Col.
Parmenides Eleates philosophus. uixit Olympiade nonagesima.

❖ PARMÉNIDE

〈詩〉との関連で見れば、はるか以前に隠れてしまった嵐をいまなお告げ知らせる蒼白くひそかに閃く光（ハイデガーがおよそこのようなことを言っている）、それが『叙説』に現われたにすぎない、とも言えるのだ。

パルメニデスの詩において、その途上に数多くの徴が見出される存在の道は、真理の唯一の道と同様、非‐道である非‐存在の道と対立している。たしかに、生じえないというその性質こそが、《道》ではあるが《頼るべき何ものも見つからない小道》として、非‐存在の道をなしている。存在の徴、それをパルメニデスは詩の断片八において表明しているが、それはなによりもまず否定的な徴なのだ。つまり、存在は不生不滅で揺らぐことなく不動、過去も未来も終わりもないというのである。けれども、肯定的な徴もある。存在とは、その姿は完全にして、始終現前しており、まったく完璧に同時にあり、つながり合う一体にして一なるものである。こうした徴は、煙が火の徴であるような意味で他の何かの指標であるわけではない。そうではなく、さまざまに放射される存在固有の光のうちで見てとられる存在そのものである。諸々の徴は、否定的なものであれ肯定的なものであれ、存在のものである。分割をはっきりとさせる接合を作り出し、その存在内部で還元不能な関係によって維持されている。してみれば存在は、自己充足的な必然性というよりも、その期限が必然であるように定められた一つの分割なのである。存在よりもさらに根源的なのは、存在においてて明らかになる真理の分割である。

しかし、存在の道という一つ目巨人ポリュペモスの道と非‐存在の行き止まりの小道とを分離するその地点に、第三の道がつながれる。この道の上には「死すべきものが、真なるものとして信頼することはまったくできないにもかかわらず、当てにしているもの」が現われる。この第三の道は、初めの二つの道とはまったく異なっており、われわれはそこから隔てられていると知りつつ、それを学ばねばならない。第三の道は、存在の道ではなく、まして非‐存在の道でもない。第三の道は非‐無の道ないし非‐真理の道でありながら、真理の道ないし存在の道として生じうるものでありかつ非‐存在の非‐真理として生じえないものではない。真理の道を探し求めるなかで、それを存在の道として定義する〈詩〉の統一性において、これまた道として現われるという非‐無の非‐真理、これは何を言おうとしているのだろうか。女神の嘘を言わない口を借りて発される言説は、原理的に中途半端な偽善や妥協的な曖昧さを排除するはずなのに、それをつなぎ合わせるとこのように中途半端になる、こんなことがどうしてありうるのか。存在と非‐存在の間にさらに「別のもの」が本当にありうるのか。ありえないとしたら、いったいパルメニデスは何をこんなに一所懸命語っていることになるのか。パルメニデスは、哲学の起源における、途方もない矛盾の犠牲者なのだろうか。

ここで、〈詩〉の哲学的解釈は歴史的には、いずれも古典的な二つの解釈の間を揺れ動くことになる。一方では、存在と非‐存在との間には第三の可能性のための場所などない、という否定的な解釈。パルメニデスが第三の道と言うのは、ただ単なる誤りの道であり、反駁すべき論敵たちはその上を虚しく歩んでいるのだ。誰とははっきり名指してはいないものの、ヘラクレイトスと同定可能なようでもあるし、ピュタゴラスと同定可能のようでもある、というわけだ。他方では、パルメニデスは人に対しては消極的にしか語らないがものごとに対しては積極的に語る、という観点から次のように言う。第三の道にはもちろん意味がある、しかしこの第三の道は真理の道ではないのに、それでも道だとするならば、それは、真理への途上にある思いなしにつながる道である。つまり、それ自体に哲学的な価値はないが、それでも、存在と非‐存在の対立を哲学的に徹底させてパラドクスにまで一気に高めることができない者の手にも届くところにある道だ、というのである。言い換えると、パルメニデスの〈詩〉において、真理の言葉に付け加えられた非‐真理の言葉とは、一方から見れば、誤った意見を論争によって告発しようとするものであり、他方から見れば、一定の条件でなら一応認めることができそうな体系や仮説のことも考慮し、哲学的厳密さを少し緩めて後退することである、ということになる。

前者の解釈は、第三の道を絶対的誤謬の場とするものであり、後者の解釈は、第三の道に協定による妥当性を授けるものである。しかしながら両者とも、程度の差こそあれ、第三の道をありそうもないものにしてしまっているという点では同じだ。この相違を除けば、注釈者たちは誰もが、第三の道の非‐真理を語る言葉のうちに、主導するものが複数にならないように制限でき、切り離してもほとんど影響がないような付属の体系を見定めようとしているという点では一致しているのである。まさに問いはそこにこそある。パルメニデスは、ただ一篇の〈詩〉において、かたや本質的なもの、かたや単に付属的なもの、という二つの歌を歌ったのだろうか。それとも逆に、存在の真理と非‐存在の非‐真理とを対照するようにして内的に結合した〈詩〉という不可分の統一、この内に、注釈者の創意工夫を充分に刺激してくれたこの非‐無の非‐真理を統合すべきなのだろうか。けれども、これほどまで非‐無の非‐真理を評価してしまうと、存在の真理と非‐存在の非‐真理を分け隔てるこんなにも明確な対立そのものを軽視してしまうことにはならないだろうか。

〈詩〉のテクストにただちに戻ろう。パルメニデスによれば、第三の道の特徴は、この道に従うときには、「多くの経験に支えられた習慣」のために、われわれは〈δοκοῦντα《ドクーンタ》〔諸々の思わくされること〕〉と彼が呼ぶものに関わらないわけにはいかない、という点にある。ここで複数形であることに注意しよう。この〈諸々の思わくされること〉はプラトンの対話篇のうちに見出されるが、そこでは、その複数形は単なる見かけとして、あるいはお望みならば、風や影のような無にも比べられるような意味もなく脆いものと性格づけられている。絶対的な非-存在はこのような現われ方はまったくしない。そのような現われ方は、此岸で可能な限り近くに位置づけられたものであり、彼岸なる〈イデア〉の世界において輝く存在の対極にある。しかし、〈諸々の思わくされること〉が錯覚で虚しいものであるなら、哲学者は、もっぱら常なるものに、つまりイデアの恒常性に没頭するためには、そうした思いなしを受容できないものとして、「追い払う」ことを学ばねばならない。われわれはプラトンを通して、プラトン派の論点先取を利用してパルメニデスを読むことに慣れてしまい、あたかもプラトンはパルメニデスに対して妥当なことを言っていると思っている。もっと近づいて見てみよう。パルメニデスの言う〈諸々の思わくされること〉は、後に見るように二つの形をもつという特徴があるために恒常的なものではない。それを捉えたと思った瞬間にもう別のものであるので、ある意味で一貫していないのである。だからといって、この非一貫性は〈諸々の思わくされること〉を純粋な錯覚という受け入れがたい否定性に追いやるわけではない。断片一の最後の詩句は、〈諸々の思わくされること〉をまったく反対のものとして、鋭い解釈者によって指摘された言葉遊びに従って、受け入れられるに値するものとして現わしている。〈諸々の思わくされること〉の不定形δοκεῖν《ドケイン》が、δοκίμως《ドキーモス》(よしと思われて)へと広げられているのである。それゆえそれは、プラトンが考えているような現われという虚しい錯覚ではない。絶えず変化するという不安定さのゆえに、それ自体としてはまやかしで偽りのものであったとしても、金色に輝く現前である。言い換えると、錯覚の世界は、パルメニデスにとってはまだ世界の錯覚ではなく、その閃きと栄光における、この世界の事物が顕現する唯一の中心的な場におけるその現前そのものなのである。

けれども、回顧的錯誤から自由になり、〈諸々の思わくされること〉のうちにプラトンの〈洞窟の影〉の先取りを見るのはやめ、現前と不在が渦を巻くさなかでものが絶えず己を現わしてくること、ここにものの現実性そのものを認めてみよう。そうすると、非-存在から存在を初めから取り上げてしまう対立のなかで、存在独自の肯定性とは何だろうか。それは、現われるものの前面に自らを示すことなく、背景のうちに自らを隠しそれを見出しに行かねばならないという、ある存在者の特性だろうか。しかし、特定の存在者のうちに存在が個体化するとしたら、初めから存在すると同時に存在しないという状況にあるこの複数のものどもの領域においては、存在はただ統一性だけを構成するしかないことになるのではなかろうか。してみれば、このことは、根拠のないフィクションによるもので、そうした存在者を固定的で恒常的なものとみなす必要があるからではない、ということになるのだろうか。おそらく、熱狂的で未開な信仰心が存在者の世界の内に恒常的なものを打ち立てることを急ぎ、すでにプラトンとアリストテレスを通して、存在者の一つだけに特権的な本性を授けたのかもしれない。しかし、そうした偶像崇拝を、厳密なるパルメニデスは根柢的に排除したのではなかったか。実際、もし存在がひとつの存在者にすぎないとすれば、必然的に第三の道においては現われないのではないか。しかし、存在それ自身が道であり、また第一の道ですらあるのは、存在が初めから根柢的にあらゆる存在者とは区別〔差異化〕される場合だけではないか。とすれば、存在は単一の存在者ではなく、あらゆる存在者の最も内奥にあって、現前にして不在（不在自体は暗黙の現前でしかない）の驚くべき独自性をなす単一性そのものであろう。存在者が、自らが投げられることによって、おのれの閃光を投射しつつ消滅していくとき、存在者は、通路《パッサージュ》にすぎないものではけっしてなく、現前の可能な豊かさとその不在が穿つ空虚さを測る次元でもないであろう。

　そうなると、パルメニデスの〈詩〉に言う第三の道は、まず二つの道があってそれから第三の道があるということではなく、支援すべき論争ないし譲歩すべき仮説に付随するものとして生じたことになろう。非‐存在の非‐真理というこの此岸《しがん》の現実は、存在の真理と非‐存在の非‐真理との対比と同じく、〈詩〉の統一性に属している。パルメニデスのことを、存在と非‐存在の対立に還元されないものをすべて無効だとするような単純化に取り憑かれた人のように思わせることができるのは、プラトン的にパルメニデスを読むときだけである。もし存在が、非‐存在というまく扱えない厄介者を存在から排除しようというひらめきの元になっているのであれば、そのような存在は、諸存在者たちの動的な多様性――われわれはそのなかで危険を冒してでも生きなければならない――を貫くようなものではない。パルメニデスは、およそ手の届かない真理のために、現実のあらゆる豊かさを手放すようにという、超プラトン主義的な逃避をわれわれにすすめているわけではないのだ。パルメニデスが教えるのは逆に、われわれが〈諸々の思わくされること〉のなかに根を生やしていることが本質的だということである。もしパルメニデスが第三の道の錯覚と危険からわれわれを守っているとすれば、それはこの世界の現実を異様なほどに嫌悪しているからではない。われわれが生まれながらにこの世界に巻き込まれていながら、この世界が根柢的に属している反対物を知らないままであるからである。それは、結果が原因から生じるような仕方で属しているのではなく、存在者の複数性が存在の統一性によって限界づけられるという仕方で属しているのである。ちなみにこの統一性は存在と存在者の〈差異〉の最も内奥で存在から生じるものである。この〈差異〉を無視してしまうから、われわれはただただ驚くしかないことになる。逆にこの差異を教えられることによって、われわれはもはや次のようなことを乗り越えがたい知として知るのである。つまり、現前は既に不在に浸食されているゆえに現前におけるいかなる安定性もまったく信頼することはできないこと、しかしまったく同じ理由で、不在を際限なく恐れる理由はもはやないこと、逆にいかなる不在も確固たるものでも取り返しのつかないものでもないこと、こうしたことを知るのだ。ただし、〈詩〉が語っていない極端な不在がある。パルメニデスも断片一二の四行目で「苦しい出産」を思い起こさせることによってそれを仄《ほの》めかしてはいる。この言葉によって、われわれがこの世界にやってくるのは神の加護によるのであり、死ぬのもいつもあまりに年老いすぎているかあまりに若すぎるかだ、ということが仄めかされているのである。

パルメニデスがわれわれに教える真理というのは、その真理を観想することによって、世界内存在を、つまりわれわれをあらゆる脅威から守り安全を保証してくれるものを危険にさらしてわれわれを世界の外へと拉《らっ》しさるようなものではない。反対にその真理は、此岸のものが放つ見かけ上の閃《ひらめ》きとの絶えざる討議である。もし存在の影なき光と非-存在の光なき影とが、その対立によって人間を越えた力に瞬時に達するとしたら、それはわれわれが、光なき影の背後にあっさり回りこんで影なき光に恍惚として忘我の境に入れるからではなく、われわれがこの対立のあおりを受けて、われわれ自身の脅威と関係する影と光の戯れのただなかに万全の支度をしたうえで投げ込まれるからである。〈詩〉で第三の道と呼ばれるもののうえに繁茂する自然をパルメニデスが念入りに研究した理由ももう理解できる。〈諸々の思わくされること〉の世界を特徴づけるもの、それは、あらゆる数の彼方にある多数性というよりも、根柢的なある二つの形をもつという点にある。始源の分割によって普遍的に限定される現前-不在のいくつもの境目において、おのおの存在者は、存在の統一性と恒常性とは対照的に、たえずこのものであると同時に他のものである。しかし、人間の感覚は、自分に現われている側面にのみ集中し、諸々の局面を切り離しても何の支障もないと思ってしまうのだが、実はそのどの局面にあっても二性が本質的なのである。結果として人間は、絶えざる流動の内で矛盾にさらされざるをえなくなる。「二つの頭」。パルメニデスがこのように命名するのは、「存在も非-存在も、同じでありかつ同じでないとするのを定めとする、決定できない種族」のことである。しかし、ひとたび統一性と恒常性が本来あるべきところに位置づけられれば、つまり、統一性と恒常性によって現前の豊かさが限定されてしまう存在者を横切り、もはや統一性と恒常性がそこには存在しえない存在者の世界のなかを無駄に探究しないようになれば、存在は統一性であるにせよ、存在者は本質的に推移と移行であるということ、これを存在と存在者の〈差異〉に開かれた思惟が理解することを妨げるものはもはや何もない。これこそ、女神が弟子に断片八最後の数行で明らかにしたことである。「それがそうあるべきように生みだされている限りにおいて現われるものの展開、これこそが汝にこそその全体を示そうとするものだ、死すべき者の感覚がけっして汝を追い越すことのないように」。

存在者が本質的に二つの形をもつということは、その土台が〈昼〉と〈夜〉の根柢的な共属性のうちに見出されることになる。このことを明らかにすることが、十あまりのごくわずかの断片しか残されていない〈詩〉の第二部で展開されたに違いない。とりわけ本質的なことは、いかなる意味でこれらの断片は失われた〈詩〉の統一性と結びつけられるかを理解することである。しかし、パルメニデスの教えは存在の不変な光の内なる存在者が二つの形をもつ、ということにあって、錯覚という無にあらゆる複数性を単純化することで唯一の存在者として存在を定義する、ということにはない。だとすれば、パルメニデスとヘラクレイトスとを、不動の存在の哲学者と生成の哲学者（実はそんな哲学者は存在しないのだが）とを対立させるような古来の伝統とは縁を切るべきである。

そうした伝統は、すでにプラトンの時代にはもう完全にできあがっていたもので、絵になるという利点はもちろんある。歴史的な記述にこだわる好奇心の持ち主からすれば、哲学が、まるで噛み合わない意見同士が派手にやり合う戦場のようになることほどに刺激的なこともなかろう。しかしおそらくパルメニデスとヘラクレイトスは、彼らの言葉が表面的には噛み合わないように見えても、それでもやはり、同じロゴスを聞くことに従事している限り、また西洋思想の起源において、どちらも同じ耳をもって聞いている限りにおいて、二人とも同じことを言っているのである。つまるところ、パルメニデスの〈詩〉における不動主義も、ヘラクレイトスの断片における流動主義も同じ程度に無いのである――あるいはむしろ、どちらにも流動と不動は同じ程度にあるのである。

ばらばらの断片に守られた光輝のうちでパルメニデスの〈詩〉がわれわれに伝えているのはもっぱら、ありうべき思惟されたものが目指すものとしての存在の最初の語りである。哲学とはこの先駆的な語りを絶えず取り上げなおすことである。哲学の根本的な務めが哲学自身を更新することにあるとすれば、おそらくこのような詩こそ、おのれが創設した道の三分割において、自身を最も本質的に問いに付すのでなければならない。われわれはやっとそれを解読しはじめたばかりである。われわれはその端緒の豊かさをほとんど垣間見ることしかできない。けれども、ずっと以前からわれわれが待望しているものは、われわれの未来の内にあるのである。

［ジャン・ボーフレ］

訳註

★01 『自然について』をこの詩の題とするのが一般的である。「方法」（méthode）は語源的には「道に従う」の意味である。ここでは、この意味を前提として、パルメニデスの「道」と「方法」とが語源的に関連づけられている。ちなみにハイデガーは『パルメニデス』（全集五四巻一〇二頁）で「方法」を「途上にあること」として解釈している。

［翻訳＝本郷均］

ゼノン（エレアの）

❖ZÉNON D'ÉLÉE

490（485?）-? BC

運動しているものは、それがそこにある当の場所でも運動していないし、それがそこにあらぬところの場所でも運動していない。

ゼノンが現われるとともに、思惟は、ヘラクレイトスやパルメニデスとともに確立された崇高なるものの高みから転落してしまった。ゼノンは、後にアリストテレスが言うように、問答法（弁証法）の発明者である。こう言ったからとて、褒めているわけではない。というのも、アリストテレスにとって、問答法とはソフィスト的なものであり、哲学の見かけしかもっていないものだからである。問答法は、たしかに存在としての存在には結びついていないし、原初的で直接的な存在の真理における諸存在とすら結びついてはおらず、よって単に諸存在に生じるものと結びついているにすぎない。真の哲学者は、見つめるものであり見るべきものを与えるものである。ゼノンはじっくりと見つめもしないし見るべきものを何も与えない。ゼノンは、仮に〜ならば生じるものにしか注意を払わない。そういうわけで、ゼノンはいつも証明の糸をたどり、われわれは罠に掛かるがそれが解明されたことはない。問答法の発明者ゼノンは、最初の理屈屋である。理屈屋は、あらかじめ明るみに出されている真理について、他の人が覆いを取ってみせたその明るみのなかで、実は目は閉じられているのだと主張することによって、真理を疲弊させる。理屈屋は、眼を閉じた論争のうちで対立し合う。カントは言う。「彼らは善戦し力闘しはする。しかし、彼らが切り刻む影は、ヴァルハラにおける英雄たちのようにたちどころにふたたび合してよみがえり、あらためて無血の闘いを楽しむことができるのである」。かくして論争家たちは、原初の驚きに立ち止まって考えることではなく、無理矢理な論法になるまで進んでしまうことをのみ良しとするようになるのである。

プラトンの『パルメニデス』において、若きソクラテスはまさに議論好きな人ゼノンを非難して、パルメニデスの亜流にすぎない、と言う。「わかりましたよ、おおパルメニデスよ、ゼノンはこの書物でもって、あなたと一心同体であることの実をあげようと願っているのですね。ほかでもあなたに対する愛の心づかいをもってそうしようとしているのは無論ですけれども。なぜなら、彼の書いたことはある意味であなたのと同じだからです。ただその言い方をかえて、何かちがったことを言っているかのように、わたしたちをだます試みをしているのです」。率直な攻撃を前にして、ゼノンは弁解し自分の書を若気の過ちだとみなそうとする。「この点に、

❖ ZÉNON D'ÉLÉE

おおソクラテスよ、きみの見落としがあることになる。きみはこの書物が、若い時代のわたしの対抗意識の産物であるとは思わないで、もっと年をとってからのもったいをつけたがる真理によるとしているのだからね」。

しかし、ソクラテスの対話相手の言うことがどうであれ、大事なことは、ゼノンが先輩であり友人、師であるパルメニデスと自分とをどの点で関係づけているのか、この関係にもかかわらず、ゼノンがそれでも独創的なのはどの点か、これを見きわめることである。パルメニデスのテーゼには、一なるものがあるとした場合、この手のテーゼが被ることになるはずの結果と矛盾が多様で珍妙であることを示し、これによってそのテーゼを徹底的に嘲弄するというものが多い。してみると、ゼノンの書くものは一つの反駁なのだ。つまり、パルメニデスの論敵に高い利子をつけて仕返しをするために、多なるものがあるとした場合、それを可能な限り突きつめていった結果がより一層珍妙なものになるということを、証拠を突きつけて明らかにしようとするのである。かくしてゼノンの問答法は、論敵のテーゼに同意し、あからさまに受け入れがたいテーゼに比べれば逆説的ではないことをまずは明らかにする、が、それを論理的に展開させていくと、ありえないことのピークにまで達してしまうということを示す、というしくみになっている。

なるほど、パルメニデスの一にして不動の存在に対して、多数性と運動を措定することより自然なことがあろうか。けれども、そうするとどうなるかを調べてみよう。どんな場合でも、同時に何かとその根本的な反対物を認めれば矛盾に陥ることになる。言い換えると、われわれの話はプラトン『ソピステス』に出てくるエウリュクレスの腹話術のように、口ではある言葉を言うが腹ではもう反対のことを言っている、というようなものになるだろう。相手の合理的な言説の内にこのような腹話術的な効果を出現させること、これはその言説をばかばかしさという抗いがたい武器で無に帰させるには、最良の手段ではないだろうか。ゼノンはこのように振る舞って一つの伝統を創始することで、より近いところでは、『純粋理性批判』のなかで燦然と返り咲くことになる。『純粋理性批判』において、素朴かつ真正直に世界について理性的に語るものは、世界を有限であると同時に無限であると言い、世界を想定上達成しうる全体性でありかつ想定上徹底的に分割されている、と語ることになる。カントがアンチノミーの名で示した理性の腹話術は、ゼノンのそれである。次に引用する文中でカントが示した評価はそこに由来する。「〔ゼノンは〕巧緻な弁証〔問答〕であるが、彼が、自分の手際を示すために、同一の命題をもっともらしい論拠によって証明し、その後ただちにそれを他の同様に強力な論拠によってふたたび覆そうとしたという点に関して、すでにプラトンによって思い上がった詭弁家《ソフィスト》としてひどく非難されていた」。

というわけで、パルメニデスの言葉に逆らって、存在を複数の基本的な単位から構成してみよう。そうすると、存在は一つの「複数」となる。しかし、構成単位なるものは、本当にその名の通りならば不可分、つまり大きさがないのでなければならない、しかしながら、それは大きさをもたなければならない、さもなければ、大きさがないものからは何度も現われるということが起こらないからである。ということで、ゼノンの言うところを聞こう。「もし存在が大きさをもたなければ、それはそもそも存在しえないであろう。反対に、存在するからには、そのもののいずれの部分も何らかの大きさをもち、容積とそれぞれの部分同士の隔たりをもっていなければならない。そして、この同じ議論は、そこに現われた各部分についても成立する。すなわち、それらの各部分もまた大きさをもち、したがって、それの何らかの部分が現われることになろう。そして、これと同様のことは、一度言われれば絶えず何度でも語られうる。なぜなら、こうしたもの最終の部分をなすべきものはありえないだろうし、別の所部分へのつながりが次々と生ずることになるからである。このようにして、多があるとすれば、それらのものは小にしてかつ大でなければならない。すなわち、大きさをもたぬまでに小さいとともに、無際限なまでに大きくならなければならない」。かくして、多を仮定することによって、ゼノンの若々しい攻撃は多元主義者を笑いものにし、パルメニデスの勝利を確かなものにするのである。

エレアのパラメデスは——プラトンは『パイドロス』でゼノンのことをまたこうも呼んでいる——同じ類《たぐい》の議論を四〇も作ったと見られており、「彼が議論をするとき、同じものが、似ていてしかも似ていないように見えたり、一つのものであってしかも多くのものであるように見えたり、さらにはまた、とどまっているものでもあり動いているものでもあるように見える」。プラトンの最後の例は、アリストテレスがわれわれに報告しているゼノンの最も有名な四つの議論を思い起こさせる。パルメニデスはその〈詩〉のなかで、存在の分割を明示するしるしを数え上げながら、単に一としてではなくまた不動のものとして存在を現われさせた。「しかしそれは大いなる縛めに限られて動くことなく始めが無く終わることも無い。なぜならば生成と消滅がはるかかなたへとさすらい行き、まことの証がこれを追いやったから」。というわけで、パルメニデスに逆らって、運動という仮説を立てたらどうなるかを調べてみよう。どう見ても本当のように思われる仮説から逆説的な帰結を導くという探究は、ここでは四つの姿を通って展開される。その四つの姿は、詩人〔ヴァレリー〕の欠けるところのない記憶によって、「海辺の墓地」の忘れがたい詩節のうちでわれわれに伝えられている。俊足のアキレウスがカメに追いつかないだけでなく、誰も一歩踏み出すことすらできない。というのも、ある距離を踏破するにあたっては、まずその半分を踏破しなければ、どうして踏破できようか、さらにその前にその半分を踏破しないでどうして……、というわけで、最短の行程が同時に無限の行程であることになる。最初の二つの議論はこのようなものである。次の二つは、矢が飛んでいるとき実は各瞬間には動いていないこと、そして、競技場で逆方向に行進している人々は、不可分な瞬間が分割されない限り交差することができないということ、こう言わざるをえないように仕向ける議論である。

最初の二つの議論が関わっているのは、空間全体を無限に分割できるという点である。次の二つの議論が関わっているのは、時間を不可分な瞬間へと分解し、もはやなにものも過ぎさることができないとすることである。というのは、瞬間において一つの隔たりをある早さで飛び越すことができるとすると、早さが増せば、同じ隔たりを先の瞬間より短く飛び越えることになるはずだ、その瞬間はこのようにして不可分な瞬間ではないことになろう。したがって、矢は飛んでいる間、瞬間的には不動でしかありえない。不動であって静止ではない、矢は射手の矢筒のうちにあるかのように不動なのである。静止は中断とはまったく別のものである。中断にあっては運動するものは突如動かなくなるのであり、静止とも運動ともまったく別のものである。それはちょうどアリストテレスが言うように、音は見えるものとは別のものだというのと同じである。不動にされたというよりむしろ、瞬間の魔術によって動きが剝奪されたような状態にあるのがゼノンの矢である。それはまた競技場にいるアスリートが、走っているときに逆風にさらされているようなものだ。いずれも静止と動きという自然の対立によって突然放棄させられているのだが、〈最初の不動なもの〉という神的な領域に達することはない。アリストテレスは、なんとしてもこの魅惑を断たねばならない――別のやり方で、つまり自然学によってそれが果たされなければならない、というのである。

カントが認めたゼノンの巧みさ、ヘーゲルはこれを自身の哲学の地平で再評価する。そのさいピエール・ベールが、アリストテレスによるゼノンの問答法（弁証法）の解決を「くだらない」と言ったことに対して、アリストテレスの批判の鋭さが見落とされていることと絡めて反論している。ヘーゲルがゼノンの議論に言及しているのは、『大論理学』でカントの「分割」のアンチノミーを検証している箇所である。ヘーゲルはゼノンの議論のなかにはカントの議論よりも「はるかに意味深く、ずっと深いもの」があると明言し、カントの議論は「混乱し不明瞭だ」と言う。ゼノンははるかに直接に本質的なところまで行っており、すべての大きさ（量）がもつ内在的に対立する二つの契機、つまり連続性と分離性を見出している。この二つの契機が反省されないまま切り離されることによって、まさに問答法（弁証法）的な議論の相対立する二重性は可能になる。そして、この問答法（弁証法）的な議論の技術が、それ固有の起源へとたえず逆流する隔たりだの、あらゆる運動が固まったままの原子化された瞬間だのといった乗り越えがたい障害物を運動に対立させることになるのだ。この切り離しが乗り越えられるのは、アリストテレスの強力で豊かな思惟が、二重の契機のうちに大きさという概念によって統一性を打ち立てたからに他ならない。アリストテレスは、一方が支えている内在を他方が前提していることを明らかにしたのである。分離はたしかに連続という土台の上でしかけっして現われないし、その最も内奥のところで、分断の可能性につねにさらされていないようないかなる連続性もない。というのも、大きさとはまさにこの流動であって、大きさは、この流動によってそれ自身からたえず始まりながらも、質的に別な何かには達することのけっしてないもの、「例えば、この石の代わりに木があってもよい、と言われるように」はならないものである。してみれば、隔たりの連続性を際限なく分割できるからといって、一歩一歩が一なるものである歩みの律動が妨げられるわけでもなければ、瞬間の統一性を現実的に分割できないからといって、移行が閉ざされるわけでもない、ということになる。これぞ〈問答家〉の分離主義にも自然学者の観察眼にもなおも見逃されている秘密である。かくして、矢は分割しえない飛行をするし、アキレウスは分割しえない一歩を前へ進めて世界中のどんな亀をも追い越していくが、そうしたければ、歩みを遅くして、距離を保ちつづけることもできるのである。こうしてヘーゲル越しにアリストテレスの分析を見ると、これがベルクソンのレトリックよりもはるかに優れていることが推察できる。ベルクソンのレトリックは、ゼノンとアキレウスの歩みの「不可分性」とを対立させてしまっているのである。ベルクソンはアキレウスをエレアの不動主義から救うという。しかしこのアキレウスは結局のところ、ジャン・ジロドゥの小説『エルペノール』中の一章「キュクロプス」で描かれているゼノンのアキレウス、つまり「分割できない歩みによって歩けないと思っていながら、運動失調症者のように足をどんどん前に出している」アキレウスのカリカチュアに成り下がってしまっている。より巧みで不屈の歩行者たるゼノンのアキレウス、足を半分の半分の半分……のうちにとられ、アリストテレスにやっとのことで解放してもらったアキレウス、こちらのアキレウスを選ばないわけにはいくまい。しかしおそらく、ギリシアとは異なる文化が支配するようになった時代の宿命は、ギリシアの言葉がいよいよ覆いかくされていくのに、それを開くための道がまったくない時代だということではないか。

もう一つ問題を立てることを許していただきたい。われわれはここまで、ゼノンをパルメニデスと関連づけて、計り知れないエレア派の輝かしい二番手にすぎなかったかのように論じてきた。たしかに、歴史的に伝えられてきたテクストはこの方向に沿っている。けれども、学説史が伝え続けてきたものとは別の名が告知しているものはつまるところなにか。実は、オーギュスト・ディエス氏や続くハインリッヒ・ゴンペルツ氏も指摘するように、「プラトンの対話篇だけが、歴史上のゼノンに忠実なる侍臣という役割を負わせている」ように思われるのである。こうしてみると、プラトンの対話篇においては、ゼノンをこの役割に合うように単純化したことが意図的なものであるうえ、その単純化もゼノンの本当の姿をうまく隠しきれてはいないのだ。実際に、パルメニデスに敬意を表するためにではなく、むしろゼノンの書いたものを読もうとする方向に、全体として変わってきている。一者のテーゼが最終的に勝利をおさめるのを見届けることよりも、〈問答法〉の巨匠の仕事に感嘆することのほうが重要だ、というわけである。こうしたことからすれば、『パルメニデス』が描いている「弟子ゼノン」と、『パイドロス』で「エレアのパラメデス」と呼ばれている者との間には開きがあると結論しないわけにはいくまい。ゼノンがたまたま自分の師匠のために、自分に得意な技術を役立てたにすぎないとしたら、あるテーゼを守りもすればそれと敵対しもするというように、臨機応変に対応することなど、誰にできようか。実際のところゼノンが示したのは、パルメニデスが正しいということではない。むしろ、運動を否定するパルメニデスよりも、その論敵のほうが運動について明確な説明ができていないではないか、という滑稽な事態である。というわけで、パルメニデスの言葉・理性《ロゴス》は、論敵のそれよりもより強いものとして、あるいはこう言ってもよいが、より弱くないものに見えてくる。懐疑主義の影がこの企てのうえにはゆらめいている。一つの世界の出現が感じられる。この世界では、対立する二つの論理を闘鶏のように公然と対立させることが、ロゴスと真理《アレテイア》との原初的な相互性に思いを凝らす思索に取ってかわることになる。これはまだあまり知られていない詭弁学派《ソフィスティク》の世界であろう。

ジョルジュ・ブラックは言う。「星への歩み。前を進むものは羊飼いの杖を持ち、後ろを歩むものは鞭を持つ。横には、恐ろしい監督たち」。ヘラクレイトスとパルメニデスは前を行き、後に続くものに先んじている。ゼノンは羊飼いの杖を持つ者の内には入らないが、彼の鞭はまだイロニーでしかない。おそらく、恐ろしい監督者の時期を生きるように定められているのは、まさにわれわれなのである。

［ジャン・ボーフレ］

＊「ヘラクレイトス」「パルメニデス」「ゼノン」の各《肖像》の翻訳に当たっては、諸種の邦訳に多くを負っているが、ボーフレの原文に沿って変更したところもある。訳者諸氏の寛恕を請う。また、宮崎文典氏には訳文や出典などに関して多大な教示をいただいた。記して感謝申し上げる。もちろん、訳の最終的な責任はすべて各《肖像》の訳者（本郷均）にある。

［翻訳＝本郷均］

エンペドクレス

❖EMPÉDOCLE

490{493?-435{433? BC

アクラガス生まれの貴族。エンペドクレスは自分が真理を解釈する者であると考えていたが、ピュタゴラスのように、その真理を一部の選ばれた人たちに取っておこうとはしなかった。また、デモクラシー〔＝民主による統治〕の擁護を一歩も引かずに進めた。エンペドクレスが語りかけるのは一般大衆に向けてであって、彼の言葉が神託のような調子をもつとすれば、その言葉は「救いの言葉」、いわば浄化であり、またそれと同時に認識をもたらしているのである。これはまさに、われわれの範疇から逃れて詩人の心を奪うような思惟、詩のもつ可能的力――そして資源――を捨て去ることのないような哲学、矛盾をはらんだ哲学者たちにより育まれるような詩である。しかしエンペドクレスが選んだ表現方法においては、神話とイメージをとおして合理的説明が進められており、この方法は彼の思惟に関する考えに応じているのだろう。実際エンペドクレスは、物質と精神を区別することはない。似たものが知られるのは似たものによってであるし、目が火を見るのは目のうちに「潜んで」いる火によってのみである。同じように、思惟の本拠は心にあり、思惟の媒質は血にあって、そこでは認識の関わっているすべての基本元素が混じり合っている。これら基本元素の数が四つであり、すなわち、水・火・空・土であること、また永遠かつ不朽であり、「あらゆる事物の根本」であること、そうしたことを経験から知ることができる〔＝四元素説〕。エンペドクレスはエレア学派の哲学者のように、真なる発生、創造的生成といったものをすべて否定している。決められた割合に従った基本元素の混じり合い、つまり親和性の法則にのっとって交換される基本元素の混じり合いからこそ、あらゆる事物は生じる。だがこうした機械論の基礎にあるのは、結合を進める〈友愛〔＝愛〕〉と分離を進める〈不一致〔＝憎〕〉とが対立し争っている状態である。このそれぞれの力は順番に、一方が他方を支配することになり、そのように一から多へと、そして多から一へと循環する運動において、諸事物はたえず「存在しはじめる」。ここにあるのは、否定的でありかつ肯定的であるようなプロセスである。「というのもあらゆるものにとって、結合が生みだしては打ち壊していく発生があり、これに対して、分離が養っては一掃していく発生もあるからだ」。われわれの世界において、〈不一致〉は進められているし、他方で詩人の魂は「神の住まいから追放されて放浪し」ながら、全体というものに辿り着こうと熱望している。しかしながら、エンペドクレスの青銅のサンダルは、〔彼が飛び込んだ〕火山からは拒絶されて噴き上げられたのだというふうに伝えられている。これは、巧みな預言者の行ないと同様に曖昧なしるしであり、アリストテレスがそこに弁論術の発明者を見て取るのも理由のないことではない。エンペドクレスは語りの力によって、師であるパルメニデスとヘラクレイトスの教えをうまく折り合わせているのだが、そうした教えがもつ深い意味についてはおそらく彼自身気づいていないだろうし、さらに、彼が主張する基本元素の混合という理論は、もはや弁証法的なところを何ももっていないと言えよう。〔H.D.〕

アナクサゴラス

❖ANAXAGORE　c.500-c.428 BC

アナクシメネス学派の出身で、アテナイに哲学を確立した。アナクサゴラスはイオニアの理論をもって自然主義を主張したが、既成秩序を擁護する者たちは彼の考えを聞いていらだった。天体は地上の物体とは何ら異なることのない自然本性を有している、そのように彼は『自然学』という書物のなかで説いたわけである。そうして、紀元前四三一年に不敬の罪で告訴されてアジアに逃れ、ランプサコスで学派を開始することになる。エンペドクレスと同じくアナクサゴラスが関心をもっていたのは、感覚的なものがもつ無限の多様性を理解し、変化を説明するということである。しかし、彼がエレア学派理論とイオニア自然学の対立を解決した方法には、妥協したところはまったくない。たしかに彼もまた、真なる生成というものをすべて否定するが、この否定を推し進めて最終的な結論にまでいたっている。すなわち諸性質の無限の多様性は、原理のなかに含み込まれていなければならず、そのさい各性質は、無限に分割できるような同一の小片というかたちで現われてくる──これはのちにアリストテレスが「同質部分的なもの」と呼ぶものである。はじめに「あらゆるものはいっしょに存在し、数の多さの上でも少なさの上でも無限であった」し、いわばそれは「いくつもの種子」が雑然と混じり合っている状態である。学問は感覚的な見かけを乗り越えていき、原子論が主張するのとは逆に、性質から存在へと到達することを目指す。このようにアナクサゴラスは、知解可能性〔知性で理解できるということ〕を性質に与えるのであり、それと同時に、感覚的生成というものを機械論的な言葉で解説してみせようとする。あらゆる形成とは分離であって、いわば本源的な混じり合いからより判明な状態へと移りゆくことなのである。しかしながら、「ものは斧で断ち切られているようにそれぞれ切り離されているわけではなく、例えば熱は冷から切り離されていないし、冷は熱から切り離されていない」。ここでもまた、「あらゆるものはいっしょに存在していない」としてしまえば、そして、それぞれのものはほかのすべての小片を含んでおり、その個体性は何らかの諸性質の分配方法・優位性だけに負っているとしてしまえば、あるものがほかのものを生み出すということ、例えば髪でないものが髪を生み出すということが、いかにして可能になるというのだろうか。したがって、水のなかにまさに「水」という性質が優位にあるからこそ、水は水なのだ。アナクサゴラスはたしかに、判明で知解可能な形式から始まって現実を構成するべく、哲学的反省という努力を最初に行なったわけであり、それはきわめて実在論的な仕方で進められたといえる。だがさらに言うなら、始原の混沌の外にあって運動を呼び起こすような原因が作用しないということであれば、いかにして混沌のなかに分離がもたらされることができるというのだろうか。ここからこそ、若きソクラテスの心を奪い、思索を新たな道へと開き示した言葉が出てくる。つまり、「すべてのものを選り分けて秩序づける〈知性〉がやってきたのだ」。しかし、〔プラトンの〕『パイドン』に登場するソクラテスは、のちにアナクサゴラスには失望したと述べている。実際アナクサゴラスが〈知性〉に割り当てるのは、もっぱら機械論的な役割であって、この役割はどういうものかというと、初めは限られていながらも、あらゆるものを分離したり整理したりしながらつねにそれ以上に広がっていくような運動を、混沌のただなかで進めようとするのだ。それにもかかわらず〈知性〉は、計算を行なうことはまったくないにしても、秩序を与えるとともに識別を行なう知性である。このとき機械論的な因果性には、新たな因果性の形式が付け加えられているのであって、それ以降ギリシア思想はこの新しい形式の研究に打ち込むようになるだろう。［H.D.］

レウキッポス

❖LEUCIPPE　5C BC

ミレトスの自然学とエレア学派の論理的思索とが出会うことから〈原子論〉は生まれた。レウキッポスはこの学説の父であるが、事実ミレトス出身の人であった。レウキッポスはエレアのゼノンを師としていたようで、のちにアブデラで原子論の学派を創設することになり、その後はデモクリトスがこの学派を率いていく。書き残されたもののなかで、どれがレウキッポスによるもので、どれがデモクリトスによるものなのかを見分けようとしてもほとんど不可能だろうが、レウキッポスのなかに〈原子論〉と〈エレア学派理論〉を結びつける直接的つながりがあることは強調しておくべきだろう。パルメニデスは存在から空虚を取り除き、さらに空虚だけでなく運動をも取り除いた。他方でレウキッポスは、多数性や生成というものを捨てようとせず、エレア学派が主張する〈存在〉というものを変えて、空虚のなかで動いている諸原子の無限の多様性という「貨幣にした」のである。存在はそれゆえ非存在へと送り返され、一は多へと送り返されるということであって、この説についてパルメニデスの後継者たちは異端だとしている。つまり非存在というものが存在する、そのようにレウキッポスは述べたことになるのではないか。［H.D.］

デモクリトス

❖DÉMOCRITE　c.460-370〔350?〕BC

彼が言うには、「私より多く旅をし、より多くの国や地方を見て回り、学識豊かな人たちの演説をより多く耳にした者など誰もいない」。デモクリトスは百科全書的な精神をもってあらゆることに好奇心をもち、長い人生のあいだにさまざまな論考を書き記したが、今日まで伝わっているのはそのいくつかの断片だけである。デモクリトスの学説は、レウキッポスのものとはっきり区別することはできない。しかし、認識論や倫理学に関するものについてはおそらく見分けることができよう。すなわち認識論については、デモクリトスは「写影像」を初めて論じたのであるし、また倫理学については、見事な箴言をとおして迷信や恐れのまったくないような魂の平静というものを表わしたのである。これらの箴言は、どのように関連し合っているのかについては明瞭になっていないが、だが明らかに自然学の諸原理には応じている。実際デモクリトスは、厳密に機械論的な自然学をつくり上げようとしており、このとき、ただ二つの実在、つまり「あるもの」と「あるものではないもの」、原子と空虚、いわばたんに実証的認識の諸対象、そうしたものとはちがった原因を用いてはならないと考えている。原子は、エレア学派の言う〈存在〉の「貨幣」であって、それぞれが異なるのは、それら原子の姿かたちによってであり――原子はまさに形相と呼ばれ、イデア（＝形態、見られたもの）と呼ばれている――、または大きさや位置によってであり、さらには順序によってである。いくつもの種子が運動・衝突・凝集するわけだが、そうしたことだけで、事物すべてと生成とを説明することができる。これに対して空虚は、充実とは反対のものである。すなわち、運動の原因となっているのは存在と非存在との対立にほかならないのである。そう考えると〈自然〉は、「あらゆる方向に跳ねかけること」、諸原子の軌道が刻み込まれる空虚な空間のことというふうに言えるし、そのさい原子の衝突は、寄り集まったものを形成したり、諸要素の区分けや組み合わせが行なわれるところの渦を形成したりする。ここにあるのは本源的偶然ではなくて、あくまで機械論的必然性である。アリストテレスによると、原子論者たちが望んでいるのは、すべてが数だということ、あるいはすべてが数の結果だということであり、さらに原子論においては、第一性質（幾何学的・空間的な性質）と第二性質（「約定によって」しか存在しない性質）を区別しはじめようとする姿勢が見えてくる。とはいえそのような自然学によっては、哲学者アリストテレスは満足することができず、彼はデモクリトスについて、「学問的」精神をもっていないというように非難している。この非難に関して驚いてはならない。たしかにデモクリトスの原子論は、哲学的反省を呼び起こす問題を前にしているのに、それを最初の問題へと大幅に還元してしまうのだ。すなわち、デモクリトスは現実から遠ざかって、知覚世界の探索を抽象的な推論に取り替えてしまうわけである。

[H. D.]

ヒッポクラテス（ヒポクラテス）（コスの）

❖HIPPOCRATE　460（450?）-375（356?）BC

ギリシア医学の創始者。それまでは、身体の治療は呪術師や接骨師に任せられていたし、病気はたいてい超自然的なものが影響した結果だと考えられていた。ヒッポクラテスには『予後』という論文がある。紀元前五世紀には、医学は実証的な学科、自律的な活動であるという立場を明確にする。医学の著述家たちは古い迷信をもはや認めようとせず、さらにヒッポクラテスは、てんかんを神聖病とみなすことさえも拒んでいる。彼の『てんかんについて〔=神聖病について〕』を見るとよいだろう。また、「人生は短く技術は長い」という言葉に見られるように、ヒッポクラテスの職業意識はたんに経験的な方法に甘んじるものではない。彼の論文は驚くほど豊かで正確な観察で満ちており、その一行一行には、理解し説明することを目指すような心づかいが見えてくる。医学は最初から、以下の二つのものに基礎を置いている。ひとつ目は、それぞれの存在がどのような諸要素から構成されているのか、その諸特性がどのようなものなのかということを明らかにしようとする生理学であり、二つ目は、生物をその環境から切り離してしまうことを拒もうとする方法である。こうしたことは、『空気・水・場所について』という論文で述べられている。

〔H.D.〕

プロタゴラス

❖PROTAGORAS　c.485-411(400?) BC

彼は自分のことを〈ソフィスト〉であり知恵を授ける師であるというふうに見せた最初の人物である、プラトンは〔『プロタゴラス』において〕そう語っている。アテネでもシチリアでもマグナ・グラエキアでも、プロタゴラスは大きな成功をおさめたが、そのさい彼が伝授したのは、言葉であらゆる相手を打ち負かすということであった。〈ソフィスト〉とは、何よりもまず弁論術の教師だが、とはいえプロタゴラスのような一流の〈ソフィスト〉の弁論術は、「メガラ学派の争論家たち」や議論家たちが行なう表面的なだけの弁論術と混同されてはならない。プロタゴラスの『議論術』が提示しているのは、いくつもの観念を編み出す方法であり、思惟の形式と内容をいっさい区別しない方法である。たとえ〈ソフィスト〉が、いかなる命題であれそれを擁護できるような方法をわれわれに見せてくれるとしても、それは、よく考えられているように、諸観念に無頓着だというわけではまったくない。なぜなら議論には、証人でもあり裁判官でもある聴衆という存在がいるからだ。プロタゴラスの『〔真理論または〕打倒論』という著作のなかで今日まで残されているのは、かの有名な言葉、「人間は万物の尺度である」という言葉だけである。もし演説者が聴衆を説得するのに成功したなら、それによって演説者の命題は、受け入れた人たちにとって価値をもつ真理になったと言えるのではないだろうか。

〔H.D.〕

補記

へラクレイトス、パルメニデス、エレアのゼノンという三者の《肖像》はジャン・ボーフレによるものである。まずパルメニデスの《肖像》をとりあげると、ボーフレは「ある」と「ない」の対比ばかりを強調してパルメニデスを理解しようとする見方には批判的である。彼によればそれは、パルメニデスを、思わくを排除してイデア(恒常不変の、まさに「ある」ところのもの)を探究するというプラトンの図式に当て嵌める見方だからである。そして、ボーフレはむしろ第三の道である「思わくの道」を重視している。

ここでゼノンの《肖像》に目を向けてみよう。「プラトンが描くゼノン」というように限定して考えるならば、われわれ読者がまず思い浮かべるのは、『パルメニデス』に登場する「パルメニデスの擁護者」としてのゼノンであろう。これに対してボーフレは、こうした「パルメニデスの擁護者」としてのゼノンの姿だけでなく、ゼノンが問答法の発見者とされる(ディオゲネス・ラエルティオス『ギリシア哲学者列伝』第八巻五七節を参照)ことにも光をあて、後者の側面をより強調しようとしている。この点からすると、ボーフレによるパルメニデスとゼノンの《肖像》はいずれも、プラトンを通して見る場合とはやや異なる「肖像」を描き出そうとするものであると言えるかもしれない。

ところで、ボーフレはパルメニデスの「思わくの道」を重視することで、われわれが生きるこの世界が、「たえずこのものであると同時に他のものである」ことを本質とする「存在者」の世界であるということ――このことを示しているという点に、パルメニデスの詩の意義を見出している。こうして、われわれはパルメニデスを通して、存在者の世界の流動性と、それを限界づける「ある」を捉えることになるというのが、ボーフレの見立てであろう。

こうした見立ては、パルメニデスよりもむしろヘラクレイトスを読者に想起させるかもしれない。そこでヘラクレイトスの《肖像》を見てみると、ボーフレは、ヘラクレイトスの「生成の哲学」とエレア派の不動主義といった対立図式を認めるよりも、むしろ運動変化を貫く永続性・統一性の発見にヘラクレイトスの意義を見出している。こうして、ボーフレが描く《肖像》においては、ヘラクレイトスとパルメニデスは互いに反目し合うよりもむしろ接近し合うことになる。パルメニデスの《肖像》の最後で、パルメニデスがヘラクレイトスに関連づけられているのはそのためであろう。

さて、ここからはヘラクレイトスについて、二つの点から若干の補足をしてみたい。

❶感覚に対する態度について。ボーフレは、「目と耳は、その意を解せぬ魂を持つ場合には、人々にとって悪しき証言者である」という断片一〇七を引用し、「わかりの悪い魂にあっては、対立物のただなかにおける統一を原初的な〈戦い〉というるつぼそのものとして見て取ることができず」、したがって、目に見えること、耳に聞こえることなど、感覚によって捉えられる物事について、その「現実の対立する諸局面をばらばらのままで結びつけて」しまうのだと、適切に説明している。

これに若干付言するならば、人が「万物を通して万物を操る叡慮に精通」(断片四一)する知をもって「理知を伴って(ξὺν νόῳ)」(断片一一四)語るとき、その人にとって目に見える事象は普遍的なもの(ξυνόν)の「徴《しるし》を示す」(断片九三)ものとなろう。実際、ヘラクレイトスの言葉は、弓や竪琴といった目に見えるもののうちに「逆向きに働き合う一体化(調和)」(断片五一)が見出されうるということを示している。つまり、感覚によって人が欺かれるとすれば、それは感覚で捉えられるものを知性によって適切に理解することなく、「自分独自の思慮を備えている」(断片二)かのように、万有に通底する理(ロゴス)を看過した思い込みを抱くからであろう。これに対して、感覚対象を理(ロゴス)に従って捉えるならば、目に見えるものからも「万物が一である」(断片五〇)という正しい理解が得られるのだと言える。なお、セクストス・エンペイリコスは、理(ロゴス)とその理解をめぐるヘラクレイトスの言葉(断片一・断片二)について、共通の理(ロゴス)が真理の基準であるということ、そして共通に現われるものは共通の理によって判断されるものであるから信用できるが、各人に固有に現われるものは虚偽であるということをヘラクレイトスは主張しているのだ、と解釈している(『学者たちへの論駁』第七巻一三四節[DK22A16])。

ヘラクレイトスが、目と耳が「その意を解せぬ魂を持つ場合には」悪しき証言者となると述べる一方で、「見えるもの、聞こえるもの、認知しうるもの――その限りのものを私は優先させる」(断片五五)とも述べているのは、以上のような理由からであろう。

❷人間の行為および生き方に対する見方について。ヘラクレイトスは「性格がその人に憑いた神霊(ダイモーン)である」(断片一一九)としている。ダイモーンは神や超自然的な霊を表す言葉だが、運命を意味する場合もあり、この断片におけるダイモーンは個々人の運命をさすものと考えられる。ホメロスをはじめとして、古代ギリシアには、人間の運命は個々人の力では抗いようのない外的な力――運命の女神(モイラ)の仕業など――によって決定されるという考え方がしばしば見られる。しかし、ヘラクレイトスはここでそのような考え方をとっておらず、むしろ、人の運命を決めるのはその人自身の性格であるとしている。つまり彼は、

人間の生の成り行きや質を決めるのは、その人がどのような人であり、またどのような行為を習慣的に選択しているかということにあるのだとしていると言えよう。

そこで、各人の魂のあり方が問われることになる。ホメロスにおいては、魂は無力で価値のない、影や煙のような存在であった（『イリアス』第一六歌八五五－八五七行、第二三歌九九－一〇四行など）。ところがヘラクレイトスは、「乾いた魂こそ、最上の知を備え、最もすぐれている」（断片一一八）というように、魂を知的存在として捉えている。だとすれば、「健全に思慮を働かせることが最大の有能さ（アレテー）であり、英知とは、ものの本性に耳傾けつつ、真実を語り、ものの本性に則して行為することにある」（断片一一二）といったあり方が、魂のすぐれたあり方として考えられよう。この断片では、言行両面において、ものの本性（ピュシス）に聞き従うところに知が認められている。これが知的存在としての魂のすぐれたあり方であり、それはまた行為の主体としての魂のすぐれたあり方でもある。

ところで、このように本性に合致した言行が重要であるとすれば、求められるのはやはり万有に通底する理を知性によって見抜くことである。すでに見たように、目に見える対象のうちに普遍的な真理を捉えられないのは、「その意を解せぬ魂を持つ場合」であった。このように、人間各人にとって問題となるのは、万有に通底する理に対する各人の魂の理解力の如何であるが、こうした理解力がまた、その人の行為（さらには生き方）に関わっていくことになると言える。理を知ることのない魂は、「どこへ歩いていくのかも分からずに、よろめきながら、年端も行かぬ子供に手を引かれていく」（断片一一七）かのように、進むべき道を理解しないままに振る舞うことになろう。こうした場合、「人間にとっては、欲することがすべてかなうのは、さほどよいことではない」（断片一一〇）。万有に行きわたる理（ロゴス）を見据えるヘラクレイトスのまなざしは、こうしたかたちで人間の倫理的側面にも光を当てていると言えるだろう。

主要著作

▼内山勝利（編）『ソクラテス以前哲学者断片集』全五分冊および別冊一冊、岩波書店、一九九六－一九九八。
▼日下部吉信（編訳）『初期ギリシア自然哲学者断片集』全三巻、ちくま学芸文庫、二〇〇〇－二〇〇一。

参考文献

▼廣川洋一『ソクラテス以前の哲学者』、講談社学術文庫、一九九七。
▼G・S・カーク、J・E・レイヴン、M・スコフィールド『ソクラテス以前の哲学者たち　第2版』内山勝利ほか訳、京都大学学術出版会、二〇〇六。
▼内山勝利「最初の哲学者たち」／三浦要「エレア学派と多元論者たち」、内山勝利（責任編集）『哲学の歴史Ⅰ　哲学誕生』、中央公論新社、二〇〇八。
▼納富信留「パルメニデス」、神崎繁・熊野純彦・鈴木泉（責任編集）『西洋哲学史Ⅰ――「ある」の衝撃からはじまる』、講談社選書メチエ、二〇一一。
▼鈴木照雄『ギリシア思想論攷』、二玄社、一九八二。
▼高橋憲雄『ヘラクレイトス――対話の論理の構築と実践を目指して』、晃洋書房、一九九五。
▼井上忠『パルメニデス』、青土社、一九九六。
▼山川偉也『ゼノン　4つの逆理』、講談社学術文庫、二〇一七。
▼三浦要『パルメニデスにおける真理の探究』、京都大学学術出版会、二〇一一。

〔補記＝宮崎文典〕

キケロは、プラトンへの敬意を表する際には、大仰に彼を「哲学者たちの王」と呼んだが、ソクラテスについては、もっとシンプルに「哲学の父」と表現していた。この二人への評価は、キケロの意図をはるかに越えて、正鵠《せいこく》を射《い》たものとなっている。お望みとあれば、私たちは、プラトンに言及することなく古代思想の歴史を描くこともできるだろう。するとそこでは、最高の選手が欠けてしまうかもしれないが、根本的な原動力が失われるわけではない。この原動力こそがソクラテスに割り当てられるものなのだ。しかし、後代になると、事情は変わってくる。すでに聖アウグスティヌスとともに、かの「ヨーロッパの哲学的伝統」が始まるわけだが、この伝統とは、いみじくもホワイトヘッドが言ったように「プラトンへの一連の注釈」になるのである。これに対して、ソクラテスの影響は散発的にしか現われず、それもしばしば、この「伝統」からはずれ、あまり哲学的でない脈絡にしか現われてこない。一方で彼の影響は、政治的・社会的な理論家たちにおいては顕著である。ヴォルテールの後を受けてコンドルセは、ソクラテスの死を「哲学と迷信との戦いを告げる最初の犯罪である」と説明し、「この戦いは今なお私たちの間で続いているが、それはまさしく、人類の圧政者に対する同じ哲学の戦いなのだ」と付け加えている。他方では、ソクラテスを後盾として、人々は意図的に、哲学を哲学ではないもの、すなわち宗教や人生と結びつけようとする。根っからキリスト教的な魂（anima naturaliter christiana）の証となりモデルとなる「キリスト教徒ソクラテス」の肖像は、ユスティニアヌスからゲ・ド・バルザックに至るまで、エラスムスを経由しながら連綿と伝えられているのである。さらに私たちは、実存をめぐる現代哲学の二人の先駆者が、どれほどソクラテスに思いを馳せていたかということを知っている。ニーチェは、最後の大いなる市民として「天才たちの共和国」に受け入れていたソクラテスを、結局はそこから追放してしまったが、それは大したことではない。キルケゴールにひけをとらぬほど、彼もまた多くをソクラテスに負っていたのである。

先ほどのホワイトヘッドの言葉は的確な比喩となっているが、ここにはその言葉が、やはり見事に説明してくれるような一つの転倒がある。〔ヨーロッパの哲学的伝統はプラトンへの一連の注釈だというわけだったが〕注釈をつけるには、まずもって、あるテクストが必要だ。ところが、プラトンの「対話篇」の面前にはソクラテスの無知がひかえており、これは、あまり教義らしからぬもので、懐疑論者たちの

❖ SOCRATE

間であれこれ取り沙汰されてきたものの、一度も書き記されたためしのないものである。してみると、プラトンが王であるような哲学者たちは、皆、作家であり、最も広い意味において、観想的な人々なのだ。彼らは、観想し、そこから得たものを人々に伝えている(contemplata aliis tradere〔トマス・アクィナス〕)。だが、ソクラテスが哲学の父として登場する時代には、一般に、純粋な思考も当の思考そのものを疑うところから始められる。永いあいだ手引書の確かさにあぐらをかき、小手先の芸や職人的技術となって衰弱していた思考は、あらゆる形のスコラ学やアカデミスムから訣別しはじめるのである。思考がソクラテスの懐疑や人生を想起するのは、このときであり、多くの証言が私たちをソクラテスのささやかな教えに立ち戻らせてくれるのである。

こうした二人の対比は、全体として、また、とっかかりの段階としては正しいのだが、おそらく最終的なものではない。というのも、すでにプラトニスム自体が、自ら告白しているように、ソクラテスのメッセージへの一連の注釈となっているからだ。そう考えてみるならば、哲学者たちの王も、これまた、哲学の父であった者の息子だということになるだろう。

この書かれなかったメッセージは、ここ二世紀にわたる学識をもってしても正確な内容を復元することができなかったわけだが、果たしてそれを、時々呼び起こしたり、その哲学的瞑想を蘇らせたりすることができるのかどうか、これは考えてみるに値する事柄である。何よりもまず、一人の哲学者が、自分の考えを書記言語に託すことを拒否したという事実を、理解し嘆賞すべきであるだろう。

古代の人々にとって、書かれた文章は、語られた文章の不完全で硬直した再現にすぎないものであった。単なる記憶手段としての書かれた文章は、自らの内にいまだ独自の目的をもたず、人々はそれを、生きた言葉に比べてはるかに劣るものと考えていた。ピュロンはけっして書かなかったし、アルケシラオスもカルネアデスもそうだった。エピクテトスの『語録』は、その速記録をとっていた一聴講者のおかげで今日にまで伝えられているのであり、プロティノスは長い間、公表することにも、自分の講義を文書化することにも興味を示さなかった。とはいえ、少なくともアナクシマンドロス以来、哲学者たちは出版を頼りにしており、紀元前五世紀頃からアテナイでは、書物の取引制度がかなり良く整備されていたことも確かである。だとすれば、ソクラテスの態度は、ソフィストたちやアナクサゴラスのような当時の著述家たちの行動とは、意識的にはっきりと対立するものになっていたのがわかるだろう。こうした態度が、近代の書き手にとっては、さらに驚くべきものとなる。およそ私たちは、本を書くためには、反省や、経験や、おそらくは教育といった、いくつかの条件が必要であることを知っている。セネカをもじり、近代人に向けて語られた「哲学する前に書かねばならない(primum scribere, deinde philosophari)」というニーチェの一節があるが、これを一般化するのは難しいことであるだろう。ソクラテス的態度は、これら諸条件を目的に変えるのである。その態度は、本を書くよりも、生活し、反省し、教えるほうが、もっと大切だということを示している。さらに、これらの活動は、彼にとっては、たった一つの仕事として交じり合っており、気晴らしや執筆欲で置き換えることはできず、つまるところ、執筆計画などにはいささかも興味がなかったのである。これは理解するのも、さらには合意するのも難しいことだが、ショーペンハウアーは、やがてこう自問することになる。ソクラテスが著述家でなかったのは、ただひたすら哲学者だったからではないだろうか、と。こうしてみるとプラトンは、ソクラテスの思い出を保持しながらも、秘められた批判として、すでに近代的な行動をとっていると言うことができるだろう。プラトンが雄弁かつ深遠に「書かれた言説」への批判を行なうとき、彼はソクラテスの教えに反してはいないが、その批判調書をしたためる行為そのものにおいて、彼は記述者の仕事をしていることになるのである。

ソクラテスの生涯には、最後の逸話を除けば、とりたてて目立つところはない。あらゆる点において、都市国家の法を遵守し、よき慣習に従う、波乱のない人生だった。ある意味でそれは順応主義的な人生でもあり、その点では、すでにいくつかのストア的な側面を予告するものでもあった。では、なぜこの人生がこれほどにも報いられぬものとなり、なぜ正式に訴えられるはるか以前から、人々はソクラテスを、この名高い住所不定男《アトピア》を、その「変人ぶり」で糾弾することができたのだろうか。

順応主義ならびにステロタイプの行動の数々は、努力や反省が欠如していることで否定的に特徴づけられるような一種の精神状態を含んでいる。ベルクソンが示したように、義務に従うことは容易でもあり、またとりわけ自然でもある。そもそも要求の多い社会は、総じて、この従順と、自然さと、客体的な行動とを要求し、主体には、この我を忘れたような状態を強いるのである。だが、ソクラテスの順応主義は、たとえすべてが真正なものであったとしても、何ひとつ自然なものではなかった。

ある人の本性は、彼の表立った特徴の内にはっきりと記されているというのが正しいとすれば、ソクラテスの本性は美しくも善良でもなかったようであり、これについては、あらゆる証言が一致している。そこからは根本的な奇妙さが生じてくる。サルのような外観にも神々しいイメージは宿りうるとアルキビアデスが言うように、それは予想外に逆説的であり、世間の通念を揺るがすものであった。彼の性質は、よく見ると、しばしば愛嬌があって、いつも人を安心させていた。テルシテスのお道化がなければ、高潔なアキレウスの美とはどのようなものになるだろうか。サテュロスたちにも、オナガザルにも、誰も英雄的行為や知恵を求めることはない。彼らは舞台では、実に滑稽で、大いに好感のもてる登場人物である。だが、つねになされる自己陶冶や、情念に課せられる抑制は、美徳が天与のものでも特権でもないことを、また、醜さが外見でもないことを、わからせてくれる。こうして、旧態然とした素朴な理想は、ソフィストにおけるように、理屈によって論駁されるのではなく、事実によって反駁されるのである。しかし社会では、ゴルギアスの言葉によると、外見は「存在によって強化され」、輝かしい美点はけっして擦り切れた外套を身にまとってはならない。これはまた、そっと隠しておいたり、文字通り猫かぶりしたりするソクラテス的イロニー〔エイロネイア〕の第一の意味なのだ。なぜなら、美徳が悪徳・滑稽・醜悪といった外見をとるならば、これはなお、世間を嘲弄することに他ならないからである。万事がしかり。職人であれば貴族と付き合いはしないし、年寄りや道楽息子たちと交際することもないだろう。三人の子の父親ともなれば、自分の時間や活動を国家に捧げるのだと言って財産を顧みないようなことはないだろう。酒宴に加わるときには、本気で酔っぱらわねばならないし、冬季の戦闘の際には、「兵士たちが自分のことを恥さらしだと蔑まないよう」壕から裸足で出るようなことはしないものである。

道徳心は、それを高めるためと称して、慣習や法に反することはない。おそらく、ソクラテスの市民的忠誠心は確かなものであり（法廷において彼は、自分の告発者たちが、「哲学する全ての者に対して向けがちな」不満を、やむなく結集させただけであり、そのどれもが自分にはあてはまらない、という事実を示すこともできただろう）、私たちは、彼の法的実証主義について語ることもできたはずである。だが、法は正しいという原理、もしくは正しくない法であっても、必要とあればその法に従うことで正しくなりうるという原理を立てることによって、彼は、理性的に権威を築き上げようと主張するまさにその瞬間、自然的な権威を覆すのである。プラトンが語源的方程式（法 nomos − 知性 noûs）を与えたと思われる理性的な法の原理は、必然的にこの対立関係へと導くものだが、ソクラテスの側は、これを解消しようとしていたふしがある。（軍事委員たちの告発の際や、サラミスのレオンが逮捕されたときのように）彼自身あるいは他人の利害が関わるにつれ、「抵抗する権利」をそのつど用いたり用いなかったりしながら、彼はおそらく唯一の真なる基準を発見したようだが、そこで原理的な問題が解決されたわけではなく、この点に関しては、無知の告白も根拠のないものではなかったらしい。

こうして、ソクラテスの人生は、成文法であれ不文法であれ、さまざまな法を重視することに尽きている。プロタゴラスが言っていたが、都市国家においては、「正義を装わぬ者は馬鹿者だ」。ソクラテス的イロニーは、「あたかも〜のように」というところをそのまま受け入れて、まったく逆の実用主義を打ち立てる。このイロニーは、誠実な様子は実際の徳から生じるものであること、そして他人にも自分自身にも本来の姿でいるよう強いるものであることを装う。この人生が全《まっと》うできないとしても驚くことはない。なぜなら、いかなる社会も、各人が独自のイデオロギーに従って生きるようにするならば、それに耐えられはしないからである。もしもソクラテスが精力的に政治を行なっていたならば、彼の人生は、もっと早く終わっていたかもしれない。彼はこう言っていた。「自国においてであろうが、まったく別の民主政体においてであろうが、何ぴとたりとも、そこでたっぷりと異議を唱え、その都市国家で不正や違法行為が行なわれるのを妨げようとするならば、非業の死をとげないではいられないだろう」(ギョーム・ビュデ訳『ソクラテスの弁明』三一E以下)。

このような態度がもちうるいらだたしいところは、とりわけ、その態度を非の打ちどころのないもの、捕えがたいものにしてしまうこの順応主義そのものである。ソクラテスは反逆者でもなければ革新者でもない。彼はただ、最後の言葉が、都市国家の諸法に則っており、さらに正確に言うならば、アテナイの町の諸法に則っており、それが正しいものとして残ることを望んだだけなのだ。ここには、どのようなイロニーも存在しない。アポロンが彼に託した使命は、ソクラテスをアテナイに結びつけている(私は説得する。「私が出会ったすべての人々を、若者も、年配者も、異邦人も、同胞も。だが、特にあなた方、わが同胞たちを。なぜなら、あなた方は私と、ごく近しく血をもって繋がっているからである」)。持ち場を離れてはいけない兵士との比較は、一般的な服従義務を表わしているのではなく、時間的にも場所的にもソクラテスの義務をきわめて正確に位置づけており、その意味を決定しているのである。この点において、ソクラテスのメッセージは普遍的なものではなく、国外に出ることとの一貫した拒否(それが旅行者としてであれ、追放者としてであれ、はたまた逃亡者としてであれ)が意味しているのは次のことである。ソクラテスが理解する限り、「哲学するということ」は「政治術」と同じ一つのことであり、この技法は彼だけが実行したが(『ゴルギアス』五二一D)、アッティカ地方の市民ならば誰もが身につけているものだというのである。このように、ソクラテスにあっては、とりたてていかなる過ちも見出せないし、その一つを探し出せば、裁判官たちは自らを告発しなければならなくなる。ソクラテスの誤りは、裁判官たちが実行せずに、すると言い張っただけの事柄を実行してしまうことである。ソクラテスの人生は、模範というよりは一枚の鏡であった。彼が言っているように、有罪になったのは彼が「批判者」の役割をつとめたからではなく、批判を裁判官や善人たちの魂の内に据えつけたからである。

この種の危険な順応主義がソクラテス哲学の内にはあり、それは一見したところでは、ひどく平凡に思われ、また、平凡な聴き手からすれば、常套句で説明しようとする努力のようにも見える。これこそが、ソクラテスの教えから、あらゆる実証的な内容を奪い取ってしまうのである。プラトン、アンティステネス、その他大勢の者たちの師が、法廷では、私は一度も弟子をもったことはないと語ることもできた。なぜなら、ソクラテスの哲学は法律順守主義にふさわしいものであるからだ。これには二つの場合が考えられるが、一つは新たに教えたことはないというものであり、もう一つは誰もが知っていることを意識させただけだというものである。

あの名高い「私は自分が何も知らないことを知っている〔無知の知〕」という一節は、論争的な広がりを見せており、ソクラテス自身におけると同様、他者における知も対象としている。だが、結局のところ、その目的とするところは何だろうか。それは、一般に哲学の目的とするところであり、何よりもまず学校教育的な意味でそう言うことができるだろう。知恵の師たちが知っており、教えてくれると主張するのは、天地に遍在する万物である。哲学とともに、世界の体系を打ち立てようとする野心も生まれたわけだが、プラトンによれば、その教育の大規模な授業計画は、彼が「ソフィスト」と呼ぶ人々に由来するものであり、すでに伝統的なものとなっていて、「神的にして隠された事柄」「天地に存在する可視的な諸物」「生成と存在」「政治的事柄」「論争」といった主題を含んでいたという。プラトンもソクラテス的な謙虚さをもって、生徒たちに万物知（de omni scibili）という不可能な知を約束するこの普遍的教育計画を捨て（プラトン自身はそうすることに心残りがないわけでもなかったが）、こう言っている。「私たちはどうやら、幸運な者たちの種に属しているらしい」（『ソピステス』二三三B－C）。ソクラテスは、哲学諸問題のこうした目録を、意図して遠ざけていた。「彼は、他のほとんどの人々とは違って、宇宙の本性については議論しなかったし、哲学者たちの呼ぶ世界というものがどのようにして生まれたのか、いかなる必然的法則によって天空の諸現象が生じたのか、そんなことを探究することもなかった」。クセノフォンはさらに付け加える。「彼は、こうした諸問題にかかずらうのは愚かであると、はっきり言いさえした。そして真っ先に、彼はそれら思想家が、そうした探究に着手するほど十分に人知を深めたかどうかを検討していったのである……。そのあげく、彼は驚いてしまった。最も博識をもって語っていると自負する人々の間でさえ意見の一致が見られないとすると、それらの秘密に近づくことは人間にはもとより不可能であるにもかかわらず、なんと哲学者たちはそれに気づいていないのだ」（『ソクラテスの思い出』第一巻第一章一一－一三）。これは後世のパスカルの不満にもなることだろう。「無用にして不確実なデカルト」。

しかしながら、すべてのソフィストたちがこの多面的普遍学（polymathie）の理想を標榜していたわけではない。プロタゴラスは彼の教育目的について自問し、他のソフィストたちと対立していた。「彼らは、若者たちをうんざりさせている。若者はあまりにも技術的な諸学から逃げ出そうとしているのに、ソフィストたちは、やれ計算だ、天文学だ、幾何学だ、音楽だと教え、彼らを無理やりそこに連れ戻すのだからね──そう言いながらプロタゴラスは〔浅薄な〕ヒッピアスに一瞥をくれる。これに対し、私のもとで行なわれる若者たちのただ一つの学びは、彼らがここに求めにくるものだけを対象とすることになるだろう。私の教育の目的は、家庭を営む際の各人の心得であり、都市国家においては、行為や言葉によってそれを完全なものにしていくような運営能力なのだ」(『プロタゴラス』三一八E)。同様にして、クセノフォンは、ソクラテスを思弁的哲学者たちから離れたところに位置づけている。「彼は反対に、人間的な事柄についてしかけっして話し合うことはなかった。彼は、敬虔と不敬虔、立派なことと恥ずべきこと、正義と不正、賢明さと愚かさ、勇気と卑怯、国家と政治家、統治と統治の才をもつ人間、そして、彼によればそれを知ることによって立派な人物が生まれるようなあらゆる事柄、それらは一体何なのかと検討していたのだ」(『ソクラテスの思い出』第一巻第一章一六)。

明らかな違いがあるとはいえ、これら二人の計画は、本質的なところで一致している。すなわち、プロタゴラスは若者たちを「彼らが求めにくる事柄」で教育し、ソクラテスは「人間的な事柄」を探究する。哲学の目的は星のなかにあるわけでもなければ、人間の外部にある無にも等しいもののなかにあるわけでもない。認識によって探究されるものではあるが、哲学の目的は、まずは欲望によって存在する。幾度となく言及されてきたソクラテス的方法は、善を有利なものとして定義づけるのだが、少なくとも文面からすれば、ソフィストの功利主義につながることになる。

同様にして、考え方の上でも、両者には一致するところがある。一つは、哲学のみがこの人間的善に配慮するものだというところと、もう一つは、哲学は一つの学であるというところである。相違はこの後の点から始まることになる。哲学が学問であるということは、プロタゴラスには承認済みのことだが、ソクラテスにとって、それはまだ「検討中」のことであり、とどのつまり、そう考えるのを諦めねばならなくなる事柄であった。もっとも、結果は、プロタゴラスにとっても同じことになるのだが。ここにおいて、無知の告白は、もはや「無用にして不確実な」ものを攻撃することはなくなる。なぜなら、つねに更新される告白は、最終的なものではいられなくなり、「人事百般」への無知を甘受せざるをえなくなるからである(その後も、新アカデメイアの懐疑論は、道徳行為の「基準」を手つかずのままにしておくこととなる)。これが、彼らの挫折を越えて、探索し続けるようにという励ましになる「懐疑的対話」の意味である。この点では、ソクラテス主義はむしろ方法であり探究であるというのは事実だが、その意図においては、まさにけっして達せられることのない独断主義でもある。

もしも哲学が自らを学であると言うのならば、その資格を正当化し、多少なりとも技能らしきものを備えていることを示さねばなるまい。哲学だけがもつ目的、そして、それを学び、さらにそれを教えることのできる専門家といったものを示さねばならないのである。ここから技芸との比較・照合が行なわれ、それが高級人士たちの趣味に対して大きなショックを与えることになり(「きみのおしゃべりを占めているのは、本当に靴直しや毛織物業者や料理人や医者でしかないのかい」とカリクレスは不満を述べている)、さらにそれが、靴直しの能力の前で、貴顕紳士《オネットム》の良識や、ソフィストたちのパニュルジュ的手腕や、「人事百般」の流れを探る哲学研究などを貶める風潮を作ってゆく。これら人事百般について、『弁明』では「至高のもの」とも最も美しいもの(二二D)とも呼ばれている。だが、雄弁家ゴルギアス(『ゴルギアス』四五一D)や占い師エウテュプロン(『エウテュプロン』一三E)は、彼らそれぞれの技芸のために、いまだ明確にならないこの高貴な資格を要求するのである。こうして、例えば勇気は、あの「最も美しいもの」の一つだということになり、人々はそれを「恐れたり望んだりすべき事柄の学」として規定しようとするのだろうか——技術をもつ者であれば、すぐさま自分を農夫、医者、さらには占い師であると紹介し、それぞれの領域で、その「学」を身につけていると主張して、哲学者たちがその観念＝イデアを所有している勇気などという言葉は使わぬままでいるだろう(『ラケス』一九五)。あらゆる知の領域は、専門家や熟練工によって配分され、哲学者にはその固有の権限を設けるべきいかなる場所も見出せないかのように思われる。

そのうえ哲学には、それを教えられる師もいない。徳高き教師も、気高き人士も、その学を伝えるすべをもたず、そこからして、両者ともに実際には学を有していないのだと結論づけられねばならなくなる(『メノン』九六A－C)。少なくとも、哲学は教育には不適当な唯一の学であるということを認めねばならないのである。ソクラテスは『饗宴』で言っている。「知恵がそのようなもの、より充実したものに属していれば、より空虚なもののなかに流れ込むことができるので、結構なことではないか」(一七五D)。ここでは、プラトンやクセノフォンが私たちにその響きを残してくれたソクラテス的な探究の全体へと送り返されるような諸テーマについて語るのは控えておかねばならない。そこに見出されるのは、哲学を「厳密学」に仕立て上げようとする野心と、また同時に、哲学は学ぶことも教えることもできないという発見である。カントの言葉によれば「私たちが学べるのは、せいぜい哲学するということだけ」なのだ。

哲学的な学というものが、しばしばプラトン以来、数学的な諸学をモデルとして考えられてきたことは確かである。『国家』では、その純粋さと厳密さとが賛美され、実際の応用の方はあまり評価されていなかった。この学は技芸と比較されるが、技芸のほうは、技術者たちに自己を委ねた人々にもたらされる成功と奉仕とによってその価値は（ソクラテスの眼には）一目瞭然であった。哲学についての無知、すなわち「至高にして最も美しい」「人事万般」についての無知は、したがって、単なる文化の欠如ではなく、はっきりとした病なのであり、医者が必要だと思わせないだけに「最も有害なもの」（『アルキビアデス』I、一一八A）なのである。

こうした医学の喩えはテクスト中に頻出するが、それは比喩以上のものである。「自己の魂の世話をする」よう勧告することは、医学的な響きを帯びており、とりわけ、不死へのいかなる教義や信仰とも結びつくものではない。プラトンの『弁明』は、この点についてはかなり控えめに見えるが、無知（の知）をひきあいに出し、逆の賭けに打って出る。「知ったかぶりをせずに、死を恐れるとはどういうことだろうか……ハデスで起こる事柄を十分に知らなければ、私にはそれを知るということすら思いつかないのではないか。逆に、私が知っているのは、悪を行なうことは良からぬことであり、恥ずべきことであるという事実なのだ……。したがって私は、良し悪しがわからない事柄を恐れたり、それを避けたりするために、自分で悪いとわかっている悪に同意したことなど一度もないのである」（二九A－B）。だが反対に、「魂の世話」が、均衡や道徳的健康と呼ばれるものとはかなり違っていることもわかっているし、それがソクラテス的反駁と精神分析的治療法との間に原理的な差異を置くところのものであることもわかっている。もっとも、両者の間は近づけようとすることもできただろう。さらには、論駁の方法と無知の告白とが、一つの実証的な知を伴うこともわかっている。

『ソクラテスの思い出』は私たちに、正義についての問答を伝えてくれるが、そこではヒッピアスがソクラテス的イロニーに対して異議を唱えている。「かなり長い間、きみはつねに質問したり論駁したりしながら、誰に対してもけっして説明することなく、何についても自分の意見を開陳することなく、他の人々をからかっているじゃないか」。ソクラテスはこう答える。「何だってヒッピアス？きみは私が、私に正しいと思われることを絶えず示していたのに気づいてはいないのかい？」（第四巻第四章九－一〇および第一章）。

ソクラテスがしばしば倫理学の創設者とされるところを鑑みるならば、このテクストはいかにも見事なものである。道徳心は「誇示」しうるような学になりはしない。無知の告白によっても打撃を受けることのない諸命題（死は恐るべきものではない、法に従うのは正しい、等々）を、ソクラテスはけっして学説の一部として提示することはなかった。実際それは、行動の原動力なのであって、はっきりと内容の定まった命令などではない。そんな命令は、むしろプラトン的な考え方であり、それは厳密に定義され、私たちの上に一種の形式的因果律によって働きかけてくるものなのだ。ソクラテスの発見というか、いずれにしても彼の確信によれば、道徳とは、旧来の価値の一覧表を壊して、別の一覧表を発案すべきものではなく、立法者の最初の意図を見出し、理解すべきものだということであり、それによって、法を自由の内に持ち来たらすものだということである。最も革新的な道徳も、多くの点では、古い規範を承認するだけであった。月並みな言葉によって、また慣習を基礎にしてなされたソクラテスの探究が、少しも伝統主義的でなく、さらには世俗の意見に対して従順でなかったとしても、何ら逆説的なところはない。吟味や反駁の方法は、ソクラテスの見るところでは、意見や誤謬の状態にとどまるものから、学にすることの出来るものを識別させてくれるものである。ここでは、断念と反抗とを結ぶ道は狭くなっているし、学的倫理がソクラテスと同じようにしっかりとその道筋を示してくれるかどうかも定かではない。評決には敬意を表しながら、クリティアスや僭主たちには抵抗したあのソクラテスのように……。

〔ヴィクトール・ゴルトシュミット（レンヌ大学文学部助教授）〕

ソクラテスの模範的な死は、彼の「波乱のない人生」において記憶すべき唯一の出来事である。彼は石工のソフロニコスと産婆のファイナレテの間に生まれた。ソクラテス自身はこの母を「真面目で優れた」と表現しており、「産婆」については、モンテーニュによると、「精神的出産のパイプに油をひく」のがうまく、ソクラテスの「産婆術」をもたらすのに一役買ったということだ。ソクラテスはしばらく父の仕事を手伝っていたが、自らの語るところでは、彼の守護「ダイモン〔神霊〕」が弟子や陪食者たちとともに親しく話しかけてきて、すぐさま彼を哲学に志すよう促したらしい。プラトンの対話篇やクセノフォンの『ソクラテスの思い出』のおかげで、哲学的対話におけるさまざまな対話者や常連の名が残っている。ソクラテスは、ポテイダイアの攻囲戦やその後のデリオンの撤退（ここでクセノフォンの命を救う）、アンフィポリスの撤退などに参加する以外には、ほとんどアテナイを離れていない。彼が言うには、忍耐心を鍛えるため、（以後、小言女の典型とされる）口うるさいクサンティッペを正妻とし、三人の息子をもうける。七十歳のとき（紀元前四二四年。これよりも四分の一世紀前、彼はすでに『雲』のなかでアリストファネスに揶揄されていた）、ソクラテスは不信心の罪で告発される。

プラトンによれば、この告発は、「ソクラテスには少しも当てはまらないものだった」。クリトンは牢獄のソクラテスを訪ねてきて、逃亡を勧めようとしたが、ソクラテスは祖国の法にそむくことを拒絶した。毒ニンジンを飲む日がやってきても、悲しみにやつれたクサンティッペを追い返し、彼は友人たちと、魂の不死について穏やかに議論しつづけた。「女性たちが遺体を清める手間を省くため」風呂に入った後、彼は友人たちにこう言った。「私たちはアスクレピオスに雄鶏一羽分の恩を受けている。私の負債を返すことを忘れないでくれ」。これが彼の最後の言葉であり、クリトンが彼の目を閉じたのであった。

ソクラテスは一切著述をしなかったので、私たちは彼の教えを復元するには、クセノフォン(『ソクラテスの思い出』『ソクラテスの弁明』)や、とりわけプラトン(『ソクラテスの弁明』『クリトン』『パイドン』)やアリストテレスの証言によらねばならない。

[J.L.]

＊ ソクラテスの《肖像》の翻訳に際し、岩田圭一氏より訳文や出典などについて数々の教示を戴いた。心より御礼申し上げる。もちろん、訳の最終的な責任はすべて訳者(加賀野井秀一)にある。

〔翻訳＝加賀野井秀一〕

補記

ヴィクトール・ゴルトシュミットによるソクラテスの《肖像》は、「哲学者たちの王」としてのプラトンと「哲学の父」としてのソクラテスとの対比で始まっている。プラトンおよびプラトンを王とする哲学者たちは著述家であり、観想的な人々であった。これに対して、ソクラテスおよびその精神を受け継ぐ者たちは思考そのものを疑う人々であり、教義を説くようなことをしない人々であった。ゴルトシュミットは「ソクラテスのささやかな教え」がソクラテスによって書かれなかったことに着目し、「本を書くよりも、生活し、反省し、教えるほうが、もっと大切」であるという態度をソクラテスのうちに見て取った。このような評価が可能であるのは、言うまでもなく、ソクラテスの代わりにプラトンやクセノフォンがソクラテスの言行を描写してくれたからである。ソクラテスの教えは書かれることによって万人に理解されるとは限らないが、彼らによって書かれなければ、時間の経過によってその教えは忘れ去られていたことだろう。ここでは、ソクラテスにおける無知の自覚、およびその哲学の方法である論駁について、プラトンの初期対話篇に言及しながら解説を行なうことにする。

プラトンは『ソクラテスの弁明』のなかでソクラテスに、自分がなぜアテナイの市民たちと対話を行なうようになったのかについて語らせている(20e ff.)。あるときソクラテスの友人のカイレフォンがデルフォイに行き、ソクラテスよりも知恵のある者はいるかと尋ねたところ、ソクラテスよりも知恵のある者はいないという神託が告げられた。ソクラテスはこの神託をすぐに受け入れることができず、知恵があると思われている人と対話をし、その人のほうが自分よりも知恵があることを神に対して示そうと考えた。しかし彼と対話をしてわかったことは、彼が知者だと人々に思われていて、彼自身も自分が知者だと思い込んでいるが、実際はそうではないということであった。ここで問題にされている知は、美にして善なるものすなわち徳についての知である。ソクラテスを含めて誰も善美なるものについて知らないというのがソクラテスの認識である。知者だと思われている人は自分が善美なるものについて知らないことを自覚していないが、ソクラテスはそのことを自覚している。この無知の自覚のゆえに、ソクラテスは他の人々よりも知恵があるという神託が告げられたのである。

ソクラテスは、徳について知らないのに知っていると思っている人々にその無知を自覚させる必要があると考え、人々と対話を続けた。その対話の様子はプラトンの初期対話篇に描かれている。そしてその対話の方法はソクラテスのエレンコス(論駁)

として知られている。ソクラテスは個々の徳の何であるかを探求するにあたって、対話相手に自身の見解を提示させ、その見解が不合理に陥ることなどを示すことによって相手の主張を論駁する。例えば『ラケス』では「勇気とは何であるか」が問われ、対話相手のラケスやニキアスの主張が論駁される。ソクラテスは論駁は行なうが、自身の見解を提示するわけではなく、結局、その問いに対する答えは見つからないまま対話は終わる。初期対話篇のソクラテスは、個々の徳の何であるかについて自分は知らないという態度をとり、対話相手に答えさせ、その答えを論駁するのである。ここで、ソクラテスは本当はその「何であるか」の知をもっているがそれを隠している——本当は知っているからこそ対話相手の主張を論駁することができる——のだという説明も可能であるが、最近の研究では、ソクラテスも彼自身が述べるとおり本当に知らないのだという理解が一般的である。そうすると、ソクラテスはせっかく相手が提示してくれた見解に対して不都合を見つけては論駁するという、建設的とは言えないことを行なっていることになるのだろうか。しかしグレゴリー・ヴラストスがその研究において明確に示したように(Gregory Vlastos, *Socratic Studies*, edited by Myles Burnyeat, Cambridge University Press, 1994)、ソクラテスは論駁において、「何であるか」の知は獲得しないまでも、人生を生きる上で有益なさまざまな知を対話相手と認め合うという有意義なことを行なっている。例えば『ゴルギアス』では、不正を行なうことは不正を行なわれるよりもより悪いという、倫理に関する知が対話の過程で示される。これはソクラテスの信念であるが、対話相手の承認を得ることで、真とみなされる知となる。「何であるか」の知は神の知であり、人間には把握できないものであるとしても、その知を探求するなかで人間は人生にとって有益な知を獲得し、よりよい生を実現するようになると考えられるのである。

しかしながら無知の自覚というある種の認識自体が問題にされていると考えられる対話もある。「ソープロシュネー(思慮の健全さ)」とは何かが探求される『カルミデス』に登場するソクラテスは、対話相手のクリティアスが提示した「自分自身を知ること」というソープロシュネーの定義を検討するなかで、無知の自覚という認識の可能性に対して疑いの目を向けているように思われる。自分自身を知るという自己知は、「自分が何を知っていて何を知らないかを知ること」と説明されるが(167a)、ソクラテスは、「何を知っていて何を知らないか」という場合の知、すなわち一定の技術などに関する知と、そうした知を自分がもっているかもっていないかを知ることとしての知、すなわち自己知とを明確に区別する(170b–c)。前者の知は例えば建築術を知っているとか知らないといった仕方で用いられる、具体的な技術や事柄について用いられる知である。これに対して後者の知は、一定の技術等については何も知らない知であり、ただ何かを知っているとか知らないということを知っているだけの単なる知であると説明される。ソクラテスの無知の自覚は善美なるものについて知らないことを自覚しているという自己知であると考えられるが、自己知を『カルミデス』のソクラテスのように単なる知と理解するとき、善美なるものについての無知の自覚という自己知は危ういものとなる。例えば建築術を知っていることを自覚することができるのは、建築術を知っている人であって、単なる知としての自己知だけをもっている人ではない。また、建築術を知らないことを自覚するのは、単なる知としての自己知によってではなく、建築術を知っている人との対話によって建築術について何がしかを捉えることによってであると考えられる。これと同様に、善美なるものを知らないことを自覚するのは、善美なるものを知っている人——そのような人がいると仮定して——との対話によって善美なるものについて何がしかを捉えることによってであるだろう。『カルミデス』の終盤でソクラテスはクリティアスから、人がよく行為し幸福であるのに有益な知として善悪についての知という一つの知を引き出すが(174b–c)、この一つの知が無知の自覚のために必要とされる知であるのかもしれない。ともかく、自己知という認識には、『カルミデス』のソクラテスが示すような問題も含まれていることをわれわれは認識しておくべきだろう。この『カルミデス』における問題が示しているのは、無知の自覚というソクラテスの教えも、言葉によって説明されると、論駁の対象になりうるということかもしれない。ソクラテスはこのことがよくわかっていて、自分の哲学について何も書かなかったのだと説明することもできるだろう。

主要著作

＊ソクラテスの著作は存在しないが、おおよそプラトンの初期対話篇からソクラテスの哲学を知ることができる。補記のなかで言及した対話篇のみ挙げる。

▼プラトン『ソクラテスの弁明』。
▼プラトン『ラケス』。
▼プラトン『ゴルギアス』。
▼プラトン『カルミデス』。

参考文献

▼岩田靖夫『ソクラテス』勁草書房、一九九五。
▼納富信留『プラトンとの哲学──対話篇をよむ』岩波書店、二〇一五。

〔補記＝岩田圭一〕

プラトン

❖PLATON　429/427?-347 BC

プラトンの学説は、成就しなかった政治的使命がもたらした果実である。この点については、彼を誹謗する者も彼の幾人かの友人たちも、ともに同意しているが、そこから先の評価は分かれる。ある者たちは、公の事柄や共通善に貢献したことで、彼を称賛する。しかも、この称賛は手ばなしのものであり、護教論的なおもむきもある。この気高きイデア論者は、当時のさまざまな惨事に関心を寄せていたし、この徹底したユートピア論者は、社会学の創始者でもあったというわけだ。別の者たちは、有罪判決を下す点で合意に達しているが、判決の前提事由についてはバラバラだ。ある人々によると、プラトンは精神的独裁の理論家であり、中世の宗教裁判所や今日のあらゆる全体主義的体制に、直接の責任があるという。その訴えがどこから来ており、どう表現され、可否がどうであろうとも、さらには、その思いつきや成り立ちがさまざまであろうとも、そう主張するのである。また別の人々にとっては、プラトン的ユートピア思想は、特定の階級(アテナイの貴族階級と言いたいわけだが)の利益に応じるものであり、あらゆる反動的な運動に対し、それが必要とする概念や考え方を提供してくれるものである。つまり、イデア主義(＝観念論)、直接行動の軽視、万物回帰の信念と進歩の否定、歴史的時間の永遠性への置き換え、ごまかしの神秘主義、等々、とても列挙しつくせないほどなのだ。

これらさまざまな提訴や数々の弁護にも、理由がないわけではない。互いの対立は解消できないが、さしあたり、どちらにも与《くみ》せぬよう心がけておかねばならない。今日もなお、プラトン死後の地点から彼を糾弾しようとするお決まりの訴えがあるわけだが、私たちはそれらに共通する根拠に対し、いささか疑義を呈しておこう。それはまず、機械論的因果性の考え方だ。これは、政治的行動としての諸観念を、その意図によるものではなく、それらが実際に生み出した結果において評価させるものである。次にくるのは、告発する側の学説が、自分自身を空間的時間的に普遍的であると思っていることだ。また、結局は同じことになるのだが、それは、諸状況を同じようなものに解消し、それらを永遠の現在において積み上げてゆく循環的因果性の観念でもある。これらによって、私自身の歴史性は、法廷において、それが普遍的歴史であると自認するようになるわけだ。

プラトニスムは、まぎれもなく、それが生まれた歴史的状況を越え出ていくのであり、そうであればこそ、どこで越え出ていくのか、考えてみなければならない。プラトンは政治的野心について、こう語っている。「かつて少年時代に、私は多くの若者たち

❖ PLATON

が抱くような志を抱いていた。いつか自分自身の身の振り方を決められるようになったら、すぐさま政治に携わろうと考えていたのである」(『第七書簡』VII、三二四B、G・ビュデ訳)。

実際には、寡頭政治の長たちとの個人的・家族的関係があったにもかかわらず、彼は距離を置いた立場をとっていた。復活した民主政治が彼の希望をかき立てたが、やがて、ソクラテスの裁判と有罪宣告とは、彼を政治行動から決定的に引き離すことになる。「結局、現存する諸国家は、よほどの僥倖に恵まれた有効な手はずが整っていなければ、その法制を矯正することはほぼできないので、正しく治められてはいないのだということが、私には分かるようになった」と彼は言い、こう付け加えている。「だから私は、否応なく真の哲学を讃えるよう導かれてきたのだった」(三二六A)

この「真の哲学」は政治的学説を内包しており、それはまた、論理学、宇宙論、形而上学、倫理学、医学、心理学、技術論をも含んでいた。では、これらすべての起源に、阻害された行動や実現しなかった使命を、どのように位置づければいいのか? しかし、それをすると、数々の機会原因を無節操に用いることになる。妨げられた野心はさほど褒められたものではないし、それを糾弾する行為もそれほど光明をもたらしてくれるわけではない。そんな行為は、人がせいぜいそれらに望むこと、訴訟の知識を教えるのみである。ではなぜ、そこからさらに、教えることや説明することを望むようになるのか? 全体主義への批判や、奴隷制度擁護の社会を受け容れることへの批判は、時代錯誤など物ともせずに、その目的を達成するだろう。だが、それらはこれまで、パルメニデスのアポリアを解くこともなかったし、ソフィストの認識論を理解させることもなかった。してみれば、「真の哲学」の創始者の内に、かつては「多くの若者たち」とともに政治的野心を分けもっていた若者の成れの果てを見て取ろうとするのは止めなければなるまい。

では、この真の哲学とは何なのか? 著名なテクストのなかで、アリストテレスはこの哲学を二つの源泉に由来させている。一方はヘラクレイトスからであり、「彼によると、あらゆる可感的な諸事物は、絶え間のない流れのなかにあり、学の対象にはなりえないということになる」。また、他方はソクラテスからであって、「彼の探究は道徳的な事柄を対象としており……それについて、普遍的なものを探し、思索をさまざまな定義の上に据えつけようとしていたのである。プラトンは、ソクラテスの教えを受けたが、ヘラクレイトス的な教育によっても導かれ、普遍的なものは可感的なものの内ではなく、別種の実在の内に見出されねばならないと考えるようになった……。この別種の実在にプラトンはイデアという名を与えたわけだが、可感的なものはイデアから切り離され、イデアに即して命名されることになってゆく。実際、同じ名をもつさまざまな事物は、同名異義語的なイデアに与かることによって存在しているのである」。

専門的なそっけなさはあるが、このテクストはプラトン哲学をかなり忠実に要約してくれている。プラトン哲学、それはイデアの哲学であり、こう言ったほうがよければ、形相の哲学、もしくは今日言うところの本質あるいは構造の哲学である。また、アリストテレスはソクラテスの果たした役割を、いまだうまく説明しおおせてはいないものの、きわめて理にかなった形でこう指摘している。プラトンがソクラテスに負っているものは、概念や普遍的なものの発見にとどまらず、彼のイデア主義〔観念論〕の根本動機なのだ、と。それは、本質と実存、価値と現実、存在と仮象、存在と生成といった対立や不一致の経験であり、さまざまな仕方で働き変化する対立ではあるが、いつも同じ主題をめぐるものとなっているのである。

この主題の哲学的な練り上げは、可知的な諸形相と可感的な諸事物との対立——その対立の起源はさまざまであるのだが——に基づいている。アリストテレスはまたはっきりと、ヘラクレイトス思想の役割にも注目している。それは絶え間ない流れに導かれた諸事物の変わりやすさを強調するものだ。逆に、「真の存在」の不変性はパルメニデスによって賞揚されており、それらの論拠も欠けてはおらず、これがその存在を不可視の形相、つまり数学的諸対象のイデア的あり方、造形美の慣例的基準、技芸を支配する諸規則といった不可視の形相の内に据えるようプラトンを導いたのに違いない。ソクラテスの教えは、そこに道徳的行為の規範を付け加えたが、彼の裁判や有罪判決は、その轍を政治的平面に、そしてやがては宇宙的平面に移し変えることになる。形相と可感的事物との区別は、こうして正義と権力との対立となり、宇宙のレベルにおいては、理性と必然性との対立となって現われてくる。形相の理論は、とどのつまり一般化された二元論に帰着し、実在的なもののあらゆるレベルにおいて、一方が善を表わし、他方が現実の存在を表わすような二つの項を分離する方法をもたらすのである。

こうした分離を助長し強化するような別の源泉があったにもかかわらず、この理論が根づいていたのは主にソクラテス思想である。たしかに、ソクラテスはその探究を「道徳的な事柄」にしか向けていなかった。だが、形相の理論は、あらゆる領域に裾野を広げるものであるにもかかわらず、相変わらず自己の倫理的起源の痕跡を保っている。それがこの理論に価値と「現実」との間の緊張を伝えており、形相を単なる科学的法則と見做すことを禁じているのである。例えば『パイドン』のなかで、等しさそれ自体というものは、二つの木片に対し「等しさそのものとそっくりになれ」(七四D)と命令するようなものであり、けっして達成できないものなのだと論じられている。

アリストテレスの言によれば、ソクラテスの「普遍的なもの」は諸物の「なかに」存在していたのに、プラトンはそれを「分離」したのであり、これが両者の大きな違いであることは確かである。だが、細かく見れば、この定式は満足のいくものではない。どうやらここでアリストテレスは、彼自身の概念化をソクラテスに当てはめているように思われる。だが、その時代錯誤的な用語法の背後で、このテクストは、実践的哲学と理論的学説との間に横たわる、より深い対立を示唆してもいる。そしてこの観想的な態度によって、プラトンは、もはや師の教えに従うのではなく、師の裁判と有罪判決とから引き出すべきと考えた教訓に従うようになるのである。

ソクラテスにとって、哲学は傍観者的な思弁ではなく、市民的務めである。紀元前三九九年の告発者たちは、彼の活動に終止符を打ったものの、その活動を疑問に付すことはなく、ソクラテスの目には、逆に彼らが、その活動を時宜を得たもの、緊急性のあるものだということを裏づけているように見えていた。プラトンにとって(そして彼以降)、ソクラテスの死は象徴的価値をもつ。彼の死は、単に不幸な諸事情や残念な誤解の結果ではない。それはソクラテス的改革の決定的な挫折を示すものであり、哲学を都市国家の外に放逐するものである。「分離された」イデアの世界の内に引きこもった哲学者は、政治共同体からも切り離され、「大人しくなり、自分の仕事にだけ没頭するようになってゆく。それはまるで、嵐の間、旅行者が、風に舞う土埃や雨を避けて壁の後ろに隠れるようなものであり、他の人々が山のような違反を犯しているのを見ながら、自分だけは、この世で不正や不敬を免れた人生を送れたら幸せだと思うようなものである」(『国家』IV、四九六D－E)。

だが、哲学と政治との関係は、いつもそれほど対立していたわけではない。当初より、ギリシアの思想家たちは、しばしば公務に精力的に携わってきた。例えばタレス、それからパルメニデス、エンペドクレス、エレアのゼノン、さらにはタレントゥムのアルキュタスのような幾人かのピュタゴラス派の人々、皆しかりである。そしてこれら同じピュタゴラス派の人々は、観想的人生を理想的なものとしていた。アナクサゴラスが世界市民であると自称する一方で、デモクリトスはペルシアの王になるよりも、私にはたった一つの因果関係を解明することのほうが大切だと誇らしく語っていた。プラトンにおいても、テオリア〔観想〕が行動を蔑むかのように、イデア的なものが、もう一方を犠牲にして自己主張するとまで言うべきではないだろう。道徳と政治は、哲学から放逐されてはいない。それどころか、正しく行動するためには正しく考えねばならないのだから、それらは当然のように哲学に属している。

しかし、この必要条件は、十分であるところからはほど遠い。なぜなら、純粋思考は物に喰い込んでいかないからであり、また諸観念に力をもたらすためには、第七書簡の表現に従えば「好都合な状況」が必要であるからだ。プラトンとともに哲学は、その使命と無力さとを、同時に意識するようになったのである。ユートピア思想もしくはプラトンの夢と呼ばれるものは、ひたすら観想的な彼の願いに比べると、その学説の中身については、さほど吟味されていない。この点において「イデアの分離」は、とりわけ一つの方向性を示している。プラトン以降、きわめて永い間、哲学は事象を操作するためにそれに触れることを断念し、純粋な眼差しになってきた。ソクラテスの死において哲学が読み解いた最も密やかな教えとは、政治的ペシミスムであるよりもむしろイデアのレアリスムであり、あるいはもっと端的に言えば、そこでは思想が自宅にいるようにくつろげる一つの世界の発見なのである。なぜなら、哲学はこの世界を生じさせ、世界は哲学の認識にその身を透明なものとしてさらけ出すのだから。こうして世界は「可知的なもの」となる。

理解可能な形相の理論は、『ティマイオス』にいたるまで、プラトン思想のなかに変わらず留まりつづけていた。この理論が他者との対話によって受けたと思われる変遷は、そこに潜在していた可能性を広げ、それが現実世界にぴたりと適合する分析方法であることをわからせることになる。もっとも、そうした変遷にしても、二元論という基本的な立場を変えることはなかった。この二元論は、あらゆる領域に現われてくるものだから、さまざまな仕方で説明されうるが、現代人にとって一番わかりやすいのは、おそらく事実と権利との対立であるだろう。しかしながら、ここでの二元論は、もっと特殊ギリシア的なインスピレーションに始まるものであり、ソクラテスの有罪判決においてプラトンに課せられたものであった。すなわち、正義と権力との分離である。

ホメロスの詩以来、神々や人々の運命は、あまりにもその判決から意図や判断が抜き取られてしまっているために、それが恣意的かどうかさえ言えないような一つの審級に従わされてきた。それは必然性であり、『法律』のなかで想起されている諺によれば、「神でさえ反対できない」ものである。神々の正義も叡智も挫折させられるが、それは敵対する神によるものではなく、何も欲せず何も知ることのない盲目的な権力によるものであって、この権力については、それが強力なものであるという以外には何も言えないのだ。そうであるならば、善良さと権力とは折り合いがつかない。「神は本質的に善きものではないのか？　……善きもの、それは恩恵をもたらすものではないのか？　……だとすれば、それは善からなるものの原因であり……したがって、善きものは、あらゆるものの原因ではないことになる。それは善の原因であり、悪の原因ではない……結局、神は善きものなのだから、これまた、しばしば人が主張するように、すべてのものの原因とはならない。神は、人々に到来するさまざまな事柄のごく小部分の原因でしかなく、最も大きい部分においては、取るに足りないものなのだ。なぜなら、私たちの善は、私たちの悪に比べるとごく少数でしかないからである。善については、その作者は神以外にはいないけれど、悪については、その作者を神とは別の原因に求めなければならない」(『国家』II、三七九C)。

この別の原因は、それが何であろうとも、善からは隔離されており、外見にもかかわらず、ここにその弱さがある。専制君主の全能を称揚するポロスに対して、ソクラテスはこう問いかける。「その人が分別をなくしていたとしても、彼にとって最良と思われることをするのが善であると、きみは思うのかい？　また、それをきみは大きな力があることだと言うのかね？　――いや、そうではありません。――では、おそらくきみは、ぼくに証明してくれるだろうね。政治家は良識を備えており、政治的弁論術は、ぼくが思っているような世辞ではなく学であるということを。もしもきみがぼくの主張をそのままにしておくならば、それぞれの国で自分の思い通りにする政治家たちも、専制君主たちも、そうすることによって、何ひとつ善を有していないことになるではないか！」(『ゴルギアス』四六六E)。そして彼は、不正を犯すよりも不正に耐えるほうがよいという有名な主張をすることになる。この主張は明言なのであり、少しも戒律ではないことを理解しなければならない。「ほうがよい」という表現が意味しているのは、それがもはや道徳ではなく、「より都合がよい」(四七五E)ということなのだ。こうして、権力を崇拝したり恐れたりすることは「疑似‐現実主義」だということになり、成功を支持することは、敗北の活動だということになってくる。正義は自己の弱さによって強くなり、不正な権力は「当初は良い走りを見せながら、復路では落伍する走者みたいなものではないだろうか。彼らは脱兎のごとく駆け出すが、結局、最後を飾ることもなく、耳を垂れ〔しょげかえって〕、すぐさま試合を放棄し、人々の笑いをかうことになる。これに対して、真の走者は目的を達し、賞を得て栄冠に輝くのだ」(『国家』X、六一三B‐C)。

「義人たちが大地を継承することになるだろう」という約束を思い出させるようなこの最終的な戴冠が、そこにおまけのようにして到来する。『国家』が打ち立てようとしたことは、正義は、彼らに与えられるであろう特権や報酬や名声とは関わりなく、視覚・聴覚・理性・健康などのように、おのずから求められるべき資格をもつ優れて善なる水準に属するものだということである(『国家』II、三六七D)。善に対するこの無制限の同意は、たとえそれが敗れたり辱められたりしようとも、ウジェーヌ・デュプレールによって明らかにされた「諸価値の不安定性」へとつねに向かおうとするプラトン的全伝統を規定しているのだ。この不安定性は、ストア派の詩人ルカヌスの以下の詩にも見て取れる。「勝利をおさめた事柄は神々を喜ばせるが、敗北した事柄はカトーを喜ばせる（Victrix causa diis placuit, sed victa Catoni）」。ここでは、敗北した徳が、神々によって承認された勝利を前にして立ち上がろうとしているのである。一七五五年にも、同じような例が見られる。このとき、ヴォルテールは「リスボンの惨禍、もしくは、〝すべては事もなし〟の格言についての詩」を書いているが、この詩は、精神の名における抗議であり、ありのままを受け入れることの拒否であり、つまりは、合理的なものの規範であり、善なるものの規範であったと言うことができるだろう。

このように、プラトニスムはイデアの哲学であるために、二元論になっている。したがって、お望みとあれば、諸事物に対しては禁欲主義の内にひきこもることも、イデアに対しては、急ぎ「地上から天上への逃避」（『テアイテトス』一七六A）をすることもできただろう。プラトンはそうした誘惑を強く感じており、多くの読者がひきずり込まれた叙情的表現の内にそのことを記している。けれども彼自身は、つねにそれらの誘惑を遠ざけ、つまりそれらを未来の生の内に、希望という形で送り込んでいたのである。いくつかの動機によって、やがてプロティノスの哲学で花開くような神秘的傾向も和らげられている。まずは諸学に対する強烈な関心があり、それに具体的な観察やさまざまな形での実験への意欲が加わってくる。さらに、ソクラテスの遺産として得られるイロニー〔エイロネイア〕の感覚があり、これが高揚感を和らげ、無知の告白によって独断論を抑えることになる。哲学に対する熱のこもった見事な賛辞を述べたあと、プラトンの描くソクラテスは、思いなおしてこう言うのだ。「私はどうも笑い者になってしまったようだね。これらすべては戯事だということを忘れてしまい、ちょいと真剣になり過ぎたかもしれないなあ」（『国家』VII、五三六B－C）。既得の知識よりも探究を重んじるソクラテス的謙虚さ、そしてソープロシュネー〔節度〕。ところで、この探究はつねに断片的である。それは厳密なある一つの事柄を対象とするのだが、プラトンによれば、それ以前に得られた結果の恩恵を少しもこうむることのないまま、つねに新たな出発点に立たねばならない。なぜなら、以前の結果もまた、再び疑問に付さねばならないからである。したがって探究は、けっしてパルメニデスの「存在」やプロティノスの「一者」のような、それら一塊となった全体を対象とするものではない。「存在」や「一者」のもとでは、はっきりとした思考が、幻覚や法悦の内に失われてしまうからである。こうした特別な形相に取り組むさい、この形相は、いつも初めには感覚的な諸事物において捉えられているわけだが、調査は、そこから独断的眠りの口実が与えられないように、探究の方法として二元論を使う。だが、結局のところ、プラトニスムがマニケイスム〔善悪二元論〕の安易さに陥らないでいるとすれば、それは、ここでもまたソクラテスに続いて、とりわけ対話の哲学であろうとするからなのである。

私たちはそのことを、『ティマイオス』の宇宙論における、最上の階梯のところで確認することができる。範型としての形相を手本とするデミウルゴス〔造物主〕は、カオスを組織し、前宇宙的な物質の錯綜に秩序を与えようとし、ついには彼の知的「計算」を、最初は抵抗していた「必然性」に課すことになるだろう。「知性は必然性を支配した。なぜなら、知性は必然性に、生まれてくるものの大部分を最善へと導くよう説得することに成功したからである。こうして、知性の説得に屈した必然性の行為によって、この世界は根本原理から形成されることになった」（四八A）。こんな具合にして、二元論の対極的な二項の間で対話が可能になり、あるいは少なくとも「説得」による働きかけが可能になるのである。そこで、オデュッセウスがポリュフェモスにしたように、弱い諸価値は野蛮な権力に報復することになる。知性も神も全能ではなく、強制に訴えることはできない。だが知性は、風車の輪が風の力を利用するように、「必然性」を変化させ、合目的性に従っている機械的な原因を左右することができるのだ。都市国家に関しても同じことである。理想的な立法者であれば、予期せぬ幸運によって、どんな命令でも出せるような実際の権力を手に入れたとしても、彼はまずそれに頼るのを潔しとしないだろう。そんなことをすれば、奴隷たちに対して「横暴な処方箋」（『法律』IV、七二二E）を出す医者に似てしまうのだから。「それに対して、ほとんど自由民ばかりを治療する〔自らも〕自由民である医者は、できる限り患者に説明し、彼を納得させないうちは何も処方せず、説得の助けを借りて、病人を穏やかにし、その気にさせ、少しずつ健康へと導くように努めるのである」（七二〇D）。したがって、この立法者は、各法の条文に先立ち、その条文の動機についての一種の説明を含んだ「前奏曲」のようなものを演じるわけで、それが威嚇ではなく説得によって浸透してゆくことになる。理想的な憲法計画は、民衆の同意なしには済まず、だからプラトンも、大衆の説得にこれ努め、最初は敵対していると思われた人々が、哲人統治を受け入れるようになるのを望んでいた。「きみが彼らと争うつもりでなく、彼らに穏やかに言い聞かせ、学問への愛に対する彼らの偏見をはらしてやり、そこできみが哲学者と呼ぶのがどのような人々なのかということを教えてやるならば、きっと大衆も意見を変えることだろう」（『国家』IV、四九九E）。

プラトンは、哲学と暴力との間に対話が成立しうるとさえ考えた。『ゴルギアス』は『ソクラテスの弁明』のドラマティックな書き換えのようなものとして現われる。そこでは、哲学者は告発者たちと議論し、今度は彼のほうが、告発者たちを告発するのである。

証人たちに（そして偽の証人たちにも）依拠する司法的手続きを拒否し、ソクラテスは「私の主張を有利にするためには、たった一人の証人がいればいい。それは私への反駁者その人だ」（『ゴルギアス』四七四A）と豪語する。重要なことは、ひとえに、カリクレスがこの「対話者」の役割や弁証法的な試合をいつまで受け容れるかということである。それというのも、哲学者にとって難しいのは、暴力を論駁することではなく、問いと答えとの作用によって、カリクレスが自らそれを論駁するよう強いることなのである。『ゴルギアス』で、カリクレスは何度も話を断ち切ろうとしたり、質問をはぐらかしたり、答えを拒んだりするが、議論を最後までやめなかった。別の場所では、こうした試みにはさらに厳しいものがあった。「大地の子」すなわち唯物論者たちとの対話にとりかかる前に、プラトンはこう告白している。「これは難しい、いやおそらくは、ほとんど不可能なことだろう……。できることなら、理想としては、彼らをもっと御しやすくすることだろう。だがそれが、まるで私たちの力の及ばぬことであるならば、せめて言論のうえでそうすることにして、彼らが今よりもっと順法精神をもって答える気持ちになってくれるもの、と想定することにしよう」（『ソピステス』二四六D）。おそらく、この「言論のうえで」しか、理論的解決はないだろう。だが、ここで私たちが議論しているのは架空の対話者だと言うのは正しくない。プラトンからすれば、ここでの方策は、自分自身で問答することではなく、ひとえにある人がきちんと答えようとするのを想定することであり、つまりは、彼が答える勇気（弁証法的美徳）をもち、「卑怯な逃げをうったりせず、勇敢に、長時間そこに踏みとどまろうとする」（『テアイテトス』一七七B）のを想定することなのである。こうして対話が、少なくとも理論上ではつねに可能となり、理性も、反対者の面前にあってさえ、けっして燃え尽きないことになる。この点において、弁証法は二元論の解毒剤となるわけだ。

言葉に対するこうした信頼を、プラトンはまた人間にも置いている。人間嫌いは話嫌い（および理屈嫌い）、つまりは言論嫌い（misologie）と同等に扱われる。この二つの病は、同じ起源からくるものだ。分別もなく「方法もない」（『パイドン』九〇B）ような素朴な信頼は、何らかの幻滅を味わい、やがて人間に対しても、言葉に対しても、そこかしこで不信を広げてしまうことになる。この「方法の欠如」はまた、プラトンの賛同するソクラテス的格言の真理を認めなくさせるものでもある。というのも、もしも悪意が意図的になされるようなことがあれば、理性はその悪意を明らかにすることができないかもしれないが、逆に、善をなすためには善を知るだけで十分だとすれば、何ぴともこの認識に抗うほど堕落してはいないからである。

このような信念はかなり楽観的に見えるかもしれない。そしてこの信念が、ソクラテスの裁判に対して、また、ディオンがプラトンをシチリアに誘ったさいのあの苦い経験に対して異を唱えるのを見て、人は驚くかもしれない。だが、すでに見てきたように、プラトンにとって、事実はけっして権利を否定するものではないし、さらに根本的な経験が、こぞって二元論と弁証法の和解力とを示しにやってくるのである。これこそが魂の自分自身との対話なのだ。

プラトン的心理学(魂論)は、理性と情念とを対立させるところに甘んじたり、それらを閉じ込めて差し向かいにし、互いに不満だらけの状態におくことでよしとしたりはしない。イデアの持前の弱さは、心もしくは気概といった強力な補完物によって救われる。この補完物は媒介的原理であり、そこには怒りも、名誉の感情も、高潔なる熱狂も存在しているのだ。魂のあの有名な三区分は、今日の心理学もいくつかの点において確認しうるような深い分析によって基礎づけられている。この三区分は、おもにプラトンがエロスと呼んだきわめて重要な経験を表わすものである。それは、諸物が形相のほうへと向かう愛の上昇であり、そこでは「諸物が(形相に)似ようとする」のであり、『饗宴』に描かれているような上昇階段を上ることになる。またそれは、「美」の抗いがたい魅力でもあり、この唯一のイデアの輝きは、その肉的な条件のなかにまでも保持されているのである(『パイドロス』二五〇D)。ところで、この分割は、魂が自分自身と行なう対話を確立し、その対話において魂は、代わるがわる対話者を生み出し、厳密な論証から諌めによる説得まで、さらには呪文や神話に至るまで、弁証法のあらゆる力を注ぎ込むことになる。プラトンの対話は、まさにそこでソクラテス的知恵がトラシュマコスの冷笑主義やカリクレスの帝国主義と遭遇する場になっているわけだが、それは何よりもまず、また諸対話の根底において、たった一つの魂に貫かれている。対話は私たちを他者とのコミュニケーションの内に置くものだが、それはまず、私たちを私たち自身に直面させるものなのだ。

このようにして魂の三区分は、社会の三階級、すなわち職人・戦士・統治者(哲学者)の内に移し変えられ、再び姿を現わすことになる。正義は、個人的なものであれ社会的なものであれ、つねに安定し平穏に行なわれる対話、もしくは音楽的比喩によれば、調和であり和音なのである(『国家』IV、四四三D)。万人が自己の内に実現することのできるこの和音はまた、理想的な憲法の草案がもたらしうるであろう最も確かな恩恵となっている。

理想的もしくは理想主義的なこの計画は、しばしばユートピアの典型とみなされる。おそらく、それは理論に過ぎないと言うだけで十分だが、その野心は、現実を前にしては能《あた》う限り自由度の少ないものとなる。現状において、この理論は「ごくわずかな変化」しかもたらさないことを約束するのである。まさしくこうした主張とともに、かの有名な段取りが導入されてくる。「国々において、哲学者が王とならない限り、あるいは、現在、王や君主と呼ばれている人々が真正にして確かな哲学者にならない限り……、国々や、私の考えるところでは、全人類にとってもまた、災禍の治まることはないだろう」(『国家』V、四七三B、D)。続いてプラトンは、哲学者とはいかなる者か、自分の考えているところを説明する。彼は、哲学者に帰すべき精神的・道徳的なあらゆる資質をあげ、深慮をもってそこに「経験」(四八四D)を付け加えるのである。こうして彼は、最も深刻なものというわけではないが、一つの反論を予見している。哲学者は統治することを好まないので、それを強いねばならないということだが、統治する＝哲学者の肖像が決定的な姿をとるのは、それが明言されてから、もっと先のことになってくる。「人類」を苛むところをプラトンが見てとった「災禍」は、ペロポネソス戦争以来、都市国家間の同胞同士の戦いであり、その都市国家内では、党派間の対立であったり、その党首たちの野心であったりした。政治的問題——理論家が定式化しうるような——は、それゆえ、権力からあらゆる魅力を剝ぎ取ることに帰着する。「善良な人々によって構成された国家というものを想像してみたまえ。そこでは人々は、今なら誰もが権力を握ろうとするように、権力から逃れる策をめぐらすのだ」(もしくは、「善良な人々は、統治することも、財を求めることも、栄誉を求めることも望まない」I、三四七D、B)。

後にスピノザはこう評価を下している。「その命運が幾人かの人々の誠実さに依存しているような国、また、国政が正しく運営されるよう、それを運営する人々が誠実に振る舞おうとするような国家は、少しも安定しないだろう」。プラトンはこれと正反対の結論に至ったが、発想は同じ現実主義的なものだった。「もしもきみが、命令を下さねばならない人々に対し、権力それ自体よりももっと良い条件を発見してやったならば、きみはよく統治された国家を築くすべを手に入れることになるだろう」(VII、五二一A)。つまり彼は、一種の権力分離、いやもっと厳密に言えば、社会機能の分離を提唱しているのである。魂の三区分はおおざっぱな性格学(これは別の場所で補完され「対話篇」の全体を通して修正されていくことになるのだが)を展開する。魂の三区分の一つを優位に立てれば、人々は三つの階級に分けられるだろう。快楽や金を望む者たち、栄誉や勝利や支配を望む者たち、そして研究や学問を好み、真理しか望まない者たちである(IX、五八一)。第一の階級は、職人たちを含むばかりではなく、金融関係、実業関係の人々(サン＝シモンの言う企業家《アンデュストリエル》)をひとまとめにしたものとなる。寡頭政治(金権政治)や名誉を愛する国制《ティモクラシー》(クレタ島やスパルタの貴族的体制(五四五、B))は、第八巻で批判される不完全な政体に属している。したがってプラトンは、自分の領地や影響圏を拡大しようとすることなしに、各人が最大の望みをかなえることのできる政治システムを考案しようとした。そこからは、一部、個人資産も家族ももたない守護者や統治者が運営に従事するような共同体制が由来する。こうなると、守護者・統治者たちは、職人や商人たちの羨望をかき立てなくなるだろう。そして守護者たち（つまり、役人や軍人や市民たち）の側は、未来の統治者の学問的・哲学的な教育が要求する「無限の勉強」を前にして、グラウコンのように、意気阻喪してしまうことだろう（VII、五三一Ｄ６）。

この改革の企て――ここでその細部にはこだわらない――が、人間の性格よりもむしろ政治の仕組みを変えようとしていることは一目瞭然だ。この企ては、各人に、自己の性向に従うよう要求しているのである。だが、おそらくはここでこそ、私たちはこの企ての一番難しいところに遭遇する。心理洞察において複雑な魂の全体を分析した後、いみじくもプラトンは、社会生活において各人の内で主調となる「部分」を注視すれば、個々人に、社会制度の働きに応じて、その地位に着くべき優先性を割り振るのが可能だと考えるのである。国家のために必要なこの単純化に人々が同意するとしよう。そして、「利益仲間」が十分に自分たちの富を蓄え、司令官や高級官僚たちが名誉や勲章で満足するとしよう。だが、学者や哲学者は、ひとたび権力を与えられたなら、本当にそれを無視しつづけられるだろうか？　後になってプラトンは自らこの問いに答えている。「いかなる人も、その本性からして、行き過ぎや不正に満たされることなく人事全般を完全に統御することはできない」（『法律』IV、七一三Ｃ）。かくして、彼晩年の政治的対話において、権力の分離は完全なものとなる。そしてそれは「分離されたイデア」の理論の当初の発想に復帰する。『法律』の都市国家においては、哲学者のみが立法者の仕事に携わることになっていた。やがて、確立された社会において、哲学者は「法の番人」の前から身を引くのだが、それはまさにデミウルゴス〔造物主〕が、計量学者たちによって根拠づけられ秩序づけられた宇宙の運営を、星をつかさどる神々に託してから「彼の日常の状態に帰る」（『ティマイオス』四二Ｅ）かのようである。こうして、知恵は権力を遠くから導くが、もはやそれを直接ひき受けることはなく、それを要求することもない。『国家』が少なくとも理論において乗り越えることを望んでいた二元論は、基本法的なものとなる。

理想的な都市国家から『法律』の「穏健な民主主義」にいたるまでプラトンにつきまとい、彼に「正しいものは強いということを実現させる」不可能な企てを強いていたのは、ソクラテスの思い出である。こうした試みを一集団もしくは一階級を利するためのものとして示そうとすると、根拠薄弱な時代錯誤を冒すことになる。これだけであればささいなことのように見えるが、それはとりわけプラトニスムの全体に対して誤った解釈を下すことになるのだ。この哲学に固有のものは、政治においても他の領域においても、

「感性的な」与件に対して批判的な態度をとるところにある。イデア論はそれ以外の意味をもってはいない。これは何よりもまず、批判的分析法なのであり、そこに非難すべき点があるとすれば、現実の説明や正当化が十分遠くまで推し進められなかったからである。そのうえ、権力に対しイデアが意識的に服従するようなことは、ギリシアにおいてはまったく生じなかったということも言っておかねばならない。ギリシアでは政府が、時折、哲学者たちと衝突することはあっても、彼らをイデオロギーの製造者として使おうと考えたことは一度もない（もっとも、時によって、助言者として用いようとした例はあるが、これはまるで別のことである）。両者の同盟が生じたのは、むしろ、例えばスキピオ・アエミリウスによるローマにおいてであったし、少なくともその一部が政体や政治的ナショナリズムに役立つようになった最初の形而上学的体系を見出そうとするならば、私たちは、ほとんどキケロ的な精神主義より以前には遡《さかのぼ》れないだろう。

『国家』のテクストにおいてプラトンは、政治的雄弁家やソフィストたちを、次のような人々に喩《たと》えている。「彼らは、大きく強い動物を飼育するのだが、そのためにはまず、この動物の本能的行動や欲求などを細かく観察し、どこからこれに近づき、どこからこれに触れるべきか、いつどうしてこの動物が嚙みついたり大人しくなったりするのか……、どんな声音がそれを柔和にしたりいらだたせたりするのか……を知らねばならない。彼らはこうした自分の経験を学問と呼び、概論を書き、それを教え始める。だがそれは、この動物の行動基準や欲求のなかにあるものが、美であるのか醜であるのか、善であるのか悪であるのか、正義であるのか不正であるのか、本当には知らぬままになされているのである。彼らは、その判断を大きな動物の考えに従ってしか下しておらず、この動物を喜ばせるものを善、怒らせるものを悪と呼び、さらにはこうした名称を正当化することができずに、正義や美を、必要欠くべからざるものと混同してしまうのである」（VI、四九三B－C）。

「美」と「必要なもの」（VII、五四〇B）とのこの混同は、精神に対する罪である。それは力の正当化であり、さらに一般化するならば、イデアの働きを生命的価値に奉仕させることになる。したがって、政治的「へつらい」のもとでは、支配的な趣味や、流行や、顧客の欲求などが重んじられるのに対し、その背後では、芸術、詩、音楽、絵画、そしてある種の哲学が憧れの的とされることになる（四九五）。そんなわけでプラトンは、日常的に生み出されるあらゆる領域での必要性や善行を認めず、巷に流れる歌謡に至るまでを革新しようと望み、彼は「人生をさかさまに」（『ゴルギアス』四八一C）置いたのだ、と言うことができる。だが、私たちは彼を擁護して、イデアの理論はとりわけ必要な分離の方法、識別の方法なのだという事実を想起させることもできるだろう。諸物それ自体ではそのような分離や識別は生じないからである。当時の芸術は、めったに謙虚な振る舞いはしなかったし、好評を博した多くの学説は、民衆の欲求を見抜いたり、大哲学者の思想を自分たちの好みに合わせたりして、自らを創造的で指導的だと称していた。シモーヌ・ヴェイユは、好んであの「大きな動物」に言及したテクストを思い出し、それを「集団」として解釈していた。これは私たちの内に「多頭の怪物」を据えつける他者なのだ（IX、五八八C）。純粋な理想は、こうして、第二の私《アルター・エゴ》＝分身を失墜させるあらゆる検閲が潰えるような場所で、おぞましいものや滑稽なものから免れることになる。プラトンにおける対立は、つねに何よりもまず、自分自身との対話であるような対話の形式をとるのである。

［ヴィクトール・ゴルトシュミット（レンヌ大学文学部助教授）］

プラトンは、父アリストンによってアテナイ最後の王コドロスの血をひき、母ペリクティオネによってソロンの血をひくと伝えられる。彼はまず、クラテュロスによってヘラクレイトス哲学の教育を受け、紀元前四一一年頃からは、ソクラテスの熱心な聴講者となった。「彼が敬愛した老人、当時の最も正しい人物」（その臨終の様子をプラトンは『パイドン』で不滅のものとした）が毒ニンジンを飲むよう宣告を受けたとき、おそらくは用心して、プラトンはアテナイを離れ、しばしメガラのエウクレイデスのもとに滞在した。紀元前三九〇年から三年間、彼は大旅行を敢行し、最初はエジプト、次に（テオドロス・アテオス〔無神論者〕の評判に惹かれて）キュレネ、そして最後にタレントゥムへと赴く。タレントゥムでは、統治者アルキュタスがプラトン思想の数学的方向性になにがしかの影響を与えたと思われる。ディオニュシオス一世のもとでの最初のシュラクサイ滞在があったのは、この大旅行の最後である。このとき、プラトンは、王家の血を引くディオンと親交を結ぶのだが、「ディオンはプラトンの話を聴くにも洞察力があり、その熱心さは、プラトンが出会った若者たちの誰一人として匹敵する者がいなかったという」。だが僭主とは、そうはうまくいかず、僭主はプラトンをアイギナ島への流刑に処し、プラトンはこの島でキュレネの篤志家によって奴隷状態から解放されることになる。アテナイに戻ったプラトンは、紀元前三八七年、アカデモスの森に哲学校を設立するが、これはおそらく、世に知られているこの種の学校では初めてのものと思われる。紀元前三六六年には、ディオニュシオス二世が父の後を継ぎ、ディオンは師にシュラクサイへの二度目の旅行を勧め、プラトンはアカデメイアを去る。当時、アカデメイアはきわめて盛況であったにもかかわらず、プラトンは新たな僭主に「哲学的生活を送らせる」という「望みが叶うかもしれないと期待」してこれを決行したのである。だが、この目論見は失敗する。ディオンは不名誉な追放令を受け（彼は紀元前三五四年に暗殺されることになる）、プラトンも「ついに立ち去らざるをえなかった」。だが、紀元前三六一年、あの専制君主のしつこくせきたてる懇願に負けて、さらにもう一度シュラクサイを訪れることになる。「哲学が炎のように、まさにディオニュシオスの心をかき立てたというもっぱらの噂だ」とプラトンは言っていた。けれども、再び意見の相違によって彼と僭主とは決裂したので、アルキュタスは、この哲学者がアテナイに帰る許しを得られるよう仲介せねばならなかった。プラトンは少しもめげず、未来の都市国家の『法律』を書き上げ、八十余歳でこの世を去った。

〔J.L.〕

＊　プラトンの《肖像》の翻訳に際し、宮崎文典氏より訳文や出典などについて数々の教示を戴いた。心より御礼申し上げる。もちろん、訳の最終的な責任はすべて訳者（加賀野井秀一）にある。

〔翻訳＝加賀野井秀一〕

ゴルトシュミットは、魂の三区分説に言及し、それをエロース論に結びつけて論じているが、その論述は圧縮的で、あまり明瞭ではないかもしれない。そこで、ここでは魂とエロースについて、哲学(知を愛し求めること)という観点から概観することにしたい。

魂の三区分のモデルが提示され、詳しく論じられるのは『国家』においてである。それによれば、魂のうちには理を知り考量する「理知的部分」、諸々の身体的欲望を感じる「欲望的部分」、そして怒りなどを感じる「気概的部分」という相互に異なる三つの部分がある。そして、理知的部分が事の善し悪しを考量して魂全体を配慮し、気概的部分がそれに従い味方し、これらが欲望的部分を統御するというのが、魂のよいあり方であると捉えられている。この説明は、初期の対話篇『プロタゴラス』に見られるような、「ソクラテスのパラドックス」と呼ばれる考え方と比較すると対照的である。その考え方によれば、人が何か悪いことを行なうとすれば、その理由は悪いことを善いことと見誤る無知に帰せられる。こう考えた場合、「悪いことを悪いと知っていながら、やってしまう」無抑制(アクラシアー)という事態はそもそも存在しないことになる。これに対して、魂の三区分の考え方においては、こうした無抑制の事態は理知的部分と欲望的部分、さらにそこに気概的部分を加えた魂の部分間での対立・葛藤として捉えなおされうると言える。実際、『国家』の議論では、のどが渇いているときに飲み物を飲もうと突き進む欲望の力と、その力を制止し引き戻そうとする力との間の対立的状況から欲望的部分と理知的部分とが導き出され、欲望にとらえられたことに対して怒りを覚えるという状況から気概的部分が導き出されている。このように、三つの部分がいわば心の葛藤の場面から引き出されているということは重要であろう。

それでは、哲学者の魂とはどのようなものなのか。

『国家』よりも先に書かれたと考えられる『パイドン』では、魂が感覚によっては捉えることのできない恒常不変のイデアに触れ、イデアと同じく、つねに同じあり方を保つ状態が知(プロネーシス)であると言われる。こうした知にいたるためには、魂は身体的な欲望や感覚に引きずられることなく、魂自身による純粋な思考に集中しなければならない。この点で、哲学することは魂を身体から解放し浄化することとして捉えられ、その実践が勧められている。『パイドン』で示されるこうした見方のなかでは、魂と身体とが対立的に捉えられ、欲望や感情が身体に帰せられる一方で、魂の働きはとりわけ知的なものに限定されているように見える(欲望や感情は身体を通じて魂が感じるものであるとはいえ)。これに対して、魂の三区分説においては欲望や感情もまた魂の働きに組み込まれていると言えるが、では哲学者の魂は、魂の三区分説から見ると、どのようなものとして捉えられるのか。

魂の三つの部分にはそれぞれ固有の欲求が帰せられており、理知的部分は知や学びを愛する部分として、気概的部分は名誉や勝利を愛する部分として、欲望的部分は金銭や利得を愛する部分として、それぞれ捉えられる。そして、ゴルトシュミットの論述のなかでも触れられていたように、これら三つの部分のうちのどの部分が魂全体を支配するかに応じて、人間は知を愛する人、勝利を愛する人、利得を愛する人という三つの種類に分類される。この場合、知を愛する人(哲学者)とは、三つの部分からなる魂の全体が知を愛する部分の導きに従っている、そのような魂の人であることになる。つまりこの場合、哲学者とは、魂の知的な部分を中心に、魂の全体でもって知を追求する存在であるとみなされるのである。

哲学者の魂のこのようなあり方が描き出されているのが、『パイドロス』におけるエロースの物語である。それによれば、人間の魂はみな、人間としてこの世に生まれる(身体に宿る)以前に、天上の彼方でイデアを観照してきている。そして、この世において美しい人を目にすることで、かつて見た美のイデアを想起し、恋い焦がれる。これがエロースである。この物語のなかで、魂は翼をもった二頭の馬と、同じく翼をもった駆者からなる二頭立て馬車になぞらえられている。そして、人間の魂の場合、二頭の馬のうちの一方は節度をもちつつ名誉を愛し、言葉で命じるだけで駆者に従うすぐれたものであるが、もう一方は逆に放縦で、鞭をふるってようやく言うことを聞く劣悪なものとされている。この二頭立て馬車のイメージは、駆者が理知的部分に、すぐれた馬が気概的部分に、劣悪な馬が欲望的部分にあたるというように、『国家』における魂の三区分に対応している。そして、天上の彼方でイデアを観照するのも、また美しい人への恋の成就を求めるのも、この三つの部分からなる魂の全体である。

したがって、イデアを追求する知的営為は感情や欲望を排した純粋に知的な要素のみによるものではない。実際、天上の彼方でのイデア観照は、馬たちにわずらわされるという困難のなかで行なわれるとされている。また、美しい人に恋する人の魂においては、愛欲にかられて突き進もうとする劣悪な馬と、美のイデアを想起して畏敬の念にかられる駆者(また同様に恥じらいを感じつつ駆者に従うすぐれた馬)との間で葛藤が繰り返される。そして、恋の相手とともに「秩序づけられた生き方と哲学」(256a)へと向かい、欲望を統御し自己自身を支配することによって幸福な生へと至るのが、正しい恋のあり方である。

美しいものは視覚に強く訴えかけるから、他のものに比べ最も強くエロースをかき立てると言われる(250b-e)。美しいものがそれを見る人の魂に及ぼすこうした強い影響力は、知性に対してだけではなく、身体的欲望に対してもあてはまるだろう。

だからこそ、恋を通じた知の追求は、魂の内部での激しい葛藤を内包しているのである。

知を愛し求めるという営為が、こうした葛藤とその克服によって魂の全体を秩序ある善いものとしていくものであるとすれば、美しいものへのエロースこそがこのことを最も明瞭に伝えてくれるものであると言えるだろう。

主要著作

＊プラトンの作品はすべて、田中美知太郎・藤沢令夫（編）『プラトン全集』（岩波書店、一九七四―七八）で読むことができる。

- ▼『ゴルギアス』加来彰俊訳、岩波文庫、一九六七。
- ▼『メノン』渡辺邦夫訳、光文社古典新訳文庫、二〇一二。
- ▼『饗宴／パイドン』朴一功訳、京都大学学術出版会、二〇〇七。
- ▼『国家（上・下）』藤沢令夫訳、岩波文庫、一九七九。
- ▼『パイドロス』藤沢令夫訳、岩波文庫、一九六七。
- ▼『法律（上・下）』森進一・池田美恵・加来彰俊訳、岩波文庫、一九九三。
- ▼『ティマイオス』種山恭子訳、田中美知太郎・藤沢令夫（編）『プラトン全集12』、一九七五。

参考文献

- ▼R・S・ブラック『プラトン入門』内山勝利訳、岩波文庫、一九九二（巻末に『第七書簡』が付されている）。
- ▼藤沢令夫『プラトンの哲学』、岩波新書、一九九八。
- ▼荻野弘之『哲学の饗宴――ソクラテス・プラトン・アリストテレス』、NHKライブラリー、二〇〇三。
- ▼内山勝利「プラトン」、内山勝利（責任編集）『哲学の歴史I　哲学誕生』、中央公論新社、二〇〇八。
- ▼中畑正志「ソクラテスそしてプラトン」、神崎繁・熊野純彦・鈴木泉（責任編集）『西洋哲学史I――「ある」の衝撃からはじまる』、講談社選書メチエ、二〇一一。
- ▼納富信留『プラトンとの哲学――対話篇をよむ』、岩波新書、二〇一五。
- ▼ミヒャエル・エルラー『知の教科書　プラトン』、三嶋輝夫・田中伸司・高橋雅人・茶谷直人訳、講談社選書メチエ、二〇一五。

〔補記＝宮崎文典〕

プラトンと後継者たち

ソクラテス
❖SOCRATE　469-399 BC

＊『メルロ＝ポンティ哲学者事典』第一巻《肖像》参照。

プラトン
❖PLATON　429〔427?〕-347 BC

＊『メルロ＝ポンティ哲学者事典』第一巻《肖像》参照。

スペウシッポス
❖SPEUSIPPE　407〔393?〕-339〔334?〕BC

アテナイに生まれる。プラトンの姉〔あるいは妹〕ポトネの息子。スペウシッポスは、おじプラトンのあとを継いで、八年間プラトン学派〔アカデメイア〕の学頭となった。クセノクラテスと同様に、とりわけ倫理学に専念しており〔三二ある著作のうち九つがそうである〕、「あらゆる快楽は悪である」と主張している。

クセノクラテス
❖XÉNOCRATE　406〔396?〕-c.314 BC

スペウシッポスの後継者として、アカデメイアの学頭となった。クセノクラテスは、キティオンのゼノンが師と仰いだうちのひとりであった。スペウシッポスと同じように、とりわけ倫理学に専念している〔七〇ある著作のうち二九がそうである〕。『死について』という著作は、彼のものとされている。クセノクラテスはいたるところで、諸事物が一見すると不連続であるということを否定しようとした。

ポレモン
❖POLÉMON　350〔340?〕-273〔270?〕BC

アテナイに生まれる。ポレモンは、クセノクラテスのあとを継いでアカデメイアの学頭となり、〔アテナイの〕クラテス、クラントル、〔キティオンの〕ゼノン、アルケシラオスといった門弟たちが集まった。ポレモンの主張によれば、善の究極は「自然本性に従って生きること……そのさいその自然本性に徳を加えていく」ということにあり、問答法的な教育よりも禁欲のほうが優れている。

ソクラテス学派

エウクレイデス〔メガラの〕

❖EUCLIDE

c.450-c.380 BC

メガラ学派の指導者。ソクラテスが没したあと、その弟子たちはエウクレイデスのもとに逃れてきた。おそらくはエウクレイデス自身もソクラテスの門弟だったのだろう。また彼は、プラトンとも誠実な友情で結ばれていた。しかしながら、彼がメガラで進めたソクラテス主義は、エレア学派理論と組み合わせられて、プラトンのソクラテス主義とはまったく異なるほうへ向かっていく。「〈善〉は多くの名前で呼ばれているけれども、ただひとつのものである」。だからといって本質が複数あるということを、エウクレイデスが否定しようとしているとは思えない。彼が反対しているのは、複数のイデアがあるという学説よりもむしろ、プラトンが問答法を利用するやり方であるように思える。そして、はげ頭や嘘つきや角ある者といったメガラ学派の有名な論証がいわんとするのは、何よりもまず、諸概念のあいだの関係について、同一でも排他でもないものはどれも正しいとは言えないということである。

〔H. D.〕

アンティステネス

❖ANTISTHÈNE

455〔444?〕-365〔360?〕BC

キュニコス学派〔＝犬儒学派〕の創始者。〈ソフィストたち〉の集まりに属し、のちにソクラテスの仲間に加わる。アンティステネスは、ソクラテスの死後に自らの学派を立ち上げたが、プラトンはそれに対立しつづけた。アンティステネスはイデアの理論を好んで笑いものにしており、例えば『サトン〔あるいは反論することについて〕』のなかで、「たしかに馬は見える、しかし馬であること〔＝馬のイデア〕は見えない」と述べていた。アンティステネス自身としては絶対的唯名論を主張し、その説によれば本質とは名前によって自らを表現するようなまったく個別的な実在なのである。この主張から彼は、すでにメガラ学派がそうであったように、関係の可能性を否定することになり、複数の本質を混同してしまうような帰属の可能性をすべて否定することになる。つまり、人間に関して語ることができるのは、それが人間であるということだけなのだ。そうしてキュニコス学派は学問から遠ざかってしまう。彼らにとって重要なのは、「自己自身と付き合っていく」ことであり、禁欲主義によってすべての仮面を拒絶した真の人間へと辿り着くことである。

〔H. D.〕

ディオゲネス（シノペの）

❖DIOGÈNE DE SINOPE

413〔400?-325〔323? BC

キュニコス学派の創始者であるアンティステネスの弟子。ディオゲネスの人生は、多くの物議をかもし出すということで非常に有名かつ大衆的なものだが、ディオゲネスの約五世紀のち、ストア主義のエピクテトスは、彼のなかに自らのあるべき姿を見出している。ディオゲネスのキュニコス哲学は、学説というよりも実践である。賢者のように誰にも頼らないこと、簡素で自然な生へと立ち戻ること、こうしたことは苦痛を伴うつらいものだし、たえざる訓練が必要なものである（それゆえ奴隷のものとみなされる仕事の名誉を回復させることになり、一般的に当時としてはきわめて異例であるが、努力や労働といったものの栄誉を礼賛することになる）。ディオゲネスは文明から距離を取り、そして文明がもたらす人工的な洗練や偽りの価値から距離を取っており、同様にほかの人たちにもそうしたものから距離を取るように求めている。そこから見えるのは、道徳的な説教や勧告によって、利己心や虚栄を容赦しないという姿勢である。また、数多くの逸話や警句がディオゲネスに由来すると考えられてきたが、それらからとくにわかるのは、伝統的価値や先入観を批判することである。「アテナイ人たちがディオゲネスに秘儀にあずかるようにとうながし、秘儀にあずかった者たちはハデスの国で誉れある地位に就くのだといったとき、彼は以下のように答えた。アゲシラオス〔二世〕やエパメイノンダスがかの国で泥土のなかで暮らしているのに、他方で、秘儀にあずかったなら誰であれ幸福者の島に送られるのだとしたら、それは滑稽なことだろうね」（ディオゲネス・ラエルティオス『ギリシア哲学者列伝』、六巻、三九）。「ディオゲネスは、ディオニュソス祭の競演は子供だましであり、政治家は民衆の召使であると語った。また彼は、船のかじ取りや医者や哲学者に出会ったときには、人間は動物のなかで最も聡明だと思うが、夢判断する人や占い師、この連中にくっついている人たち、名声や富を鼻にかけている人たちを目にするときには、人間ほどくだらないものはないと思うと語った」（前掲、六巻、二四）。ここでキュニコス哲学（そしてディオゲネス）は、その呼び名、つまり今日言われるような軽蔑的な意味での呼び名〔シニスム〕にはまだふさわしくないが、すべての批判を免れているわけではない。プラトンはディオゲネスについて、「気の狂ったソクラテスだ」（前掲、六巻、五四）と述べた。だがこのことは、ソクラテス的な均衡がはじけ飛んで、ディオゲネスの成功が確実なものになったということだろう（しかもそれは何よりもまず、ソクラテスに死刑を宣告した同じアテナイという都市で起こったのである。「ディオゲネスはアテナイ人から愛されていた」（前掲、六巻、四三））。またソクラテス的な均衡が破れて、寛大さの傾向が見られはじめ、そこには称賛もひそかに混じり合うようになったということだろう。ディオゲネスが嘲弄していたのは、まさにこうしたアテナイ人

たちの制度であり先入観だったのだ。〔V.G.〕

メニッポス

❖MÉNIPPE　3C BC

キュニコス学派の哲学者。メニッポスは〔コイレ・シリアの〕ガダラに生まれ、はじめ奴隷だったがのちに解放される。高利貸しによって財をなしたものの結局は破産し、絶望のうちに首をくくった。彼の著作とされるもののなかには、散文と韻文が混じり合いつつ気のきいた風刺の数々がある。例えば『エピクロスの誕生』、『ネキュイア』〔ホメロスのパロディー〕、『遺言状』などがある。のちに〔マルクス・テレンティウス・〕ウァッロは、メニッポスを模して著わした風刺によって、メニッポスという名前にひとつのジャンルとしての意味を与えた。

アリスティッポス

❖ARISTIPPE　435-c.355 BC

キュレネ学派の創始者。アリスティッポスはソフィストとして身を立てていたが、のちにやはりソクラテスの弟子たちの集まりへと加入した。しかしアリスティッポスの場合、理性的な種類の探究については何もかも拒絶している。彼によると、「われわれはまるで攻囲された城塞のなかのように外部から切り離されて」おり、われわれの外にあるものに関しては何も知らない。主観的な印象、これだけが実在するものであり、動かしがたいものなのだ。アリスティッポスが重要とみなすのは、はじめから損なわれている抽象的な思索とか純粋な学問とかいうものよりも、むしろ善悪についての——有用な——認識なのであり、彼はここでもまた、最も明証的なものから「飛び立って」しまうことのないようにしている。実際、価値の基準や行動の規則として認められるのは、快楽の主観的な印象のみである。とはいえこの快楽主義は、本能に基づく道徳論ではなくてたしかにひとつの知恵であり、言い換えれば、賢者は快楽を享受することについては望むものの、その享受の状態の奴隷になることについては望まない。そのことによって、ある一定の反省がふたたびもち込まれ、さらには即時的な快楽の外にあるひとつの価値が、つまり自由というものが再びもち込まれるわけである。〔H.D.〕

ヘゲシアス

❖HÉGÉSIAS　3C BC

『節制家』という著作において絶望的な悲観主義を展開したので、〈死の説教者〉という異名を取った〔キュレネ学派の哲学者〕。プトレマイオス王はヘゲシアスの学校を閉鎖し、ヘゲシアスその人を追放した。

アンニケリス

❖ANNICERIS　3C BC

〔キュレネ学派の哲学者〕

その名を取って「アンニケリス主義者たち」の学派がつくられた。アンニケリスは快楽主義がもたらすつらい結果に対抗しようとして、友情だとか、家族や祖国のきずなだとかいったもの、つまり幸福の不可欠な条件というものを称揚している。

アリストテレス

❖ARISTOTE

384-322 BC

プラトンは彼のことを「読書家」と呼んだ。そして彼にはユーモアのセンスがあったが、また大変な勉強家であった。事実、論理学から倫理学まで、彼は私たちが知っているあらゆる学問を発明し、名づけ、体系化した。そのうえ、私たちがそれが何であるのかを知っているわけではない学問、つまり形而上学も。すなわち、彼はあらゆる学問の悩みを見出したうえに、神だけが私たちのために発明した学問をも見出したのである。

実際、形而上学こそ、アリストテレスが二つの意味で「神の学問」と言っていたものである。つまり、形而上学は神を対象とするということ。そして、シモニデスの言葉によれば、「おそらく神のみがこの賜物を持つことができる」という意味で。

しかし、「人間は子供のように神を理解している。ちょうど子供が大人の言うことを聞くように」とヘラクレイトスは言っている。いずれにせよ、神に救いを求めるのは人間の幼さである。そして、アリストテレスはギリシア最古の賢人に逆らって、神々が妬み深いとはけっして信じようとしなかったし、彼の著作を読むと、彼が神の言葉を野蛮な片言でしか翻訳できなかったという感じが残ることがある。レオン・ブランシュヴィックによると、アリストテレスの精神年齢は九歳である。また、彼は科学が数学の言語を話すことを拒んだ。数学は近代物理学の言語であり、『方法序説』では近代物理学者は「純粋に人間である人間」「自然の支配者にして所有者」と言われている。アリストテレスは、数学がけっして真理の規準ではなかった稀《まれ》な哲学者であり、彼にとっては、他のすべての学問が想定し、依拠している学問は数学ではなく、形而上学である。こうして彼は形而上学として自然学を行なうのであり、そのため彼の自然学は私たちの科学とはたいへん異なっているのである。

そこでは私たちの科学からそこに近づきうるのは逆向きにであり、近代物理学の基礎となる慣性の原理は、なるほど表明されてはいるが、しかしただちに無意味なものとして否定されているほどである。哲学史家がやり遂げるべき逆戻りは、ここではしたがって自分を裏返すことである。人間の言語に自らを賭けるこの神の奇妙な片言を理解し、他の学問が依拠するこの第一の学問——それは私たちの時代の他の学問と同じ名前ではあるが、本当には知られていない——の意味を捉えかえすために、幼児期の忘却された明証性に帰らなくてはならない。

❖ ARISTOTE

したがって、形而上学の研究から始めなくてはならない。しかし、そのことはまずわれわれにとっては、プラトンの『パイドロス』の冒頭と同じく、散歩への招待である。私たちは、ソクラテスとパイドロスが城壁の外へ向かうときには、彼らについてゆかねばならない。なぜなら哲学することは路上にあるからである。自分の道を知っている人間は、街から街へと自分を携えていく、とパルメニデスは言っている。そして女神は彼の前に二つの道として、真理への道と誤謬への道を開くのである。ギリシア人においては、哲学の場所とは講義室の閉じられた空間ではなく、人間の歩くあらゆる場所であり、古代の道の軌跡であり、歩くことへの絶え間ない招待でしかない、長く続く道である。パルメニデスは旅人であり、ソクラテスは与太者であって、公道は知を愛する者の唯一の住処であって、アリストテレスが逍遥学派という称号を歴史に残したとしても、それは彼が散歩したのでなければ、何の意味もないだろう。私たちを座らせる思想には警戒しなくてはならない、とニーチェが言っている。筋肉もまた祝祭を見出す思考だけが真の思考なのである。

しかし、路上にいるだけでは十分ではない。方向のある道にもまたいなくてはならない。なぜなら哲学とは方法だからである。というのも、方法をもつ、ということは、フランス語では、その道に従うということしか意味しないからである。さて、『形而上学』A巻では哲学の方法が要求されている。

まずは目を開くだけでよい。それから、記憶と経験が登場し、そして芸術や技術の道がある。最後に、「今やわれわれのものとなったこの歩みに参加した者にとって、存在について考え、真理について哲学しに向かった者を再び取り戻したことは無益ではないだろう」。

こうして形而上学の歩みは感性的なものから始まり、人間の技術へと進み、人間の哲学の歴史へ向かう。この道のりの方向（意味）は何か。この問いはおそらく次の問いと同じである。「この探究と歩みが到達するべき目的は何であるか？」。

この問いに『形而上学』第四巻の最初の文が、最初から神秘的なしかたで答えている。「それが存在であるかぎりの存在を省察する学問がある」。形而上学とは、存在をそれであるところもの、つまり存在たらしめているものを知ることである。しかし、この問いの特徴は、形而上学の歩みを出口なしの道に結びつけるところにある。それはギリシア人が「アポリア」（出口なし）と呼んでいたもので、「難問」とも訳されるが、実際には「行き止まり」を意味している。アリストテレスが根本的な問題を「かつても、今も、そしていつも探究されてきたもの」と特徴づけるとき、彼はただちに「ひとがけっして出口を見つけたことのなかったもの」としている。したがって、彼はその問いを次の問いに置きかえている。「実体（ウーシア）とは何か」。私たちはどちらもわからないこの二つの問いを、たがいに置きかえることの意味を理解することができるだろうか？

形而上学はまさに一つの意味の解明の場である。というのもその努力のすべては、われわれにとっての何かについて何かを意味することだけに向けられ、他の学問とはちがって、形而上学はその理由を与えることを強制されていないからである。他の学問が想定する第一の学問であるのだから、形而上学はそれらの第一原理以外の対象をもたないのであり、諸学問はこれらの第一原理を、自分たちの主張を根拠づけるために用いるのであり、それらの主張の優位性そのものが証明できないものなのである。なぜならそれらの第一原理がそこから演繹されうる他の超越的な原理というものは存在しないからである。形而上学は、したがって証明することのできるような学問ではまったくない。逆に形而上学に要求されるのは、その原理が意味をもち、話や対話に意味を与えることである。「これらすべての始まりは、これやあれやについて語ると主張することではまったくない。そうではなくて、自分自身と他者に対して意味することである」。したがって、言葉が私たちに対して生み出す記号に注意しなくてはならないし、聴いたり、話したりすることを注意深く学ばなくてはならない。

さて、まず形而上学が私たちに意味するのは、非存在との対立における存在である。「少なくとも〈存在〉あるいは〈非存在〉が何かを意味するということが真であることは明らかである。しかし、存在はわれわれにとって何を意味するのか。何か一つのもの、である。というのも、一つの言葉にとって、意味をもつということは、ただ一つのものをもつということであり、もし不定数のものをわれわれに示すことができるとしたら、われわれはそれが何を意味するのか、けっしてわからないからである。そして、もし言葉が何も意味しないなら、それは他者との対話の終わりであり、まさに真に、自己とのあらゆる対話の終わりである」。つまり、思考の終わりである。

したがって、存在は一である。しかし、この一とは何を意味するのか。一種の言葉遊びによれば、存在の一性である。というのも、われわれが不定法を名詞にすることによって存在と呼ぶものは、ギリシア人が分詞を名詞化して「実体」と呼んでいたからである。さて、名詞は物を示しており、動詞は動作を意味しており、すべてのなかで純粋な動詞、いかなる特定の動作主にも結びつかない。分詞に関しては、その語が二つの本性に分割するものに、ギリシア語とフランス語で同じ意味をもつ名前に依拠している。定冠詞に先行する「存在するもの」なるものは一つの名詞であるが、無限定の不定法においては、実詞の実詞的な厚みから解放されて、存在の驚異と軽やかさとして与えられたものにやはり関わっている。それゆえ、パルメニデスの詩は次のように命じている。「存在するものが存在することを考え、言わねばならない」。

しかし、存在者、つまり存在するものが存在すると言わねばならないなら、したがって、存在者のうちに存在の唯一の意味があるのなら、それは一でしかありえない。なぜなら「それはいたるところで美しい円からなる球体の曲率に比較しうる、どこにおいても完成されたものである」からであり、そうして、非存在との絶対的な対立によって、「存在する」ということの分割できない明証からなる「一」が全体として生じるのである。

したがってパルメニデスの存在は、一つの存在者ではなく、一であることである。なぜなら、存在の各々、人間、動物、木は、存在するものだと言うことができるからであり、したがって存在に与るものであると考えることができるからである。しかし、「存在者」とわれわれが言うことのできるものについては、それだけが一つの存在であり、一つの複数形であるものの単数形に他ならないことは明らかであって、ただ単に「存在すること」は、特別に第一のものであり、すべての単数のもの以上のものである。それは単数そのものなのである。

しかしながら、存在が単数の意味であること、そして、それが意味するのが絶対的に唯一であるということだとしても、それはやはり言語においては最も取るに足りない単語である。「我あり」は置きかえることのできない明証性を表現している。しかし、「私は疲れている」あるいは「三角形の内角の和は二直角である」と言うときに使うのも同じ「ある」という語である。したがって、「存在＝ある」はあらゆる用法に用いられるのであり、それにすべてを語らせ、あまりに使われすぎるためにやはり本来は何ものも示さないのである。それは記号でしかなく、意味を失っている。「人間である」ということは人が何であるかを示しており、「白くある」ということは一つの質を示しており、「冬である」ということは時間を示しており、「短いコートである」ということは「短いコートを持っている」ということであり、したがって一つの所有を示している。こうして存在の意味を分散させる多様なあり方を研究しながら、アリストテレスはそれらを十二種類集めたのである。それによって、たとえ存在が一義的ではないとしても、少なくとも、その多様な意味は数的には限定されるのである。これが彼がカテゴリーと名づけるものであり、それは指定というほどの意味であって、あるいは存在を指定する多様なしかたを意味する語である。

そこにはただ言語の子供じみた分析があるように思われるだけである。しかし、そこには存在の意味についての本質的な決定が隠されており、それは多くのカテゴリーに応じて指定され、根本的に多義的に判断されるのである。

『自然学』の冒頭で、アリストテレスはパルメニデスが次のことを見落としていたことを非難している。つまり、パルメニデスのように存在の単数的意味から存在の算術的統一へと移ってしまうと、複数である存在者は本来的に存在と言われる存在を語ることができないということが帰結してしまう。そしてそれが、複数性に対するゼノンの議論の意味なのである。知らぬうちに存在の狡猾な両義性にとどまることは、蒙昧《もうまい》に身をさらすことであり、ソフィストのゴルギアスの「非存在について」を開くものである。存在とは存在であり、非存在は非存在である。したがって、存在は非存在と同じである。

言い換えるなら、もし存在にただ一つの意味しか与えられないなら、もろもろの存在者は存在しないことになる。というのも、ただ存在だけがあり、そして非存在がある、というのも、それは非存在であるからである。おそらくここには言葉遊びがあるだけで、いつものようにギリシアの存在論は言語偏重主義であるという感じを与える。そこでは思考は言葉でできたクモの巣にとらわれているという感じがする。そしてわれわれはそれを乱暴に引き剝したい欲望を感じるのだ。どうして存在の驚異を言葉の罠や遊びにしてしまうのか。「存在」もまた言葉であるとしても、それが不定法や分詞をもつとしても、そして辞書が存在に多くの意味を認めているように思われるとしても、存在についてのわれわれの感覚(意味)にとって、それが何だというのか。われわれがすでに述べたように、形而上学は一つの意味をもつ一つの言語であるかどうか、そして存在についてのわれわれの感覚(意味)が、意味をもつ言語において表現されねばならないかどうか、それはたいへん重要なことである。この要求は、われわれを言葉の前で途方に暮れさせる状態にする。たしかにわれわれは言葉が意味するものには従わねばならない。たとえ、この意味しようとする欲望が悪しき欲望であるとしても、そしてたとえ言語の霊がこの悪い霊であるとしても、「存在」は、存在がある、ということの唯一の明証と同時に、それがあるところのものであることの無限定の多数性を意味している。しかし、存在論を論じるということは、何が「ある」を正確に名づけうるのかを知ることに他ならず、最終的には、そのことによってわれわれが何を意味しているのかを理解しているかを知ることに他ならない。しかし、一言で言うなら、意味をもつとか、意味するとはどういうことなのか。それは合図を送ることであり、何ものかを指示することである。言葉は、われわれに事柄を示す言語的な身振りである。こうしてアリストテレスは一であることの両義的な困難を解決した。たしかに「存在=ある」は多くの意味で言われるが、この意味の多様性はただ一つのものにむけて合図を送ることである。実際、何が、例えば若くあり、田舎にあり、冬にあり、ただ一つであり、馬に乗っており、怒っており、全速力でいるのか。われわれは、それは一人の人間である、と言う。しかし、この人間は、若くあり、あるいは馬に乗っている以前に、人間でなくてはならないのではないか。したがって、「人間であること」は「人間にとって、あるということは何であったのか」を示しているのではないか。こうして、われわれは、あらゆる他の存在者に先立って、存在の限定に到達する。というのも、それは存在が表現しているところであり、存在について語られるたびごとにそれが何であるかということではなくて、それがすでに何であったのか、ということを表現しているからである。われわれが「残りのすべてのものについて言われること」の一義性にわれわれが到達するのはこの本質的な先行性においてである。一つの存在が生起し、死者の大地と神々の天空の間に立つのであり、そしてわれわれは問う。「これは何か」。その答えは「それは一人の人間である」。この答えは本質的であり、この人間について、後から言われうることのすべてを支配している。こうして、この答が、その存在における存在の生起であり、それが、それにとって存在が何であるのかを表現しているのは、まさにアリストテレスにおいてであるように思われる。

そして、それこそアリストテレスが実体と名づけるものである。こうして「実体とは何か」という問いを「存在とは何か」という問いに置きかえることが意味をもちはじめる。存在は、パルメニデスにとっては明証的である。つまり、「存在はある」。しかし、アリストテレスにとっては、存在とは、一つの存在者であるものを示している。なぜなら、彼にとっては、存在するとは、いつも何ものかであることだからである。「まったく単純に、ある」。これはたしかにゴルギアスの詭弁のうちに現われるが、カテゴリー表のうちには現われない。そこには、存在はいつも、このものやあのものであることであり、この人間やこの木であることであるという根本的な規定がある。「実体とは何か」という問いに「存在とは何か」という問いを置きかえることは、存在の分割できない意味の揺れを表わしており、それは、存在の単数性と単数の存在の間で揺れているのである。

なぜなら、あることがただ単にあることではもはやなく、人間であることや神であることである、ということ、それは一つの分割できない単純性にとどまることであり、それは実体の一性を表現するものであり、形而上学の歩みの終着点であるものだからである。しかし、デカルト以来、「方法」は「順序」を意味する。ここでは、思考はけっしてばらばらの順序で進むのではなく、多くの道を行くのでもない。その一致は、カテゴリーの分散のもとでの存在するものの統一と同じくらい密かなのである。

これらの道のいくつかをわれわれはこれから進むことになるが、その最初のものは、言語の初歩的形式を通じてわれわれが辿る道である。「その男は若い」「その男は馬に乗っている」という単純な文において、実体は文法的主語である。しかし、この主語という語そのものが、文法家がアリストテレスから借りたものなのである。主語は属性が当てはめられるものを指示しており、したがって主語とは、属性がそれにとって主語であるものとして想定しているものである。なぜなら、主語(sujet)はラテン語ではsubjectum(基体)であり、それは「下に-あるもの」のことだからである。

しかし、もしそうすることがうまくいくとしたら、一つの存在であるところのものは、たしかにそれがあるところのものそのものではありえない、ということを帰結する。こうして、ソクラテスは死ぬものであるが、しかし、彼の存在は人間であることであり、そして彼について語りうるすべてのことは、正しく言うなら、それがあるところのもの(ソクラテスが何であるか)ではなく、ソクラテスに何が起こるかを表現している。「人間は死ぬものである」、このことは、彼が死ぬことになるということを意味していることわざに言うように、偶発事(アクシデント)は急に起こる。ラテン語ではアクシデントとは、これから起こることであり、したがって、アリストテレス主義の伝統的言語は、存在者に対して偶発事を、つまり、存在者がそれに従属するあらゆる変化を指示する付帯性(アクシデント)を対立させるのである。それゆえ、ソクラテスは実体でもあり、第一の意味での実体でもあって、なぜなら人間であることそれ自体は、彼にとっては単なる属性にすぎないからである。したがって、二つの実体がある。第一の実体であるソクラテス。そして第二の実体でしかありえない人間である。なぜなら、人間であることは、いつも、ソクラテスやカリアスという一人の人間について言われるのであり、特殊な個体を指示することしかできない。しかし、言語はわれわれを極端へと強いるものであり、そして神的本性ゆえに、われわれが言おうとすることの反対をわれわれに言わせるのである。ソクラテスについて、二次的な実体は、彼が人間である、と言う。こうして、それはなるほど特殊なものを指示するが、一般的なものを語ることしかできない。語りにくいことは、最も単純な事柄なのである。

ここではアリストテレス主義は知恵の小学校である。神学への道は、文法を通るのである。「われわれという子供たちに」、『ソフィスト』の異邦人が言うように、アリストテレスはまずもって、「ある」というわれわれの動詞を活用させることを学ばせるのであり、分詞や実詞(属詞)、主語と属性(述語)が何であるかを学ばせるのである。そこに天才の神秘化しか見ないことも可能である。おそらく、われわれの意味での言語の文法論(言語がわれわれに合図を送る存在「ある」の論)より深く決定するものはない、と考えるほうがよいだろう。多くの偉大な秘密の道を、われわれは小学校より遠くにはけっして行かなかったし、そしておそらく、われわれは形而上学においては、われわれの最初の先生が最初の文法の授業で教えてくれた日から、ソルボンヌでのどんな講義よりも前に進んだりしなかったのである。

西欧で最初に文法を教えた人々は、おそらく『ソフィスト』におけるプラトンと『論理学』と『形而上学』におけるアリストテレスである。彼ら以前には、文法に先立って言語が語るのである。どのような言語か？ ヘラクレイトスの言うことを聞いてみよう。「死にうる死なない者、死なない死ぬ者、死を生き、生を死ぬ」。どこに主語があり、どこに属詞があるのか。どこに名詞があり、どこに形容詞があるのか。どこに動詞が、実体に性質を帰属させ、それらを区別しながらひとつにまとめる繋辞の「ある」があるのか。ヘラクレイトスは、不可分の統一がいかなる統辞法にも支配されない言語を語っている。彼は「ある」という動詞を発話しないし、したがって、存在者をその存在において言うことをせずに語っているのである。

たしかに、アリストテレスの文には曖昧さはない。「人間は死ぬものである」は、その文が語っていることについて明瞭に意味している。しかし、自分を不死であるとまったく感じたことのない人間とは何なのか。そして、アリストテレス自身が『ニコマコス倫理学』の終わりで、人間のために、死ぬことのない思考を要求していなかっただろうか。そしてもし哲学者が永遠について考える人なのだとしたら、それは、人間が神ではないということにけっして同意できない、ということではないのか。神の不死性と人間の死の、この疑わしい討論が、人間の真理ではないのか。「人間は、一人の神と同じく、死ぬものである」と、アリストテレスの失われた対話篇断片では言われている。それは人間をその存在において語ることはできず、ただその「準‐存在」、あるいは「あたかも〜である」、あるいは「いわば〜である」と言うことしかできない、ということを意味しないだろうか。というのも、「ある」は矛盾的に対立する二つの項を結びつけることはできないのだから。そして、したがって、ヘラクレイトスの文章が真理にとっては最も高圧的な記号である、ということは、それが文法も、矛盾律も、実体としての存在も否定するからではないのか。

アリストテレスは明晰さのなかで語る。ヘラクレイトスは混乱のなかで語る。ギリシア人にとっての原初的な光景は、天空の炎である、とヘルダーリンが言っている。「この世界、すべての人にとって同じ世界は、人間でも神でもなく、いつも生きている火であり、燃える尺度であり、消えている尺度である」とヘラクレイトスは言っている。しかし、プラトンは起源の炎を盗みとり、『国家』以来、洞窟の影のなかで奴隷に強制されることになった。同じく、彼は、事物の認識の原因を名づけた。それは太陽である。だが炎の微光は不確かで、ゆらめく光であり、それは形と影を混ぜ合わせてしまう。これがヘラクレイトスの言語であり、矛盾に先立つものの統一である。プラトンやアリストテレスの提示する明晰さは、逆に、存在を影もニュアンスもない光に固定し、そのイメージは、太陽の光である。したがって、太陽へと向かわねばならない。そして、以前に述べたように、形而上学の始まりは、眼を開くことである。こうして、プラトンとアリストテレスはそれによってわれわれが存在を存在において捉えるものを「イデア」と呼ぶのである。なぜなら、イデアとは「形相」と訳されているが、「見る」を意味するギリシア語の動詞(エイドーン)と同じ語幹をもつからであり、事物の目に見える面以外のものは示さないからである。したがって、アリストテレスにとって、実体(本質)はイデアあるいは形相である。なぜなら、人間の形相とは個体的形相であり、それがソクラテスをカリアスに対立させるからであり、あるいは一般的形相であって、人間を動物あるいは木に対立させるからである。「人間とはわれわれ全員が見るものである」とデモクリトスは言っている。しかし、われわれは眼を開かねばならない。われわれが見つめているこの人間に何を見なくてはならないのか。ソクラテスの顔か、人間なるものの姿か。

したがって、正確には、われわれに見られるこの形相のうちにわれわれが見るはずのものを示さねばならない。われわれは人間を知らねばならない。「われわれの足元にあるものを知り、何がわれわれのものであるかを知らねばならない」とピンダロスは言っている。

「〈人間〉に意味があるとしたら、それは二足歩行する動物である」とアリストテレスは言っている。足をよく見なくてはならない。地面に二本の足をつけていること、このことは、人間を動物と同じく神から区別する。しかし、「二本足の動物」は人間の定義であり、『形而上学』Z巻で与えられた「定義の定義」では、「その発言のなかに、そのもの自体を含むことなしに一つのものを言い表す発言は、各々のものに対して、存在することが何であるかについての発言である」と言われている。

これは、ヘラクレイトスとの議論の終わりである。なぜならヘラクレイトスは、存在者に輪郭を与える定義のおかげで、実体を属性から区別できることを「知らなかった」からであり、そのために彼はすべてのものがその存在において矛盾していると信じていたのであって、それというのも、そのものがもつ矛盾する一連の諸属性のうちに実体が含まれていると信じていたからである。「生きることと死ぬこと、目ざめと眠り、若さと老いは同じものである。というのも、一方は他方であるために衰え、他方は一方において衰えるからである」。しかし、ヘラクレイトスにとって「同じ」とは、反対の同一のことである。アリストテレスにとって、それは「第三のもの」を意味しており、つまり、反対のものの連続の下で、それ自身のままである、反対のものの下にある実体を意味するからである。生きることと死ぬことは同じではない。同じものがあるときには生き、あるときに死ぬのである。ヘラクレイトスは実体を知らず、矛盾したものを混同してしまう。なぜならすべての生物は死ぬからである。人間を「死ぬもの」と呼ぶことは、修辞の一つ、詩人の空想でしかなく、人間をその存在において言うことではない。この定義は、人間を指し示すすべての定式のなかでも、それをなしうる唯一のものでしかない。人間の定義であるこの定式においてこそ、人間は人間であることの単純さを知るのである。非存在に直面したときのパルメニデスの存在のように、人間はその定義の統一の一を表わし、その定義の分割不可能な明証性は、人間を彼にとって非人間的であるこの非存在と対立させる。「明らかに、人間にとって〈存在する〉ことは、まさに人間にとって〈非存在〉を意味する。もし〈人間〉がただ一つのものだけを指し示すのではなく、ただ一つの意味しかもたないなら」。

「二本足の動物、これが人間を意味するものである」。これはプラトンの人間であり、羽根のない二本足の動物である。しかし、ある日、キュニコス派(犬儒派)の首領だったアンティステネスが、プラトンの聴衆の輪のただなかで、生きたまま羽根をむしられたニワトリを投げつけて、「これがプラトンの人間だ」と言った、とディオゲネス・ラエルティオスが報告している。この羽根をむしられたニワトリは人間だろうか。ヘラクレイトスに対するアリストテレスの論駁は、明証に反して、人間が非人間ではありえないことを意味しているのではないか。人間であることは、そんなに簡単なことなのだろうか。もしそうなら、『形而上学』での人間の定義に、なぜアリストテレスは『政治学』で三つの定義を加えるのか。まず第一に「人間はポリス的動物である」、第二に「人間は言葉を有する動物である」、そして第三に「人間は笑う動物である」。ただしギリシア語は曖昧なので、同時に能動でも受動でもあって、それはまた「人間は愚かな動物である」ということである。というのも、この人間を笑うものもまた人間だからである。たしかに、これらの定義はどれも根本的には意味をもっている。しかし、実体が一つなのに、なぜ定義が三つなのか。

第一の定義:「人間はポリス的動物である」は、人間がポリス的国家に住む者であることを意味している。しかし、人間は別様に生きることもできる。アリストテレスは、実際に人間が帝国にも部族社会にも住むということをよく知っている。したがって、彼の最初の定義は、ギリシアのポリス国家においてしか人間が完全に人間ではありえないということを意味している。それは「野蛮人」を排除することによって人間を定義しているのである。しかし、それは奴隷も排除している。「ポリス社会の目的は、ただそれを生きることではなく、善く生きることである。さもなければ、ポリス的国家にはまた奴隷たちや他の動物たちも属することになってしまうだろう」。これが奴隷の非人間的条件のギリシア的意味である。それを苦しさから理解してはならないし、痛みや隷属から理解してもならない。それは何よりも、奴隷は人間ではない、ということであり、なぜなら奴隷は本当には人間の生活を送っていないからであり、『ニコマコス倫理学』の結末では、真に人間の没頭すべきことによって人間が定義されている。つまり、「戦争をすること」「政治をすること」そして「哲学をすること」である。

したがって、後の二つの定義は、最初の定義と同じ人間を指示していると見えるかもしれない。つまり、自由な人間を、である。

奴隷は笑うことはないし、笑うべきものをもっていない。さらに、彼は言葉をもたない人間である。主人だけが話す権利をもつのだ。つまり、命令するために。こうしてアンティステネスの『アイアス』は、万物の母である戦争は、ある人々を自由に、ある人々を従者にしたということを次のように表現している。「戦争の敵に対して、言論に言論を対立させることは不可能である。黙って、主人となるか、奴隷となるかのために戦わねばならない」。言論に言論を対置させることは、政治的な争いである。というのも、ギリシア人にとって、自由な議会であれ、部族的な議会であれ、言葉はポリス的国家の基礎だからである。そこにこそ、弁論術の偉大さが根づいており、アリストテレスが言うように、他のどんなことよりも、人間に関わる学問なのである。「なぜなら力によって防衛できないことを恥じ、言葉によって防衛できないことを恥じないのは奇妙なことであろうから。というのも、物理的な力よりも、言葉こそ人間に本来備わるものだからである」。

奴隷もやはり、言葉への権利をもたない。というのも、奴隷は人間の物質的労働の粗野な形態のもとでしかポリス的国家のうちに住まないからである。こうして、ポリス的生活による定義も、言葉をもつ生き物としての定義も、なるほど「単に人間である」同じ人間を指示している。なぜなら、人間はその人間性を野蛮人や奴隷と人間とを区別する対立の切断面で生きるからである。野蛮人も奴隷も同じことであり、というのも、アリストテレスが言うように「野蛮人は本性からしてギリシア人の奴隷である」からである。

こうして、人間存在の統一は政治的意味を受け取る。しかし、それにはまた動物学的意味も加わる余地がある。というのも「人間は人間から生まれる」からである。自然な生殖は、第一の定義と第二の定義の区別を帰結する。というのも、各個人は、種という形で彼に似ている個人を生むからである。そのうえ、自然的存在者の各々の成長は、その本質の物理的統一を保証する。束になった枝のまとまりは、それらをまとめている外的な結びつきのまとまりであるが、木における枝のまとまりは、ただ一つの成長のまとまりだからである。アリストテレスはそれを「結合」による統一と呼んでいる。つまり、枝は、すらりと伸びた木の形によって一つに結びついて成長したのである。これこそが自然的統一であり、それというのも「自然」と訳される言葉は「ピュシス」という言葉であり、アリストテレスは、それが、まず最初にはギリシア人においては植物の成長を意味したからであるとしている。

こうして、自然はまず第一に、この分割できない成長であり、それは存在をその形相の充足性へともたらし、したがってアリストテレスはその形相を「本質」と呼ぶのである。しかし、芸術もまた事物に形相を与える。その違いは「自然の存在者はそれ自身のうちにそれらの運動の原理をもっている」ということである。ベッドは職人によってその形相を与えられるだけである。こういうわけでアリストテレスは自然の存在者の成長を「運動」と名づけ、職人の製作を「ポイエーシス（製作）」と呼んだのである。ギリシア語で、それは作る行ないを意味する。そして、それはどうすることなのだろうか。「ブロンズの球を作る。それはしたがって、ブロンズであるものによって球であるものを作ることである」。この奇妙な言葉が言わんとしていることは、よりわかりやすく言いかえることができる。それは質料を作ることでも形相を作ることでもなく、作るということは、質料に形相を当てはめることである。したがって、職人の身ぶりはわれわれに、われわれがこれまでに出会った実体（本質）の二つの意味を具体的な一つの存在に統一するしかたを示している。そしてそれは逆にして二つにすることもできる。無形の質料である質の基体としての実体と、形相としての実体（本質）とである。

しかし、アリストテレスの言葉を言いかえて何になるのか。というのも、おそらく何が言われているのかを知る以上に重要なことは、どのように言われているかを理解することだからである。それでは、この奇妙な片言の秘密は、何であるのか。それは、われわれがすでに述べたように、最も単純なことを言うよりも難しいことはない、ということである。言葉は一般的なことしか語らない。特殊なものを示すには、指で示す以外の手段はない。したがって、特殊なものとは「このもの」なのである。散歩をしながら哲学をしなくてはならない。なぜなら、身体は探究する部分に関わるからである。アリストテレスの「著作」としてわれわれに伝わっているものは、実際には彼の講義ノートなのである。そのため、大声で読みなおすだけではなく、その身ぶりをやりなおしながら読みなおさなくてはならない。というのも、この奇妙な言葉は、アリストテレスが職人の身ぶりをそれによってまねる身ぶりを強調する言葉だからである。

「声よりも模倣的なものは何もない」と『弁論術』では述べられている。そして、論理学が示すのは言葉への働きかけが、物への働きかけの単なる置きかえであるということである。したがって、われわれが述べたように、言葉が物を示すなら、それは、言葉が物を模倣する限りでのことなのである。「人間はあらゆる動物のなかで、最もまねをする動物である」と『詩学』では述べられている。そして、それゆえ、あらゆる詩は一つの模倣なのである。しかし、このような主張の意味は何であろうか。プラトン以来、ものまねとは他人の身ぶりを、それを理解できなくとも反復することであり、この意味においてプラトンにとって詩人とは模倣する者なのである。彼は詩句を繰り返すが、これらの詩句は、哲学者だけがそれを理解できるのであり、哲学者だけがそれが真か偽かを言うことができるのである。しかし、すべての詩が模倣であるということは、アリストテレスにとっては、詩がすべての人間の技術の創造的な運動だからであり、それは『自然学』の次の文と同じ意味をもっている。「技術は自然を模倣する」。しかし、この文はこの文で、いったい何を意味しているのだろうか。自然においても技術においても、「先にあるものと後に続くのものの同じ関係がある」。つまり、技術においても、自然においても、ある質料にある形相を課すのは、同じ時間の経過なのである。技術が自然を模倣するということは、したがって、職人が、自分の行なう運動のなかに、自然の成長の秘密を見出すことを意味している。もし三段オールの帆船がマグロのように尖っているとしたら、それは職人が魚をまねしたことを意味するのではなく、技術が、自然と同じく、水をかきわけることのできる形相に、質料を備えさせることができるからである。「自然は隠れることを好む」とヘラクレイトスは言っている。しかし、この秘密は、人間に嫉妬深く拒まれた秘密ではない。それは人間が分けもつ友愛の秘密である。もしその人が詩人であるのなら。

こうしてアリストテレスの『詩学』は、詩が歴史よりも哲学的である、と述べている。というのも、歴史は、ギリシア語では単に「調査」であり、すでに起こったことの研究や分類を進めることだからである。しかし、形而上学の道のりは『機械学』が言うように、さまざまな技能を経由するのであり、それによって「技術は自然を模倣し、完璧である」のであり、こうして、自然と同じく技術は産出的なのである。というのも、自然学者が自然の秘密を語ることができるのは職人のふるまいを言葉のうえでまねることによってだからである。アリストテレスの口ごもる才能は、われわれに他に例のない哲学を要求しており、その比類のない偉大さとは、それが幼児的であることにあるのである。それは、現象学と同じ考えではないが、事象への回帰である。それを実践するには、文法家の辛抱強さや弁論家の名人芸によって言語のあらゆる資源を探索することでは十分ではない。木の枝を切らねばならず、束を作ることができなくてはならない。アリストテレスの母国語そのもののなかでそれを言うには、思考が論理的な操作であるだけでもなく、自然の操作でもなくてはならないのである。

「ロゴス」はギリシア語で「言葉」を意味する。「したがって、ロゴスは空虚である」とアリストテレスは言っている。そして、ロゴスは彼にとっては、言語において「言葉」に属するものから自らを引き離すための努力である。もしわれわれが事物を手に取りなおすように誘われたら、それはわれわれが、その先行者たちが言ってきたことを治すためである。こうして自然学は弁証法的論駁の手段である。すべての本当の子供と同じように、アリストテレスは素朴であると同時に素朴さの反対である。事物に「触れる」ことから生まれるように見えるこの著作は、その本来の言葉に従えば、プラトンと前ソクラテス期の哲学者たちへのひそかな暗示である。あらゆる過去の言葉は神託である、とニーチェは言っている。そしてヘラクレイトスはこう言っている。「デルフォイの神殿にいる神は、隠れたままでもなく、語るわけでもなく、一つの徴を与えているのだ」。これがアリストテレスである。多くの秘密の間接的な徴である。

というのも、アリストテレスは何も語らないからである。「言葉で」、ということは「言葉に関わる者」を意味する。言葉は語りそのものであり、それゆえアリストテレスは口ごもるのであり、それというのも言語から逃れるためには、言語の拒絶に逃げ込むしかないからであり、事柄を語るかわりに、それらを示す身ぶりに逃げ込むしかないからである。しかし、指が指し示すものは、このものやあのものでしかない。パルメニデスは見事に語っている。「あるは、ある」。そしてそれによって、存在のすばらしい唯一性を語っている。しかし、ひとはこう尋ねるだろう。「あるとは何か」。その問いの形そのものが、答えを含んでいる。「それはこれだ」あるいは「あれだ」。こうして、ただ一つの文、「ソクラテスは人間である」が、ソクラテスをその存在において語っているのだ。というのも、それだけが、「このものであること」「あのものであること」として、ソクラテスにとって、あるとはどういうことかを表現しているからである。これが、それ以上でもそれ以下でもなく、存在者の存在の秘密である。「そしてまさに、かつても、今日も、これからも、いつも、出口なしにとどまる探究とはこれである。存在とは何か。そしてそれは実体とは何か」である。

〔ミシェル・グリナ〕

アリストテレスはマケドニアのスタゲイロス（そこから彼のあだ名は由来しており、彼の父はそこで医者であった）で生まれたが、紀元前三六七年以来、このスタゲイロス人が長年にわたってプラトンの教育を受けたのは、アテナイにおいてである。そこではクセノクラテスとアタルネウスのヘルミアスが学友であった。ヘルミアスは、彼らの師プラトンの死後、この学友を二人とも、アイオリアのアッソスにある彼の宮廷に招いた。アリストテレスはヘルミアスの妹または姪であったとされるピュティアスとそこで結婚したが、紀元前三四五年にレスボス島に移住した。彼はそこで毎日、食事のたびに「徳への讃歌」を歌った、とアテナイ人が言っているが、それは彼がヘルミアスの思い出のために作詩していたもので、ヘルミアスのために彼はずっと後になってデルフォイに彫像を立てたとされている。紀元前三四三年、彼はフィリッポス王の宮殿のあるペラに召喚され、若きアレクサンドロスと彼自身の甥のカリステネスの教育に従事することになる。このカリステネスこそ、バビロンから彼の叔父（アリストテレス）に、彼のかつての学友アレクサンドロスの不運な犠牲者となる前にカルデア人による占星術的見解を送った人物である。紀元前三三五年、アリストテレスはアテナイに戻り、そこに新しい学校、リュケイオンを創設する。一三年間、彼はそこで、彼のイリッソスのほとりを散歩しながら彼の弟子たちを指導した。そしてこの教育は、彼の学派に逍遥学派（ペリパトス学派）という名前を与えることになったのである。紀元前三二三年、アレクサンドロスの死にあたって、アリストテレスは（彼のよそ者的性格は、「マケドニア主義者」の疑いを呼んでいた）エウボイア島のカルキスにある、彼の母から引き継いだ土地に引退し、そこで七十歳で亡くなった。

テオフラストスは合法的団体として認められた逍遥学派の創始者である。紀元前三二二年に、彼は彼の師（アリストテレス）からリュケイオンの指導者を引き継いだ。アリストテレスは遺言で、私たちの時代まで引き継がれる彼のすべての富をテオフラストスに遺贈したのである。

［J.L.］

［翻訳＝加國尚志］

ミシェル・グリナによるアリストテレスの《肖像》は、形而上学における「存在」の意味をパルメニデスやヘラクレイトスの見解との対比を通じて明らかにするという内容になっている。グリナが「存在」の意味を解明するにあたって手がかりにするのは、『形而上学』第四巻や第七巻における「存在」および「実体」に関する叙述である。彼はアリストテレスのテクストを断片的に引用し、自ら哲学するように自身の言葉で「存在」や「実体」について説明しており、しかもその説明は言葉で捉えがたい部分を言い表わそうとする点においていて必ずしもわれわれにとって明瞭であるとは言えない。ここでは、『形而上学』第四巻における「存在」の学に関するアリストテレスの構想と第七巻における実体に関する学説を取り上げ、テクストで語られていることを明瞭に示すという仕方でグリナの説明を補足することにしたい。

グリナが『形而上学』第四巻の最初の文を形而上学という学問の規定として取り上げるとき、彼はギリシア語の「オン」(「ある」という動詞の現在分詞の中性単数形)を「存在(être)」と訳しており、形而上学は「存在であるかぎりの存在を省察する学問」とみなされている。「存在」というと、「ある」ということが抽象的な仕方で提示されているように見えるが、アリストテレスの「存在」理解からすれば、「オン」は「あるもの」と訳して差しつかえない語である。例えば一人の人間も種としての人間も「あるもの」であり――前者は個別的な実体として「あるもの」、後者は普遍的な実体として「あるもの」であり――、白や勇気もまた「あるもの」である。白や勇気はそれ自体として存在するものではないが、何らかの実体の性質として存在するものであり、その限りで性質として「あるもの」である。実体以外のカテゴリーのその他のもの、量や関係なども同様である。アリストテレスにとって「あるもの」を「あるもの」としての限りにおいて研究するとは、「あるもの」を数学などの個別的な学科の対象としてではなく、「あるもの」としての限りで――実質的にはカテゴリーの学説を前提にした仕方で――研究することであり、「あるもの」の原理や原因を探究することである。原理や原因の探究を突き詰めるなら、『形而上学』第六巻第一章に示されているように、形而上学という学問は、不動の実体である神を対象とする神学であることになる。グリナがその解説の初めで、形而上学が神を対象としていることに言及しているのも、この第六巻第一章の叙述に依拠している。しかし彼の解説の大部分は、神学としての形而上学ではなく、実体を基礎に置く存在の学の説明に向けられている。これは、アリストテレス自身が「あるもの」の学を神学と規定しておきながら、その学の実質と考えられる『形而上学』第七～九巻において感覚的事物に関する存在論、実体を中心とする存在論を展開しているという事実に基づいていると考えられる。アリストテレスの形而上学を理解する上でその点は重要なことである。「存在とは何か」という問いが「実体とは何か」という問いに置き換えられることにグリナが何度か言及しているのも、彼がその点の重要性に気づいていたからだろう。

「あるもの」の学を構想するアリストテレスは『形而上学』第六巻第二章において、その探究の対象となる端的な意味での「あるもの」を、❶付帯的に「あるもの」、❷真としての「あるもの」と偽としての「あらぬもの」、❸述語づけの諸形式、❹可能的に「あるもの」と現実的に「あるもの」という四つに区分している。アリストテレスは付帯的なものには学は存在しないと考え、Iは「あるもの」の学の対象から外される。また、❷は思惟のうちにあるものとみなされ、これも「あるもの」の学から排除される。その結果、❸と❹がその学の対象として残るが、実際、『形而上学』第七～九巻において論じられるのは❸と❹についてであり、とくに実体についてーーいわゆる実体も問題になるが、むしろ本質ないし形相としてのウーシアーがとくに問題にされるーーである。

「あるもの」の多義性としては、一つには上述の四つの「あるもの」の区分が考えられるが、もう一つの見方としてはその四区分のうちの❸述語づけの諸形式という形での多義性がある。すなわち、いわゆる一〇個のカテゴリーの区分である。『カテゴリー論』第四章や『形而上学』第五巻第七章、第七巻第一章に見られるように、「あるもの」の多義性は、「Xである」における「X」にどのようなものが入るかに応じて、「ある」の多義性に即した仕方で示される。例えば「X」に「人間」が入るのであればその「ある」は実体を示す「ある」であり、実体としての「あるもの」が存在することになる。「白」が入るのであればその「ある」は性質を示す「ある」であり、性質としての「あるもの」が存在することになる。そのような仕方で、「あるもの」は、実体、性質、量、関係、場所、時、位置、所有、能動、受動という一〇個のカテゴリーに区分される。『カテゴリー論』では、実体のカテゴリーについても実体以外のカテゴリーについても個別的なものと普遍的なものが区別され、例えば個物としてのこの人間と、種としての人間や類としての動物とが区別されるし、個別的な性質としてのこの白と、種としての白や類としての色とが区別される。実体以外のカテゴリーにおける個別的なものと普遍的なものとの区別は、現代の形而上学でも問題にされる重要な問題ではあるが、アリストテレスにおいては『カテゴリー論』という著作内での特殊な問題である。これに対して個別的な実体と普遍的な実体との区別は『形而上学』第七～九巻における実体論においても依然として前提になっておりーーただしそこではもはやいわゆる第一実体と第二実体との区別は消失し、質料と形相からなる結合体の理解に関して個別的な結合体と普遍的な結合体が区別される――、とくに個別的な実体がそのものであることの説明、あるいは個別的な実体がそのものであることの原因の説明が主として質料形相論の観点から行なわれている。その原因は個別的な実体がもつ形相ないし本質であると考えられ、実体の定義の観点や自然学的な原因探究の観点から考察が行なわれ、「可能態－現実態」の対概念の理解を前提にして現実態としての形相が明らかにされることになる。アリストテレスの実体論のなかで重要であるのは、プラトンに由来する概念である「形相」が、個別的な実体に内在するものとして、さらには個別的な実体に固有の個別的な形相として捉えられている――グリナも「個体的形相」として言及している――ことである。アリストテレスが個別的な形相というものを認めたかどうかについては解釈上の論争があるが、テクストの上では『形而上学』第七巻第十三章などでたしかに明言されており、アリストテレスの見解として認めるのが自然である。個々の人間にとっての個別的な形相とは個々の人間の魂である。魂にはさまざまな働きがあり、生物に共通する能力から感覚能力、理性的能力まで幅広い働きが認められる。そうした諸々の能力の多くは個別的な身体を通じて発揮される能力であり、このことから、魂が個別的な身体との関係で存在する限りにおいて個別的であることが理解されるだろう。

しかしながらアリストテレスは理性ないし知性に関しては、身体の特定の部位を前提とする働きであるとは考えず、これを神的なものとみなしていた。人間のこの能力を解明する道筋は、純粋な知性としての神の探究に通じていると考えられる。また、倫理学における人間の幸福の探究にしても、突き詰めれば神的な観想的生活が見えてくる。アリストテレスの形而上学は魂論や幸福論の基礎をなしており、また、その形而上学は普遍的なものよりは個別的なものを原因として見出す学説である。しかし、人間の存在に関わるそうした諸々の考察が最終的には神的なもののあり方と結びつくことを見過ごしてはならないだろう。このことに注意を向けるとき、われわれは、アリストテレスの「あるもの」の学がもともと神学として構想されたことの意味を読み取ることができるのではないだろうか。

主要著作

▼アリストテレス『カテゴリー論』。

▼アリストテレス『自然学』。
▼アリストテレス『魂論』。
▼アリストテレス『形而上学』。
▼アリストテレス『ニコマコス倫理学』。

参考文献

▼山口義久『アリストテレス入門』筑摩書房、二〇〇一。
▼渡辺邦夫『アリストテレス哲学における人間理解の研究』東海大学出版会、二〇一二。
▼岩田圭一『アリストテレスの存在論――〈実体〉とは何か』早稲田大学出版部、二〇一五。

〔補記＝岩田圭一〕

アリストテレスと後継者たち

アリストテレス

❖ARISTOTE　384-322 BC

＊『メルロ＝ポンティ哲学者事典』第一巻《肖像》参照。

エウデモス（ロドスの）

❖EUDÈME　?-354〔353?〕BC

アリストテレスの弟子。エウデモスは「自然学」に関する著作〔『アリストテレス「自然学」注解』〕を記したが、そのいくつかの断片はシンプリキオスにより今日まで伝えられている。この断片を集めてみると、古代の神話的な宇宙開闢説が盛り返してきているのがわかる。エウデモスの理論は、法や規則を表示するなかば抽象的な形式に重要な意義を与えている。また、アリストテレスが書いた『エウデモス倫理学』というタイトルは、彼に帰される。

アリストクセノス（タラスの）

❖ARISTOXÈNE de Tarente　375〔350?〕-? BC

アリストテレスの弟子。アリストクセノスの書いたもので今日まで残っているのは、リズムについての断片（＝『リズム原論』断片）と『ハルモニアー原論』であって、これは知られているなかでは最も古い音楽論である。アリストクセノスの弟子は「耳（＝聴覚）によるハーモニー学者」と呼ばれていた（それに対して、ピュタゴラスの弟子は「計算（＝数比）によるハーモニー学者」とされた）。

テオフラストス

❖THÉOPHRASTE　372〔369?〕-288〔285?〕BC

エレソスに生まれる。プラトンの弟子となり、次いでアリストテレスの弟子となる（テオフラストスはアリストテレスの財産すべてを遺贈されたし、アリストテレスの哲学校リュケイオンの学頭を継承した）。彼はペリパトス学派（＝逍遥学派、アリストテレス学派）の真の創設者であり、この学派はアテナイで法的に認められた団体となる。実を言うと彼は、それ以前の紀元前三一八年に、デメトリオス・ポリオルケテス〔攻城者〕によってアテナイから追放されていた。テオフラストスの著作は（ディオゲネス・ラエルティオスは二四〇もの書物を挙げているが）、アリストテレスの作品を注釈・補完するものとなっており、そのうち今日まで残されているのは、『植物誌』

『植物原因論』であり、ラ・ブリュイエール以降よく知られているのは、『人さまざま（＝性格論）』である。

ストラトン（通称自然学者、ランプサコスの）

❖STRATON ?-269/270? BC

ランプサコスに生まれる。著名なペリパトス学派の哲学者。テオフラストスのあとを継いで、紀元前二八七年から二六九年までリュケイオンの学頭となる。ストラトンの著作で自然学研究を扱ったものは、すべて失われてしまった。彼は紀元前三〇〇年から二九四年まで、エジプトの王プトレマイオス・フィラデルフォス（＝プトレマイオス二世）に哲学を教えた。彼が教授するのは、偶然が自然に先んずるということ、また重さだけがただひとつの活動的な力だということであって、アリストテレスとはちがった理論を採用している。

クリトラオス

❖CRITOLAÜS 2C BC

リュキアのファセリスに生まれる。紀元前一九〇年から一五〇年までペリパトス学派の学頭となる。クリトラオスは、紀元前一五五年ローマに使節として派遣され（ストア学派の〔セレウケイアの〕ディオゲネス、アカデメイア学派のカルネアデスも同行した）、そこでアテナイ市民を弁護し、彼らがオロポスの町を破壊したという罪で科された罰金を免除してもらえるように弁論した。この弁論の聴衆のなかには、小スキピオ（＝スキピオ・アフリカヌスの息子の養子）と〔ガイウス・〕ラエリウスがいた。この雄弁な弁論家であるクリトラオスは、大カトー（＝マルクス・ポルキウス・カトー・ケンソリウス）によって追放されることになる。

アレクサンドロス（アフロディシアスの）

❖ALEXANDRE D'APHRODISE 2C-3C AC

アリストテレスの注解者。アレクサンドロスは『運命と自由意志について』を著わし、そこでストア学派の学説に反対している。この著作は、セプティミウス・セウェルス帝とカラカッラ帝に捧げられている。アレクサンドロスの著書には、『形而上学』『分析論前書』『トピカ』『ソフィスト的駁論』『感覚（と感覚されるもの）について』『気象論』『魂について』『運命について』がある（最後の二つは注解）。

エピクロス

❖ÉPICURE

341-270 BC

エピクロスの学説ほど毀誉褒貶《きよほうへん》にさらされたものはない。逆説的なのは、この学説がこれほどまでに称賛と非難とを巻き起こしたことではなく、むしろそのどちらをも正当化してしまうことである。専門家の一人が書いているところによれば「この学説のなかには、どことなく狭量で偏屈なものがあり、まさしく快哉《かいさい》を叫びたくなるところで、水をさされてしまうのだ」。

V・ブロシャールがエピクロスの体系のただなかに発見したこのコントラストは、学説の細部にまでも存在する。おそらくは、古代的な諸要素とすでに近代的な諸特徴との間にあるきわめて顕著な対立の内に、エピクロス哲学に特有の動かしがたい特徴となるものを見出すことができるだろう。古代の哲学者たちは、エピクロス哲学をあまりまじめに受け取ってはいなかった。紀元前一世紀の半ば頃、一人のアカデメイアの哲学者が、非常に間口の広い諸説統合を旗印に、諸学派間の混乱や争いに終止符を打とうとするが、エピクロス哲学はこの和解の試みから除外されていたのである。そうかと思えば、エピクロスを、イギリスの功利主義やマルクス主義唯物論のようなとりわけ近代的な学説の先駆者に見立てることも可能だった。こうした比較もある程度までは頷けるのだが、もちろんのこと、とどのつまりは成り立たない。それはまさに、エピクロスが知者について抱いていた古代的理想ゆえにそうなのであって、この理想は、完全な自足の内に生きるものであり、彼の場合には、実社会から身を退き、不遇な人々や貧しい人々にもほとんど頓着《とんちゃく》しないというものだった。

この哲学の最も現代的な特徴の一つは、洗練された趣味の良い独特の調子であり、その点についてはきわめて感覚の鋭かったニーチェが、とあるページにこう書いているので、ここに引用しておくのがよろしかろう。「エピクロス派は、自分自身のひどく敏感な知的性格に合うような状況や、人々や、さらには出来事までを自ら選択し、残るすべてを、つまりほとんどすべてのものをあきらめる。なぜなら、それは彼にとって、硬すぎたり胃にもたれ過ぎたりする食物となるからだ。ストア派はこれとは反対に、石でも虫でも、ガラスのかけらやサソリであろうとも、平気で食べてしまおうとする。彼の胃は、ついに、生存の偶然が送り出してくるすべてのことに対し無頓着にならねばならないのである。……運命の即興曲に従う人々にとって、また、荒々しい時代に生き、突発事や他者の気まぐれに翻弄される人々にとっては、ストア派の思想がお勧めかもしれない。だが、運命が自分に長い糸を紡がしてくれそうだと薄々

❖ ÉPICURE

感づいている人々にとっては、エピクロス思想に身を委ねるほうが良い。知的労働を志す者は、これまでずっとそうしてきた。実際、彼らにとっては、繊細な感受性をハリネズミのとげをもったストア派の硬い皮膚と交換することは、最大の損失になるだろう」〔『華やぐ知慧』第四書、三〇六〕。

この比較は的を射たものであり、エピクロス的理想がもつ永遠不変の本質をこの上なく見事に示している。ところで「労働」という観念は、ストア派を貫いてキュニコス学派にまで遡るものであり、とりわけ知的労働については、エピクロス派よりもはるかにクリュシッポスの弟子たちの学問的活動にふさわしいものだと言っても過言ではあるまい。エピクロス派は無教養で知られているし、彼らは尊師が無教養であるがゆえに讃えていたのである。「エピクロスは詩人たちの作品を読むことに時間を費やすべきであったのだろうか。だが、そこでは何ら実質的な利益は得られず、子供を喜ばせるほどのことしかないだろう。あるいはまた、プラトンのように、音楽・幾何学・算数・天文学を学ぶことに費やすべきだったのか。しかしそれらは、誤った原理から出発しているので真ではありえず、仮に真であったとしても、人生をより心地よく快適にするような結果を出してはくれない。はたして、彼はこれらすべての技術に専念し、そして生活術、これは実に重要で、実に難しく、それなりに役立ってくれるものだが、それを放棄すべきだったのだろうか。そんなわけで、エピクロスには教養が欠けていたと言うべきではあるまい。本当に無知な者とは、幼年期に学ばねば恥であるような事柄を、老年期になるまで学ばねばならないと思い込んでいる人々なのだ」（キケロ『善と悪の究極について』I、二十一章、七二）。

例えば、『ゴルギアス』のカリクレスは、壮年期には真面目な事柄にしか携わらないという条件で、青少年が哲学の基礎を身につけることを望んでいた。だが、彼は世界を征服するために学問を放棄する。エピクロス派は、活動的な人生も知的な人生も、一切合財捨て去って、全身全霊をあの「生活術」に捧げる。この生活術は、ストア派におけるようには「神的・人的な事柄についての学」を必要とはしない。この技術はそれ自体が独自の内容をもっており、他のすべての技術から切り離されていて、それはちょうどエピクロス派の賢者が〔エピクロスの〕園という隠れ処に立て籠もり、「その他のもの、つまりほとんどすべてのものを捨て去る」のと同様である。

物や人に対するこの立て籠もりや分離は、エピクロス派の世界観の根底にある。この精神的個人主義は、原子論的自然学から、外的保証や、もたらされる証拠を受け入れるばかりではない。そこに自分自身の状態を認めるのである。この無秩序な世界は、エピクロスの徒をも拒絶するのであり、明らかに、人間のためを思ういかなる神によっても構想されたり実現されたりしたものではないのであって、それが彼に自己のイメージを送り返し、彼の孤独を照らし出す。デモクリトスは、パルメニデスの「存在」という

「真ん丸の球体」を粉砕したと言えるだろうが、エピクロスは「全体」を切り刻んだわけではない。彼は、諸事物の多様性に対するよりもはるかに、それらの極度の孤立状態について鋭い感覚をもっていた。存在のそれぞれの小片は、それ固有の欠乏状態の上に閉じられた一つの全体である。それぞれの間には、もはやデモクリトスにおけるような、それらの関係を決めたり組み合わせを調整したりする必然性も理由もない（この点について、偉大なる原子論者たちの遺産は、もっぱらクリュシッポスが唱える因果の法に引き継がれていく）。原子が、まさしく永遠にわたって、可滅的で無数の世界を形成しているのは、偶然の活動によってである。そんな宇宙論的結合の一時的な成功も、その要素の生来の独立性を凌駕することはなく、それら要素は再び孤立と無秩序という最初の状態に戻ることになるだろう。神の摂理も運命も、世界の形成をつかさどるわけではなく、どんな自然法も、人間的結合を基礎づけるものではない。「理性的な存在のもとでは、自然によって彼らを結ぶどのような社会的感覚もないのである」（エピクロス、ウーゼナー版、五二三）。都市国家の諸法のおおもとは「有用なものについての協約」（ディオゲネス・ラエルティオス、十巻、一五〇）であった。そこからは、セネカが見事に表現したようなストア派との違いが生じてくる。「エピクロスは言う。「知者は、よほどの状況でない限り、国政には少しも関わらないだろう」と。ゼノンは言う。「賢人は、状況が妨げにならない限り、国政には参加するだろう」と」（『閑暇について』III、二）。さらにまた、こう語っているところもある。「私たちの内には、自分の子供に対するいかなる自然な愛情もない」（エピクロス、三二九、一七）。「結婚はけっして得なものではない。結婚によってひどい目に会わされない者は幸いだ。知者は結婚することも子供をもつこともすべきではない」（ディオゲネス・ラエルティオス、十、一一八）。

こうした世界観は、よく指摘されてきたように、ひどくペシミスティックなものである。もっとも、その原理においては英雄的なところがないわけでもなく、さらに端的に言えば、知的勇気をも欠いてはいない。この勇気は、そこにある悲しみに対し、宇宙論的で永遠不変の代償を求めたりしないよう、それらを拒否するすべを知るために、いつだって必要とされるものなのである。エピクロスは言っている。「自然学者たちの言う宿命なるものに屈するくらいなら、神々にまつわる寓話を受け入れるほうがまだましだ」（ディオゲネス・ラエルティオス、十巻、一三四）。だが、宿命とともに、神意もまた拒否される。幸福の追求は、人間の企てであり、一個人の仕事である。自然的なものであれ超自然的なものであれ、外部からはどんな助けもやっては来ない。エピクロスの宇宙は、クリュシッポスの宇宙のように、人間の幸福に貢献するものではない。ただ、それを許し、それを可能にし、その障害になるようなことはないのである。あらゆる合目的性をまぬかれ、世界は私たちに好意的でもなく、何を与えてくれるわけでもなく、まさにそこからして、少なくとも妨害しようとする意図などはまったくないのである。「神々にまつわる寓話」を捨て、人はゼウスの雷を武装解除し、地獄の法廷を虚無の内に送り返す。大地も空も、死者たちの魂の遍歴に対し、大規模な装飾をしつらえるのを止める。しかしながら、世界の無秩序がまるごと人間の条件にふさわしい点もあり、それが偶然性なのだ。ストア派から否定され、プラトンからもアリストテレスからも不完全で月下の領域内に閉じ込められてきた偶然性も、エピクロスの体系においては、自由が導入されうる自然の裂け目となっている。この偶然性とは、すでに古代において揶揄されていたあの名高い原子の傾き déclinaison（クリナメン）のことなのだが、ここでは、それについての可否は論じずともいいだろう。もっと重要であるのは、合目的性と必然性との間につねに結ばれている微妙な絆を解きながら、エピクロスが目指していたのは、自由の人間的な経験を宇宙に投影するようなことでは少しもなかったということだ。むしろ彼は、当初の意向に忠実であり、神格化された宇宙を徹底して浄化するにとどめている。原子の偏向は原子を人間化するのではなく、人間的自由の道からそれらを遠ざけるだけなのだ。「神々をめぐる寓話」を廃した後は、「自然学者たちの宿命」を緩めることになるだろう。

古代の学説で、自由の観念をこれほどにも遠くまでもたらしたものはなかった。初めて道徳と自然学とのあらゆる繋がりが断たれたのである。人間はもはや、自分が宇宙論的現実の体系においてどんな序列にあるのか把握する必要がなくなった。宇宙はもはや、人間の行為に対する手本ではなくなり、それを強制することも方向づけることもなく、いかなる趣旨をも示唆することがなくなったのである。伝統が取り除かれた自由は、自分自身へと立ち返り、すべてが可能となるように思われた。ここでは、ルクレティウスがこの解放の恩恵を祝って詠んだ詩を引用しておかねばならない。「宗教は、天空の高みから顔を見せ、その恐ろしい外見で死すべき者どもを脅かしており、人類は大地の上で、その重圧に押し潰された卑しい生活を引きずっていると誰の目にも見えていたときに、一人のギリシア人が最初の人物となり、あえて死すべき者の目をこの宗教に対して向け、それに抗して立ち上がった。神の寓話も、雷も、空の威嚇的な轟も、彼をひきとめるどころか、その燃え立つ勇気をさらにかき立て、彼をして固く閉ざされた自然の門をこじ開けたいと思わせるばかりになった。こうして、彼の精神の逞しい努力は、ついに勝利をおさめる。彼は私たちの世界の燃え上がる障壁をはるかに越えて進んだのである。精神も思考も駆使して、彼は広大なる全体を経めぐり、そこから勝ち誇って帰還し、私たちに、何が生まれそうであり、何が生まれなさそうであるのか、つまりは、確固たる里程標にしたがって個々の事象の力を決める諸法則を教えてくれたのだった。そしてそれによって、今度は宗教のほうがひっくり返され、踏みつけられ、勝利は、私たちを天上にまで持ち上げてくれるのだった」(I、六二以下。A・エルヌー訳)。

このようなテクストの内に、ベーコンによって採用された「もっとその先へ(Plus-Oultre〔plus ultra〕)」といったルネサンス期の野心や、さらには十八世紀の野心などを想起させる「近代的な」響きを聞き取らないでいるのは難しい(もちろん、そこには、明らかな差異もあるのだが)。また、とりわけ、マルクス主義唯物論がこのように称賛される学説の内に自分の姿を認めることができたのにも納得がいく。もっとも、ルクレティウスもエピクロスも、社会革命の考えはもたなかったということや、また、あまりにも違う学説や政治を並置しようとすれば、かえってそれらを接近させてみる価値や真理を損なう危険が生じるなどということについては、ほとんどここで付け加える必要はあるまい。

伝統や宇宙の重みから解放されたエピクロス的自由は、しかしながら何を企てることもなく、一種の回帰によって、その空虚や無為は、完全な解放にまさしくふさわしいものとなる。あらゆるものから自由になったエピクロス派の知者は、そもそも何に対しても自由であるということがなくなるのだ。社会的なしきたりへの批判や、皇帝の圧政に対する抵抗などは、ストア派の人々が担うことになる。アッティクス、ホラティウス、ペトロニウスらは、確かにいくつかの特徴において近代人である。だが、自由についての考え方からすれば、けっしてそうではなかった。

自由を絶対的なものにしたあと、エピクロスを「隠遁」の奥房に、「平安」(catastématique)の無為に閉じ込めたこの奇妙な逆転は、彼のデリケートな健康に由来していると考えられ、ラクタンティウスの見解によれば、エピクロスの理想は、医者に治してもらおうとする患者の理想だということになる。キケロはさらに心理学的な説明をも提供してくれる。「私は、自分では恐れるべきではないと言っている事柄を、つまり死や神々のことを、エピクロスほど恐れていた者はいないと思う。普通の人々だと、これらの恐怖によってさほど動揺することはないが、彼は、すべての死すべき者たち〔全人類〕の精神は恐怖に襲われていると叫びたてるのである」(『神々の本性について』I、三十一章、八六)。こうした「説明」の射程を過大に評価してはなるまいが、それでもなお、エピクロス主義が守勢に立っていることは確かである。エピクロスは作り話をしりぞけ、必然性の重圧を打ち砕くが、それは自然を自分に従わせるためでもなければ、いかなる脱出を試みるためでもない。彼にとっては、包囲された砦を〔エピクロスの〕園に変貌させれば十分なのである。

私たちがすでに言及する機会のあったさまざまなもののなかでも、とりわけ二つの動機がこうした立ち位置を決定している。悲観主義と個人主義とである。確かに、エピクロスは最高善を喜びの内に置いている。しかしこの主張は、最大の悪としての苦しみを拒否するというさらに根本的なもう一つの主張に先立たれている。だが、真の快楽主義というのは、当然ながら喜びを取り囲んでいる苦しみ、つまり、満たされぬ欲望、そしてやがては、飽満と嫌悪とになるものを少しも恐れないものである。実にはっきりと示されたカリクレスの理想は、ここでもまた私たちに、エピクロス主義の独創性と限界《リミット》とを推し測らせてくれるのである(『ゴルギアス』四九四A－C)。したがって、最高善はもっぱら、それがつねに制止しようとする悪を参照することになる(アタラクシア)。「増大する喜びの極限《リミット》、それはあらゆる苦痛を除去することである」(『エピクロス』七二、I)。

こうした理想をもつ悲観主義は、さまざまな満足によって緩和されていくのだが、この満足は、現実の余白か、さらには空想のなかに位置づけられるものであることは言っておかねばならない。この種の代償は、体系の経済面においては重要である。体系を評価するためにこの代償は無視できないものなのだ。原子論的な物理学への手引きや、禁欲といったものが、現実世界との接触を断つやいなや、知者は自由になり、自分の内や外に、自らが造物主であり支配者でもあるような好みに適った一つの世界を生じさせる。エピクロスが創造したなかで最も美しいものは、友愛の世界であり、それは、あらゆる共同体のうちでも最も高度な形式のものと考えられている。なぜなら、この創造物は、個人の自由な選択にのみ基づいており、自然的・政治的・家族的な共同体とは異なる一つの帝国として構成されているからである。エピクロスが世界のはざまに置いた奇妙なパンテオンのなかで、この学派の成員間の友愛と結合との喜びが、理想化された姿になって見出される。そこには無数の男女の神々が住まい、神人同形論的にあらゆる細部まで描き出されているが、彼らは、世界に対しても人々に対しても、あらゆる配慮を免じられているのである。エピクロスの宗教感情の誠実さは疑うべくもないが、その誠実さが、美的賛美に特有の無根拠性を分かちもっていたことも否定しがたいところだろう。結局、道徳的生活において、これら自立した創作物は、現実世界の圧力に効果的に対峙することになる。こうして、過去の快楽の思い出はそれ自体が快楽であるばかりではなく、必要とあれば、苦痛や今現在の責め苦をも、埋め合わせたり消し去ったりすることができるのである。ブロシャールは、これをめぐって、幻覚のさまざまな現象に言及することができた。そこには、この体系が引き寄せられそうな傾斜がはっきりと見えている。まずはその宗教的威光が剝ぎ取られ、生《なま》の存在において意味もなく受容された現実世界は、もはやその目的においてではなく、その現実性において、ついには異議申し立てを受けることになり、私的で想像的な世界によって置き換えられることになるだろう。

想像力や美的感覚が現実感覚よりも優位に立とうとするこうした緊張が、おそらく、この哲学を最もよく特徴づけるものである。今後は、この緊張がいかに不連続な時間の考えによって決定されているのか、細かいところまで示す必要があるだろう。というわけで、エピクロス的快楽主義は、存在論においてではないにせよ、少なくとも倫理学において行為の理論に貢献しようとしていたならば、致命的な弱さからはまぬかれていたはずだということだけは言っておこう。もっとも、そうなると、それはもはやエピクロス主義ではなくなってしまい、そこには、幻滅に満ちた世界のなかで、この主義がもつ詩的な力を賛美する余地も残されてはいなかったことだろう。

〔ヴィクトール・ゴルトシュミット（レンヌ大学文学部助教授）〕

エピクロスは教師の息子であり、母は占い師であった。心酔者のルクレティウスによれば、彼の内には「今では叡智と呼ばれている生き方を初めて発見した神のような人物」が見てとれたという。おそらくは（アテナイの植民地）サモス生まれと思われるが、この地で成長する。後に彼のもとに最初の弟子たちがやってくる（トロアスのランプサコスからは、メトロドロス、ポリアエヌス、レオンテウス、コロテス、イドメネウスが、ミュティレネからは、その後エピクロス学派の第一代継承者となるヘルマコスがやってくる）のも、こうした島々からである。彼は「自己の魂に配慮するのは、けっして早すぎてはいけない」と教えており、自身も十四歳ごろから哲学を始めた。紀元前三二三年にアテナイに帰り、アレクサンドロスの死後、コロポンに滞在していたが、これは彼の立場からすると、アテナイのマケドニア人たちへの敵意からそうしたものと思われる。彼はおそらく、パンピロスやクセノクラテスに学び、ランプサコスやミュティレネ、またとりわけアテナイで教鞭をとっていた。このアテナイでは、デメトリオス・ポリオルケテス統治下の三〇六年に、彼は八〇ムナで庭を買い、これが（ストア・ポイキレ〔ストア派の彩色柱廊〕、アカデモスの森、リュケイオンのような）哲学上の著名な場所の一つとなるのである。身体不随となる長患いの間に彼が見出した慰めは、友愛を育むことであった。その名が安易な快楽の象徴となった人物は、次のように教えていたのである。「人生を快いものにしてくれるのは節度ある思索であり、女性たちとの享楽や豪華な食卓ではない」。〔J.L.〕

＊　エピクロスの《肖像》の翻訳に際し、近藤智彦氏・川本愛氏より訳文や出典などについて数々の教示を戴いた。心より御礼申し上げる。もちろん、訳の最終的な責任はすべて訳者（加賀野井秀一）にある。

〔翻訳＝加賀野井秀一〕

エピクロスと後継者たち

エピクロス

❖EPICURE　341-270 BC

＊『メルロ＝ポンティ哲学者事典』第一巻《肖像》参照。

ポリュストラトス

❖POLYSTRATE　M2C BC

エピクロス学派の学頭として、ヘルマコスのあとを継ぐ。ポリュストラトスには『〔大衆の見解に対する〕非合理な軽蔑』という著書がある。そこでは、「問答法を用いることについてストア派に賛成し、またストア派の信念を否定することについてエピクロス派に賛成しながらも、その両者の教条主義に対して徹底的に敵対する傾向の考え」を見ることができる。

フィロデモス

❖PHILODÈME　c.110-40(35?) BC

コイレ・シリアのガダラに生まれる。キケロはフィロデモスから教えを取り入れ、『〔善と悪の〕究極について』という書物を書いている。フィロデモスはある論文において、エピクロス哲学こそが正統のものであり、それに対して彼がソフィストと呼ぶ学派は異端のものであると主張する。そして、エピクロス哲学が諸悪に対して施すというかの有名な四つの薬〔テトラファルマコン〕について論じている。すなわち、「神を恐れることはなく、死を案ずることはない。善は容易に手に入り、害は容易に耐えられる」。この文書はヘルクラネウム遺跡で見つかったものであり、その遺跡の発掘によってフィロデモスの複数の著作に関して明らかになっている。彼についてわかっているのは、『ギリシア詞華集』に収録されている短詩と、『記号について』『弁論術について』『音楽論』『怒りについて』などのいくつかの論考である。

ルクレティウス

❖LUCRÈTE　c.99(97?)-55 BC

彼はエピクロスについて次のように書いている。「かの人は神のごとき人だ。知恵と呼ばれる人生の規則を見つけ出した最初の人であり、彼の学問によって、きわめて大きな嵐、きわめて深い闇からわれわれの存在を救い出してくれた上に、きわめて穏やかな静寂、きわめて明るい光輝のなかにわれわれの存在を座らせてくれた人なのだ」。このルクレティウスという詩人の辿った運命は珍しいものであった。ルクレティウスは師であるエピクロスの後ろに隠れるようにして、生涯をかけてエピクロスの教えを解釈し、その教えを『事物の本性について』の見事な詩のなかに表現した。おそらくルクレティウスがエピクロスの学説において見出したのは、彼自身の苦悩に対する答えであり、魂の平静だったのだろう。

われわれはたしかに自然学によって、神々や死への恐れから解放されることになるし、自然学は知恵へと招き入れられた機械論であろう。しかし、学問とは神話の新しい形式のことではなく、学問が安らぎと解放という効力をもつのは、まさにその合理性のおかげなのだ。ルクレティウスの独創的なところは、彼が人類の進化という考えをもっていたということにあるが、その点についてジャン＝ジャック・ルソーはしっかりと目を向けていた。　［H.D.］

クリュシッポス

❖CHRYSIPPE

281{280?-207{205? BC

「クリュシッポスがいなかったら、ストア派は存在しなかっただろう」。古代の人々の言うことはこの判断について一致しているが、これが厳密には正しいとは言えないだけに注目すべきことだ。ストア派第三代学頭クリュシッポスは、後継者という立場にむしろ満足しているようである。クリュシッポスは会ったことはないがストア派創設者とされているキティオンのゼノン、そして二代目クレアンテスの仕事を継承する。ちなみに、クレアンテスはあまり明敏とは言えず、ゼノンの死後に五十歳すぎで学頭になるまで、学生のままであった。クリュシッポスは、いくつかの点で先代たちと距離を置いていることは確かだが、全体として見れば学派を管理し守った人物のように思われる。彼は正統的な教説を体系化し後継世代からみて決定的なものとなるように定めなければならなかったわけだが、彼がまずもってこの教説に従ったのだからである。これは思想史のなかでもきわめて珍しい例で、教説の「第二の創始者」が、独創性と忠実さとを結び合わせながら、復興作業に個人的な色合いを与えたのだ。こうした事情はストア派そのものから部分的には説明できる。ストア派はつねにまったく異なる人々でも集結させ、根本的な統一性を危険にさらすことなく違いを認めることもできるのである。しかしまたクリュシッポスのパーソナリティのうちにもその理由はある。彼は、対立する教説に惹かれる気持ちや分派を立てたいという誘惑に抵抗しつつ、自分の熱意と知性をすべて傾けて、ゼノンの教義への同意のうちに自らを表現したのである。

クリュシッポスが生まれ故郷キリキアからアテネに上陸したとき、ストア派は周辺の諸学派ともめていたが、また特にストア派内でももめていた。ゼノンの弟子たちは、一方は、凡庸さによって教説を弱体化させ、他方では、凡庸さを強調しながら教説を単純化したり変えてしまったりして、結局は教説を公然と放棄してしまう。対外的には、クレアンテスが新アカデメイア派からの手ごわい攻撃やライバル諸派からの圧力にうまく対抗できていなかった。ライバル諸派、つまりキュレネ派やキュニコス派、エピクロス派もまた、より直接的で楽しげな方法で幸福に近づける、と信奉者たちに保証していた。クリュシッポスがストア派を内的変質から救い、競合する既存勢力に吸収されるのを防ぐことができたのは、クレアンテス存命中から早くも学派組織を一新し、アカデメイア派の懐疑主義に対する戦いの指揮をとったからである。しかし、彼が成功した本当の理由は、ゼノンの教説を全体的によく考えなおし、クリュシッポスなりのやり方でその教説をいわば発明したからである。この第三世代の弟子は亜流ではまったくない。彼の教えは、個人的な発見だけが与えることので

❖ CHRYSIPPE

きる確信から発したものであり、してみれば古代の人々が、アテナイオスの言葉に従えば「ストア派の長」としてクリュシッポスを重んじたのも、もっともなことなのである。

クリュシッポスの生涯は、有名な哲学者のわりにはほとんど知られていない。伝承は教訓的な逸話や印象深い箴言を好むものなのに、精彩に富む細部はほとんど記録にとどめられておらず、またその死についても感動的な物語は何も伝わっていない。伝承は、二人の先達が行なったような「合理的な自殺」をクリュシッポスも行なったかどうかなどは、まったく伝えていない。語られるのはむしろ、クリュシッポスの教授活動と研究活動である。また、その驚くべき学識や仕事ぶりについても語られている。クリュシッポスの老家政婦の言い分を信じるなら、彼は毎日五〇〇行書くことを自分に課していた。彼は七〇五冊の本を書いた（その書誌さえも完全な形で残ってはおらず、著作は後世の著述家たちの引用による「断片」しか知られていない）。さらにその著作はいずれも、形式やスタイルをまったく気にすることなく構成されていたとも言われる。他の逸話では、彼は自分の能力についてはとても強い自覚をもっていた上、アテネでもどこでも、既成の権威から独立していた。彼は市民権を得ていたが実際に行使することはなかった。また当時のごく一般的な慣習に反したりもしている。例えば、彼は自分の論著を王に献呈せず、クレアンテスの慫慂《しょうよう》にもかかわらず、プトレマイオス四世王の王宮にストア派の代表として赴くことを拒否している。この逸話はスピノザの有名なファブリティウス宛手紙を思い起こさせずにはおかない。資料がもっとたくさんあれば、この比較をさらに続けることもできたであろう（あるテクストによれば「彼は、財産をもってはいながら貧しく暮らした」ともいう）。ともあれ、こうした資料から、哲学と教育に捧げられた人生の背後に、ストア派のとらわれなさがあることがとてもよくわかる。このとらわれなさのおかげで、歴史記述者を驚かせるに足るようなことをし、華々しく自らを表わす機会がなかったのである。このとらわれなさがなかったら、エピクテトスのような人が、クリュシッポスによって理論化されたまさにこのストア派を生きることができたわけが理解できないだろう。

クリュシッポスの貢献を正確に復元することは、原典が乏しく不完全であるため、いまだ果たされていない文献学上のつとめである。いずれにせよクリュシッポスの主要な役割は、先人たちの包括的で時に萌芽的な直観のあれこれを首尾一貫した体系として構築することにあったと思われる。そしてまた、そうした直観を具体的な観察によって説明し、力強くたくみな論証でもって主張するのである。ちなみにこの力強さとたくみさは古人をもってして「神々が論証するとしたら、それはクリュシッポスのような論証だろう」と言わしめたほどのものである。教説を一元論へと決定的に方向づけたのもクリュシッポスであり、彼の名は体系の主要な断片に結びつけられている。例えば、情念の理論や個体性の理論、人間学などがそうである。〔ストア〕論理学の仕上げはすべて彼の手によるものであるようだ。特に、有名な〈宿命〉についての教説として知られているものは、クリュシッポスがその教説に与えられた形式にもとづいているのである。

宿命という語それ自体は、たしかに、ストア派の人気をつねに支えたものであり、学派や専門哲学者を越える影響力があった。至極当然のことである。ストア派の教え、つまり、力づくで引きずられるままになるよりは自発的に従えという教えは、「逆境でもくじけない」「必然を徳とする」といった大衆的な知恵にも通じる。逆境にあるときには、われわれは少なくともぺこぺこしているふりをせざるをえないし、ほとんど悲観的にならない気質の人でも、そうしなければ……というプレッシャーを感じるものだ。この意味でわれわれは誰もが本来ストア派であり、文句ばかり言うよりはうまく立ち回る寓話の狐であり、ロマン派の詩に登場する「ストイックな誇り」を見せるオオカミなのだ。

しかしもちろん、「従う」やり方に引きずられるままになる動機にも多々ある。体面や虚栄や傲慢さ、尊大さや「冷たい沈黙」、軽蔑などを救おうとする欲望。また謙遜、謙虚になることの悦び、自己放棄、挫折の誘惑と敗者を演じる悦楽、「運命」に勘弁してくれと請うこと。こうした態度はどれも、それぞれのテーマに応じた対応ができるものであり、そうした態度が真正のストア派に対してもつ関係は、心理主義が純粋論理の理念に対してもつ関係と同じなのである。ストア派たちは一般に、「情念をもたないこと」を強く求め、多くの情念的な動機、つまり「暗い気分」、「悲劇的なポーズ」、「対立の精神」、「習慣」などに言及している。こうした動機は、本当の徳を欠いたまま、同意する姿勢を生みだす手助けをすることになる。しかし、〈宿命〉への同意は唯一の理由から生じなければならず、その同意のためには理論的な知が前提となる。この知こそ、まさに哲学が約束するものである。

自然発生的なストア派、あるいは大衆的なストア派と呼びうるものにはさまざまあるが、そのどれもが、宿命を、ゼノンやクリュシッポスの宿命とはまるで違う観念にしてしまう。それは神秘的な力のこともあるが、たいていは、なんらかの役割や諸感情を帰しやすい物言わぬ登場人物である。そしてその力や登場人物について、無関心さ、嫉妬深さ、悪意、恣意、きまぐれ、わがまま、残忍さ、さらに不合理さといったイメージを抱く。情念は、それに即応するために別の情念を呼び覚まさなければならないからである。壁に向かって一人で台詞を言うのは難しいのだ。しかしストア派において、賢者の理性に答えるのは理性である。クリュシッポスの定義によれば、〈宿命〉は、「宇宙のロゴスである。すなわち、それに従って諸々の出来事が起こったし、起こりつつあり、起こることになる理由である」。

さらに、〈宿命〉は〈摂理〉やゼウスの思慮深い意志と同一視される。「強いられた忍耐」をしか吹き込むことができないような「ここで主張されている必然性」へ、このストア的宿命を還元するためには、ライプニッツが『弁神論』で示しているような敬虔なる巧妙さが必要だろう。摂理によるストア派の〈宿命〉は楽観主義の原理であり、プラトンとアリストテレスの教説に真っ向から対立するものだ。彼らの教説だと、「月下の領域〔此岸〕」は部分的に偶然性に委ねられたものであって、ただ天体の世界だけが、神的〈知性〉の配慮の下で管理されているのだ、ということになる。この区別を廃止することによってストア派が主張するのは、宇宙が同質的だということとともに、〈摂理〉の働きがわれわれの生の最も暗い出来事にまで及んでいるということである。〈宿命〉はこうして、安全で信頼できるという感情に裏づけを与える。「賢者は起こることに満足する」とクリュシッポスは書いている。

ここから最後の違いも出てくる。ストア派もどきの動き方は防衛し後退するというものだ。ものごとに失望しやる気を失ったとき、ストア派もどきは、世間から孤立し、その孤独を調整し、表にさらされる部分を極力小さくし、もう一度失敗しないように身を退こうとするわけだ。しかし、クリュシッポスの言う賢者は、エピクロス派の「隠れて生きる」ことを拒否し、「賢者はけっして一介の私人として生きるのではなく」、また単に「起こることに満足する」のでもなく、それに協力することを求めるのである。「もし有徳の士が将来を見とおすことができるのであれば、その人は自身が病気や死やケガと協力することになろう、というのも、その人はこの責務が宇宙の秩序のおかげで自分に割り当てられたことをわかっているからである」。それゆえ、クリュシッポスは〈宿命〉を堪え忍びもしないし甘受することもしない。クリュシッポスはゼウスの行ないと調和し、このことによって、ゼウスと張り合えるようにもなる。そこから、〈初めに服従する〉ことと、〈賢者はまったく自律している〉こととを主張するパラドックスが出てくることになる。クリュシッポスは次のように書いている。「ゼウスにとってふさわしいこと、それは、自分自身とその生を誇り、それを信頼する、あるいは、それに自負心をもち、〈その生は賞賛に値するのだから〉それを褒め称えることだ、と表現すべきかもしれない。そうだとすれば、こうしたことは有徳の士すべてにとってもふさわしいことである。なぜなら、そうした人々はゼウスにいささかも劣るところはないからである」。

クリュシッポスのストア派はそれゆえ、なんらかの困難に陥った人なら誰でもが自然と思いつくようなストア派とはまったく異なるものである。さらに、ストア派の体系はきわめて多くのテーゼ、特に自然学に関するテーゼを含んでいる。いまでは学者であれアマチュアであれ誰も主張しないようなものではあるが、それにもかかわらずそうしたテーゼを賢者は要求する。ストア派を道徳の問題だけに切り詰めることはありがちな間違いなのである。叡智は「神々と人間との事柄に関する知」（ユスティニアヌスの『法学提要』はこの定式を法解釈の名のもとに主張できるとした）と定義され、クリュシッポスはこう表明する。「善悪についての理論や徳、叡智に到達するためには、宇宙的自然と世界の統治から出発するより他に方法もないし、よりふさわしい方法もない」。さらにクリュシッポスはより正確にこうも言う。「哲学的な考察には三種のものがある。論理的考察、道徳的考察、そして自然学的考察である。第一に論理、道徳は第二で、第三が自然学だ。そして、神についての教説は自然学に含まれ、最後にある。というわけで、神々について伝えられる教えが奥義と呼ばれるのである」。哲学のこの三「種」ないし三部分は完全に関連しており、このたとえは風変わりだがタマゴになぞらえられ、カラが論理を表わし、白身が道徳、黄身が自然学、となる（後二者は逆になることもある）。古代のストア派は一つの塊であって、取るか捨てるかを選択すべきものであった。このように考えると、歴史家からすればつねに興味を引かれもするし感動したりもできるものであるにせよ、教説としては過去のものとも思われる。しかし、ことはそう簡単ではない。

この哲学は間違いなく長い生命力をもっており、時折その注目されてこなかったテーゼを回復させるルネサンスが起こる。その命題論理学（概念間のではなし、事実間の関係について言明する論理学）は、長らく等閑視されてきたが、フレーゲやラッセルによる現代論理学のおかげでめざましい復権を遂げたことはよく知られている。ニーチェは、ストア派をほとんど評価していないにもかかわらず、永劫回帰の考えは取り込んだ。他にも、もう誰もその起源について考えようとも思わないようなストア派の遺産もある。例えば、学校で文法を学ぶとき、子供たちはストア派の作った用語に助けられているのだ。因果性の原則を定式化し個体の学を想定したのはクリュシッポスだし、前は修辞学と医学とによって片づけられていた情念についての研究を哲学に組み入れたのもクリュシッポスである。自然権と万民法の考え方は、ローマの法学者によって仕上げられたとはいえ、ストア派に遡る。ストア派の影響は他の領域にも広がっており、例えば、応用倫理学（個別の徳の探究や、決議論の技術と良心の導きの技術の探究）、弁神論（ストア派は、ライプニッツも用いた伝統的な議論の大部分を定式化している）、神学（クリュシッポスは理性と宗教的伝統とを調停するための有名なアレゴリー的解釈の方法を完成させた）などである。しかし何よりも、内的自由と賢者の自律の発見があり、これこそがデカルト、スピノザ、カントを通して近代の意識のなかに浸透していくことになるのである。

近現代におけるストア派の歴史をもっと書かなければならないと言われたのはもっともである。しかし、このように考えてみれば、クリュシッポスの体系がストア派の枠内にとどまるものではないこと、その後裔が、断片的にであれ少なくともその体系に関わることができていること、これは十分にわかる。それゆえ、その〔後世のストア派の〕諦観の渋い風情のせいで、〔本来の古代ストア派における〕ゼウスと張り合えるほどの賢者の光輝をほとんど思い起こせないとしても、拡散し一般化したこのストア派は認められ評価されてもよかろう。というのも、ストア派はこれまで秘教的な教説として姿を現わしたことはなかったし、広く「共通観念」、つまり理性的な存在すべてに共通する自然な考えに訴えるという、まさしく常識の哲学たらんとしているのだから。もし庶民がそこからより高度なストア派に達しないならば、庶民には説明を受ける権利があり、説明を提供するのが哲学者の役割である。そもそもの初めから、対話は、哲学と常識との間ではいつも骨の折れるものであった。クリュシッポスは、賢者という人物造形は誇張的なものだと進んで認めている。「そういうわけで、賢者の過剰な偉大さと美しさのために、賢者に与えられる諸特徴はフィクションのようなものと思われるだろうし、人間と人間本性とに少しも釣り合っていないように思われるのである」。その点について、プルタルコスの良識は大喜びしている。「彼が自己矛盾に陥っていることが、これ以上にはっきりとわかることがあろうか。崇高であるがゆえにフィクションのようなものに思われ、人間と人間本性を越え出るように思われるもの、それが、人生と調和しており生得的な先取観念のうちに根を下ろしている、と主張されているのだ」。たしかに、プルタルコスが他でも言うように、「クリュシッポスは、自分を、さらには弟子も師匠も、賢者だとは言わない」。となると、クリュシッポスは他の人々についてストア派が述べていることと、つまり「誰もが常軌を逸しており無分別で不敬虔で正しくない、最悪にして不幸の極みだ」、これでなければ、どう考えているのだろうか。「不死鳥よりももっと稀だ」が「常識」と合致し、普通の人間も、少なくとも賢者のカリカチュアを手本にすることができるという賢者の人物描写を具体例として提示するこの哲学は、いったい何なのか。

ここに見ることができるのは、道徳的経験、すなわち、一方のわれわれとわれわれの行動、他方の真似できないにもかかわらず誰もが同じように認めておりそうあるべく望んでもいる規範、この両者の間に隔たりがあるということが、初めて意識的に表明されたということである。しかしストア派は、罪責性の観念よりも規範の「自然的」性格のほうを強調する。クリュシッポスは彼の「フィクション」に対する現実的な基盤を探し求める。自然的と称されるそびえ立つ理想や、われわれを神にも等しくする叡智が常識によって定義される、といったパラドクスはここに由来する。エピクテトスはずっと後に学派を代表して次のように答えることになろう。「哲学者たちは往々にしてパラドクスを語るが、誤謬推理を語ることはけっしてない」。プルタルコスの有名な『ストア派の自己矛盾』や、その前後の人々が作成したストア派の矛盾を嘲弄するようなカタログを見ると、その矛盾はつねに一つの同じ根本的なパラドクスに還元される。それは自然に「合わせ」つつ自然を越えようとする、というものである。

幸福についての教説であることを標榜するストア派では、最高善は徳のうちに置かれている。徳は「自然との一致」によって定義される。クリュシッポスが示す明確な説明では次のようになっている。「徳に従って生きることは、自然に生じる物事の経験に合わせて生きることに等しい」、ちなみに自然という語によって「人間に固有のものである自然本性と、〈万物〉の自然本性とを理解しなければならない」。自然は、これもまた作用するものであり、それどころか真の作用者といえる唯一の者であるので、こうした最高善に関する定式は、もしその定式が事実確認として理解できるものだったら、きわめて明らかなものであろう。ところが、これは事実確認であると同時にまた命令でもあって、ストア派はつねに、〈宿命〉の全能の前に計画も努力も放棄してしまうような「怠惰な議論」を拒否したのである。それゆえ、結合してしまうとパラドクスになってしまう二極を、簡単に言えば、この哲学を統べている二つのテーマ、つまり現実の受容と現実の変容、この二つを初めに認めておかなければならない。

実際、幸福は活動のうちにあると言うことは、まず何よりも現実の生、日々の生を十分条件として受け入れることであり、同時にプラトンやアリストテレスの観想的な理想の放棄、つまり「学者の生」のうちに引きこもることで、肉体からついに解放された魂が叡智的実在と相まみえるようになる来生《らいしょう》において自らを完成させるという理想を放棄することである。この形而上学的実在と「背後世界」の拒否は、クリュシッポスの人間学に対応したものである。クリュシッポスは、心身合一を主張して、不死性が約束された「理性的部分」をもはや区別せず、魂の不死という問題をほとんどまったく気にかけない。それゆえこれは、ソクラテスについて言われるのと同じように、天の哲学を地へと連れ戻し、現在を希望よりも好み、幸福を現実の制約の内に収めるということになる。

この現実は、われわれに現われまた課されるがままに受け入れられ記述されており、仕上げられてもいないし美化されてもいない。直接的な所与のうちに認識を得、その認識を主観の勝手にはさせない「感覚主義」は、これに由来する。魂は対象の活動に従っており、クリュシッポスは表象を光になぞらえる。「光は、光自体と光が包みこむ対象とを一緒に見えるようにする。同じように、表象は、表象自体と表象を生みだした対象とを一緒に見えるようにする」。

ストア派の「唯物論」と「自然主義」は類比的な関心を表わしている。最も明らかに現実的にわれわれに提供されるもの、それは物体〔身体〕であり、「作用を及ぼしたり、作用を被ったりしうるもの」である。まさに物体〔身体〕に経験は直面するのであり、まさに物体〔身体〕にわれわれはつねに働きかけようとしているのだ。他者の魂に対してすら、われわれは物体〔身体〕的な活動、つまり〔物体〔身体〕として解釈される〕

振る舞いや声によってしか影響を及ぼせないのである。魂はそれ自体も物体〔身体〕的な本質に由来するもので、物体〔身体〕を駆けめぐり、物体〔身体〕を保持する火の気息と考えられるのだから、非物質的なものではありえない。というのも「非物体〔身体〕的なものは物体〔身体〕に触れることはできない」からである。この唯物論はさらに推し進められ、プルタルコスの見るところ「不合理」なまでのものになっている。「彼らは、徳と悪徳、さらに、総じて技術と記憶も、そして表象、情念、衝動、承認すらをも物体〔身体〕だと考えている」。この理論の意味は、上位のものを下位のものへと連れ戻すことにあるのではまったくない。むしろ、最高度の現実性をこうしたあらゆる活動に与えるものである。それゆえ、プラトン主義者のように、徳や技術を即自的な観念として孤立させてはならず、徳や技術を魂の様式として魂に結びつけることが必要だ。あるいはクリュシッポスの表現に従えば、魂がそのプネウマ的なエネルギーの流れを伝達する「はたらき」として徳や技術を魂に結びつけ、そのことによって、それが「現実」のものとなるのである。結局、自然主義はもともと、とりわけ歯止めとしての機能をもっているのである。何かをしようとする欲望に屈する前に、また、作りなおそうという計画を組み上げる前に、クリュシッポスはわれわれに「自然に起こる物事についての経験」を積むことを求める。人間の自然な衝動と目的は、決して間違いのない基準を道徳的生に対して与えてくれ、道徳的生が「フィクション」によって導かれないようにしてくれるのである。

全体として、ストア派の第一の運動は現実への服従である。しかし、その段階でとどまることはできなかった。というのも、ものごとは眼前で動かないままということはないからである。ものごとは、主体自身がそうであるのと同じく活動能力が備わっている。してみれば、世界というスペクタクルによって求められている対応は、観想という受動的な態度ではなく、この「経験」によって明らかにされる活動である。哲学はプラトン的な純粋〈理論〉にとどまるわけにはいかない。哲学は ars vitae と定義される、つまり生きる技術なのである。ものごとの圧力はまなざしの上に向けられるだけではなく物体〔身体〕にも向けられ、それが呼び覚ますのは視覚ではなく、活動〔作用〕と反活動〔反作用〕である。ストア派が自身の内および宇宙の内で経験した理性は、もはや観想的哲学の汚れなき「知性」ではなく、創造者としてのロゴス、実践的理性であり、ゲーテのファウストはそれを「行為」と翻訳することが適当ではないかと自問することになろう。

ものごとの現実性に服従することで、人間存在は自分の自律性を意識し、今度は自分が被った受動の力を行使したいと望むようになる。ここから出発して、第二の運動では、最初の飛躍を延長して支えとし、自然による所与を乗り越えようとする。そうすると、認識の基礎はつねに受動的に被った「表象」のうちにある。しかし、表象は同意によって追認されることを求める。「表象を受け入れることは意志に依るのではない。表象に同意を与えることは、表象を受け入れるものに依っている」。ところで、同意とは判断であり、（いかなる「熟慮」にも基づかない）自ずからなるものでありながら理性の作用である。同様に、表象から切れ目なしに概念にまでつながっている。感覚的印象からはじまって、記憶において「経験」が構成され、そして「概念」が、一方では「自然的で人為の介在なしに」、他方では「教育と研究によって」形成されるが、精神はつねに現実と一致して働いている。一般観念は表象からは遠ざけられるが、けっして（プラトン主義の場合のように）完全に表象と切り離されることはなく、具体的に適用しようというときにはいつでも、観念と表象とは結びつくことができるのだ。抽象的な証明をするときにすら、感覚的印象は遠隔作用としてある。これを示すには、感覚的印象を体育教師あるいは武道師範に喩えればはっきりする。教師は子供が正確な動きができるようにするさい、子供の手を取って導くこともあれば、自分自身で実演して遠隔的に子供たちに作用を及ぼすこともある、というわけだ。さらに感覚は、見えない現実に対して結論を下そうとしておのずと行なわれる推論に、前提となるものを提供することができる。かくして世界の光景は自然な推理によって、神と摂理とが実在することをわれわれに結論させ、また社会生活によって、正義と不正義、善と悪との諸概念がおのずと生みだされるのである。

　感覚主義が一種の理性主義へ向かうというこの移行の運動は、倫理においてひときわ逆説的な仕方で見出されることになる。そこでクリュシッポスは、自然的な衝動から出発して、彼も自認するように「フィクションのように見える」この完成した叡智に通じるのだと主張する。まず最初の水準において、「自然に適っている」のは、誰もがそれと認めるもの、つまり富、健康、名誉といった「優先的なもの」である。しかしより深い意味では、叡智に、つまり宿命に関する認識に、普遍的秩序へと意志的に服従することのために、こうした評価は取って置かれるべきである。つきあわせてみると、それぞれの主張は明らかに相容れない。しかし、クリュシッポスは、この両極の間に中間項を増やし、連続した移行の運動に目印をつけていく。保存の本能——これは「自然と合致したものごと」の追求とその反対のものの拒絶である——このおのずからの選択をよく考えられた選択に変えること（「理性的存在にとって、理性はより完全なはたらきのために与えられたものである。よって自然に従って生きることは、理性的存在にとっては理性に従って生きることになる。かくて衝動に職人が加わることになる」）——最後に、この理性そのものを自律的に行使すること、という目印を付けるのである。保存本能からロゴスの内面性への移行には、連続した移行以上のもの、つまり密かな変容がある。「自然との合致」という観念は、まずは外的善と他の「優先的なもの」を対象とする衝動によって教えられる。こうした衝動はわれわれを叡智に「紹介する」、そして叡智は、ひとたび到達してみると、叡智のみが自然と合致していること、その衝動が求めている善は本当の善を先取りするものでしかなく、それを受け入れる準備をわれわれにさせているのだ、ということを理解させてくれる。かくして、次のことは依然として正しい。「衝動は必然的に叡智の出発点である。しかし、誰かを紹介してくれた人よりもその紹介された人物のほうを重んじるということはよくある。これと同様に、初めはわれわれが自然的な衝動によって叡智に紹介されたのに、後になると、出発点であった衝動よりも叡智のほうがわれわれにとって親愛なるものとなってしまったとしても、驚くには当たらないのである」。同じメタファーが他でも、いかにして自己愛から人間愛へと「自然」な成り行きで移行するかを説明するために現われている。

かくして、教育は、自然を顧みないのではなく自然を手引きするのである。自然的な目標は予備教育として補助的に利用される。ストア派の「自然主義」の目指すところは、道徳を自然化することにはなく、道徳を自ずからなる衝動と同じように自然的かつ実効的なものにすることにある。自ずからなる衝動は「出発点」であり、また一つの事例を提供してくれるものだ。賢者という理想は自然的な徳の上に描かれるのである。そのため、かえって完全な道徳による厳格主義は、日常的な義務を無限に細分化し、意識の(教化的な)指導のもとでその義務を誰にでも近づきやすいものにしてしまうような、ある種の「中庸の道徳」で間に合わせることができるのだ。この移行の運動は、論争にとっては逆説的なものであるが、和解という態度を取りやすくしてくれるものである。このことからこの哲学が成功したわけも教育に熱心なわけも説明できる。かくして、理論上の一神教は、伝承的な神々の複数性を廃することなく保持し、神的な力が多様化する局面ないし機能と解釈されることになる。宇宙的な一元論は、その「固体化する性質」によって定義される人間の人格を潰すのではなく高揚させる。宇宙そのものも一つの個体であるように。作用的で実効的な唯一の因果性は、神のうちに置かれる。しかしそうはいっても、宿命論は人間的な決定を「完全な原因」として残したままにしておく。また神的作用というこの重厚な観念は、例えば医学や法律といった具体的な学問の必要に合わせて長々と分析され適用されることによって、原因の多様性(先立つ原因とか、補助的な原因とか)へと和らげられ、ばらばらになる。政治的な悲観主義の立場となるといかなる改革の企てをも排除することになる。例えばゼノンはプラトンが『国家』を書いたことを非難したが、しかし「賢者は、何ものもそれを妨げないのであれば、政治的な事柄に関わるであろう」。というわけでローマにおいてストア派は、スキピオの時代には国家の哲学という役回りを演じていたのである。逆に、自然法の理論とコスモポリタニスムの理論は、伝統的な義務を廃棄せよという主張をまったくすることなく、確立された制度に対して、いかなる革命的な衝動も含んではいない。しかしながら、グラックス兄弟の古代ローマ改革の試みを準備したのはこうした理論であり、あらゆる皇帝の時代を通じて、「皇帝たちのもとでの反対派」を支えることになったのも、これらの理論なのである。もっとつつましやかな領域では、言語の自然的な起源に関する理論は、ひとつの理論にはとどまらず、言語学的な探究と文献学的な探究を呼び起こし、科学的文法の創造にまでいたったのだが、これは主としてクリュシッポスのおかげである。一方で、この同じクリュシッポスが、事実にとらわれずに「自然言語」の教義をとことん突きつめるよりはむしろ、〔言語の〕形成が不規則であることを説明するための変則の原則を表明してもいる。

ストア派の理性は世界に内在する。そして、先行する偉大な体系が偶然だとか非合理だとして見捨てたできごとやものの細部に至るまで入りこんで、世界を引き受けようとする。この浸透を正当化しこの通過の運動を基礎づけるもの、それは連続性であり、つまりはものごとの統一性である。そこに「思想の型」ないし世界観があると言ってもよいが、ともあれこれがこの哲学全体を決定している。両極を一連の媒介で関係づける論理的手続は、〈宿命〉の理論において定義されるものごとの普遍的な関係を表現している。〈宿命〉、それは何よりもまず因果関係の厳密な連鎖なのである。「何らかの動きが原因もなく宇宙に導入されたら、宇宙はただ一つの秩序と唯一の計画に従って統《す》べられるものではもはやなくなるだろう」。より根本的には、〈宿命〉は唯一の原因たる神と同一とされる。神は、「ハチミツがハチの巣房を通して広がるように」、世界の諸部分に浸透し行き渡るのである。最後に、世界は「神々と人間の体系」であり、〈宿命〉は、自発的かつ一体となって諸々の出来事の組成を生みだす諸々の作因が一致協力したものとして現われる。こうした表象の土台には自由の観念がある。その自由が、断片的かつ強制的な所与から宿命の力へとわれわれを結びつけるのである。実際、原因をもたないたったひとつの出来事が世界の統一を解消してしまうように、クリュシッポスのパラドクスの表現によれば、「一人の賢者が思慮深く指を立てると、世界中の賢者の誰もが利益を得る」。あるいはマルクス・アウレリウスは次のように書くことになる。「ひとがどんなにわずかでも諸原因の結合と連鎖を断ち切ると、その部分だけではなく宇宙全体が損なわれる。ところで、君が出来事に不満であり、ある意味で君が出来事を壊すとき、その連鎖が君に関わっている分だけ、君はこの連鎖を断ち切ることになるのである」。

このような考え方は、部分的には歴史に属する自然学の基礎に基づくものだが、この点は本稿では割愛する。より重要なことは、この考え方の表明しているものが、現代思想によって発見ないし再発見されたいくつかの観念を初めて表明したものだということを確認することである。なによりもまず人間の連帯という考え方、そして私がわずかでも行為すれば普遍的責任に関わることになるという考え方。それから、「緊密さのカテゴリー」とでも言おうか、ストア派の神が世界のどこにでもいるのと同じように、最小の出来事でも私の自由をまるごと含みうるという観念である。そして特に、現在の瞬間が永遠の価値をもつという時間の考え方がある。クリュシッポスはこう言う。

「より長い間続くからといって幸福はより大きいものとなるわけではなく、分割できないある（一瞬の）時間内にしか生じない幸福と変わらない同じものなのである」。この充溢の経験によってクリュシッポスは、幸福の瞬間によって賢者がゼウスの永遠なる至福と張り合えるのだとまで主張する。この経験は、魂の漠然とした状態から生じるものではなく、活動することでしか把握されえない絶えず張り詰めた意志から生じる。そこから、次のようなミニチュア芸術との比較が出てくる。「偉大なる芸術家に特有なことは、些少な空間のなかに全体を閉じ込めることができるという点である。賢者は、神が何世紀にもわたってそうであるのと同じように、自分の存在のなかで安んじている」。こうした集中の働きがなかったら、意志はゆるみ、実在しないものの誘惑を受けることになる。このことをパスカルは、まさにストア派が言う〈常軌を逸した人〉に対してぴたりと当てはまる言い方で語っていた。「われわれはけっして現在の時にとどまっていない。われわれは未来を、やってくるのが遅すぎるかのように、その歩みを急かすかのように、先回りして待ちもうける。あるいは過去を、あまりにも早く過ぎ去るかのように、押しとどめるために呼び戻す。無分別にも、われわれは、自分のものではない時のなかをさまよい、唯一自分のものである時に思いを向けない」。

現代文学のうちにすぐに見つけることのできる〈ものごとと瞬間へのまったき現前〉というこの要求は、クリュシッポスが賢者のものと考えた変化させる能力をよく説明している。この能力は、絶対的な正しさをもつ精神がどんな小さな義務のうちにも行き渡るようにできる能力である。この要求はまた、内的自由や意志の道徳についての型どおりの表現よりも、ストア派の自由をうまく説明している。ストア派の道徳は純粋な内面性に閉じ込められたものでは少しもない。この道徳は、結果において、クリュシッポスの言う「妨げるもの」によって限界づけられる、ということだけを認める。この「妨げるもの」に今日ではいくつかの別の名が与えられているが、いかなる道徳的行動主義もこれを減じるには至らない。この意味で、クリュシッポスは次のように書いたのである。「私には結果がわからない以上、私は、自然と合致する善いことを自分に与えるのに最も適しているものを追い求めつけつづける。というのも、神こそが、私を創造するとき、私が自由に選択できるようにしてくれたのだからである。けれども、もし〈宿命〉によって私にいま病が宣告されると本当に知ったとしても、私は同じ熱意をもってそれを受け入れるだろう」。

たしかに、妨げるものが絶対的かどうかがいつも簡単にわかりうるとは限らないし、ストア派はもう抵抗しないと決めてしまうと、それを経験することも証明することもあきらめてしまうのだ、とは言える。結局そこにこそ、自由を力から絶対的に区別するストア派や他のあらゆる教説の限界、あるいはそう言いたければ弱点がある。力は、それが拠り所としているまさにその手段によって維持されており、ちょっとした危険の兆候が現われても中断され、障害物の気の済むまで、また力がそれ自体として抵抗を続けるかぎり、引きずり回される。しかし、力は決して自由に結びつきを断つことはできないのだ。ストア派の自由、それは、何を企てるにしても放棄するにしても、いつも自由だ、ということである。この自由は成功するなとは言わないが、成功しろとも求めない。こうしたわけで、ストア派の教える賢者――ゼウスですら束縛できない賢者――の振る舞いを偽造するものでしかないにせよ、何かを企てる力をもはやもたないものたちこそが、いつも自由なのである。

〔ヴィクトール・ゴルトシュミット（レンヌ大学文学部助教授）〕

キティオンのゼノンは、キュニコス派のクラテスの弟子、メガラ派のスティルポンの弟子、アカデメイア学頭のクセノクラテスとポレモンの弟子にして、ストア派の創設者。ゼノンはポイキレに学校を創設し、その柱廊（ギリシア語で「ストア」）を学説の名に与えた。紀元前二六四年、ゼノンは叡智の終わりに達し自らの命を絶ち、クレアンテスが後を継いだ。クリュシッポスは、生地キプロスからアテネに来て、まずアカデメイアの学生となるもついて行けず、長期間にわたってクレアンテスの教えを受ける。紀元前二三二年に学派の三代目としてクレアントスの後を継ぐ。弟子にはゼノン、アンティパトロス、アルケデモス（三人ともタルソスの人）、クリニスがいる。クリュシッポスに与えられた「ストア派の柱」という異名が伝わっている。〔J.L.〕

＊クリュシッポスの《肖像》の翻訳に当たっては、近藤智彦氏および川本愛氏より訳文や出典などに関して多大な教示を戴いた。記して感謝申し上げる。もちろん、訳の最終的な責任はすべて訳者（本郷均）にある。また、既訳を参照しつつも必ずしも従っていない箇所が多い。訳者諸氏の寛恕を請う。〔翻訳＝本郷均〕

古ストア主義

ゼノン〈（キュプロス島）キティオンの〉

❖ZÉNON DE CITTIUM　335〔334?〕-263〔262?〕BC

フェニキアに生まれる。紀元前三〇〇年ころ、アテナイの〈彩画列柱廊〉（ストア・ポイキレ）において学派を開いた。ゼノンはストア主義の創始者であり、エピクロス哲学とたえず論争を行ないながら、きわめて折衷的で巧妙でもある学説の大筋を描いた人物である。このストア哲学の普遍主義、のみならずその教条主義は、こののち数世紀のあいだ哲学的思想を支配することになる。ゼノンは絶対的合理主義を表明し、自然学・論理学・倫理学という三つの学問は不合理なものを徹底的に取り除かねばならないとした。彼によると、哲学は「神的なものと人間的なものについての学問」、つまりはあらゆるものについての学問である。なぜなら、世界とはひとつの生きものであって、その統一原理や魂は神の気息（プネウマ）であり、これはすなわち、この生きものを駆けめぐりその奥底までしみわたるような活動的かつ知的な実体であり、そしてまた、内在的合目的性でもあるような合理性であるからだ。ここにおいて唯物論は唯心論に変わろうとしている。

〔H. D.〕

クレアンテス

❖CLÉANTHE　331-232 BC

一風変わった人物で、ゼノンのあとを継いでストア学派の学頭となる。クレアンテスは貧しい状況にあって、以前は拳闘士や水汲みの仕事をしていたが、五十歳ころになって哲学の門をたたき、ゼノンの講義を熱心に受けるようになった。彼は演説者としてはたいしたことはなかったが詩人としては優れており、『ゼウス賛歌』の断片がいくつか伝わっている。その断片では、ゼウスは「雷を手にし、秩序にのっとって事物を生みだす者であり、世界は彼に従う」と言われている。クレアンテスは種子的な理性という考え、すなわち、生物はもともとの胚のうちに含み込まれているという考えをもち、その考えを世界の法則へと展開していった。しかしクレアンテスの著作は、とりわけ倫理学を対象としている。彼によると、徳はひとつのものである。つまり徳というのは、自然を統治する理性に対して自発的に同意することであり、魂の力のことであり、さらには世界に生気を与える緊張のイメージのことなのだ。

〔H. D.〕

クリュシッポス

❖CHRYSIPPE　281〜280?-207〜205? BC

*『メルロ＝ポンティ哲学者事典』第一巻《肖像》参照。

アリストン（キオスの）

❖ARISTON DE CHIO　M3C BC

キオス出身で、ゼノンの弟子。当時、アリストンは異端者のように思われており、ストア哲学の学説に文字どおり専念しているというよりも、キュニコス学派の哲学から大きな影響を受けていると考えられていた。とはいえアリストンの思想の方向性は、帝政ローマ時代のストア哲学、それもムソニウスの哲学がのちにくるだろうことを予告している。アリストンは「自然学」について激しく反対しており、確実でも有用でもないとみなす。われわれは自然の合目的性から推論して、こまかな義務や行動規則を導き出すことができるだろうと一般には考えられているが、アリストンによれば、そうした自然の合目的性と言われるものが道徳を基礎づけることなどありえない。道徳の役割とは、人生のあいだいつでもわれわれを先導してくれるということではない。むしろ、正しい道、徳の道、いかなる状況で現われるとしてもただひとつの道、まさしく同一の道、こうした道に従って、われわれがわれわれ自身を指導できるようにするということなのだ。たしかにアリストンは、無関心のうちに至高の善を見ているかもしれない。だが彼は、人間を活動しない状態に追いやろうとするわけではなく、それどころか、人間が自分で自らの行為を決定できるように人間を励まそうとするのである。このとき彼は、人間が根本的な自由をもつということを、人間に知らしめている。

［H.D.］

懐疑主義と実証的な知

ピュロン

❖PYRRHON　365〜360?-275〜270? BC

紀元前三六五年ころ、エリスに生まれる。ピュロンは若い頃から、エリス学派やメガラ学派で教授されていた問答法を知っていたかもしれず、そうした問答法のなかに、懐疑主義の遠い起源を見ることができる。ピュロンの師だったのはデモクリトス学派のアナクサルコスであり、彼はデモクリトス自身が感覚的認識に対抗するために行なっていた批判に、一種の道徳的無関心というものを付け加えた。ピュロンは、この師とともにアレクサンドロス大王の東方遠征軍に同行したことで、ヒンドゥー教の行者思想を知った。こうした「裸行者たち」は苦痛に対して無感覚であることを証明していたし、なかでもカラノス〔というインドの行者〕が自ら望んで死を迎えるにあたって強固な決心をもっていたことは、プルタルコスをとおして現在まで伝えられている（『対比列伝』〔アレクサンドロス〕、一一三章）。それらを目にしたピュロンは、無動揺という理想が実現不可能ではないと考えることができたし、のちにはその理想を練り上げていくことになる。彼は生まれ故郷に帰り、学派を創設した。そしてその教えにより、またそれだけではなく、簡素さ、穏やかさ、「無関心さ」といったその賢者としての生活により、同郷の人々から信望を得るようになった。彼が亡くなったのは九十歳のとき、紀元前二七五年のことである。ピュロンの死後一世紀たっても彼の像が建てられていたのを、地誌叙述家パウサニアスは見ている。またもっと未来から見るとき、ピュロンは懐疑主義の創設者であり、懐疑主義の主人のような存在でありつづけている。たしかにピュロン自身の学派は急速に消えてゆくことになったし、ピュロンの晩年の弟子であるフレイウスのティモンにしてもこの凋落を止めることはできず、名声を博しはじめた〈新アカデメイア〉と競い合うことはできなかったが、それでもやはりピュロンは、懐疑主義の創設者・主人でありつづけている。

ピュロンの学説のうち現在まで残されているのは少ししかないけれども、以下の三つの命題としてまとめることができる。

❶われわれは、ものの構成や現実的特性について、何も知ることはない。つまり、「いかなるものに関しても、これこれよりむしろしかじかであるということはない」。感覚であれ理性であれ、現実そのものを認識させてくれることはないのである。

❷それゆえ、われわれの表象がわれわれに届けてくれるのは、ものの存在ではなくてものの見かけであり、より正確に言えば、われわれの表象がわれわれに表象してくれるのは、実在ではなくて魂の主観的状態である。そこから、判断を保留すること（エポケー）、臆見によるあらゆる思い込みを捨て去ること（アカタレプシア）、「はい」とも「いいえ」ともはっきり言わないこと（アファシア）などの助言が出てくる。また同じように、いかなる臆見やいかなる教義による認識も表明しないこと、むしろたんに無知だと認めることという助言が出てくるのだ（だからこそモンテーニュは、「私は何も知らない」というよりも、「私は何を知っていようか」と明言したわけである）。

❸こうした態度から導かれるのは、無動揺（アタラクシア）ということであり、そのように事物について絶対的に独立しているというところにこそ、幸福は存している。ソクラテスの教えが種々さまざまな学派の原因となったのと同様に、ピュロンの哲学は、新アカデメイアの反教条主義（アルケシラオスやカルネアデス）、

新懐疑主義〈アイネシデモスやアグリッパ〉、経験的医学〈セクストス・エンペイリコス〉などに影響を与えてきた。もちろん近代の「ピュロン主義者すなわち懐疑主義者」にも影響をおよぼしている。［V.G.］

アイネシデモス

❖EINÉSIDÈME　1C BC

アレクサンドリアで教鞭をとる。アイネシデモスの著作である『ピュロン主義者の議論』は、フォティオス〔一世〕が要約している。また、アイネシデモスが教条主義に対抗して進めていた一〇個の「方式」・論拠は、セクストス・エンペイリコスによって残されている。この一〇個の方式というのは、教条主義が則っている諸矛盾を集めたものとなっており、例えば感覚・判断・慣習の矛盾といったものがあるが、結局そこから明らかになるのは、あらゆる認識が相対的であるということだ。アイネシデモスは原因という観念の批判を開始したのであり、それはまさに、のちのヒュームの言い方と同じだと言える。とはいえ、われわれは懐疑主義によって絶望に陥ってしまうわけではない。すべてを疑う賢者は、いかなる気がかりにも、いかなる恐れにも動揺することはなく、それどころか実証的な学説へと切り拓いていくのである。アイネシデモスは、感覚しうるものの矛盾、見かけの世界の矛盾というものを探究することによって、結局はヘラクレイトス主義に向かっていき、本質的で普遍的な矛盾という考えをもつようになった。［H.D.］

セクストス・エンペイリコス

❖SEXTUS EMPIRICUS　c.150-c.250 AC

ギリシアの医者。セクストス・エンペイリコスは、懐疑主義の学説について最も行き届いた解説である『ピュロン主義哲学の概要』と、学殖豊かな著書であり貴重な原典資料でもある『教条主義者そして学者たちへの論駁』を残している。セクストスは懐疑主義の論証について、かなり詳細に、くだくだしく語っている。しかしセクストスの著作を読んでみてわかるのは、懐疑主義とは何よりもまず、精神が思い誤らないようにすること、批判の権利を要求すること、真に学問的な方法を探し求めることだということである。われわれが真理を与えられないとしても、「懐疑主義者は見かけのものをなくしてしまうことはない」。〔われわれは実生活において見かけのものを認め、例えばある見かけのものがある病気のしるしとなっていることを認めるのだから、この見かけのものをなくすことで〕医者が「実生活や人々と戦う」ということなどできないだろう。むしろ医者は経験的な認識方法をしっかりとつくり上げて、「想起的なしるし」、いわば諸事物の観察可能な結果というものにこだわった帰納的な論理を練り上げていかねばならない。精神は観察にすべてゆだね、観察にすべて従い、なるべく介入しないようにしているわけである。［H.D.］

ガレノス

❖GALIEN　129-c.199 AC

ペルガモンに生まれる。スミュルナでアルビノスの門弟となった。初めはペルガモンで、次いでローマで医者として開業する。ガレノスは医学・生理学・薬学・論理学についての多数の論考や、『実験証明について』という論考を著わしている。また哲学に関する彼の注解は、ストア主義哲学を知るための貴重な資料となっている。さらに、彼が残した医学的著作は、十七世紀にいたるまで重要な潮流として影響を与えてきた。ガレノスは厳密に実験的な方法を進めており、数多くの解剖・観察に専心している。たしかに彼は哲学に関心を抱くことがあるけれども、しかしそれは、生理学者が哲学を利用することができるという場合だけである。ガレノスによれば、形而上学はわれわれの手をすり抜けている。われわれは感覚的な明証性あるいは知的な明証性を越え出てはならないし、論理性を越え出てはならない。ガレノスが刷新できるはずだと期待していたのは、まさにそうしたことである。［H.D.］

プラトンの伝統

アルケシラオス

❖ARCÉSILAS　315-242(241?) BC

紀元前二六八年から死のときまでアカデメイアの学頭となる。アルケシラオスはソクラテスの伝統と和解することを目指し、それによってアカデメイア学派は、〈新アカデメイア学派〉となった。アルケシラオスはソクラテスと同じように、書物を記すことはしなかった。彼がソクラテスやソフィストの大物たちから受け取ったのは、当時流布していた教条主義に対する根深い嫌悪であり、彼の教えは、まずは真理についてのストア主義的な考えをめぐる対話や議論のうちに含まれている。それはつまり、意見と真理を明確に区別することはできないということである。なぜなら「把握的表象」という説（すなわち、外界の事物を正しく表わしている明証的な表象から出発して真理に到達するというストア主義の説）に従えば、賢者が明証性に与えている同意こそが、明証性そのものを基礎づけるということになってしまい、また精神の働きから明証性が生まれるということになってしまう。それゆえに、賢者は判断の保留（エポケー）を行なうだろう。

だが人生のなかで、われわれはやはり判断を求められる。いかなる真理も行動のための基準として役に立つことはありえないが、とはいえ人間は行動しなければならず、しかも恣意的にではなくて理にかなうと思われることに応じて行動しなければならない。そして、自分の行為を正当化できなければならないのである。〔H.D.〕

カルネアデス

❖CARNÉADE　215/214?-129/128? BC

アカデメイアの学頭となり、生涯つづける。カルネアデスもまた、書物を記すことはなかった。われわれが彼について知ることができるのは、門弟であるクレイトマコスをとおしてのみである。紀元前一五五年、カルネアデスはローマに使節として派遣されており、彼の弁論を聞いて多くの人々は驚き感嘆したという。実際彼は、きわめて議論に長ける人物であった。たしかにストア哲学の教条主義に反発しているが、しかしその批判は否定を行なうだけではなく、より純粋な神学へと開いていくものであり、いっそう自由を目指すような倫理学へと開いていくものである。カルネアデスは、アルケシラオスの蓋然論という考えを放棄するわけではないものの、「説得的なもの」を取り上げながら、それをたんに実践的な基準とみなす以上に、理論的な基準とみなしている。明証性の基準は対象のほうへと探し求められるのではなく、主体自身のうちに探し求められる。すなわち、われわれが蓋然的な真理に辿り着くのは、われわれ自身のさまざまな表象を分析・批判し、さらに総合・比較しようとすることによってなのだ。このときわれわれの諸表象は、それぞれ「単独である」などということはけっしてない。それらはたがいにくっついており、まるで鎖の輪がたがいにくっついてぶら下がりながらひとつの輪をなしているようである。〔H.D.〕

クレイトマコス

❖CLITOMAQUE　187/180?-110/109? BC

カルタゴに生まれる。クレイトマコスは、もともとはアスドルバスという名前であった。カルネアデスの哲学が預言的であると信じた（そして、彼のあとを継いでアカデメイアの学頭となっている）。紀元前一一〇年ころに自殺したと考えられている。またクレイトマコスには、四〇〇を越える論考があるとされる。

フィロン（ラリッサの）

❖PHILON DE LARISSE　160/140?-87/80? BC

クレイトマコスの弟子。紀元前一一〇年ころにそのあとを継いでアカデメイアの学頭となる。新プラトン主義のヌメニオスによれば、フィロンはクレイトマコスの教理を大いに主張したのちに、意見を変えて彼自身教条主義者になったが、「このように転向した理由は、受け取られた諸印象のなかに明証性を見出したからであり、それらの印象がたがいに一致していたからである」。

アンティオコス（アスカロンの）

❖ANTIOCHUS D'ASCALON 130〔120?〕-69〔68?〕BC

懐疑主義の哲学者、のちに折衷主義の哲学者。紀元前八五年から六九年まで、アカデメイアの学頭であり、〔ルキウス・リキニウス・〕ルクッルスやウァッロやキケロの師であった。キケロは紀元前七九年にアテナイで彼の弟子となり、紀元前四六年に『ルクッルス』において、そして紀元前四七年に『アカデミカ第二』の第一巻において彼の学説について解説している。

中期・新ストア主義

パナイティオス（ロドスの）

❖PANÉTIUS de Rhodes 185〔180?〕-110〔109?〕BC

紀元前一二九年、アテナイでストア学派の学頭となる。パナイティオスは、古ストア主義に見られる横柄な自信というものはもっていなかった。プラトンについてはとても高く評価し、逆に神学的な教条主義についてはきわめて低く評価した。このパナイティオスによって、ストア主義哲学は倫理についての反省へと歩みはじめる。彼はローマに長く滞在していたおりに、高名なローマ人たちと親しくなっている。パナイティオスは、ローマの征服によって歴史がいよいよ終わりを迎えるだろうと思われていたころ、ストア学派の普遍主義に対して、あくまでも人間主義的な意味を付与した。彼は世界の内在的理性を捨て去り、その代わりとして人間的な理性、文明を創造するような理性を持ち出したのである。人間とは自然的存在であると同時に文化的存在であって、こうした還元できない二重性こそが倫理を基礎づけている。自分の自然本性に従うということが知恵であるならば、人間は自分のうちに、自分を人間として規定しているもの、つまり自分の人間性というものを尊重しなければならないだろう。パナイティオスが掲げるこうした「適切さ」の倫理学に関して、キケロはその要点をわれわれに伝えてくれている。〔H.D.〕

ポセイドニオス

❖POSIDONIUS c.135-c.51 BC

その著作は膨大なものだったが、現在残されているのはキケロやガレノスやセネカなどの文書に見られる引用・言及だけである。ポセイドニオスは大旅行家であり百科にわたる知識をもっていて、シリア出身でありつつも、パナイティオスと同じようにローマの人々と非常に近い立場にあった。ポンペイウスの友人、キケロの師であり、ポリュビオスの著作『歴史』を完成させている。そのさいポセイドニオスは、ローマ文明のうちに、ギリシア・エトルリア文明が完成していることを指摘する。彼の哲学の特徴がどこにあるかというと、力動的な統一性をあらゆる領域に見出そうとすることである。それによって古ストア主義に立ち戻っているように見えるかもしれないが、ポセイドニオスは古ストア主義に見られる一元論を拒否している。すなわち、世界の体系を構成する諸実在を区分けし、〈自然のゼウス〉と〈運命のゼウス〉を切り離すのである。また同様に、クリュシッポスが展開した情念の理論を批判しており、情念がもつ非理性的な性格について強調している。つまりポセイドニオスによれば、情念の起源はもはや理性のなかにあるのではなく、情動性のなかにある。人間とは二重の存在なのであり、理性でありかつ非理性でもある。〔H.D.〕

ムソニウス・ルフス、ガイウス

❖Caius MUSONIUS RUFUS　c.20(30?)-81(102?)

エトルリアに生まれる。エピクテトスと同時代人で、ローマでストア主義哲学を教授した。ムソニウス・ルフスは、アリストンときわめて近い思考をもっている。彼はネロ帝によって追放されたが、尊敬の念を抱かれていたこともあり、のちに哲学者たちに対して行なわれた迫害から逃れることができた。ムソニウスにとって、哲学の任務は教育するということにほかならない。そこでは賢者は、ほかの人から離れて孤立することはまったくないし、社会に対する明らかな関心をもっている。哲学者とは「徳を教える教師」であって、その目標というのはもはや世界に関して体系的な見方を与えることにはとどまらない。賢者は、ムソニウスの著わした『食べ物について』や『〔衣服と〕避難所について』にある短い教訓により、すべての人々を同じ目的に向けて指導していく。言い換えれば、単純で自然な徳を好むように導き、身体を育成するとともに魂を教育するのである。〔H.D.〕

セネカ（小、ルキウス・アンナエウス）

❖SÉNÈQUE　c.4 BC(1 AC?)-65 AC

キケロがそうであったのと同様に、当時の代表的哲学者である。セネカはヴォルテールにたとえることができよう。というのもその知性は活発なもので、その文筆も非常に多岐にわたっているし、さらに彼は「哲学」に対して、政治的・社会的機能とは言わないまでも、実践的機能を与えようとしているからである。セネカはプラトン的そしてピュタゴラス的な要素を取り入れながら、かなり自由なストア主義哲学を主張している。そして、彼のほとんどすべての問題は倫理＝道徳に集中している。だが七巻からなる『自然研究』という書物も伝わっており、それは大部分がほかの著書から集められたものとはいえ、セネカの好奇心の強さと情報の広さを示すだろう。しかしセネカの独自性は、やはり別のところにある。すなわち、彼は家庭教師であり、のちにはブッルスとともにネロ帝の宰相であって、学園や学派の哲学者ではないのである。権力に関わるなかで、そして一三年続けられた宮廷生活に関わるなかで、セネカの信念は試練にかけられてきた。もちろんその信念は、つねに試練にもちこたえたとは限らない。セネカはそのことを誰よりも早く認めており、古代にも現代にも見られるしばしば偽善的な批判者たちが彼を非難しはじめるよりずっと前に告白している。倫理＝道徳をよりよくしようとすることと、実生活を経験すること、それらのあいだには一種の緊張が生じるのであり、こうした緊張は、ストア主義の思想がしみついているセネカのすべての作品、つまりその論考や『書簡』や悲劇といったものに見出される。知恵へと奨励することは、情念・ゆがみ・悪徳についての心理的分析とまさに隣り合っているのだ。だからこそセネカはモラリストの名に値するのであって、彼が掲げるストア主義的理想の高みを説明してくれるのは、相反する仕方ではあるものの、まさしく彼自身の診断にある深い悲観主義なのである。そのように対比があること、そして、セネカの書いたものが相反的な様式をもつこと、このどちらにしても、弁論術ということによって説明することはできない。そのように説明したいという根強い批判者が、現在にもまだ見られるのは確かではあるけれども。結局セネカの人生・思想・様式を横切っているのは、まさに同じ緊張なのであり、もはや古典ギリシア時代のものではありえない一種の切断である。われわれがセネカをつかいこなす方法は、キルケゴールの言葉によれば、鏡を見ることにあるのではなく、そこにわれわれ自身を見ることにあるのだろう。ほかのさまざまな点に関しても、知恵は何世紀ものあいだ、そのようにセネカをつかってきた。いってみればセネカをとおしてこそ、ストア主義の学説は広められるとともに認められてきたのだ。モンテーニュが当時まかれた小冊子に反論し、セネカの側に立って弁護したときに、自分の姿をセネカの様式のうちに見出したということを思い起こしてもよいだろう。そのさいモンテーニュは、自分の好みから「セネカの語りをまねするように」なったと述べている。［V.G.］

エピクテトス（ヒエラポリスの）

❖EPICTÈTE c.55-c.135 AC

＊『メルロ＝ポンティ哲学者事典』第一巻《肖像》参照。

マルクス・アウレリウス

❖MARC AURÈLE 121-180 AC

ストア主義は、彼にいたって独自の調子をもつようになる。それまでは教理の解説においても、〈書簡〉や〈気休めの言葉〉においてさえも、独自の調子が表わされることはなかった。マルクス・アウレリウスは自分を『自分自身に向けて〔＝自省録〕』差し向けるという思想を提示しているが、この考えの遠い起源には、意識を検討するという実践があって、ピュタゴラス主義からすでにセネカが取り入れていたものだった。とはいえマルクス・アウレリウスの思想は、〈告白〉ではまったくないし、何ページにもわたる〈日記〉でさえもない。このメモはその日その日に書きつづられているが、そこに映し出されているのは出来事そのものではなく、むしろ出来事に対する著者の応答であり、対話はとりわけ自分自身と行なわれている。外的な事物はそれ自身の名前で表わされるのではない。事物が見分けられるのは、〔自らのうちにある〕動揺や緊張の原因、名もつかないような原因の数々としてであり、マルクス・アウレリウスはそれらに対抗するために哲学の助けを請うのである。そのとき見えてくるのは、人間嫌い、死への恐怖、空虚や単調の感情、唐突にすべてを圧倒する落胆であって、時間はまたたく間に過ぎ去り人間は無力だという意識である。内省がつねに魂の平静を確立できるというわけではない。とはいえ、皇帝という位に励ましと支えを見つけ出そうとするなど、どんなときにもありえない。マルクス・アウレリウスの書物は人間の記録というだけではない。この書物は、古ストア主義についてわれわれが手にすることのできる最後の偉大な証言である。マルクス・アウレリウスのなかにはストア主義学説の二つの根本的な主題、つまり、個人の自律性という主題、個人と宇宙のつながりという主題が残されている。一方ではセネカにつづいて、魂の威厳が強調されており、生体機能と理性（そして思慮深い意志）とが対立している。そしてこの理性によってこそ、われわれは神性に類似することになるし、人間同士のあいだに交わりが打ち立てられることになる。だが他方では、セネカのようなプラトン主義化したストア主義とはちがっている。というのも、マルクス・アウレリウスは魂の不滅ということをあまり信じておらず、この点では彼固有の悲観主義が見て取られ、クリュシッポスの立場につながっているからである。似たような仕方であるが、一方では宇宙の秩序と神の摂理に関して非常に明瞭な主張をしながら、他方では事物の不安定性についても考察をしており、それら両者が共存している。不安定な事物はヘラクレイトス的な流れにさらわれて、永劫回帰に従うことになる。ここでもまた古ストア主義の主題が認められるものの、悲観主義的な意味で解釈されていることに関しては、古ストア主義が起源とは言えない。その上、世界の秩序がどのようなものであれ、道徳的意志の自律性は明確に現われて自足しているのだ。このような意味で、マルクス・アウレリウスの思想は、文字どおりのストア主義哲学とは言えないかもしれないが、それでもやはり本当のストア主義哲学なのであって、そのことは以下の言葉にも示されている。「もし神が存在するならば、万事はよし。もしすべてが偶然に過ぎないならば、君まで行きあたりばったりになってはならない」（『自省録』九巻、二八）。

〔V.G.〕

エピクテトス

❖ÉPICTÈTE　c.55-c.135 AC

古ストア派はエピクテトスとマルクス・アウレリウスの好対照において完成する。フリジアの奴隷（エピクテトス）とローマ皇帝（マルクス・アウレリウス）が同じ教説において一つになったのである。もっと洗練された言い方もできよう。皇帝は奴隷の弟子だったのであり、「エピクテトスの教説をわれわれに残してくれた本を読むことができた」ことを喜んでいたのである。師の教えと帝国の思想とは対立しており、ちょうど練習問題と添削でいっぱいの小学生のノートのように、文字通りの題名は「自分自身に」（『自省録』）とされている。しかし想像はそれが象《かたど》る観念によって価値がある。解放奴隷（エピクテトス）は自由を教えており、その自由とは最高の権力を嘲笑するものであり、その権力にとり憑《つ》かれ、たびたびそれにさからって定義される。

エピクテトスの最もたしかな独創性はそこに由来する。それ以外の点では、彼はあらゆる本質的な点に関して、ストア派の創始者たちの教条をその一徹さと正統性とともに保持しており、それはクリュシッポスを喜ばせたであろうものであり、そしてわれわれにとってエピクテトスを古ストア派についての忠実な証人としているのである。ストア派の教説の精神にも、行動に関する大部分のことにも関わりのない、いくつかの用語上の発明について彼に言いがかりをつけても無駄であろう。最初からストア派は生きる技法であることを望んでいた。それは変化する掟ではなく、緊急のことなのである。そしてこの緊急事こそ、彼をして自由の観念を彼の努力の中心に置かせるものなのである。

ゼノンの時代から、ひとは私人としてアテナイに住みながら世界市民を名乗ることができた。賢者の自由は運命と競い合っており、宇宙の秩序とのみ調和するべきであった。ローマ帝国のもとでは、カエサル主義と政治的・社会的な闘争が、指導者層の更新を伴いながら、自由という言葉の最も正確な意味と新しいアクセントを与えていた。ストア派の教条とは「それこそが人間を自由にし、人間を解放し、屈従させられている人々の頭を持ち上げさせ、金持ちや専制君主をまっすぐに見つめ返すことを可能にする」ものだったのである（『語録』第三巻、第二十六章）。

この自由への導きは、『提要』五三項で与えられており、その無味乾燥で正確な文体は軍隊の規則を思い起こさせるものである。口述の教えをアーリアヌスという執政官が編纂したこの小さな書物は華々しい幸運を得た。その命令的な呼びかけは、われわれの

❖ ÉPICTÈTE

時代までのほとんどあらゆる時代に受け入れられてきた。しかしながら、それは世俗向けの教義提要ではなく、むしろ聴衆や生徒たちの用いるレジュメや備忘録なのである。さて、口頭での教えは、同じ執政官の献身のおかげで少なくとも部分的にはわれわれに残された。この執政官はノートを取り、『語録』というタイトルでそれを出版した。この四巻本を読まねばならない。なぜならまずそれが美しいからであり、またエピクテトスという人を、とりわけ、作品とも言えない『提要』の教師の姿よりも生き生きと、より人間的に知らせてくれるからである。その文学的要素はきわめて多彩である。理論的な説明は良心の指導にたびたび道を譲っている。そこには決疑論の善用さえ見出される。その魂を向け変える勧告は、反論も抵抗も避けれられるものではない。対話は頻繁に移り変わり、その反対証明と検証を提供する。多くの心理分析、また多くの人物評、ときには喜劇の場面もある。これらすべてを通じて、最も持続的で、おそらく最も予期せぬ特徴は、一種の堅固な良識であり、それは最も崇高で最も激情的な昂揚に見合うものなのである。エピクテトスは、もちろん道徳家である。しかし、説教師の背後には医師の存在が感じられる。さらに、ソクラテスほどには純粋ではないものの、イロニーの力が感じられ、それは乱用におちいることもないではないし、ときには冷笑のこもったかたらかいに陥っていることもある。いずれにせよ、彼は教説の力に寄与し、あらゆる感情、熱情と涙まじりの感情から、『語録』の熱情を守っているのである。

『語録』は他の利点も示している。われわれの時代でさえも、ストア派の人物像は『提要』のみに従って描くことが試みられていた。そうして、少しばかり生彩がなく、憤激を買う、批判しやすい人物の素描を手にすることはできるだろう。『語録』は別の歩みを課す。その対話に批判されるべき点がないからではなく、ここでは他人、つまり聞き手や読者を批判し、弾劾するのはストア主義者たちなのである。したがってまず彼の嘆きを理解し、それからそれに答えることにしよう。本当のところ、そんなことはまったくしなくてよいのである。もしストア主義者でない者がエピクテトスと喧嘩をしようとするなら、それはその人がそうしようとしているからである。「私としてはこんな口論に関わるひまはない」(『語録』第一巻、第二十七章)。エピクテトスは、ストア主義者ではないことを認め、そのために彼のところに来る人々を批判している。「哲学者が、彼を聞きにくる連中を招待するだろうか。むしろ、太陽が、おのずと太陽の養うすべてのものを太陽に引き寄せるように、哲学者は彼が役立つはずの人々を彼に引き寄せるのではないだろうか。どんな医者が自分に治されるように患者を招待するだろうか?」(『語録』第三巻、第二十三章)。彼は、万人に来るように呼びかけ、群衆に説教する神の使いであれというキュニコス派の使命感を少しも信じていない。彼もときには神の命令、神の忠告を示している。しかしこの任務は具体的には若い人々の訓育に関わっている(III、二一、一八)。そして彼らはそのことを彼に頼みにくるのである。こうしてエピクテトスのストア主義は普遍的であろうとし、あらかじめ幸福なふりをする者たちの惨めさを証明するはずのあらゆる幸福論の困難を避けている。ソクラテスのように、エピクテトスは誰とでも対話することを認めているわけではない。裕福な家庭の子弟はそのことで不平を言っている。「私はあなたの話を聞きたくてあなたのところに来たのに、あなたは答えてくれません」。エピクテトスは相手に耳を傾け、それから言い返す。「なぜ？　なぜなら君は私を刺激しないからだよ。私は君のなかに何か私を刺激するものを観察できるだろうか。ちょうど騎手が良種の馬に刺激されるように。君の身体か。君がそれに気を遣うしかたは恥ずべきものだ。君の服か。それもまた贅沢すぎるようだ。君の態度か。君のまなざしか。まったく、何もない。君が哲学者の言うことを聞きたいのなら、「私に言うべきことはないのですか」などと聞くべきではない。そうではなくて、君が哲学者の言うことを聞く素質があることを示すことだけにしなさい。そうすれば、君はどうすれば彼が話すように仕向けることができることがわかるだろう」(『語録』第二巻、第二十七章)。ときにはエピクテトスは懐疑主義者およびエピクロス派を「盲人で耳の聞こえない者」と呼んでいる。「なぜ、この連中に何らかの議論を立てるのか。あるいは連中に道理を与えたり、受け取ったりするのか、あるいは連中に考えを変えさせようとするのか」(『語録』第二巻、第二十章)。しかし、それこそ頑固な人を傷つける悔しまぎれの独断主義というよりも、自分を救おうとしない患者を前にした医師の激怒なのである。他方で、彼は情熱のない診断にとどめる場合もある。「彼は治らない」(『語録』第一巻、第七章)。「哲学者の学校とは、医師の診療所である。というのも諸君は健康な状態でそこへ来たのではないのだから」(『語録』第二巻、第二十三章)。人間の惨めさについて、それを証明する務めは哲学者に完全に課せられるのではない。哲学者を見つける者は、すでに自分の健康を問題にしていたのである。

「人間は彼らの惨めさのいくつかを簡単に認めてしまう。しかし他のことに対しては、彼らは容易に認めない。……その理由は何であろうか。その主要な理由は善悪に関することすべての自家撞着と混乱であるが、人によってその理由はさまざまであり、彼らが恥と思うものを彼らはけっして認めない、と言える。愚かさは奴隷の心を示すものであるが、臆病さおよび憐れみは善い性格を示すものだと思っている。そして社会に対する罪を彼らは少しも認めない。大部分の誤りに対して、われわれがそれを認めるようになる主たる理由とは、臆病さや憐れみにおけるのと同じく、そこに無意志的な要素を見つけると思うことである。そしてもし人が節度をもたないことを認めるなら、ひとは無意志的な行為として許されるために愛を持ち出すのである」(『語録』第二巻、第二十一章)。

良心のこの吟味の中心には奴隷の観念がある。「人々」と哲学者とは奴隷状態と絶縁することで一致する。そしてどちらについても、正しい意志と明晰な判断によって自由を定義する。対立と「混乱」が始まるのはそこからである。人々は意図の道徳を主張する。彼らが彼らの愛する、そして彼らが認める善をなさないとしたら、それはうまく名づけられた「無意志的な要素」のせいである。それは障害や不可抗力として働く。無意志的要素はその果実から意図を取り除いてしまうが、意図を切り離してしまうわけではない。それは隷従することなしに反対するのである。それに対してエピクテトスはソクラテスの格言を対置させる。「何ものも自ら進んで悪意あるのではない」。それは実効性の道徳という意味をもつ。運命の秩序において、出来事はそれが起きるところで、先行する原因としてゼウスの意志をもっていることを明らかにする。逆から言えば、あらゆる人間の失敗は、原因の不在を帰結し、成功は望まれてさえいなかったことを証明する。「無意志的な要素」はしたがって意図をその結果から切り離す衝立《ついたて》ではない。それは意図と一体になっており、最初から意図を見誤らせ、逸らせてしまう。「判断は、それが誤っているときには悪い意志である」(『語録』第一巻、第二十九章)。したがって、人々が彼らの「無意志の惨めさ」を認めるなら、人々は彼らに「奴隷の心を示すように思われる」この無知を告白しているのである。

『語録』のあちこちに『人間の隷従について』の論の諸要素が見出される。この論の原理は、きわめて単純である。隷従はわれわれに依存する事柄とその事柄に関する無知によって定義される。われわれに依存するのは意志であり、「意欲と抵抗の能力、欲望したり忌避したりする能力」(『語録』第一巻、第一章)である。したがって、われわれの外に、ちょうど神話の人物が障害を象徴し、われわれの失敗を演じるような、「無意志的な要素」を投影してはならない。それをわれわれの「意志的要素」あるいは、時おりそう話されるように「意志的決断」と親密さとの同一性において認めなくてはならない。そして、この道徳的意志に対して「何ものも妨げとなるものはない、その意志に依存しないものは何も妨げない。ただ、意志がゆがめられてしまったときには、意志自身がその妨げとなる」のである(『語録』第二巻、第二十三章)。隷従の原理、無知は、どの種においても、どの「心像」のなかにも見出される。自由意志はしたがってけっして一般意志ではなく、いつも一定の表象に関わるものなのである。それゆえエピクテトスはそれをたびたび「表象を用いる能力」と呼んでいるのである。もちろん、彼はスピノザとともに、隷従とは「自分の感情を支配し抑えることについての人間の無能力」である、ということを認めていた。この定義そのものはストア派の真理を定式化するものでしかない。しかし、最も独創的で、最も現代的なエピクテトス哲学の論述の一つは隷従のメカニズムを分析したことであり、それは事物の過大評価、大げさな解釈や、事物ではなく記号への服従を要因としていることを理解したことであり、ひとことで言えば、人格を心に忍び込んでくる表象に譲り渡し、狂気を示すこの疎外を要因としていることを理解したことである。心像の使用法は解釈をする者にとって一つの訓練であり、治療の技術なのである。

「われわれは主人のための出来事を有しており、それは多数である」(『語録』第四巻、第一章)と言うとき、エピクテトスは通俗的な比喩を用いているが、聴衆はそれをほぼ文字通りの意味で理解したにちがいない。事物の影響力は、政治権力と社会体制の様態に基づいて理解される。ひとは彼らに従属を、しかしとりわけ尊敬を要求する支配の意志を課す。王たちはただ「私の身体、私の財産、私の評判、私の友人」を意のままにするだけではなく、〃私はまた判断を支配したい〃と言っている(『語録』第一巻、第二十九章)。すべての専制政治は精神的である。事物の圧力に抵抗することは、まず事物の威厳を失わせる。表象の用法はこのことを目指している。しかし、それはそれ以上のことは何も企てず、物そのものを(確立された権力と同じく)けっして攻撃したりはしない。方法は物の無を宣言するところにあるのではなく、一つの専制政治を他の専制政治と対立させるところにあるのではない。ストア主義者はピュロンとともに「何ものもこのようでもあのようでもない」とは言わないのであって、エピクテトスの弟子、というよりも皇帝(マルクス・アウレリウス)が次のように書くだろう。「魂の支配的部分は、すべての出来事が彼には魂が望むように現われるようにする」(マルクス・アウレリウス「思想」六、八)。エピクテトスは単純にこう言っている。「君は表象であるが、けっして君が表象しているものではない」(『提要』第一項)。心像は、実際、一つの対象と一つの意味を、あるいはむしろ、魂に課される意味的対象を表わしている。なぜなら、その対象はただ知覚をうながすのではなくて同意をうながすからである。方法は全体として分析することにある。というのも意味は物から来るのではなく、人間から来るからである。したがって私は意味を認めたりあるいは批判することについて自由なのである。

しばしばその批判は事実からその意味を奪ってしまい、その原因を保つだけである。次のような不平が語られる。「私は私の衣服を失った。それは君が衣服を持っていったからだ」。それを失ったことよりも彼をいらいらさせるのは隣人がそれを盗んだことなのである。「実際に見てみるがいい。君は良い衣服を持っている。君の隣人は持っていない。君は窓を持っている。君は空気を入れ換えたいと思う。君の隣人は人間の善さがどこにあるのかを知らないが、彼は良い衣服を持つことのなかにそれがあると想像している。それはまさに君が想像しているとおりのものだ。そして彼は君の良い衣服を奪い取るのではないか」(『語録』第一巻、第十八章)。ひとは合法的な解放という事実を自由のしるしと取り違える。

「ひとは自分の奴隷を執政官の前で背中を向けさせたとき、何もしなかっただろうか」「いや何かをしたのだ」「何を」「執政官の前で奴隷の向きを変えさせた。それ以外には何も？」「いや、人は彼のために同じく二十分の一税を払わなくてはならない」「しかしそれなら、この儀式の対象であった者は自由にならなかったのか」「彼が魂の静けさを手に入れなかったように自由ではない」（『語録』第二巻、第一章）。

最後の文句がわれわれを不条理から救い出す。これとは別に、サルトルが『異邦人の読解』で考察したヴォルテールの小説の「分析的でユーモアのある」技法が見出される。しかし正確には、表象の用法は不条理ではなく、せいぜい逆説を育てるだけである。それは御仕置き帽のようなものをかぶせたりはしないが、過剰な化粧を事物からとりはずし、文字通りの意味を超えて、好都合なあるいは恐ろしい記号を発するそれらの気取りを取り外すのである。風邪はただ洟《はな》をかまねばならないということを意味するだけで、世界の秩序が悪いなどということを意味してはいないのである（『語録』第一巻、第六章）。「たとえ君の奴隷が包帯を持ってくるのが遅れたからといって怒鳴ったりしてはいけない。いらだったりしてはいけないし、「みんな俺のことを嫌っている」などと言ってはいけない」（『語録』第一巻、第八章）。

いたるところにお告げを見る狂気はわれわれを物に従属させ、それはまるで追従者が暴君や下僕たちのわずかな機嫌にぶら下がっているのと同じである（『語録』第一巻、第十九章）。暴君は身体だけではなく、われわれの判断にも命令できると思い上がっている。同じように雷鳴の心像は、ただ青ざめさせるだけではなく怖じ気づかせると思っている（アウルス・ゲッリウス『アッティカの夜』一九－一）。しかし、この偉大な判断はわれわれに依拠するにすぎない。誤った意味は物のなかにではなく、想像のなかにある。「衝撃の突然さにとらわれるままではいけない。「おおわが心像よ、少し待ちたまえ。お前が何であるか、そしてお前の対象は何であるのか、私に見せなさい。そしてお前を調べさせてくれ」、と言うのだ。それから、表象が広がっていかないように、次のことを心に描いておきなさい。さもなくば表象が君を所有し、思いのままにしてしまうだろう」（『語録』第二巻、第十八章対話）。表象に身をゆだねることは病の発生になぞらえられる。エピクテトスは生物学的無知を隠すことは難しいと記している。「熱病にかかって、それから治った人は、全快したのでなければ、熱病にかかる前と、同じ状態ではないのだ。何かこのようなことは魂の病気の場合にも生起する。すなわち何か痕跡や条痕が魂に残っていて、そしてそれが綺麗に消えないのに、また同じところが打たれたならば、もはや条痕ではなくして、傷にすることになる」（『語録』第二巻、第十七章）。自由への道はここでは医療として示される。ある作家が、一九二〇年にスイスのサナトリウムの監督者が治療の主たる手段として神経衰弱や精神衰弱の場合には、『提要』の研究を使用していたと報告している。彼はそれを患者の到着と同時に始めさせたのである。

しかし、表象の用法は、治療法や道徳的訓練以上のものである。それは解放の道具なのである。いや、それでは十分ではない。この使用能力が自由そのものなのであり、「われわれに依存している唯一のもの」なのである。何らかの困惑をおぼえずにはもはや理解できない有名な表現である。そこには挫《くじ》かせるような傲慢な道徳と鈍感さの理想とが見出される。それは人がそれをよく理解していないからだ。一つの分析、一つの確認であるものを道徳的格率と取り違えさせてしまう。エピクテトスは説教をしているのではなく、問うているのである。「何が私のものなのか。そして何が私のものではないのか。私の能力のうちには何があるのか、そして私の能力のうちには何がないのか。私は死なねばならない。私はうめきながらそうせねばならないのか。私は囚われねばならない。そして我が身を嘆かなければならないのか。

「秘密を明かしたまえ」「いや、というのもそれは私次第だから」「私は君に鉄鎖をはめるだろう」「君は何を言っているのか。私を縛るだと。君が鎖につなぐのは私の脚だ。私の決意を、ゼウスでさえ打ち砕くことはできない」(『語録』第一巻、第一章)。

エピクテトスのローマ滞在がネロとドミティアンの治世と一致することを知っていたら、その対話が誇張されたものであるとは言わないだろう。それはちょうど誇張的懐疑について語るように、極端に誇張された状況に位置づけられていると言われるかもしれない。エピクテトスの問いがデカルトの問いに似ているのもそのためである。エピクテトスはひとが疑いをもちうる事物が何であるかではなく、妨害や桎梏《しっこく》に従属している事物は何かを問うている。この問いに関しては、平凡な状況はいかなる返答も与えないことは明らかである。それというのもその状況は、自由をわれわれの欲望が道に迷うほど遠くまで拡張してしまうからである。したがって、事実上足かせをはめられてはいないのだから、自由でありうるものすべてを切り離さねばならず、そこでは現実の虐政とゼウスの嫉妬という作り話は不可謬の発見方法を与えてくれている。そこでは定義上、そしてそれ自身の力によって、ただ一つのものが足かせから自由であって、それは同意の能力である。表象を認め、あるいは無効にする能力が「万物に指図する」(『語録』第一巻、第一章)。この意味で、エピクテトスは人間は物や動物のように神の作品ではなく「神の断片である」と言うだろう。また、この能力がわれわれを神に比類させると言うだろう。あるいはこの能力が実際に物ではなくとも、少なくとも物の意味を創造するのである。それは宇宙的能力である。

それはまた自分自身の規範に従って行為し、価値を定める個人的能力である。「君を知るのは君自身であり、自分の見積もる、そして君を売るときの君の値打ちを知っているのは君自身なのだ。人は違う値段で売られる。だから、フロールスが自分の役割を果たすために、ネロの見せ物にまで出ていかなくてはならないのかを自問していたときに、アグリッピヌスは彼に言ったのである。「出なさい」と。そしてフロールスが「そして君は？　君は出ないのか？」と彼に問うたので、彼は答えた。「僕はその問いを立てたことさえないね」。「もしただ一度でも、外的な富の値打ちを比較したり、計算したりしながら、物の価値を確かめはじめるなら、ひとは自分自身の人格の意味を見失った連中とほとんど変わらない」（『語録』第一巻　第二章）。最終的に決めるのはいつも人格である。「したがって〝忠告を与えてください〟と言うのは馬鹿げている。君は、私が君に与えるどんな忠告を望むというのか。むしろ、こう言うがよい。「どんなことであれ、これから起こることに、私の思考が対応できるようにしてください」と」（『語録』第二巻　第二章）。

このような人格の観念が、われわれがこのことばに結びつけるさまざまな意味とどこで区別されるかということを示すのは簡単ではない。おそらくはむしろ人格の観念はストア派の神のイメージで形成されたものであると言うべきであり、その神は世界に内在しており、世界の部分の各々に全面的に現われているのである。多くの特徴がそこで説明されており、例えばもろもろの誤りが同じ重要性をもつというパラドクスなどである。自由は全人格に関わる永続的な自由さとして理解されている。一人の弟子が論理学の問題を解けなかったことを弁解している。「私はそのために私の父を殺しでもしたのですか？」「奴隷よ、しかしどこに殺すことのできるための君の父親がいるのか。したがって、君は何をしたのか。この場合に可能であった唯一の誤りを君は冒したのだ」（『語録』第一巻　第七章）。人格の自律は現在への厳密な服従である。元老院が与えるはずの判決を待ちながら、アグリッピヌスは自分の日課を行ない、それから風呂に入る。「というのも、その時間が来た」（『語録』第一巻、第一章）からである。神は世界の秩序について責任があるように、ストア主義者は自分の行為の一つ一つにおいて、人間性に責任がある。密通は「忠実な人間、威厳ある男、宗教的な男を破滅させ、滅ぼしてしまう。それがすべてか。われわれは良い隣人の諸関係を滅ぼさないだろうか。友愛も国家も滅ぼさないだろうか。運命が出来事を原因に結びつけるように、賢者のふるまいはおのれ自身と一致しているだろう。「あらゆる誤りは矛盾を含んでいる」（『語録』第二巻　第二十四章）。人生は三段論法のように構成されるのであり、それに対して出来事は前提をもたらす。しかし、自由は専制君主が課す推論の厳密さを逃れている。

「君が不幸であると考えてみよ」「はい！」「君はそれで不幸かね」「はい」「ああなんと、君は不運のなかにいるのかね」「はい」「しかしまた君が本当に不幸のなかにいると信じてみよ」「それは仮定からは帰結しません」（『語録』第一巻 第二十五章）。

そしてこの同意の拒否において、ストア的自由は皇帝の権力と競合し、影響の範囲を割り当てる。「君のほうがずっと強い、私が君に負けるような題材においては、君が私に勝つだろう。しかし、君に勝つのが私である場合には、君は私の前から引きさがるのだ。というのもそれは私の仕事だからであり、君のものではないからである」（『語録』第四巻、第七章）。世界の表象を変えたのはこの自由ではない。しかしながら、表象の用法は、それが物を変形させないとしても、物を解釈するのであり、それはやはり物を変形する一つの方法である。自由は内面にはとどまらない。なぜなら自由は権力として絶対的だからだ。そしてそこでは、専制君主は哲学者よりも正しい見方をしている。「このような言説こそ法を無視させるのである」。〔ヴィクトール・ゴルトシュミット（レンヌ大学文学部助教授）〕

エピクテトスはフィリジアのヒエラポリスに生まれ、ローマでムソニウス・ルフスの教育を受けた。彼はエパプロディトス（彼自身もネロのかつての解放奴隷であった）の奴隷であったが、ある日、彼の主人が彼の脚を縛ったときに、彼は笑いながら主人にこう言うだけだった。「あなたは私の脚を折ることもできるだろう」、だが実際に起こっていることは、「私があなたにそう言っておいた通りに」であると、彼はそれだけを付け加えたとされる。エピクテトスはエパプロディトスの死後に解放され、哲学に没頭した。九〇年に、あらゆる哲学者は最後の十二皇帝「禿頭ネロ」ことドミティアヌスの元老院決議によってローマから追放された。そしてエピクテトスはニコポリスに引きこもり、ローマのときと同様、そこでとても貧しく生き、そこで彼の生涯を終えた。哲学者（エピクテトス）との対話中に、アッリアノスが、後にマルクス・アウレリウスの省察を養うことになる『提要』と『語録』の材料となる速記録を書き取ることができたのは、ニコポリスのあるこのエピルスの地においてであった。〔J.L.〕

＊ 翻訳に当たっては、川本愛氏より訳文や出典などに関して多大な教示を戴いた。記して感謝申し上げる。もちろん、訳の最終的な責任はすべて訳者（加國尚志）にある。また、既訳を参照しつつも必ずしも従っていない箇所が多い。訳者諸氏の寛恕を請う。

〔翻訳＝加國尚志〕

新プラトン主義

アポロニオス（テュアナの） ?-97 AC

❖APOLLONIUS DE TYANE

カッパドキアに生まれる。エフェソスにピュタゴラス学派を設立する。アポロニオスは学問と徳をそなえた哲学者であるが、彼についてフィロストラトスは小説風の伝記〔『テュアナのアポロニオス伝』〕を著わしており、そこでアポロニオスは魔術師でぺてん師のように考えられている。だがこうした評判はまったく架空のものと言える。

フィロン（アレクサンドリアの） 40(c.30) BC-40(c.45) AC

❖PHILON D'ALEXANDRE

アレクサンドリアの裕福なユダヤ共同体において重要な位置を占めた人物。そうした環境は、ギリシア文化がずっと以前から公に認められてきたところである。そこでは、ギリシア語の翻訳によって聖書がつねに読まれてきたといえるし、また〔エミール・〕ブレイエが記しているように、聖書は寓意的な仕方で解釈されており、それはまるでホメロスがギリシア人によって解釈されてきたかのようなのだ。この点はとても大事なことである。なぜなら『創世記』はそのように寓意的に理解されてきたのであって、例えば、土という服をまとった純粋な知性（アダム）が、感覚（エバ）をよりどころとしながら、結局のところ快楽に引きずられるといった物語につながっていくからである。また、『創世記』のほかの部分について言えば、人間がどのようにして純粋な知性へと戻っていくかということが示されている。このような体系づけられた象徴的解釈は、実はもうひとつ別の本質的な傾向を伴う。すなわち哲学的真理は、プラトンとアリストテレスが総合され、しかもそこにストア主義者たちが付け加わったもののなかに見出されるというふうに次第に考えられるようになってきたということである。実際フィロンは、ユダヤ神学の根本的教義とギリシア哲学の主要な論題とを結び合わせようとした最初の人物である。フィロンが想定する世界は、まったくもって階層化されている。神は徹底して超越的であり、神と創造物がつながるとしても、数多くの仲介者がいるからこそである。フィロンは以下のように詳細を述べている。世界の模範と呼べるのは、まずは〈ロゴス〉であり、〈神の子〉たる〈ことば〉である。次には、創造と罰をもたらす〔神の〕支配力がある。

また〈ことば〉は、〈知恵〉と結びついて世界をつくり出そうとする。さらには天使たちと火の悪魔たちもいる。これらすべての仲介者は、〔世界の〕創造について説明するのに不可欠なものであるが、それのみならず、神へと再びのぼろうとする魂にとっても不可欠なものである。そして賢者は、純粋な精神の状態に達したとき、彼自身が仲介者となる。このようにフィロンにはしっかりと秩序づけられた世界観があるわけだが、それ以上に彼の本質的な主題と言えるのは、三位一体の問題であろう。神はたしかに世界へと降りてくるが、二つの主要な階段によって、まず〈ことば〉によって、続いて〈聖霊〉によって降りてくる。〈ことば〉は神から直接に生まれたもの、〈聖霊〉は〈ことば〉から発されたものだが、〈ことば〉も〈聖霊〉も神と同じ実体から成り立っており、神とともに不可分な三位一体をなしている。ここに見えてくるのは、たしかに階層化されているものの、実体としては結びついた三つの形態という表象であって、この表象はまさに、考えの一般的な枠組みとなっていく。三位一体という考えは、〈一者〉と〈知性〉と世界の〈魂〉との総合というふうに哲学的用語へと書き換えられることで、当時哲学者たちが夢見ていた壮大な総合をうながしていくわけである。〔フェリックス・〕ラヴェッソンはすでに以下のように指摘していた。すなわち、世界の〈魂〉とはストア主義者たちが理解していたところの神であり、〈知性〉とはアリストテレスの神であって、〈一者〉とは、至高の原理ということからプラトンの神である。以上から見てわかるように、アレクサンドリアの哲学はさまざまなかたちをとって、三つの偉大なギリシア哲学にある三つの偉大な原理を融合させようとしている。その限りにおいて、フィロンが始めた三位一体という思想は、この上なく重要なものであったと言えよう。

[M.C.]

プルタルコス（カイロネイアの）

❖PLUTARQUE DE CHÉRONÉE　45〜50?-120〜125? AC

ギリシアの遺産にいそしんだプラトン主義者。国家が反動として宗教的伝統を重んじようとする、そうした動きを代表している。また、アリストテレス後の教条主義の大きな潮流に激しく抵抗した。

ヌメニオス（アパメイアの）

❖NUMÉNIUS　2C AC

シリアのアパメイアに生まれる。新プラトン主義者。ヌメニオスによれば、プラトンはギリシアのモーセともいえる人物である。ヌメニオスが主張する三神論は、〔プラトンの〕『ティマイオス』を解釈した結果生まれてきた考えである。

プロティノス

❖PLOTIN

205-270 AC

＊『メルロ＝ポンティ哲学者事典』第一巻《肖像》参照。

ポルフュリオス

❖PORPHYRE

232〜234?-303〜309? AC

シリアに生まれる。ポルフュリオスは宗教の象徴体系、秘儀、儀礼などに関する数多くの論考をよく研究しており、自ら著わしてもいる。そののちローマへ行って、プロティノスの学派に入門した。ポルフュリオスの精神は、師であるプロティノスほどに哲学的ではなく、むしろプロティノスよりも伝統的な意味において宗教的であった。つまり、彼は学説を組織化・体系化しながら民衆に普及させていくのである。それゆえポルフュリオスの著作は、哲学者のものというよりも教師のものである。例えば彼の業績としては、プロティノスの著作を編集したもの〔『エンネアデス』〕、〔プロティノスやプラトンやアリストテレスらの〕さまざまな作品を注釈したもの、『アリストテレス「範疇論」入門』、『哲学史』などがある。そうした彼の仕事においては、倫理＝道徳についての関心がよく表われており、ギリシア思想の種々さまざまな傾向が折衷主義的なスコラ哲学へと集約されている。このスコラ哲学は、広がりつつあったキリスト教に直面している。ポルフュリオスには『キリスト教徒駁論』という著書もある。〔H. D.〕

イアンブリコス

❖JAMBLIQUE

c.250-c.325〜330? AC

彼とともに、新プラトン主義哲学は秘教主義へと突き進んでいく〔シリア生まれ〕。イアンブリコスはプラトンの対話編を寓意的に解釈しようとしており、聖なる数量学、つまり『算術神学』というものを評価しつつ、きわめて表面的な秘教主義の学説を主張している。その研究は、プロティノスの著作に関する批判的反省のように見える、すなわち用語を明確なものとし、プロティノスが「混同した」観念を見きわめんとする反省のように見える。しかし実際のところ、プロティノスの霊感が有していた深みと豊かさはなくなり、その代わりにイアンブリコスがもたらすのは、思惟ばかりを頼みにしているような思惟、そして偏執的な分類によって損なわれているような思惟である。問答法はもはや魂の歩み、存在の運動ではなくて、硬直した構造であり、階層化され自己へと閉じられた三原理体系なのだ。ここにあるのは哲学の影の部分であって、あらゆる手合いの神智学者たちを誘惑することになる。〔H. D.〕

プロクロス

❖PROCLUS

412-485 AC

ビュザンティオンに生まれる。〔アレクサンドリアの〕シュリアノスの後を継いで、アテナイの学園〔アカデメイア〕の学頭となる。著書に『プラトン「ティマイオス」注解』、『プラトン「パルメニデス」

注解』、『エウクレイデス〔「原論」第一巻〕注解』、『プラトン神学』があり、そのほかにも多数の論考がある。プロクロスは折衷主義を熱心に進めようとして、儀礼の観察やさまざまな祭礼の称賛に励んでいる。しかし、信心が深すぎるところがある一方で理屈っぽいようなところもあり、『神学綱要』という著作は、エウクレイデスの〔幾何学的〕方法に則った配列で構成されている。プロクロスは不条理にもプラトン主義的な実在論を示しており、彼によると、それぞれの用語は諸事物の実在論的な原因とみなされ、内包と外延にしたがって分類されることになる。このように諸系列が段階づけられるわけだが、そのときこれらの系列はおのおのに表われる秩序――〈一者〉、存在、生命、知性、魂――に応じているし、さらに実在性は唯一の配列法則に従っている。プロクロスが行なっているのは、理屈を並べた問答法、硬直した推論であって、それは現実的生成と歴史をすべて無視してしまうものである。〔H. D.〕

ダマスキオス

❖DAMASCIUS　c.458-c.533 AC

ダマスカスに生まれる。アレクサンドリアとアテナイで教授する。著書である『イシドロス伝』を見ると、プロクロスにも劣らない信心深さがダマスキオスにもあることがわかる。しかしながらダマスキオスは、古代新プラトン主義〔アカデメイア〕の最後の学頭であったが、イアンブリコスやプロクロスに見られる堅固な構成を拒絶している。彼の著わした『第一原理〔についての疑問と解答〕』は、プラトン『パルメニデス』の末尾についての長い注解である。そこで主張されるのは源泉への回帰ということであって、これは新プラトン主義的な展開を越え出ている。ダマスキオスは機械論的な問答法のなかでつかわれる観念を取り上げているが、そうした観念は派生したものにとってのみ意味をもつのであり、〈原理〉にとっては意味をもたない。言い換えれば、創造された世界から出発して〈原理〉を認識することはできない。問答法の役目とは、〈一者〉の分析から始まって存在の階層体系を推論するということではなく、否定的な歩みをつづけながら、〈一者〉そのものよりも優れている〈原理〉の直観まで導くということであり、『パルメニデス』における第一の仮定により提示された〈言い表わせないもの〉まで導くということなのである。〔H. D.〕

プロティノス

❖PLOTIN

205-270 AC

凡庸な人々がもっぱら行なうことは、自分より優れた者たちを、力づくで、あるいは策略を弄して、自分に引き寄せることである。だから、凡庸な者たちから自分を守ることができなければならない。これは、少なくとも、プラトンの『ゴルギアス』に見られるカリクレスの言葉、そしてプロティノスの『エンネアデス』第三論集第二論文における言葉である。プロティノスによれば、たしかに悪者たちはあらゆる権力をもっている、「なぜなら、最良の者たちが他の人々を統治し、その人たちのためにあれこれ心を砕くことができるようにしようなどと、悪者たちが気遣ったためしはないからだ──悪者たちは、もし彼らの仲間のうちで、より優れた者が誕生したならば、その者を殺してしまう」。だからこそソクラテスは命を落とし、それがきっかけとなって、優しい心の持ち主たちは不満を言う口実をたえず探し、泣きごとを言うようになった。「政治で支配者になるのはいつも悪者で、奴隷になるのはいつも善人だ」。「そして、戦争で圧倒するのは悪者たちで、彼らが捕虜を奴隷として引き立てていくときに、どれほどの恥辱を被らせることか」。こうして、悲嘆に暮れた人々は、この世は神から見放されたと、声を合わせて叫ぶようになる。これに対して、プロティノスは厳しい言葉を返している。この世は今のままで見事に進んでいるのであり、この世の非情さは、神自身の非情さである。神は優しくはない、なぜなら神は正しいからだ。もし学校で、体操競技に優れたものが、勉強に優れたものと闘って、相手から書物を奪い、相手の美しい衣服を台無しにしてしまうとしても、「このような場合に、何か問題があるだろうか、笑ってすませる話にすぎないのではないか?」。しかし、学生の喧嘩のこと、子供っぽい行ないのことはさておき、子供たちを成長させてみよう。すると成長した彼らは、「より見事な光景」、つまり戦争をわれわれに見せてくれるだろう。実は、同じことなのだ。すなわち「戦いあう一方の者たちは武器を持つことを欲していない──ならば、もう一方の武装している者たちが、勝利をおさめるだろう」。これこそが掟であり、神の正義たる正義である。したがって、「戦争において救われるのは、男らしい武勇によってであり、神への祈りを捧げることによってではない」。

戦場で混乱する兵士たちに囲まれたソクラテスのように、凡庸な人々の悪意のなかを進んでゆかなければならない。「威風堂々と、かつ横目で目配り──味方と敵とへの冷静な目配り──を怠らず」──恐怖が支配する状況では敵も味方も同様に危害を加えてくるのだ。

❖ PLOTIN

「おかげで、彼は戦友とともに、安全に戦場から立ち去ったのである。というのも、戦いの最中、人はこのように堂々とした態度をとる者に手を出すのは稀であって、むしろ、あたふたと逃げ出す者たちを追い回すものだからである」。なすべきことは、「こうした人間に手を出す者は、手ひどい反撃を受けるだろうということを、たとえ遠くからであっても、よくわかるようにすること」であって、神がわれわれを戦争の恐怖から免れさせてくれるように、神に祈ることではない。というのも、そのような祈りに対して、いつまで待っても神は現われないからだ。プロティノスはその理由を次のように述べている。「平和主義者のために武器をとることは、やはり神のなすことではない」。

泣きごとを言う優しい心の持主に向かってプロティノスは、「子羊たちは狼の餌食である」と警告する。神の従順な子羊たち、あなたたちの内にあるのは、優しさというより、まさに軟弱さなのだ。もちろん、「最良の者たちは、暴力に苦しむ者たちの側にいる」。しかし、これは、最良の者たちが、自分で思っているほど、悪者たちより優れているわけではないことを、示しているだけだ。「なぜなら、彼らは暴力による被害に備えていなかったのだから」。「彼らは凡庸な人間たちが権力を握るのを放置したという点で、彼ら自身が凡庸なのだ」。カリクレスがすでに語っていることだが、哲学は人間の偉大さと高貴さの証であり、唯一哲学のみが、偉大な人々の企てを準備する——しかし、青春時代が過ぎると哲学は人を「軟弱にしてしまう」、なぜなら、哲学は防御したり戦ったりする習慣を失わせてしまうからである。プラトンはそのことを繰り返し語っている。哲学は「子供の遊びである」。それゆえに、哲学者には、世間の風潮を非難しようとする、いささか子供じみたところがある。哲学者は無頓着で怠慢な、非常識な生活を送る。しかし、悪者たちが権力を握っているときには、平穏無事の心地よさに身をゆだねてしまい、そのため、不平を訴えることができないでいる。プロティノスは言う、「悪者たちは、自分たちが支配する者たちの臆病さを利用して支配している。そのことは公正なことであって、不正ではない」。

この厳しい言葉は、ギリシア伝来のものである。例えば『ニコマコス倫理学』には次のように書かれている。「諸々の実践的な卓越性のなかでは、気高さと重大さの点で、政治的な卓越性と軍事的な卓越性が優位を占めている」。しかしアリストテレスは、たしかに、政治を行なうことや、戦争をすることでさえ、最も優れた卓越性をそなえた行為であると明言するものの、それにもかかわらず哲学者を、政治家や軍人よりも上位に位置づけている。なぜなら、彼の道徳は幸福《エウダイモニア》主義(eudémonisme)だからである。この言葉は、「ダイモーン」(démon)という語を正しく解釈するならば、少なくとも幸福の道徳といった平凡なものではなく、天性(神霊)の道徳を意味していると言えるのである。この「天性（神霊）」なるものの本質がある種の思考力にあることをわれわれに教えたのはおそらくアリストテレスであり、また、この思考というものを、われわれはプラトン以来、諸々のイデアに対する一定の関係であると考えている。ところで、イデアという語は、「見る」を意味するギリシア語の動詞のひとつに由来し、したがってイデアは、本来、さまざまな存在者の可視的な外観以外の何ものでもない。だから思考は観照（théorie）に他ならない。というのもthéorieというフランス語は、もともとギリシア語からフランス語に訳された語で、単に「見ること」を意味しているからである。だから、『ニコマコス倫理学』では、実践に対する観照の優位が、最初に肯定されているのである。この点に、観念論（イデアリズム）のすべてが縮約されている。というのも、観念論は、さまざまな存在者が、その可視的外観において完全に与えられていることを第一に主張し、だからこそ、活動することを意味するギリシア語の名詞にあたるpratique（実践）ではなく、見ることの力が集中する哲学的天性（génie）に対して与えられる、と考える理論だからである。

『ニコマコス倫理学』の主題はそのようなものであるが、『エンネアデス』では、それが際限なく発展させられて構成されている。というのも、プロティノス以上に、本来的に観照する人間である哲学者はいないからだ。プロティノスが、観想修道士たちの考えに反対して、自分を守ることができなければならないと書き、また、「宇宙の掟が人に生きることを望まないならば、生きている者でいるよりは死んだほうがましである」と書いているのは間違いない。ここでプロティノスは、字句そのものとしてみれば、政治家カリクレスの次のような容赦ない言い方を、踏襲しているのである。「不正をこうむり、それに屈することは、一人前の男子たるものにでなく、奴隷に相応しいことだ。奴隷であるなら、生きているよりは、死んだほうがましであろう」。しかし、『エンネアデス』の文脈においてこの言葉は、およそ字義通りの意味とは反対の意味を与えられている。というのもプロティノスは、プラトンとは正反対の考えに立ち、「他者たちに指図するのは、優れた人間の仕事ではない」という理由で、どんな政治も拒否するからであり、正確に言えば、プロティノスは道徳というものを念入りに仕上げたことさえない。なぜなら、この場合、道徳という語でわれわれが考えているのは、実践に対して規則を定める規律のことだからだ。宇宙の掟に同意することと行動（つまり政治と道徳）を拒否することとの間には、たしかに何かしら矛盾があるように思われる。しかし実際には、そのような矛盾は、少なくとも『パイドン』において、ソクラテスの死の意味、すなわち、死ぬことがより良いことであるという、その死の意味が与えられて以来、存在してはいない。

『パイドン』において人生とは何だろう。欲望による動揺、富の追求、危険と辛苦、戦争、休戦と新たな戦い。つまり「心配」「慌ただしさ」「混乱」「茫然」――そうしたすべてのものから哲学者は身を引く。「しかしその理屈でいくと、石ころや死人のほうが、よっぽど幸福だということになる」と、カリクレスは叫ぶ。それに対し、ソクラテスとプラトンは、死者たちの国についての美しい物語を語って答えている。その国では、存在するものたちは、至高の太陽の光に輝くエメラルドのように透明な姿で現われる。――この話が伝えようとしているのは、次のようなことである。哲学者は世界について考えることによってしか生きておらず、見ることを除いて彼はまったく死んでいる。しかし、見るというこのたった一つの力には、行動する人間たちの動きすべてに宿る以上に、運命を導く多く神霊《ダイモーン》★01が多く宿っているのだ。死者の国の物語は、このことだけを語ろうとしている。そういうわけで、プロティノスはカリクレスの言葉を踏襲しているのだが、それは行動による混乱に飛び込まなければならないと言おうとしているのではなく、反対に、この世に対して死んでいることが最も善いことであり、この世の現状に難癖をつける人々は、この世を眺めるまなざしに十分なりきっておらず、この世をひとつの見世物とみなすことに徹してもいないことを意味しているのである。

行動にはpassion《パッション》（情念）が伴うが、この言葉は、ラテン語で苦悩を意味する。つまり、生きることは苦しみをもたらし、苦しみは笑いに対立するがゆえに、苦しむ者は真剣に生きる。だが、プロティノスによれば、この世には真剣に考えるべきものなどない。耐えがたい苦しみの頂点は戦争であろう。しかし、同時にそれは「美しい見世物」ではないだろうか。戦争の駆け引きに従事する人々の姿は、バレエを踊る人々の姿のようではないだろうか？　そこには、血まみれの戦いの踊りしか存在しない。もし戦争自体が残酷な気晴らしにすぎないならば、人生全体が遊びでしかないことになるのではないだろうか。「人生は遊ぶ子供、すごろくで遊ぶ子供であり、子供の王国だ」とヘラクレイトスは語っている。それに対し、「確かにその通りだ、しかし、すごろくで遊ぶのとは違い、自分の人生をくりかえし遊ぶことは誰にもできない」と、ソフィストのアンティポンは言う。これに対してプラトンは、『国家』の末尾で、「死者たちは、新たな人生の籤《くじ》を、何度でもひくことができる」という寓話を語って、答えている。このことにプロティノスは意味を与えている。死ぬとはいかなることか。それは、「舞台を去ることだ」。「すぐに舞台に戻るために」。生きるとはいかなることか？　それは、偶然の戯れから、新たな衣装、新たな役割を授かることだ。人生は遊びであるが、ただし、この遊びは見世物である。だからそれは舞台上の遊びすなわち演技である。生きるとは遊ぶことであるが、ある役割を演じることなのだ。

したがって、哲学が観照と化すとき、この世は「劇場」となる。まさに劇場とは、われわれが見るために、そして見られるためにのみ、赴《おもむ》く場所、幻を見る場所、見世物の場所に他ならない。

ああ、人の子らよ
どれほどに、お前たちの生は、無に等しいことか
一体、お前たちの誰が、かつて己が神霊《ダイモーン》を
より遠くへと運んだだろうか
現われ、そして、幻のごとく消え去るに
必要な以上に遠くへと★02

〔ソポクレス『オイディプス王』1186-1192〕

合唱隊は、「人間の模範」であるオイディプス王について、このように歌う。太陽のように、人間は現われ、そして凋落する。この場合、現われるとは、姿を現すこと――その眩い輝きのなかで――を意味する。このような現われを意味する真の名は、栄光である。このように、人間を導く神霊《ダイモーン》は演劇的であり、華々しい。しかしオイディプスは他者のまなざしから逃れてしまう。すなわち自らの手で盲目になる。太陽もまた、凋落し、そして消え去る。太陽のように、人間は、オイディプスに倣って、自らの凋落を欲しなければならない。さらにアンティゴネのように、大地の下の情熱をさえ。この情熱こそ、人間を地下世界へと、まなざしを欠く、姿の見えない、死者たちの世界へと、導くのだ。人間の悲劇は見世物とは別のものだ。それは、アリストテレスが『詩学』において「ドラマ」と名づけたもの、すなわち行為なのだ。

プルタルコスによると、スパルタ人は、アテネでは船団を組むのとと同じくらい演劇が高くつくと思っていて、だから彼らは、「アテネ人たちは、自分たちの遊びを真剣なものとみなすのだ」と言った。だが、悲劇が遊びだとしても、ドラマであることに変わりはない。そのドラマは、人間が運命を引き受けるその振る舞いそのものによって、さまざまな自由(運命を伴う自由)を手に入れるドラマである。というのも、遊ぶこと以上に自由な振る舞い方というものはないからだ。「すべての真実の人間には、遊びたがっている子供が隠れている」とツァラトゥストラは語る。人間が、心の奥底で欲しているのは遊び戯れることなのだ。そして、もし支配する人間が、おのれのうちですべての欲求を要約するならば、それこそ人間の真実の姿、すなわちヘラクレイトスの言う「王

としての子供」であろう。しかし、観照する人間が悲劇の戯れを考察しはじめると、彼にとってその戯れのドラマは見世物のなかで消え失せてしまう。その時まさに、現われることが仮象にすぎないと思われるようになる。演じる者たちは、仮面をつけた者であることが露わになる——あらゆる身振りは見せかけとなり、役者は偽善者となり、ドラマの栄光はわざとらしい芝居になりさがる。悲劇とは、至高の戯れにだまされることだが、哲学はその至高の戯れを、純粋な見世物として、距離をおいて捉えることであり、裏を読むべき罠をしかそこにもはや見ず、したがって、あいかわらずそれを戯れと名づけはするものの、もっぱらラテン語でillusion《イリュージョン》（幻影）と呼ぶ。★03

至上の戯れ、この呼び名を告げたのは、『アンティゴネ』の合唱隊である。

争うことなく、女神アプロディテは戯れる。

〔ソポクレス『アンティゴネ』799-800〕

しかし、アレスがアプロディテの戯れに屈することは、恋することの甘美を意味するのではなく、アプロディテの力、アプロディテの至上の自由を意味する。「かつて争いに負けたことのない恋心」と合唱隊は語る。だが、合唱隊が恋について語る言葉はとても恐ろしく、そこから唯一聞きとることができるのは、恋は戦争よりも過酷であるということだ。恋は究極の苦悩である。

お前に憑りつくものは狂気である。

〔『アンティゴネ』790〕

ギリシア人たちの恋の錯乱は、時代を問わない問題として現われる。というのも、その問題は、ゴルギアスが『ヘレネ賛歌』のなかですでにとりあげ、『エンネアデス』第III論集第五論文におけるプロティノスの問題でもあったからである。「恋は神なのか、それとも魂の情念（passion）なのか？」。魂の情念とは、この場合、デカルト的な意味で理解されるべきでなく、まずは悲壮感（pathos）として、すなわち病（pathologie）と悲痛（pathétique）の意味で理解されなければならない。つまりこの問題は、多くの惨めさと、拒絶しがたい神的なものの現われとに、同時に耐えなければならない恋の苦しみであり、自分自身の情念を前にした恋する者のためらいなのである。しかし、ヘレニズムの答には迷いがない。恋は神であり、同時に情念である。なぜなら、恋は病と苦悩の姿で現われる神であるからだ。

ギリシア人の神々は、まことに子供に似つかわしい者たちである。子供のように彼らは遊び好きで、不可解で、情け容赦がない。たしかに、プロティノスはこのような神々を拒み、遊戯を拒み、行動、ならびに行動と一体の情念を拒む。ところが、「神のような人々」(それは彼にとっては哲学者のことなのだが)を描写するとき、プロティノスは、その人たちが「洞察するまなざし」をもっているというだけではなく、「恋する素質」をもった人であると語っているのである。この点について、いつものようにプロティノスはプラトンに従っているだけである。というのもソクラテスは、自分たちを恋する者たちの狂気をリュシアスが用心深く拒んでいるとして、あまりに分別くさい彼の打算を非難しているからである。「もし狂気が悪であるということがわかりきったことであるとしたら、リュシアスは立派に語ったことになるだろう。しかし、最も偉大な善の数々が、狂気を通じて私たちにもたらされるということは、事実なのだ――少なくとも神がわれわれに授ける狂気を通じてであれば」。つまり、恋は、神々からもたらされる善なる狂気なのだ。ところで、プロティノスとプラトンが、哲学的な観照よりずっと危険度の高い、錯乱を導き手とすることができたとすれば、それは、「恋は眼に宿る」という甘美なギリシアの古い格言が、安心感を与えてくれたおかげである。

心に触れるこの謎めいた格言は、見るという哲学的行為に、恋の情念を凝縮させて表現している。私たちが恋するもの、それは美である、とプロティノスとプラトンは言う。ところで美において、ギリシア人たちは、見えるものの最も壮麗な輝きを感じとっている。「私たちにとって視覚は、身体をつらぬく感覚のなかで最も明敏なものであるが、知恵を見ることはない(もし知恵が、視覚に訴える鮮明な自分の映像を与えることができたら、それは恐ろしく恋心を駆りたてるものになったであろう)。恋心を抱かせるその他の徳性についても同様である。これに対して美のみが、最も輝かしい姿を見せ、かつ、最も強い恋心を抱かせるという、定めをもっているのである」。哲学者とは、知恵を愛として捉える(知恵を愛する)者のことだ。しかし、哲学者においてまなざしが優位を占めると、知恵に対する哲学者の愛は、美への愛のなかで、消え去ってしまう。なぜならヘラクレイトスが言ったように、愛は隠されたもののなかで動くからである。「自然は秘密を愛において捉える(秘密を愛する)」[★04]。

たしかにプロティノスは、「現われることのない」自然を語る人々を批判していた。私たちはギリシア人の言うピュシス(physis)を自然(nature)という言葉に訳しているが、一体ピュシスとは何か。この語はもともと、植物の隠れた生長を意味している[★05]。しかしアリストテレスによれば、この生長は「イデア」、すなわち眼に見える外観へと向かう。自然は植物のさまざまな「形」、屈曲するさまざまな「線」を、絶えず産み出す。プロティノスは、その「形」や「線」を「輝き」や「優美」と呼んでいる。つまり、産み出すとは、明るみに導くこと、まなざしに見せることなのである。つまり恋の欲望は、それが自然の生成となるときに、生じるのだ。「なぜなら、なにかあるものを存在させるということは、ひとつのイデアを作ること、すなわち、全体を視覚で満たすことだからである」とプロティノスは言うのである。

しかし、もし「存在すること」がこのように「イデア」として表現されるならば、「存在させる」ことは、存在に関係するというより、「存在を見る」ことに関係することになる。だからこそプロティノスにとって生殖は、恋の「失墜」であり「堕落」である。これはすでにソクラテスが言ったことだ。「堕落した者は、この世で美の名をもって呼ばれるものを見ても、その興奮が彼をこの世から引き離すことはなく、いかなる心の昂りも彼を美そのものへと導くことはない。堕落した者は、美しい人を敬慕のまなざしで見ることを知らず、動物のような仕方で子種をまこうとする」。これに対してプロティノスは、「恋する者たちは、見ることができる人々であり、イデアに向かって身を投ずる者たちなのである」と言う。なぜなら、この世に存在する者たち、すなわち四肢のすべてが地上に張り付けられ、堕落した四足動物の恋に胸を焦がす者たちは、さまざまなイデアの「似像《イメージ》」でしかない、とプラトンは語っているからだ。このような言葉づかいは、私たちにとって、意味不明の暗号のようである。というのも、「エイドーロン」というギリシア語を、「イメージ」という語によってしか、私たちは翻訳することができないからである。「エイドーロン」は、ギリシア語で小さなイデアを意味し、原初的な現われの縮像、もしくは断片を意味する。あるいはむしろ、その「現われ」自体なのだが、物の形がいくつもの鏡に反射して複数化し、分割されるときのように、あるいは真昼の燃えるような光が、海面上で散乱するときのように、縮約され、断片化された現われなのだ。

斑點模様の豹の皮膚よ、太陽の無数の
縮像に穿たれた外衣の如き皮膚よ、★06

〔ポール・ヴァレリー「海辺の墓地」第二十三詩節から〕

感覚の世界は、反射した像を果てしなく示すだけである。あらゆる馬に宿る馬のイデア、あらゆる人間に宿る人間のイデア。しかし、真の意味で見るとは、ひとつのイメージを見ることではなく、事物が自らを呈示するままに事物そのものを見ることだ。すなわち、事物が現われるその本源の輝きにおいて一つのイデアを見ることなのだ。ソクラテスはそのようなイデアを、「美そのもの」と名づけている。だからこそ、ソクラテスは、パイドロスに向かって、魂は、まなざしをこの世におけるさまざまな恋の対象に向ける前に、神々のいる天界の最も高いところで、「さまざまな存在するものを、その存在そのものにおいて、すでに見たことがあったのだ」と語る。これに関し、プロティノスは、次のように注解する。まさしく、「優れて存在するものについての」この「本源的まなざし」、「この視覚、暴力的な視覚」、この「強い力をもった視覚」からこそ、「エイドーロンに満たされて見ることとして、おそらく、恋が生まれたのである」。

かくして、恋人に注ぐまなざしを通じて、恋する者は、自分自身よりも古い力を、長い間忘れられていた深い知恵を、再び見出すのである。恋する魂は、「自分の出自を思い出す」。恋する魂の情念は、自分の力が苦しみを伴って高揚することである。日常の下劣さに押しつぶされている翼が舞い上がり、自由を求めて再び生えてくるときに、痛みが生ずるのである。「歯が生えてくるとき、子供が痛がるように」。そして、まさしく激痛のなかで、「恋の針に突き刺される痛み」のもとで、魂は、飛躍する力と身軽さを見出すのである。ソクラテスは語る。「魂は、落ち着きのない情念に苦しみ、なすすべなく狂い——夜は錯乱して眠れず、昼には一つの場所にじっとしていることができず、美しさをもっているその人を見ることができると思うところならどこへでも、憧憬にかられて、走っていくのである」。しかし、ここで魂は、情熱的な魂から、観照する魂になる。というのも、苦悩にみちた動揺が、まなざしの喜びに変わるからである。「その人を見、おのれの情欲を脇にそらせると、魂は自分を締め付けていた結び目をほどき、息を吹き返し、刺激や苦悩から救われて、その瞬間に、最高に甘美な喜びを得るのである」。

哲学者の情熱《パッション》(受苦)は、もっぱら目に関わっている。このことをソクラテスはテアイテトスに語っているが、一体何のことなのか、もはやわれわれにはわからなくなってしまっている。というのも、ソクラテスが「タウマ」と呼ぶものを、われわれは「驚き」と訳してしまったからだ。「タウマ」とは、単なる「驚き」でなく、「観照《テオリア》」がもたらす耐えがたい眩《まばゆ》さなのだ。「この受苦、この眩惑(タウマゼイン)こそ、哲学者に特有のものなのだ。だから、イリスはタウマス(眩惑)の娘であると言った者は、イリスの系譜をあながち知らなかったわけではない」。イリスとは何者か。それは、すべての色彩で描かれた虹のことであり、神々への架け橋である。死すべき本性をもった私たち人間は、魔術的(タウマ的)な恋に眩惑されて、神々《こうごう》しさへと向かうのである。真に恋する者について語りながら、ソクラテスが言おうとしているのは、そういうことである。「真に恋する者が、優れて美を映す神さながらの顔立ちや、体の輝きを見るとき、その者は、まず打ち震え、〔神々の〕かの世界の畏怖にふたたび捉われる。それから彼はまなざしを向け、その顔と体を神のごとく崇拝する。もし彼が、極度な狂気に陥ったと思われることを怖れなければ、神の像もしくは神に向かうのと同じように、この愛しい子供たちに向って祭礼を捧げることであろう」。神によって死すべきものとされた、このとても身近な愛しい神々、すなわち『パイドロス』に登場する恋されていることに驚く、冷淡な美しい子供たち、彼らは、なぜ崇敬されるがままになっているのか。その理由は、この恋の苦しみのなかに、何かしらとても崇高なものを彼らが感じ取っているということ以外にないであろう。ヴェールを掛けられた私たちのまなざしは、そこにあまりに人間的な辛《つら》さしか見ない。しかし、恋することの苦しさのなかで、ものごとは密かな輝きをもって煌《きら》めくのだ。恋の炎のたつところ、そこにこそ神々は存在するのである。

神々は火のなかに現われる。プラトンの対話篇『ティマイオス』で、ティマイオスはそう言っている。だから、ヘラクレイトスを訪ねてきて、パン焼き竈《かまど》のそばでヘラクレイトスが身体を温めているのを見つけた、旅人たち向かって、ヘラクレイトスは「ここにも、神々はいらっしゃる」と言ったのだ。「ここに」という場所は、ヘラクレイトスが寒さを感じ身体を暖めているその竈を意味しており、その火は、人間の手でおこされたものである。しかしティマイオスはすでに、燃やすことなく明るく照らす、昼間の「穏やかな火」のみをとりあげており、また『国家』では、唯一の神、すなわち太陽のみが、その名を挙げられている。それが、アリストテレスとプロティノスになると、さらに冷たい光だけが、神的だと言われている。プロティノスは言う、「この人間の住み処には、神の住む天界における星たちのような、光輝く何かがあらねばならなかった」。神的なものは、火の直接的な激しい熱でなく、純粋な遠い光景である――それは、火傷をおわせる危険でなく、星々がもたらす危害である。

遠景にちらりと見える光景、それがプロティノスにおける神である。『エンネアデス』において、神のモデルは皇帝である――このローマ帝国の皇帝たちは、人間に課された運命を糧として、その運命にちらりと現われる遠方の光景を生き、道化役者の言葉を語って死ぬのである。「喜劇は終わりだ」とアウグストゥスは言い、ネロは、「なんとすばらしい役者が、私のなかで、死にゆくことか」と言った。もっと高尚ではあるが、同様の意味でマルクス・アウレリウスは、「この世は舞台、人生は演じ役なり」、と書いた。マルクス・アウレリウスと同様に、プロティノスは、眩い光のなかで姿を現わす人間の栄光について、その演劇的な側面だけしか見ない。そして美について、その光り輝く側面を知ってはいるが、密かに感動を誘う側面は知らない。だから、たしかにプロティノスは、プラトンの言葉をそのまま繰り返して、恋はわれわれを神々に向けて誘い出すという言葉を語ることはできたのだが、ただし、その意味は同じではない。というのも、思想の真の深みは、思想が語っている内容にでなく、その思想がその内容をどのように語っているかという点にあるからだ。プロティノスの残した論集は、静穏な散文詩による雄弁な断片からなっており、プロティノスは、プラトンと違い、恋の陶酔や、その慎みを欠くまでの惑溺は知らない。ソクラテスとアルキビアデスの雄弁は、饒舌で激しいものだ。気取りはないが、心のなかでは火花が散っている。短い言葉が投げつけられ、炎のように渦を巻く。しかし、プロティノスは、比類なく雄弁な『パイドロス』と違い、恋を追い求めることについて語ることはない。彼は、「魂の静寂」、愛のまなざしの甘美さと休息しか、認識しない。プロティノスは輝き、プラトンは焼き焦がす。だからこそプラトンは、最も身近に迫ってくるのであり、最も偉大なのである。なぜなら、プラトンは彼の観念論よりも偉大だからである。さまざまなイデア(観念)を言い表わすことで、何ができるのかというと、それは見えるもの、すなわち事物の表面を扱うことでしかない。苦悩と感動、それこそがより重要である。しかし、それを語ることははるかに難しい。というのも、そこでは存在をつかむこと自体が問題であるからだ。

ヘラクレイトスは言う。「この世界は、神が作ったものでも、人間が作ったものでもない。それは、一定量だけ消え、一定量だけ燃えながら、永遠に生きる火として、つねに存在したし、つねに存在し、つねに存在するであろう」。プロティノスにとって世界は、消えゆく火によって、その存在を測られる。たしかに、影の部分があるからといって、世界が美しくなくなるわけではない。それは、すべての動物が、孔雀のように「目にすっかり覆われた羽をもた」ないからといって、より醜いというわけではないのと、同様である。——しかし、世界が神的であるとわれわれに確信させてくれるのは、もはや、天の星々以外に残っていない。

〔ミシェル・グリナ〕

新プラトン派の創設者アンモニオスが、教育活動を開始して間もない頃、リュコポリス(エジプトにあるプロティノスの生地)から来たプロティノスは、二三二年から二四三年にかけてアレクサンドリアで彼の授業を受けた。プロティノスとともに学んだ者として、哲学者ロンギノス(のちにパルミラの女王ゼノビアに仕える宰相となり、パルミラの町がローマ人に占領されたとき、処刑される)、オリゲネスなる人物(この人は、おそらくあの著名な異端派の開祖であり、「仮借なき人物」とされた人であろう。弟子たちによって誇張されたその学説は、五五三年コンスタンティノープルで開催された世界司教会議によって禁止された）、ヘルミノスがいた。ペルシア人の哲学に興味をもったプロティノスは、二四三年、ローマ皇帝ゴルディアヌス三世（敬神王）が、アンティオキアからササン朝ペルシアの王シャープール一世を追い立てるべく行なった遠征に参加した。二四五年から二七〇年に死去するまで、プロティノスはローマで生活した。彼が弟子たちに請われて著作による教育に手をつけたのは、二五五年になってからである。弟子たちのなかで最も熱意をもっていたポルフュリオス（二三二～三〇四年）は、キリスト教徒に対する猛烈な敵対者であり、プロティノスの秘書で史料の編纂者を務め、その著作の校訂を行なった。師のプロティノスが亡くなった後、ポルフュリオスは著作を、六部の『エンネアデス』（つまり『九つで一組のもの』）に集成して出版した。［J.L.］

訳註

★01 『パイドン』（107D）で、人にはそれぞれその運命を支配し導く「神霊（ダイモーン）」が宿っているとされている。

★02 ここに示された著者（ミシェル・グリナ）による仏訳は、以下の行論に登場する「現われる」と「消え去る」を考慮した訳になっている。参考として、藤沢令夫訳（岩波文庫）を挙げておく。「ああ人の子の／無きに似たそのいのち。／仕合せを 得しとおもえど／はかなくて やがてまた／消えて行く その幻影《まぼろし》」。

★03 illusion<illusio（ラテン語）<ludere（ラテン語）（遊ぶ）。

★04 一般的には、「自然は隠れることを好む」という言葉として知られている。

★05 physis<phyesthai（生長する）とする説、またはphysis<phyo（生み出す）とする説がある。

★06 海の煌めきに生命の力を感じた詩人（ヴァレリー）は、海面に煌めく陽光を豹の皮膚の斑點に喩え、海の生命力を賛美している。その際、煌めく陽光を mille et mille idoles du Soleil（太陽の無数の縮像［イメージ］）と表現した。idoleはイメージを意味するギリシア語Eidôlon（エイドーロン）に由来する。論者（ミシェル・グリナ）はidoleと「エイドーロン」という二語の間に存する派生関係から、ヴァレリーのこの一節を想起したのであろう。その点を考慮して本文のように訳した。

＊ プロティノスの《肖像》の翻訳に当たり、近藤智彦氏による貴重な御教示を戴いた。記して感謝申し上げたい。訳文の責任はすべて訳者（伊藤泰雄）にある。

［翻訳＝伊藤泰雄］

補記

　哲学とはいかなる営みであるのか。理論や学説の体系を構築する試みだろうか。それとも、議論や対話の応酬それ自体に存するものだろうか。いやむしろ、ことばを超えた語りえぬものの直観を目指すものと言うべきなのだろうか。あるいは、何らかの特定の様式に従って生きることそのもののことを指すのだろうか。ヘレニズム・ローマ哲学は、いかなる時代の哲学にもまして解釈者をこの問いへと誘ってきた一方で、この問いに対するさまざまな見解にその解釈自体も大きく影響を受けてきた。ここではこのような観点を中心に、ヘレニズム・ローマ哲学に関する本哲学史の記述について、現在に至る研究状況を踏まえた若干の補遺を試みたい。

　『メルロ＝ポンティ哲学者事典』では、ヘレニズム・ローマ哲学を代表する哲学者の《肖像》として、エピクロス、クリュシッポス、エピクテトス、プロティノスの四名が取り上げられている。ここでまず気づくのは、懐疑主義の潮流が選から漏れている点である。すなわち、ヘレニズム期のアカデメイア派（アルケシラオス、カルネアデス、クレイトマコスなどの項を参照）、ついでピュロン主義（ピュロン、アイネシデモス、セクストス・エンペイリコスなどの項を参照）である。これらの懐疑主義にとっては、自前の学説や理論を構築することではなく、他の学派や哲学者の学説に対して批判を展開すること自体が、哲学の営みそのものであった。こうした懐疑主義による批判は、同時代のストア派やエピクロス派などに理論を彫琢するよう促すとともに、後のプラトン主義者などには彼ら自身の学説を打ち立てるための議論の素材を提供するという仕方で、この時代の哲学を発展させる推進力となった。このようにして交わされつづけた活発な論争の応酬こそヘレニズム・ローマ哲学を全体として特徴づける魅力の一つと言えるが、こうした側面への再評価が進んだのは本哲学者事典の出版後しばらく経ってからのことである（この時代の懐疑主義に関しては、まずは優れた入門書であるJ・アナス、J・バーンズ『古代懐疑主義入門――判断保留の十の方式』金山弥平訳、岩波文庫、二〇一五を薦めたい）。

　エピクロス、クリュシッポス、エピクテトスの三者の《肖像》を担当しているのは、往年の哲学史家ヴィクトール・ゴルトシュミットである。ゴルトシュミットは、一九七〇年代以降のヘレニズム哲学再評価以前にあって独自の輝きを放っていたストア派研究の名著『ストア派の体系と時間の概念』［*Le système stoïcien et l'idée de temps*, Paris, 1953, 4e éd. 1979］で特に知られる（なお、同書はジル・ドゥルーズ『意味の論理学』［Gilles Deleuze, *Logique du sens*, Paris, 1969］のストア派解釈にも大きな影響を与えている）。ゴルトシュミットによる三哲学者の解説はいずれもきわめて圧縮された含蓄の深い文章で綴られており、エピクロス派とストア派の両哲学の体系に対するゴルトシュミット独自の洞察を示したものとして今なお味読に値する。ただし、現在の研究水準による一般的な解説を求めるならば、A・A・ロング『ヘレニズム哲学』（金山弥平訳、京都大学学術出版会、二〇〇三）のほか、D・セドレー編著『古代ギリシア・ローマの哲学　ケンブリッジ・コンパニオン』（内山勝利監訳、京都大学学術出版会、二〇〇九）、内山勝利責任編集『哲学の歴史――帝国と賢者』（中央公論新社、二〇〇七）、神崎繁・熊野純彦・鈴木泉『西洋哲学史II――「知」の変貌・「信」の階梯』（講談社、二〇一一）の該当する章が、おそらく適当な導入となるだろう。専門的な研究としては、ヘレニズム哲学の主要な資料を学派・トピックごとに整理し、英訳・解説・原典・文献表を二巻に収めたAnthony A. Long & David N. Sedley, *The Hellenistic Philosophers* (2 vols., Cambridge, 1987)が、今も欠かすことのできない出発点となっている。

エピクロスの哲学については、原子論や快楽主義といった「近代的／現代的」な要素だけを取り上げて評価するのではなく、その「古代的」な側面も含めた体系の全体を視野に入れるべきことを論じているのは、ゴルトシュミットの解説のすぐれた点と言えるだろう（なおゴルトシュミットは、エピクロス哲学の研究書[*La doctrine d'Épicure et le droit*, Paris, 1977]も著わしている）。しかし、本解説からはいささか見えにくい点は、エピクロスが原子論にせよ快楽主義にせよ、その学説を単に独断的に主張したわけではなく、独自の経験論的方法論に基づく緻密な議論を展開していたという点だろう。また、本解説のように隠遁の哲学という側面を強調して否定的に評価するのも、当時の現実社会においてエピクロス派の学説と活動が有していた批判的意義に目を向けるならば、辛口すぎるように思われる。いま指摘したようなエピクロス哲学の側面は近年になって評価されるようになってきたが、その背景の一つにはいまなお一次資料が増えつづけているというエピクロス派の特筆すべき事情がある。一つは、紀元後七九年のヴェズヴィオ山（現イタリア）の噴火により埋没し、十八世紀に発見された図書館跡から見出されている多数のパピルス（ヘルクラネウム・パピルス）であり、その多くはエピクロス派の哲学者ガダラのフィロデモス（同項を参照）の著作であるが、エピクロスの主著『自然について』の断片なども含まれている。もう一つは、オイノアンダ（現トルコ）の遺跡から十九世紀末に発見された碑文であり、そこにはディオゲネスという名の人物（後二世紀頃）がエピクロス哲学を紹介して称揚した文章が刻まれている。近年急速に研究が進んでいるこうした新たな資料は、学派内外で議論を戦わせながら当時の社会のなかで哲学にいそしんでいたエピクロス派の人々の生き生きとした姿を、われわれに垣間見させてくれる。

初期ストア派の哲学者のなかからクリュシッポスが取り上げられていることは、ゴルトシュミットも指摘しているように、ストア派の正統的な体系を確立した「第二の創始者」としてのクリュシッポスの重要性を考えれば当然のことと言えよう。ゴルトシュミットによるクリュシッポスの解説は、「宿命(運命)」という概念を切り口として、通俗的なストア主義と本来のストア哲学との違いを適切に示している。本来のストア哲学は、宿命に対していわゆる「ストイック」な忍耐や無関心を説くものではなく、宇宙のロゴス(理)——宿命もそれと同一視される——の働きに協力して実践することを説くものなのである。本解説では、ストア哲学が倫理的な教説に尽きるものではなく、論理学(認識論を含む)・自然学・倫理学が緊密な一体をなした体系であることが論じられているが、これはすでに紹介したゴルトシュミットによるストア派研究の主著にも通じる重要な指摘である。とはいえ、ストア派の倫理学を自然学(特に宇宙のロゴス(理)の学説に見られる宇宙的摂理論)と不可分のものと見るべきかどうかは、ストア哲学の解釈と受容にとって難しい課題を突きつける点となる。というのは、ゴルトシュミットも半ば認めているように、ストア派の自然学説自体は現代にはもはや通用しないと思われるからである。ストア哲学の体系性を重視する見方がいまだ主流ではあるものの、ストア派の倫理学に現代的意義を見出そうとする最近の研究者のなかには、それを宇宙的摂理論とは切り離しうるものとして解釈する傾向が見られる(例えばJulia Annas, *The Morality of Happiness*, Oxford, 1993)。なお、ゴルトシュミットは、クリュシッポス独自の貢献を測定することの資料上の困難を指摘している。アルニム編『初期ストア派断片集』[H. von Arnim ed., *Stoicorum Veterum Fragmenta*, Leipzig, 1903-1905、『初期ストア派断片集Ⅰ〜5』中川純男・水落健治・山口義久訳、京都大学学術出版会、二〇〇〇−二〇〇六]にはクリュシッポスの名のもとに多くの資料が集められているが、これは初期ストア派に遡ると推定された資料をすべてクリュシッポスの項目に収めるという方針が採られているためである。この問題点は早くから指摘されてきたが、アルニムに全面的に取って代わるような資料集は現在まで現われていない[ただし論理学の分野に関してはKarlheinz Hülser, *Die Fragmente zur Dialektik der Stoiker*, 4 vol., Stuttgart, 1987-1988がある]。

エピクテトスの解説においてゴルトシュミットが切り口としているのは、「自由」という概念である。エピクテトスの教説は

「上から目線」の説教という印象をしばしば読者に与えてきたが、本解説がそこに見出すのは、むしろ魂の隷属状態に苦しむ人々を「治療」し「解放」するための哲学的対話としての性格である。こうした見方は、『提要』よりも『語録』を重視すべきだという指摘とともに、エピクテトスにソクラテス的要素を見出す近年のすぐれたエピクテトス研究書の主張とも重なる[Anthony A. Long, *Epictetus: A Stoic and Socratic Guide to Life*, Oxford, 2002]。「魂の治療」としての哲学という考え方は、その後もヘレニズム・ローマ哲学研究の関心の的となっており、特に本解説でも注目されているエピクテトスの「心像（パンタシアー）の使用」という技法は、現代の心理療法としばしば結びつけて言及される[Martha C. Nussbaum, *The Therapy of Desire: Theory and Practice in Hellenistic Ethics*, Princeton, 1994, Richard Sorabji, *Emotion and Peace of Mind: From Stoic Agitation to Christian Temptation*, Oxford, 2000]。さらに、本解説のなかでもストア哲学が「生の技法」であったとの指摘がなされているが、古代哲学のこうした側面のさらなる解明に対して最大の貢献を果たしたのは、フランスの哲学史家ピエール・アドである。アドは、哲学を理論体系としてのみ捉える見方を批判し、哲学のもつ「精神修養（exercices spirituels）」としての側面を重視すべきことを説いており[Pierre Hadot, *Exercices spirituels et philosophie antique*, Nouvelle éd., revue et augmentée, Paris, 2002]、特にマルクス・アウレリウス（と、そのマルクス・アウレリウスが多くを負うエピクテトス）の哲学について、それを「生きられた哲学」として解釈する研究書を著わしている[Pierre Hadot, *Introduction aux "Pensées" de Marc Aurèle: La Citadelle intérieure*, Paris, 1998]。アドの古代哲学解釈はミシェル・フーコーに影響を与えたことでも知られるが、フーコーが主にヘレニズム・ローマ哲学に見出した「自己への配慮」をめぐる考察は、その後の古代哲学研究にも大きな刺激を与えている[ミシェル・フーコー『性の歴史III　自己への配慮』（田村俶訳、新潮社、一九八七）、ミシェル・フーコー『主体の解釈学　コレージュ・ド・フランス講義一九八一－一九八二年度』（廣瀬浩司・原和之訳、筑摩書房、二〇〇四）]。

ミシェル・グリナによるプロティノスの解説は、あたかもプロティノス自身のスタイルに倣うかのように、プロティノスとプラトンからの引用の自由なパッチワークを通して、プロティノス独自の哲学的ヴィジョンのただなかに読者を誘う文章となっている。本解説は「観照（テオーリアー）」および「愛（エロース）」という概念を切り口として、次第にプラトンとの違いを析出させながら、プロティノスの観照の哲学からは政治や倫理が排除されていること、プロティノスの語る愛についてもプラトン的な愛のもっていた情熱的な要素が浄化されていることを論じている。こうしたグリナの解説と比較して現在のプロティノス研究の状況を眺めると、すぐに気づくのは後者の「地に足の着いた」傾向である。その土台を提供したのは確かな文献学的研究に基づくポール・アンリとハンス＝ルドルフ・シュヴィーツァーによる『エンネアデス』の校訂本であり［Plotini opera, 3 vol. Paris-Bruxelles, 1951-1973,（editio maior）; 3 vol. Oxford, 1964-1982（editio minor）］、それを契機として質の高い翻訳や注釈の刊行がいまも続いている。近年の研究においては、ポルフュリオスが主題ごとに再構成した『エンネアデス』の配列をうのみにせず、執筆順にいったん戻した上で個々の著作を再検討することが一般的となっている。また形而上学、魂論や認識論はもとより、自然哲学や倫理学・政治学などの従来はプロティノス哲学にとって周辺的（ないしはそもそも存在しない）と考えられてきた分野にも関心が寄せられ、すぐれた研究が現われている。さらに、近年はプロティノス以前のいわゆる「中期プラトン主義」（アレクサンドリアのフィロン、プルタルコス、ヌメニオスの項を参照）や、プロティノス以降紀元後六世紀に至るまでの新プラトン主義の長い系譜（ポルフュリオス、イアンブリコス、プロクロス、ダマスキオスの項を参照）に関する研究も大きく進展している。こうした研究の結果、プロティノスがプラトンやアリストテレスのテクストの独自の読解とともに、同時代の諸学派の哲学との格闘を通して自らの哲学を紡ぎ上げていったことが、より明確になってきている。プロティノスをはじめとする新プラトン主義の全貌とその多様性に触れるには、水地宗明・山口義久・堀江聡編『新プラトン主義を学ぶ人のために』（世界思想社、二〇一四）がよい出発点となるだろう。

主要著作

エピクロス

▼エピクロス『エピクロス——教説と手紙』出隆・岩崎允胤訳、岩波文庫、一九五九。
▼ディオゲネス・ラエルティオス『ギリシア哲学者列伝（下）』加来彰俊訳、岩波文庫、一九九四。

クリュシッポス

▼ゼノン、クリュシッポス他『初期ストア派断片集Ⅰ〜5』中川純男・水落健治・山口義久訳、京都大学学術出版会、二〇〇〇―〇六。

エピクテトス

▼エピクテートス『人生談義（上・下）』鹿野治助訳、岩波文庫、一九五八。
▼キケロ、エピクテトス、マルクス・アウレリウス『世界の名著13』（鹿野治助責任編集）、中央公論社、一九六八。

プロティノス
▼プロティノス『プロティノス全集（第一～四巻、別巻）』田中美知太郎・水地宗明・田之頭安彦訳、中央公論社、一九八六－八八。
▼プロティノス『エネアデス（抄）I～2』田中美知太郎・水地宗明・田之頭安彦訳、中央公論新社、二〇〇七。

参考文献

エピクロス
▼ルクレティウス「事物の本性について――宇宙論」『世界古典文学全集21』藤沢令夫・岩田義一訳、筑摩書房、一九六五。

クリュシッポス
▼エミール・ブレイエ『初期ストア哲学における非物体的なものの理論』江川隆男訳、月曜社、二〇〇六。

エピクテトス
▼荻野弘之『マルクス・アウレリウス『自省録』――精神の城塞』岩波書店、二〇〇九。

プロティノス
▼水地宗明・山口義久・堀江聡（編）『新プラトン主義を学ぶ人のために』世界思想社、二〇一四。

全体
▼A・A・ロング『ヘレニズム哲学――ストア派、エピクロス派、懐疑派』金山弥平訳、京都大学学術出版会、二〇〇三。
▼内山勝利（責任編集）『哲学の歴史2――帝国と賢者』中央公論新社、二〇〇七。
▼D・セドレー（編著）『古代ギリシア・ローマの哲学――ケンブリッジ・コンパニオン』内山勝利監訳、京都大学学術出版会、二〇〇九。
▼神崎繁、熊野純彦、鈴木泉（編）『西洋哲学史2――「知」の変貌・「信」の階梯』講談社選書メチエ、二〇一一
▼J・アナス、J・バーンズ『古代懐疑主義入門――判断保留の十の方式』金山弥平訳、岩波文庫、二〇一五。

〔補記＝近藤智彦〕

III

キリスト教と哲学

オリゲネス

313
［キリスト教哲学のはじまり］

アンセルムス

328
［中世初期］

アベラルドゥス

332
［中世初期］

イブン・ルシュド

342
［イスラーム哲学］

ボナヴェントゥラ

350
［中世］

ベーメ

399
［ルネサンス］

ブルーノ

404
［ルネサンス］

カンパネッラ

406
［ルネサンス］

われわれがこの表題のもとに集めた多様な哲学者たちは、キリスト教世界に生まれたという以外に共通点がない。このことが意味するのは、哲学の被ったさまざまな試練の一つとしてキリスト教との対決があり、その試練は、哲学の本質が最も際立った仕方で現われる試練である、ということである。

しかしこれは、一方に全員一致のキリスト教があり、もう一方に全員一致の哲学があるということではない。反対に、この問題に関して一九三一年に起きた有名な論争で印象的だったのは[○01]、キリスト教哲学の概念に関する、あるいは、さまざまなキリスト教哲学の存在に関する、衝突の背後に、哲学の本質に関するもっと深い論争があって、この問題については、キリスト教者にせよ非キリスト教者にせよ、誰もが同じ考えだというわけではなかったことである。

エティエンヌ・ジルソンとジャック・マリタン[★01]によれば、哲学はその本質においてキリスト教的でなく、哲学がキリスト教的であるのは単にその一つの状態においてである。つまり、思想と宗教生活とが、まず同時代において、最終的には同一人物において、混ざり合うことによって、哲学がキリスト教的になっているにすぎないというのだ。この意味で、二人の考えはエミール・ブレイエとそれほど遠くない。ブレイエは、厳密な概念体系としての哲学と人間の超自然的物語の啓示としてのキリスト教とを切り離し、彼としては、いかなる哲学も、哲学である限り、キリスト教的でありえないと結論した。反対に、レオン・ブランシュヴィックは、パスカルとマルブランシュを念頭において、存在と観念の不一致を認める哲学を可能性として保持した。存在と観念の不一致を認めるこの哲学は、自分自身の不十分さを認める哲学であり、そこから、キリスト教を人間と現実世界についての解釈として受けいれる考えへと導かれることになる。こうしたブランシュヴィックの考えは、モーリス・ブロンデルからそれほど離れていなかった。ブロンデルにとって哲学は、われわれの内部にも外部にも現実存在を探知し、現実存在に触れるものであって、「閉じこもる」わけにゆかないことに気づく思考であった。哲学的意識は現実存在の源泉ではない。経験や批判が一定の成熟に達したあとでは、人々を切り離したり結びつけたりするのは、彼らの信条を示す字句や最終的な決まり文句でなく、むしろ、キリスト教徒であろうとなかろうと、彼らが概念と現実という自分自身の二重性をどう扱うか、そして、概念的なものと現実的なものの諸関係を、自分自身の内でどのように整理するか、そのやり方である。

キリスト教哲学に関する論争の根底にある真の問いは、本質と実在の関係についての問いである。われわれは哲学の本質というもの、純粋な哲学的知というものを認めるであろうか。つまり、人間において生活(この場合、宗教生活)と妥協しているが、しかし、おのれの面目を保ち、厳密かつ直接的に伝達可能であり、この世に生れた人間すべてを照明する永遠の言葉というものを、われわれは認めることになるであろうか。それとも、反対に、哲学が根本的であるのは、まさに哲学が、直接的に伝達可能であると思われるものを掘り抜き、意のままに操れる既得の諸思想と観念による認識を掘り抜いて、人間と世界との間にと同様に、人間と人間との間にも、観念性に先行し観念性を基礎づけている絆が存在することを露呈させるからである、とわれわれは言うことになるのだろうか。

この問いがキリスト教哲学の問いを動かしているということは、一九三一年になされた討論が辿ったその後の曲折をみれば立証される。原理、概念、可能的なものの次元では、哲学の自律性と宗教の自律性を主張しながら、事実や歴史に目を向けるときには、哲学に対する宗教の貢献(例えば、創造の観念、無限な主観性の観念、発展や歴史の観念)を認める人たちがいる。したがって、本質の次元に反して、宗教と理性との間にやりとりがあるということであり、これは、全体としてふたたび問題を提起する。なぜなら、結局、もし、信仰に属する事柄が思考を呼び起こしうるとすれば(ここでは、信仰が、信仰がなくても可能な意識の目覚めにつながる単なるきっかけでしかない場合は除いておく)、信仰が存在の一定の諸側面を明るみに出すことは認めなければならないし、それらの諸側面を知らずにいる思想は決着がつかないということ、また、信仰の「見られない事柄」と理性の明証とは、二つの領域として袂を分かったままでいられないことを、認めなければならないからである。反対に、もし、ブレイエのように、ただちに歴史に目を向け、キリスト教的である哲学は存在しないことを示すとしても、そうするためには、障害となるキリスト教起源の諸概念を哲学に疎遠なものとして拒絶するか、あるいは、それらの諸概念に関して、キリスト教の外部にその先行概念をなんとしても求めるほかないのだが、それは、哲学的内在の観念に基づいてあらかじめ準備され切り離された歴史に依拠していることをはっきり物語っていることになる。というわけで、事実問題を提起するにしても、言うところの「純粋な」歴史の領域でキリスト教哲学が肯定されるにせよ否定されるにせよ、その肯定と否定はまったく名ばかりのことでしかなく、いわゆる事実判断は、それが哲学の概念を含んでいる場合にしか、決定的なものにならないであろう。他方、問いを〔非歴史的に〕本質的な仕方で率直に問うにしても、本質の問いから、混在した事実と現実に存在する諸哲学との次元へと、移行するときに、すべてを初めからやりなおさなければならない。いずれにせよ、これらの思考には決定的な問題が欠けている。それは、歴史的‐体系的な思考、すなわち、諸本質の下へと突き抜け、本質と事実との間を行き来することができる思考、本質に対して事実をもって抵抗し、「事実」に対して本質をもって抵抗する思考、特に、自分自身の内在性を問うことができる思考、そういう思考によって初めて問われうる問題である。

こうした言わば「開かれた」思考にとって、上記の問い〔「本質と存在との関係についての問い」〕は、ある意味で、問われたとたんに解消されている。このような思考は、事物のいわゆる「本質」をそのまますべての事物の尺度とみなすわけでなく、本質よりも結び目としての意味〔意味という結び目〕のほうを信頼しており、ところで、結び目としての意味は、知と経験とからなる新たな網目の中で異なる仕方で破壊と再形成を繰り返し、また、知と経験とからなる網目の過去としてのみ存続するに過ぎないのだから、この〔諸本質の下へと〕張り出す思考が、間接的表現や想像に富む表現の諸様式に対して哲学の名を拒み、時間を超えて内在する〈御言葉〉についてのさまざまな教理（この教理そのものも歴史全体を超えているとされる）に哲学の名を充てるのか、その理由は見つからないことになる。したがって、たしかにキリスト教哲学は存在するのであるが、それはちょうどロマン派哲学とかフランス哲学があるのと同様であり、それらよりはるかに広がりをもっている。なぜならキリスト教哲学は、ロマン派哲学やフランス哲学だけでなく、二千年前から西洋で思考されたすべてを含んでいるからである。歴史、主観性、受肉、積極的有限性といった諸観念を、キリスト教から取り去り、「普遍的」で生誕地をもたない理性に帰属させるようなことはできない。

以上のように考えても決着がつかないのは――それこそキリスト教哲学の真の問題なのだが――、精神の地平であり文化の母体である制度化されたキリスト教と、現実の信仰において実際に身をもって実践されているキリスト教との、関係である。キリスト教に大きな歴史的意味と功績を見出すことと、キリスト教を個人として引き受けるのは、別である。キリスト教を文化ないし文明の事実として肯定することは、聖トマス・アクィナスを肯定することになるだけでなく、聖アウグスティヌス、オッカム、ニコラウス・クザーヌス、パスカル、マルブランシュを肯定することであるが、このようにキリスト教に同意を示しても、その代償としてわれわれは、トマスらが怯《ひる》むことなく自分を曲げずにいようとして被らなければならなかった苦痛を、一片たりとも味わうことはない。

彼らが、時として孤独のなかで、死にいたるまで、耐えぬいた戦いを、哲学的意識と歴史的意識は、思いやりのある文化の世界に移し替えてしまう。しかし、哲学者や歴史家は、トマスからマルブランシュまですべてを理解しているというまさにその理由によって、彼らの仲間ではない。そのうえ歴史家の場合は、彼らに対するのと同じ注意力、同じまなざしを、陶器の破片や、形の定まらない夢、馬鹿げた儀礼に向けもする。歴史家にとっては、世界が何からできており、人間は何ができるのかを知ることだけが問題であって、命題や真理なんぞのためにすすんで火あぶりになったり、喉を切らせたりすることは、問題にならない。われわれの哲学に隅々まで浸透しているキリスト教は、哲学者にとって、自分で自分を乗り越える運動を最も際立った仕方で象徴している。哲学者自身にとって、キリスト教は単なる象徴でなく、真理である。ある意味で、人間として問いかける立場ですべてを理解する哲学者と、哲学者が「理解する」宗教そのものの狭くて奥の深い実践との間に生ずる緊張のほうが、世界を説明すると言い張った合理主義と、合理主義の目には無意味でしかなかった信仰との間に生じた緊張よりも、大きい(なぜなら、哲学者と宗教実践とのほうが、隔たりが小さいから)。

したがって、哲学とキリスト教との間に新たな葛藤があるのだが、それは、「理解の対象とされる」キリスト教と、身をもって経験されるキリスト教との葛藤として、普遍的なものと選択との葛藤として、キリスト教世界とキリスト教徒一人一人の内部に、ふたたび見出される葛藤である。哲学の内部にも、哲学がアンガジュマン(社会参加)の二元論に直面するときに、同様の葛藤が生じる。★02 哲学とキリスト教の複雑な関係は、互いに比較されるキリスト教と哲学が、同じ矛盾によって内的に悩まされていると考えることによって、初めて露見するであろう。

《トマス主義の平和》と《デカルト主義の平和》、つまり、二つの積極的秩序ないし二つの真理として捉えられたキリスト教と哲学の無邪気な共存もやはり、それぞれの平和が秘密裏にはらむ自分自身との葛藤および相手との葛藤、そして、そこから結果する苦しい諸関係を隠蔽してしまう。

哲学は自足する活動である、すなわち概念の把握をもって始まり、概念の把握をもって完成する活動であり、他方、信仰は、啓示された文書によって信ずべく与えられた見えない事物に対する同意・承認であるならば、哲学と信仰の違いはあまりに深刻で、そもそも両者の間に葛藤が存在すること自体ありえない。葛藤が生ずるのは、理に適った合致が徹底した形で示される時であろう。しかし、もし哲学が、可能的なもの(哲学がその審判者である)の彼方に、現実世界(その細部は経験に属する)の次元を認めさえするならば、そして、啓示される所与を超自然的経験と考えるならば、信仰と理性が敵対することはない。両者の合致の秘密は無限な思考の内にある。無限な思考は、可能的なものを理解するときも、現実の世界を創造するときも、同じである。われわれは無限な思考が考えるものに一切アプローチできず、無限な思考の意志はその結果によってしかわれわれに認識されない。したがって、われわれは理性と信仰の統一性を理解することができない。確かなのは、無限な思考がなされるのは、神においてであるということである。というわけで、理性と信仰は、無差別の平衡状態にある。われわれは、デカルトが、自然の光を細心に定義したあと、もう一つの光を何ら支障なく受けいれるのを見て、驚いたことがある。それは、あたかも、二つの光が存在しても、少なくともそのうちの一つが相対的に暗くなることはないかのようである。しかしこの困難は、魂と身体との間に知性が設ける区別と、さらに両者の実体的結合とを容認する困難以上に、大きいわけではない——そして、別の仕方で解決されるわけでもない。一方に知力と、知力の至上の諸区別があり、他方、実存する人間がおり、想像力に助けられ、身体に結合された知力がある。われわれは、この人間であるので、こうしたことを生活上の使用によって認識する。われわれの実存の基礎と諸本質とを保証しているのは同じ神なのだから、二つの秩序は一体である。われわれの二重性は、神の知力と神の意志との二重性として、神において反映され、解決されている。どのように解決されているのか、それを理解する責任はわれわれにはない。神の絶対的透明性はわれわれに事実についての保証を与え、われわれとしては、二つの秩序の違いを尊重し、二つの平面上で、平和に生きることができ、生きなければならない。

しかし、信仰と理性のこの和議は長続きしない。もし本当に人間が二つの秩序の上に築かれているのなら、二つの秩序の連関のほうも人間の内部で成立していることになり、人間はそれについて何かしら知っているのでなければならない。宗教的諸関係と神に対して人間が有する哲学諸関係とは、同じタイプのものであるはずだ。哲学と宗教は象徴しあっているにちがいない。われわれの考えでは、マルブランシュの哲学の意義はそういう象徴関係にある。人間は、一方で「精神的自動機械」であり、もう一方で、超自然的な光を受け取る宗教的主体である、というわけにゆかない。人間の知力のなかに、宗教的生の諸構造と非連続性が、ふたたび見出される。知力は、自然の秩序において、一種の観想であり、神において観ることである。知の秩序においてさえ、われわれは、自分自身にとって、自分を照らす光でなく、自分の内に見出される諸観念の源ではない。われわれは自分の魂であるが、自分の魂について観念をもっているわけではない。われわれが自分の魂に対してもっているのは、サンティマン★03による曖昧な接触だけである。光として、志向的存在として、われわれの内にありうるすべてのものは、神にわれわれが参与していることに由来する。われわれは観念を形成する力をもたない。認識においてわれわれが自発的にできることは、神の〈御言葉〉に対して「自然の祈り」——「注意」と呼ばれる——を差し向けることに尽きており、〈御言葉〉はもっぱらその祈りをいつも聴き取りかなえることを義務とした。われわれの持ち分は、加護を求めて祈ることと、その祈りから帰結する、認識する諸要素のうちの受動的経験——マルブランシュの用語では「知覚」、「サンティマン」——だけである。われわれの持ち分は、われわれの魂に対する叡知的延長からの顕在的で一層生き生きしたこの圧力であって、われわれが世界を見ていると信じるのはこの圧力による。しかし実際は、世界をそれ自体として見てはいない。この現われは、われわれが自分について無知だということを示しており、われわれの魂、われわれの魂のさまざまな様態の生成について、われわれが無知だということを示している。そして、われわれの世界経験のなかに存在する真理は、われわれに見えるものを越えて存在する現実世界の原理的確実性がそのすべてであり、神は、われわれが見ているものを、この現実世界に依拠して、われわれに見させているのである。したがって、最もわずかな感覚知覚でさえ「自然の啓示」である。宗教的生が神秘的生の光と啓示文書の薄明かりとによって分担されているのと同様に、自然の認識は観念と知覚とによって分担されている。自然の認識が「自然の」と形容されうるのは、単にこの認識が自然法則に従って生ずるからであり、言い換えれば、神は、一般意志によってしかこの認識に介入しないからである。さらに、基準は絶対的でない。自然的認識が宗教的諸関係によって織り上げられているとすれば、反対に、超自然的なものは自然を模倣する。〈恩寵〉の力学のようなものを素描し、諸々の法と法則を、そして〈秩序〉（受肉した御言葉はこの法と法則、そして「秩序」に従ってほとんどの場合に媒介を行使する）を、垣間見ることができる。哲学（純粋な知力の領域）と現実存在する被造世界（自然的または超自然的な経験の領域）との間を縦に走る亀裂の代わりに、マルブランシュは理性と宗教との間を横に走る亀裂を考えており、光とサンティマン、観念的なものと現実的なものという、同じ類型構造を理性と宗教のいずれにも割り当てている。自然哲学の諸概念が神学に侵入し、宗教的諸概念が自然哲学に侵入する。われわれにとって理解不可能な無限者（宗教と哲学という二つの秩序は、われわれには区別されたものとして現われるが、この無限者において統合されるはずである）を提起することに、われわれはもはや甘んじていない。自然のさまざまな分節は、神の働きによってのみ有効である。なぜなら、〈恩寵〉が介入するときには、ほとんどすべて法と法則に従って介入するからである。原因としての神がわれわれの思考する各観念によって要求され、光としての神が神のほとんどすべての意志において現われる。マルブランシュ以上に、アウグスティヌスの計画に接近した者は誰もいなかった。「真の宗教は真の哲学であり、反対に、真の哲学は真の宗教である」。

こうして、マルブランシュは、宗教と哲学との関係を、文句なしの事実として受け取る代わりに、考察の対象としようとしている。しかし、両者の同一性が、この関係に対する答えでありうるだろうか。理性と信仰は、矛盾するものとして捉えられて、難なく両立する。同じく、逆に、理性と信仰が同一視されると、両者は競合関係に入る。すべての人に向けられた自然な啓示と祈りと、限られた人たちに先ず伝授された超自然な啓示と祈りとの間に、永遠の〈御言葉〉と受肉した〈御言葉〉との間に、われわれが目を開けてからずっと見ている神と、〈秘跡〉と〈教会〉の神(この神にたどりつき、この神にふさわしい者となるためには超自然な生によらなければならない)との間に、その作品である建築物を通して推察される〈建築者〉としての神と、盲目的犠牲によってしか達せられない愛の神との間に、共通するカテゴリーがあり、かえってそれが理性と信仰の不一致を強調する。もし、キリスト教哲学をつくりたいのであれば、この不一致そのものをテーマとして考えなければならない。まさにこの不一致を踏まえて、信仰と理性の分節化を追求しなければならない。この点においてわれわれはマルブランシュから遠ざかるであろうが、しかし、マルブランシュから示唆を受けもするであろう。なぜなら、理性の光の幾ばくかを宗教に伝え、最終的には同一の思考世界において、宗教と理性の光とを、同じものと見る、つまり、知力の実証性を宗教に拡張したのが、マルブランシュだとすれば、逆に、われわれの理性的存在へと宗教が侵入していることを告げたのもマルブランシュだからである。マルブランシュは、知恵である錯乱、安らぎである躓き、利得である贈与、という逆説的な思想を宗教に導入しているのである。

では、哲学と宗教はどのような関係になるのだろうか。モーリス・ブロンデルは書いている。「哲学は、自分の内部に、そして自分の前に、ひとつの空虚を穿つのであるが、この空虚は、のちに自分の専門分野でなされる発見のために準備されるだけでなく、自分自身がその現実的起源でなく、また、現実的起源になることもできない、光と寄与のために準備されているのである」。哲学は、欠如、中心からずれた存在、超越の期待を、啓示する。別の言い方をすれば、哲学は、積極的選択を必然的にもたらしたり前提したりするのではなく、積極的選択を準備するのである。哲学は或る肯定的なものの否定(ネガ)である。つまり、不特定の空虚でなく、まさに信仰がもたらすであろうものの欠落であり、覆い隠された信仰でなく、自由であり続ける信仰の普遍的に確証可能な前提である。哲学の延長上に宗教があるわけでなく、宗教の延長上に哲学があるわけでもない。また、哲学に宗教を、宗教に哲学を、単に付け加えることで、両者がつながるわけでもない。両者は、哲学が動機付けするが、達成することはない、反転によって、相互に移行する。

問題は解決しただろうか。むしろ、否定的哲学と肯定的信仰との繋ぎ目で、問題がふたたび生まれているのではないか。ブロンデルが望んだように哲学が普遍的で自律的であるならば、哲学が絶対的決断に結論をくだす責任を預けることは考えられない。普遍者の平和のなかで哲学が概念を使って点描するものは、やりなおしのきかない不公平な人の世においてしか、その十全な意味をもたない。しかし、この移行そのものについて、哲学は証人であろうと望まないわけにはゆかない。哲学は否定的なものの内にとどまるわけにゆかないし、積極的なものを絶対的に他である審級に任せきることなど考えられない。哲学自身が、前もって窪みに素描しておいたものを、一定の絶頂状態において認識し、理論によって見られたものの少なくとも幾ばくかを、実践において、認識するのでなければならない。キリスト教に対する哲学の関係は、立場に対する否定、肯定に対する問いかけ、という単純なものではありえない。哲学の問いかけ自身が、生命に関わる選択を含んでおり、ある意味で、宗教的肯定のなかに身を置き続けている。否定的なものはおのれの肯定面をもち、肯定的なものはおのれの否定面をもっている。否定的なものと肯定的なものとが、それぞれ自分自身の内に、自分への反対面をもっているからこそ、お互いに相手の内に移行できるのであり、歴史のなかで、兄弟同士の争いをいつまでも演じ続ける。それは永久に続くのだろうか。哲学者と宗教者(実際に二人の人間が問題であろうと、それぞれのキリスト教徒が自分の内に感じる二人の人間が問題であろうと)の間に、本当の意味での交換がいつの日か生ずるであろうか。われわれの考えでは、それが可能になるのは、キリスト教徒が、哲学による媒介を、制約なしに受け入れる場合しかないであろう(そのさい、キリスト教徒の霊感の源が最終的に何であるかについては、今、判断を控えておこう。いずれにせよ、その源について判断をくだすのはキリスト教徒だけである)。哲学はこの媒介の任務を放棄するわけにゆかない。もし哲学がこの任務を放棄するならば、それは哲学の自滅を意味する。

言うまでもないが、以下の諸論文は論文に署名した著者だけに関わるものであって、著者への貢献を惜しまなかったキリスト教徒たちを巻きぞえにするものではない。キリスト教徒たちの意見と著者の意見との間にいささかでも曖昧さを許すことは、著者を見誤ることになるであろう。したがって、著者は自分の意見を、キリスト教徒の思想への手引きとして示しているのではない。むしろ著者は、キリスト教徒たちが書いた文献の余白に、自分が行なったさまざまな反省と問いを書き込んでいるのであって、書き込まれた反省と問いについてどう判断するのかは、キリスト教徒の判断にゆだねている。

そもそもキリスト教徒の書いた文献自体が、キリスト教における探求の多様性を生き生きと感じさせてくれるものであり、この点についておそらくわれわれの意見は一致するであろう。これらの文献は、さまざまな哲学のうちの一つが特別に優遇されはしたものの、キリスト教が養った哲学は一つだけでないことを思い出させてくれるのであって、原則として、キリスト教は、余地を残さないたった一つの哲学的表現を含んでいるわけでなく、この意味で、キリスト教哲学がこれまで獲得したものが何であれ、キリスト教哲学は、けっして、できあがったものではない。

モーリス・メルロ＝ポンティ

原註

○01 「キリスト教哲学」、フランス哲学会会報。一九三一年三月二十一日〔ジルソン、ブレイエ、ブランシュヴィックなどが参加した〕。

訳註

★01 ジルソン以下、マリタン、ブレイエ、ブランシュビック、ブロンデルについては、『メルロ＝ポンティ哲学者事典』第三巻を参照。

★02 「アンガジュマン」をサルトルのような「社会参加」の哲学の立場として理解すれば、この一文は、社会に身をもって参加するかしないかという二者択一を意味するであろう。その場合、哲学の普遍的立場と個人的実存的選択との葛藤が哲学の内部に生じることになる。

★03 マルブランシュにおいて、サンティマン（sentiment）は、感覚、感情、情動など、「魂において顕在的に生じているもの」、または、それについての意識を意味する。以下の文中で、メルロ＝ポンティは、「認識する諸要素の受動的経験」としてサンティマンを理解している。

＊ キリスト教と哲学の《総論》と《肖像》の翻訳に当たり、阿部善彦氏による貴重な御教示を戴いた。記して感謝申し上げたい。訳文の責任はすべて訳者（伊藤泰雄）にある。

キリスト教哲学のはじまり

ヘレニズムとキリスト教

パウロ〔聖〕

❖Saint PAUL　?-60{67?

その生涯は二つの出来事によって支配されている。そしてそれらの出来事は、使徒にとって二重の霊感の起源であり、さらにはキリスト教教団にとって二重の伝統の起源でありつづけている。最初の出来事が新たな宗教のうちに映し出すのは、信仰という主題である。しかし二つ目の出来事が映し出すのは、正反対の主題、少なくとも変容とは両立しがたい主題である。

第一に、よみがえったキリストがダマスコ〔＝ダマスカス〕への途上で彼の前に現われる。それまで彼は〔ユダヤ名〕サウロであり、ユダヤ教ファリサイ派としてキリスト教徒を迫害していたが、このときからパウロとなって、異邦人たちの使徒となった。そうした回心はパウロにとって、彼の予定説のしるし、永遠の確信の由来だといえる。この確信はこの上なく絶対的なものであり、それゆえパウロは、こうした啓示とちがうようなことすべてを拒絶することになる。パウロは以下のように語っている。

「しかし、私たちであろうと天使であろうと、私たちが告げ知らせたこととはちがった福音を告げ知らせようとするならば、その者は呪われるべきである」〔『ガラテヤの信徒への手紙』I章8節〕。

しかし第二に、出来事の永遠性というものがあって、これは三人称での語りによってはっきりと浮かび上がる。パウロはコリントの信徒たちに次のように述べている。「私はキリストに結ばれていたひとりの人を知っている。この人は一四年前に第三の天にまで引き上げられた。それが体のままであったか、私は知らない。体を離れてであったか、私は知らない。神がご存じである」〔『コリントの信徒への手紙2』12章2節〕。

ダマスコでの奇跡によって、新しい福音が確実なものとなる。復活の真理は、〈よみがえった者〉が出現することによって確かめられる。だが、よみがえったイエスの客観的存在については、生きていたときのイエスをパウロが知っていたかどうかはわからないということからすれば、パウロは、信仰によって自分がイエスの存在に密着していることを知っているのだ。厳密に言うとパウロは、イエスの時代には属さない最初の弟子である。

だから彼は見たわけではなく、信じるのだ。この信仰は何よりも、感覚と行為に対する批判となる。〈律法〉そのもののなかで言うと、この律法によって見出されることになるのは、結局のところ、罪をあふれさせるという方法であり、また、人間が自分のあやまちや被造物の立場を意識するように仕向けるという方法である。古代ユダヤ教だけではなくあらゆる「肯定的な」宗教は、人間を正当化したりなだめたりしようとするものだが、〔パウロにおいて〕そうした宗教は拒絶されている。被造物から創造主までの距離は、いかなる中間者も縮めることはできないのだから、キリストはあらゆる権威・支配・勢力を「廃止し」たあとで、神に王位を返すだろう。それと同じ動きとして、パウロによって、天使は余分なもの、〈律法〉はすたれたもの、ユダヤ人の区別〔＝割礼〕は無益なものとなったが、その一方で、予定説は普遍的なものとなるのであり、それによってキリスト教徒の自由のすべてが成り立っている。パウロは「言い表わせない言葉」〔『コリントの信徒への手紙2』12章4節〕を聞いて第三の天を垣間見たわけだが、しかし彼は、神秘的と呼びうる経験についてより深く教えてくれるということはない。このように考えると、言い表わせない経験、しかもある意味では神的なものについての肯定的な経験と、人間の有限性に関する徹底的な肯定とのあいだに絶え間のない対話があって、そこにはまさしく矛盾があるのだ。

ぶっきらぼうで奥深い、預言的で神秘的である、パウロはそんなふうに見える。彼は霊的な身体が復活することの栄光を待ち望んでいるが、「キリストの苦しみのなお欠けたところ」〔『コロサイの信徒への手紙』I章24節〕を今から仕上げながら、なだめの言葉をコロサイ人たちへと語る。「そしてあなたがたの生命は、キリストとともに神のうちに隠されているのである」〔『コロサイの信徒への手紙』3章3節〕。 [J.V.]

ディオニュシオス・アレオパギテス〔アレオパギタ〕

❖DENYS L'ARÉOPAGITE　5-6C

聖パウロの同伴者であるかのようによそおっているが、実はディオニュシオスの著作はプロクロスの著作よりあとに書かれ、それから影響を受けたものである〔五〇〇年頃の作とされる〕。ディオニュシオスの著作により、新プラトン主義がキリスト教的神秘主義へと入り込んでいった。神が聖書によって、神自身を啓示する行為のなかで自らをわれわれに認識させるとき、ただそのときに限り、われわれは神を認識することができる。そうして肯定神学が打ち立てられ、被造物の名前は神に帰されるようになる。すなわち『神名論』である。これは、われわれが肉をそなえた存在であるという条件から生じる認識であり、肯定神学に対立する否定神学よりも下位にある。というのも、原因はその結果とはちがっているし、神は〈存在〉そのものや〈善〉

を超越しているからである。これは一連〔の神名〕より以前の名辞であって、その「論述も名前も認識もない」。そのように自らを否定していく否定神学が導き出されるわけだが、しかしその行き着く先である無知というのは、知るのを拒否するということではまったくなく、むしろ肯定や否定を越えたところで知る行為が完成するということなのである。そこで知というものは、自らの限界を踏み越え、自らを知らないということになる。つまり『神秘神学』である。〔H. D.〕

ユスティノス〔殉教者〕

❖JUSTIN　c.100-c.165

ローマで殉教する。キリスト教信仰が法的に認められるように努めた最初期の護教論者のひとり。ユスティノスはギリシア的教育を受けたが、一三二年にキリスト教に回心する。そのさい彼はキリスト教のうちに、ヘレニズムの哲学が提示しながらも解決できなかった問題への答えがあると信じた。ユスティノスの論は、キリスト教を弁明するきわめて巧みな形式を取っており、キリスト教とギリシア思想とのあいだにある親近性を明らかにしている。彼は著書『第一弁明』〔一五〇〕において、「すべての人間は〈ことば〉を分かちもっている」と書き記す。そして哲学者たち、なかでもとくにプラトンは、理性という手段によって可知的なものに近づいたのだが、実はこの理性というのは啓示よりも下位にある形式であって、啓示はむしろ〈ことば〉の受肉たるキリストにおいて完成するのである。キリスト教の思想が目指しているのは、自らが哲学の展開のうちに組み入れられるのを理解することではなく、逆に先立つものすべてをキリスト教思想に還元しようとすることなのだ。「これまで言われてきたことすべては、われわれキリスト教徒のものである」、ユスティノスの著書『第二弁明』ではそのように記されている。〔H. D.〕

タティアノス

❖TATIEN　110(120?)-175

ローマでユスティノスに学ぶ。しかし、ユスティノスの「開かれた」信仰に対抗して、独占的で排他的な信仰を説く。彼は『ギリシア人への言葉』という著作において、ギリシア文化に反対しつつ、キリスト教の権利を主張している。まずタティアノスは、理性によって神を認識できるという考えを否定する。つまり、すべての哲学は矛盾したことを述べているのであり、ギリシア人たちは「われわれの哲学」、すなわちキリスト教徒の哲学を理解しないままに剽窃しているのだとする。のちにタティアノスはグノーシス主義に転換し、絶対的厳格主義を唱えて異端とされたエンクラティス派に辿り着いた――あるいはむしろ、エンクラティス派を打ち立てたのだろうか。魂は〔楽園から〕転落したのち、魂から〈ことば〉が離れていってしまった。今や物質に向かうという方向を変えて、自らを「回心させ」なければならず、自らの原理を目指さなければならない。神の〈ことば〉は物質に生命を与えるのであって、それは語ることが、聞き手のなかで不明瞭なものにかたちを与えるのと同じようである。神はそれ自身としては原因をもっておらず、むしろあらゆるものの原因であり、〈ことば〉そのものの原因なのだ。目に見えないものに関して、われわれはその働きによって知るわけである。

[H. D.]

ヴァレンティノス

❖VALENTIN　c.100-c.165

アレクサンドリアに生まれる。ヴァレンティノスは一三五年までアレクサンドリアで教鞭をとり、その後ローマに向かってそこで没する〔キプロス島で没したとも言われる〕。グノーシス主義のなかでとくに重要な学派の指導者である〔とはいえ最も重要な学派の指導者ではないけれども〕。ヴァレンティノスが属していた思想傾向は、神の存在と神の属性について思索するにとどまらず、「グノーシス〔＝覚知的認識〕」と呼ばれるものを探究する傾向である。グノーシスとはすなわち、〔人間を〕神化する認識のこと、人間を直接的に神へと結びつけて人間に救済をもたらしうるような認識のことである。

ヴァレンティノスの教説については、聖エイレナイオス〔『異端反駁』、一巻、一章、一節〕のおかげにより知ることができる。この教説がよりどころとしているのは、天地創造の空想的な物語である。ヴァレンティノスは事物の起源に、そして見ることも言い表わすこともできない深みに、完全なアイオーンがあると考える〔アイオーンとは、至上の存在から流出し、被造物との仲介をなす永遠の力である〕。これは〈無限〉であり〈父〉であり〈深淵〉なのであって、これとともに〈思惟〉や〈沈黙〉が存在するのである。

ある日〈無限〉は、自己自身からあらゆる事物の始まりを発出しようと思い、この発出を〈沈黙〉に任せることにした。〈無限〉と〈沈黙〉が結び合うことによって、〈知性〉と〈真理〉が生まれた。〈知性〉と〈真理〉から、今度は〈ことば〉と〈生命〉が生まれてきて、さらにそれらを始祖としてすべてのものがやってくる。このように、男女三〇組のアイオーンが生み出され、それらのアイオーンが充実界〔プレローマ〕を作り上げる。しかし、最後につくられたアイオーンである〈知恵〉が、不意に事件を引き起こすのだ。〈知恵〉は、〈無限〉がどれほどの大きさなのかを知りたいと思った。だが当然のごとく、知ることなどできはしない。あらゆるものに恒常性を与える〈力〉、すなわち〈境界〉にはばまれて、〈知恵〉は自らへと戻った。しかし〈知恵〉は不可能な行為を試みたことから、かたちのない実体を出産する。それはヴァレンティノスによると、アカモトという名前である。アカモトは、この世界が形成されたもとである質料を支えるものとなる。このときキリストがアカモトを助けにやってきて、天使たちに付き添われた〈聖霊〉をアカモトに送る。アカモトにおいてこの天使たちは、情念と回心に分ける。つまり一方では情念があり、〈知恵〉を突き動かした傲慢という動きがあるし（この場合、情念から生じた実体は質料となるだろう）、他方では回心があり、〈知恵〉が自らへと回帰していく動きがある（この場合、回心から生まれるのは生命あるもの、すなわち心をもつ人間だろう）。こうした情念を救済するためにこそ、〈贖い主〉は送られてきたのであり、そこにはイエスというアイオーンが受肉している。存在を負っているすべての者が救済されるとき、そのときにはすべてにおよぶ大火が起こり、アカモトに残っているものを焼き尽くすだろう。このように、ウァレンティノスの説は、紀元後二世紀の哲学的省察に関わる二つの基本的主題を組み合わせている――そのひとつ目は、第一かつ永遠の〈原理〉が発出することでだんだんと創造が行なわれるという主題であり、また二つ目は、ヘブライ的・キリスト教的伝統に由来するような救済の主題である。

これらの主題のうちひとつ目のものを取り上げなおした最初の人物は、プロティノスである。彼が一世紀のちに自らの哲学を展開するときには、その神話的内容の不適切な箇所は削除されている。さらに言えば、プロティノスがのちに述べる〈質料〉の役割は――この〈質料〉からは何も生じることはできず、それゆえ〈悪〉でしかありえないのだが――、グノーシス主義的な神話に直接的な源泉をもっており、まさにウァレンティノスがそのような神話を推し進めたひとりだったわけである。 [M.C.]

バシレイデス

❖BASILIDE ?-130(140?)

著名なグノーシス主義者。道徳について論じたが、「なかでも悪という問題と、摂理の根拠づけという問題について終始考えつづけた」（〔ウジェーヌ・〕ド・ファイユ）。バシレイデスは、キリスト教とアリストテレス哲学、そしてキリスト教とストア主義哲学を調和させようとした。最も有名な門弟はイシドロスである。

マルキオン

❖MARCION 2C

シノペに生まれる。著名な異端開祖。司教の息子であり、自らも司教である。とりわけ聖書注解を行なっており、ウァレンティノスやバシレイデスとともに、グノーシス主義の三大人物のひとりである。マルキオンは旧約聖書（とユダヤ教）を完全に拒絶したが、その影響は十世紀になるまで続いた。マルキオンの思想は、マニ教と混同されることが多かったといえる。

マニ教徒たち

ペルシアにおいて——正確に言えばバビロニアにおいて——マニ教の運動は発生した。マニ教の開祖である**マニ**〔216-276〔277, MANI〕は二一六年バビロニアに生まれ、宗教的な興奮が高まっていくような雰囲気のなかで成長した。二二八年と二四〇年に相次いで啓示を経験して自分の使命を知るとともに、さらに自分の教説を広めるようにという命令を受けた。マニは三七年間、ペルシアの諸地方をわたり歩いてインドまで足を伸ばし、さまざまな土地に多くの弟子を残している。二七七年〔あるいは二七六年〕、マニは君主〔＝ササン朝のバフラーム一世〕によって突然投獄され、疲弊してすぐに息を引き取った。最近の歴史学者アンリ＝シャルル・ピュエシュによれば、光の宗教がもつ第一の特徴は、普遍的であることを主張するということにある。マニは、アブラハムやブッダ、ゾロアスターやイエスなどの伝統のなかに自らをおいた。マニが最後の預言者だとすれば、彼こそただひとり完全な真理をもたらす者でもある。彼のうちには〈聖霊〉が受肉していた。またマニは、七つの正典を根拠として、そこに自分が優れていることの主要な理由を認めており、それらの正典のなかで最も重要なのは、『シャープーラカーン』『生命の宝』『神秘の書』『巨人の書』である。このようにマニ教は折衷的な側面をもつにもかかわらず、統一的な教義をかたちづくっている。それは何よりも「グノーシス主義」である。すべてのグノーシス主義と同様に、マニ教は解放の欲求から生まれてきた。そうした欲求によってすでに明らかなのは、人間が現在の状態より以上のものだということ、現在の状態は堕落だということである。その一方で、神は〈善〉であり〈真理〉なのであって、苦しみのある世界を望むということはありえない。それゆえに創造は、神に劣る原理、神とは対立する原理によっているわけだ。マニ教のグノーシスは、人間にその起源とその真なる本性を啓示しようとするのであって、まったく当然に神学と宇宙論に辿り着くだろう。この完全な知は救済をもたらしてくれるはずであり、奇妙なほど複雑な神話のうちに花開いている。きわめて図式的に言うならば、〈悪〉の源泉は、〈精神〉と〈物質〉が混じり合ったところ、〈光〉と〈闇〉が混じり合ったところにある。マニ教の神話は、〈物質〉へと堕落しつつもその後〈知識〉によって解放される魂の遍歴を語ろうとしており、そこには三つの挿話が含まれている。最初の時期にはさまざまな実体が切り離されている。真ん中の時期には混合が生じて、〈光〉の神の息子アフラマズダーの魂が〈闇〉の帝王によってとらえられてしまった。最後の時期にはイエスが介入したのち、もともとあった分割が復元されることになる。この神話によって象徴的に説明されているのは、きわめて厳しい道徳的生活であって、魂が〈物質〉のなかに失われた天からの光のかけらとして、魂自身の生まれた場所を取り戻すことができるにちがいないような生活である。マニ教の歴史は長く激しい。三世紀なかば以降にはエジプトで、次にパレスチナとローマで勢力が拡大しているし、四世紀になると、いたるところにその異端的教義が見られるようになる〔聖アウグスティヌスは若いころマニ教徒となった〕。だが五世紀からは迫害を受けて、後退が広まってくる。八世紀にはまだいくつかの宗派が見られるし、遠くはアルビ派のなかにマニ教信奉者たちがいるとみなす人々もある。十世紀以後東方では、マニ教教団の本部はバビロニアからサマルカンドへ移動したが、〔一二二〇年〕チンギス・カンが侵攻したことによって、その消滅は決定的となる。〔M.C.〕

エイレナイオス（聖） c.130-202[208?]
❖IRÉNÉE

スミュルナに生まれる。聖ポティノスにより祭司となる。エイレナイオスはポティノスの後を継いでリヨンの司祭職となり、セプティミウス・セウェルス帝の迫害によって殉教した。キリスト教の正統性を擁護するというエイレナイオスの考えは、『異端反駁〔＝偽りのグノーシスの暴露と反駁〕』という著作に示されている。

テルトゥリアヌス c.160-222[240?]
❖TERTULLIEN

その熱烈な厳格さは、タティアノスを思い起こさせずにはいない〔カルタゴに生まれる〕。テルトゥリアヌスはタティアノスと同じように、キリスト教から離脱し自分自身の宗派を創設することになる。その優れた弁論は、教えるというよりも回心させることに向けられていた。彼はまた、ラテン語をつかった初めての護教論者である〔近年ではこの評価は修正されつつある〕。キリスト教徒であること、それはキリストの言葉を信じるということ、〈信仰〉の固い規則に従うということだ。またテルトゥリアヌスは、哲学者や注解者のための難解な用語をつかっていない。彼は自分の主張する唯物論と自分の〈信仰〉を調和させることにはまったく関心を示していない。だがテルトゥリアヌスを守っているのは、彼の弁論である。「神の子が死ぬこと、神の子が復活すること、そうしたことはたしかなのだ。なぜなら不可能なのだから」。真実とは不条理なものだ。これは非常に力のある、しかし一部の人々に思惟をうながした演説効果である。そしてそれらの人々は、テルトゥリアヌスの教えを、「不条理なるがゆえに私は信ずる」という有名な表現のうちに要約するだろう。〔H.D.〕

クレメンス（アレクサンドリアの） c.150-211[216?]
❖CLÉMENT D'ALEXANDRIE

きわめて若いころキリスト教に回心したのち、アレクサンドリアに居を定め、パンタイノスに師事した〔近年ではこの評価は修正されつつある〕。クレメンスは、初めてのキリスト教擁護論を執筆した。彼はその著書である『ギリシア人への勧告』または『プロトレプティコス』において、異教徒たちを回心させようとしており、『教育者』において、異教徒たちの風習を改善しようとしている。そこにはきわめてキリスト教的な知恵、まったく内的な知恵を見て取ることができる。また別の著作である『雑録〔＝ストロマテイス〕』においては、キリスト教徒を教育しようとしているし、哲学を位置づけるのにあたって信仰と関連づけようとしている。クレメンスによれば、歴史全体は〈受肉〉をめぐって秩序づけられており、哲学は神によって望まれたものである。そして、理性は〈啓示〉としての神的な光なのだ。新約聖書はたしかにひとつであるが、旧約聖書は二つである。というのもユダヤ人の〈律法〉とギリシア人の哲学という二つがあるからであり、それらを完成するのがキリスト教なのである。信仰は哲学を従わせ、哲学に意味を与えるわけだ。ユスティノスの作品は曖昧であり、このことがむしろ深みを示していたのだが、それと同様に、クレメンスの学識豊かな作品も曖昧だと言える。すなわちクレメンスにおいて、キリスト教は弁証法的な意味においてギリシア哲学を「止揚する」のであって、ギリシア哲学はキリスト教のうちに保存されており、ついにはキリスト教をまるごと飲み込むにいたるのだ。

〔H.D.〕

サベリウス

❖SABELLIUS ?2-3C

リビアに生まれる。異端の宗派を開く。三位一体論に反対しており、〔三つの位格ではなく三つの〕様態としての単一神論を展開するが、ローマ教皇カリストゥス一世によって破門された。

オリゲネス

❖ORIGÈNE 184〔185?〕-253〔254?〕

三世紀キリスト教思想の活気あふれる中心であったアレクサンドリア学派に属する。前述アレクサンドリアのクレメンスの弟子であり、またおそらくアンモニオス・サッカスの門下で、プロティノスと同門の弟子である。このころ哲学的省察を共有していた重要な主題の数々について、オリゲネスの著作はキリスト教の見地から表明しようと努めており、それはまったく自然なことだと言えよう。彼の著作のなかで伝わっているのは、『ケルソス駁論』と『諸原理について』である。これらの著書は壮大な宇宙開闢説を素描しており、そこに見られるプラトン主義的主題、新プラトン主義的主題、さらにグノーシス主義的主題は、キリスト教の啓示ときわめて近い関係にある。オリゲネスにとって神は一者であり、単純であり、言い表わすことができず、完璧なものであって、われわれは神の十全な表象をもつことはできない。〈ことば〉はキリスト教の教えにあるように、〈父〉とともに永遠なるものであり、〈父〉と同様に神である。だがオリゲネスはその直観から、〈ことば〉を〈父〉にいわば従わせようとしており、創造における仲介の役割を〈ことば〉に与えようとしている。〈ことば〉は一連の精神を生み出し、これらの精神は世界の歴史の始まりとなる。他方でオリゲネスにとって、〈贖罪〉は〈ことば〉がもつ仲介の役割を裏づけているように思われる。なぜなら、キリストは一時的に受肉した〈ことば〉であるからだ。このように、神からはじまって階層化された世界観というのは、まちがいなく新プラトン主義を思い起こさせる。オリゲネスは堕落と救済の問題を論じているが、そのやり方を見てみると、彼の教説がいかにしてプラトン主義や新プラトン主義の主題を改めて利用しながら、まさしくキリスト教的な真理への道を切り拓こうとしているかということがわかってくる。われわれが生きているこの世界は、〈ことば〉の現われである。〈ことば〉が創造した存在は自由な精神であって、この自由を根拠にしてこそ、世界の歴史は成り立っている。オリゲネスにとって、こうした精神のあいだに作り上げられた階層秩序は、精神の側からの自由な選択によるものだ。一部の精神は多少とも神からすっかり離れて生きることを選択しており、例えば人間の魂は、そうした理由で身体という牢獄にとらわれている。とはいえプラトンに見られるのと同様に、救済は可能でありつづける。なぜなら人間は堕落したにもかかわらず自由な精神だからである。人間の魂は、省察・禁欲・浄化によって再び神に似たものになるだろう。まさにこの点にこそ、キリスト教特有の貢献が結びつけられる。なぜなら、キリストにより媒介されるような神の〈恩寵〉をとおして魂が神へと高まっていくことについて、オリゲネスは栄誉を与えているからである。とはいうもののオリゲネスの哲学は楽観主義的であり、それゆえにほかのギリシア哲学とは明らかに異なっている。神は何よりも善性によって世界を創造した。したがって、悪が善によって減少するなら（そしてそれは、われわれの世界に似たいくつもの世界が相次いで存在したそのあとのことになるだろうが）、こうなればキリストが全面的に君臨するようになるだろうし、創造の始原的秩序が回復するようになるだろう。

[M.C.]

エウセビオス（カイサリアの）

❖EUSÈBE　260〔265?〕-333〔339?〕

パレスチナのカイサリアに生まれ、同地の司教として没する。エウセビオスの著作は膨大である。その作品は独創的な思想家によるものというよりも歴史家によるものであり、われわれにとってこの上なく貴重な資料となっている。著書としては、世界史の『年代記』『教会史』『福音の準備』『福音の論証』などがある。それらにおいてエウセビオスは、ギリシア語のさまざまな著作から多くの節をまるごと書き写している。実際、キリスト教徒がギリシア哲学について何も知らずにいたなどということはありえない。プラトンはキリスト教の真理に届かなかったとはいえ、それに近づいてはいた。真理は漠然としたものではけっしてなく理性にかなったものであり、この意味で〈信仰〉は哲学の友なのである。〔H. D.〕

アレイオス〔アリウス〕

❖ARIUS

250〜280?-336

バウカリスの司祭。異端派を開き、のちにニカイア公会議（三二五年）で告発される。アレイオスは、アンティオキアのルキアノスに影響を受けて教説を展開し、ルキアノスの教えを広めようとしていた。アレイオスによれば、神のみが必然的な存在を割り当てられる。ただ〈父〉だけが永遠であるもの、創造されざるものである。キリスト――〈ことば〉――は神の被造物であって、この第一の被造物こそが、ほかの被造物、まずは〈聖霊〉という被造物を生み出していく。「なぜなら神だけが原理だからだ」。その三位一体の教義は、一神論と対立してしまうだろう。アレイオスは、プラトン主義を受け継ぐかたちで宗教的な先入観を表明しており、これはいわば古代合理主義の最後の激発である。ここからわかるように、アレイオスはキリスト教の本質的な矛盾を許すことがどうしてもできなかったのである。〔H. D.〕

アタナシオス

❖ATHANASE

295〜296?-373

アレクサンドリアに生まれる。教父。激動の生涯を送った。三二五年のニカイア公会議では、アレイオス派と鋭く対立した。アタナシオスの著作には『アレイオス派駁論』『アレイオス派への弁明』『異教徒駁論』『〔〈ことば〉の〕受肉』などがある。

グレゴリオス〈ナジアンゾスの〉

❖GRÉGOIRE DE NAZIANZE

c.329-389

ナジアンゾスの主教の息子として生まれる。父の後を継いで主教となるが、自分の意志とは反していた。グレゴリオスが望んだのは、社会的な成功というよりもむしろ観想を行なう喜びであって、彼はこの観想の喜びを文学の喜びと同じように捉えていた。弁論を保護してくれるのは、神の〈ことば〉である。グレゴリオスは見事な説教者であって、『神学講話』という著作ではキリスト教教義の根本を説明しているが、後代の多くのキリスト教哲学者たちは、そのグレゴリオスの言葉を踏襲することになる。神学者グレゴリオスは、キリスト教の説明的な価値を利用しようとしていた哲学者たちと戦う必要があった。だが、信仰は〔哲学に〕吸収されるがままにはならないとはいえ、哲学をはねつけるということはなくなる。むしろ信仰は「外部の賢者たち」、つまりギリシアの哲学者たちに助けを求めるようになり、その援助によってこそ、〈存在〉の神秘、神の神秘、言い換えれば「無限で際限のない実在の海、自然本性と時間とから解放された実在の海」としての神の神秘をはっきりと定めようとするのである。〔H. D.〕

アンブロシウス（聖）

❖Saint AMBROISE　333｛340？｝-397

偉大な聖職者であり、権力にも近い人物である——二〇年近くのあいだローマ皇帝の顧問を務めていた。聖アンブロシウスはキリスト教帝国という構想を抱いた最初の人物である。彼は三七四年に民衆の熱狂的な支持に推されて司教となったが、祭司の職に就くのは思いもよらないことだったので備えもできず、「習うよりも前にまず教える」必要があった。おそらくこのために、アンブロシウスは哲学者を軽視するようになったのだろう。彼が好んだのは聖書を寓意的に解釈することであり、きわめて自由な仕方で解釈することである。アンブロシウスの著書『天地創造の六日間〔＝ヘクサメロン〕』は、『創世記』に関する一連の説教であるが、まさにそうした寓意的で自由な解釈が行なわれており、例えば人間というのは、感覚と争う知性を表象している。また、アンブロシウスはミラノ司教としてはなかんずく道徳家であり、規律の問題に強い関心をもっていた。そして、『教役者の聖務について』という著作のなかで、古代道徳の遺産をキケロから受け継ぎ、キリスト教の観点から用いようとした。〔H. D.〕

クリュソストモス（聖）

❖Saint CHRYSOSTOME　c.347-407

アンティオキアに生まれる。ヨハネスは雄弁により聴衆の心を奪っていたので、「黄金の口〔＝クリュソストモス〕」というあだ名がある。何年ものあいだ人里離れたところに引きこもったあと、コンスタンティノポリス総主教となる。ヨハネスには多くの著作があって、そのなかには護教論、聖書注解、書簡なども含まれているが、彼の考えによれば、書かれたものは「第二の航海〔＝次善の方途〕」でしかない。つまり「〈恩寵〉さえあれば、それだけで十分われわれを教化できるにちがいないだろう」。彼はまず道徳家であって、極端な厳格主義という姿勢や、福音の理想を復活させようという関心へと、当時のビザンティン社会における風習のこまかな観察を結びつけている。彼の論法はときにやわらかくときに鋭く、民衆を魅了してやまないものだったが、その激しさは権力者をいらだたせることになった。結局、黄金の口ヨハネスは追放されてしまい、その途上で没した。〔H. D.〕

アウグスティヌス（聖）

❖Saint AUGUSTIN　354-430

*『メルロ＝ポンティ哲学者事典』第一巻《肖像》参照。

ペラギウス

❖PÉLAGE

c.360-418〜430?

ブリタニアの修道士。三八三年にローマにやってくる。東方に赴き、修道院の改革を試みて一定の成功をおさめた。ペラギウス派の異端に対して、聖アウグスティヌスのいくらかの著作が反論をしているが、この異端の起源となったのは、キリスト教に生じる非常にやっかいな問題である。それはつまり〈恩寵〉という問題であって、十七世紀にもふたたび現われることになる。〈恩寵〉の教義によって、人間は無能力な者とされてしまうのではないだろうか。ペラギウスが主張したのは徳を信頼するということであり、外からの助けは何もいらないということである。正しい人は、〈律法〉を知るだけで、そしてまっすぐな意志をもつだけで〈救済〉に達することができる。そのとき〈恩寵〉は自由意志と同じものになるのだ。だが自由であるとすれば、人間は原罪という宿命から逃れることができるだろう。そうなれば、祈りや秘跡はあらゆる価値を失うだろうし、キリストの犠牲はその深い意味を失うだろう。ペラギウスはこのように合理的規則の探究を進めたわけだが、結局のところ、キリスト教的な禁欲主義の見分けえない根本についてわかっていないのである。

［H. D.］

ネストリオス

❖NESTORIUS

380〜381?-440〜481?

その異端の説はネストリオス派となって重大な影響をもたらし、〔景教というかたちで〕極東にまで伝わった。四二八年にコンスタンティノポリス総主教となる。ネストリオスは〔キリストが〕受肉した〈ことば〉〔である〕という教義を受け入れようとしなかった。そして、神学者たちが位格や本性という用語をつかいながら、〈神としての人間〉という逆説を説明しようとするとき、そこには数々の矛盾があるということを主張した。彼はさらに、マリアを指し示すのに「神の母」〔テオトコス〕という語をつかうのはおかしいということを言明した。ネストリオスにとってキリストは、神に選ばれたひとりの人間である。そうした用語の問題は、さらにひどく難しい点を秘めている。すなわち、キリストは〈神としての人間〉、人間のうちにある神であり、そこには形而上学的なつまずきが表われているということだ。このようなネストリオスの考えに対して、エフェソス公会議〔四三一年〕は異端だとして断罪し、〔マリアは「神の母」であり〕イエス＝キリストのうちには位格における〔神性と人性の〕一致があると断言した。

［H. D.］

アウグスティヌス（聖）

❖Saint AUGUSTIN　354-430

アウグスティヌスの著作が哲学史に名を連ねるのはどういう意味でなのか。それを理解するには、アウグスティヌスの個人史を思い起こしてみればよい。

アウレリウス・アウグスティヌスは、三五四年、タガステ（現在のスク・アラス）に生まれた。この年は、フランク族とアラマン族とサクソン族がゴールに侵入する前年である。そして四三〇年、ヴァンダル族に包囲されたヒッポ（現在のアルジェリアのアナバ）の司教として、死去した。アラリック率いる西ゴート族がローマを占領したのは、このアフリカ出身のローマ人、『神の国』を書いた神学者、アウグスティヌスの思想が熟した時期にあたり、人々は彼に「破滅の時を生きる術」を求めたと考えられる。幼いころから、タガステ、マダウラ（マドール）、カルタゴで学生生活を送ったので、十九歳のときには「基本的に文芸的で、とりわけラテン的な教養」を身につけており、その年、彼の父が亡くなったのを機に、二十歳前であったが、まず生まれ故郷の町で、次いでカルタゴで、教えることになった。とはいえこの修辞学の教師は、十八歳のとき、実は哲学への転向を経験したばかりだった。こうした転向は当時として珍しいことではなかったが、彼にとって転向を決定的なものとしたのは、現在では失われたキケロの対話篇『ホルテンシウス』という、まさに哲学することを説き勧めた本を読んだことであった。哲学するということは、思弁（論理的認識）のための思弁にふけることでなく、幸福な生である智慧を、愛をもって、この上ない段階に、追い求めることであった。アウグスティヌスは年老いてもこの若い日の高揚した気持ちを否定することなく、この熱情が、哲学的欲求を通じて、彼にとって最終的な智慧となるキリスト教の智慧へと導かれたのだろう、と確信した。母モニカによってキリスト教へと教化されたアウグスティヌスは、まずこの側面から智慧を探求し、およそ十二年間、さまざまな説を融合したマニ教[★01]に惹かれた。彼がマニ教から脱したのは、地中海の対岸にあるローマで、次いでミラノで、教えるために出発（三八四年）した後である。

ミラノで、アウグスティヌスは司教アンブロシウスの宣教に従うことになる。プラトン主義の影響を強くうけたアンブロシウスの説教を聴き、アウグスティヌスは、神と魂という非物体的な実在の価値に目覚め、マニ教の偏見から解放された。新プラトン主義が闊歩するこの町で、彼はプラトン主義者のマリウス・テオドロスと話をする機会をえた。マリウス・テオドロスはアウグスティヌスに、

❖ Saint AUGUSTIN

修辞学者マリウス・ヴィクトリヌスがラテン語に訳した『エンネアデス』(プロティノス)を伝えた。この修辞学者はアフリカ出身で、三六三年にキリスト教徒として死去した人である。この修辞学者の友人で、後にアンブロシウスを継いでミラノの司教となったシンプリキアヌスこそ、〈第四福音書〉の永遠の〈御言葉〉が「哲学者たちの書物」、「プラトン主義者たちの書物」にも見出せることをアウグスティヌスに示してみせた人であり、さらに、受肉した〈御言葉〉の二重の本性をアウグスティヌスに理解させ、聖パウロを読むように導いた人である。哲学者たちを乗り越えることのなかには、ある意味、哲学者たちへの非難が含まれていた。アウグスティヌスの影響下でいつまでも再燃することになる、キリスト教的プラトン主義に含まれるさまざまな逆説とその統一力、その内的な緊張は、このミラノという場所ですでに現われている。この町で、アウグスティヌスは友人たちとともに哲学的隠遁を夢想し、やがてミラノに近いカッシキアクムでの隠棲にいたるが、この隠棲にすでに理想的な修道院の着想が芽生えていた。アウグスティヌスが改宗を決心するにあたって、哲学が重要な役割を果たしたことは疑いない。この決心の結果として行なわれた数か月にわたるカッシキアクムでの隠棲が、アウグスティヌスを受洗に導く準備となったことは、そのときアウグスティヌスが書いた『対話の書』(『アカデミア派論駁』)に明らかである。

母モニカの死後タガステに戻ったアウグスティヌスは、最も信頼をおく友人たちとともに、一種の修道共同体を組織した。アフリカ第二の町ヒッポに滞在したおり、彼は司祭職に招かれ(この時彼は三十六歳であった)、五年後、司教に任じられた。彼は自分の司教区の仕事で忙しかったが、教区の司祭や助祭、神学生たちと共同生活を営み、生涯、「アフリカの教会政治全体を取り仕切る真の中心人物」でありつづけ、カトリック信者全体を通じてさまざまな人間関係に恵まれ、死去に際し、彼の名声はオリエント世界に達していた。たびたび中断された長期にわたる仕事によって、「過度に費やされた時間の結果として、生み出された」彼の諸著作(例えば『三位一体論』は完成に二十年を要した)は、そのテーマや聖書に対する関係によってだけでなく、教会生活に介入したこと、そして、結果として、あれこれの異端に対する戦いに関わる彼の著作[★02]の多くが論争的性格のものであったことによって、神学的である。こうした戦いの一つで、ペラギウス派の道徳的修道士および彼の継承者たちに対してなされた戦いによって、アウグスティヌスは「恩寵博士」と呼ばれるようになった。しかし、世紀から世紀へと受け継がれ、特に十七世紀、情熱的なだけでなく体系的でもある、継承者たちによって受け継がれた「恩寵博士」の言葉は、極端な仕方で定式化されてしまった。なぜなら、膨大で多面的なアウグスティヌスの著作、状況とひらめきによって変化する探求的で示唆的なアウグスティヌスの思想を、一つの体系として説明することは、まちがいなく、アウグスティヌスの著作と思想を歪めてしまうことになるからである。

たしかにわれわれは探求の統一性によってアウグスティヌスの学説を理解できるが、それは同時に、デカルト的な哲学的探求の平面にその学説を還元したくなる誘惑に抵抗することによってである。おそらく、『省察』の形而上学がめざしたものは『ソリロキア』（独白録——カッシキアクムでなされた「哲学的」と言われる対話の一つ）の著者がひたすらこだわったもの（すなわち、神と魂または精神）と違わないであろう。しかし、これら二つの霊的実在を考える際、アウグスティヌスは新興科学による基礎づけを見出そうとはしなかった。革新する哲学者デカルトの場合は、新興科学がこの世界を理解し支配することを約束することになる。アウグスティヌスの場合、重要なのは救いである。なるほど、アウグスティヌスは、「もし私が間違えるのであれば、私は存在する」と書いて、その事実から、魂は「自分が空気であるとか、火であるとか、その他なにかしらの物体であると完全に確信しはしない……。したがって、魂はそのようなものではまったくない」とすでに結論した。しかし感覚的諸事物そのものに関するアウグスティヌスの懐疑は、方法的懐疑に見られる徹底した性格はもたない。先ほどわれわれが指摘したことだが、確実性に対するアウグスティヌスの要求は、デカルト的な要求とは意味がちがう。デカルトの言う自我には「純粋な知性」を見てとることができた。アウグスティヌス的な「自分」は、これも疑いない与件であるが、別の次元を備えている。

もし、「われわれが存在し、自分が存在することをわれわれが認識し、われわれが自分の存在と自分の認識とを愛しており」、「これら三つの事柄の真理を確信する」ならば、それは、まさにわれわれが指摘したように、われわれが自分の内にもつ「生きることの確実性」であり、この確実性には、アウグスティヌスも注意しているように、生きることの望みが、生きることへの否定できない愛が、伴っている。魂が神を求めることによって目指しているのは、まさに生きることなのである。アウグスティヌスの学説において魂が現われるのは生きることに対してであり、その点でマルブランシュの学説と異なる。著名なオラトリオ会士マルブランシュがそう解したように、魂はまったくの機械である身体に働きかけることも、身体から働きかけられることも、できない。逆説的にも、あらゆる自発性を欠いた被造延長にならって理解された魂は、魂の創造主の力ないし光の下でまったく受動的であることになる。反対に、アウグスティヌス的な魂は、プラトン主義的な図式に従って、魂が活動させる身体と魂を活動させる神的諸観念との間で働く存在論的媒介者として、生きることの原理であり、魂自身が不滅の生命である。認識すること、それすなわち活動することである。感覚そのものにおいてそうなっている。つまり、感覚は身体（物体）に対して注意を働かせる精神の活動であり、この注意活動によって精神は身体（物体）に結合される。それにより、身体の被《こうむ》るものが精神に対して隠されたままでいることを防ぐのである。魂は、感覚的認識のなかで働くことにより、理性的認識においても感覚的であり続ける。マルブランシュの「神において観る」が、判子〔印を捺すもの〕に対する蠟〔印を捺されるもの〕の受動性に類比させて、人間の知力の受動性を前提するのに対して、アウグスティヌスの「照明」は、人間の自発性に対する高所からの助けを提供するのであり、人間の自発性だけでは達成できない正しい判断を行なわせるのである。

いましがた述べたような自らを認識する精神ないし魂にとって、真理の認識、認識の仕方、認識の根拠の問題は、純粋に批判的な論理的認識の水準で生じるのではない。精神は自分だけで真実を見出すことを断念しているが、生きるために欠くことのできない真実を必要としている。もしアウグスティヌスの思想がその本源的で特徴的な歩みにおいて、知の可能性について問うとすれば、それは、生きることの問いにアウグスティヌスが答えなければならないからであり、永遠の生命の問いにアウグスティヌスが答えなければならないからである。永遠の生命の問いは、人間の時間的な存在にすでに書き込まれており、純粋に知性的な意識に還元されない哲学者自身の人間的自我のなかにすでに書き込まれているのだ。したがって、「救われなければならないのは、まさに人間であり、思想家だけではないのだ」〔グレトゥイゼン〕[★03]。

人間は、自分が直接に認識し、それを愛していることを否定できないこの人生において、しかし一つの欠乏を感じている。それは、この人生を真の意味で人生と呼ぶことができるのかと自ら問うような、欠乏である。実際、この人生は、移ろいやすさによって絶えず流れ去り、絶えずいわば死にゆきつつある。その移ろいやすさの有様ないし経験はわれわれをして〈不易なもの〉へと差し向ける。アウグスティヌス的人間をその核心において襲う不安は、実のところ、〈存在〉への追慕である。〈存在〉は、自らを規定して、自らの不易性を語った。すなわち、「我は在りて在るものなり」〔「出エジプト記」三、一四〕。アウグスティヌスの神における存在と不易なものとの同一性を理解するためには、アウグスティヌスの人間学を参照しなければならない。自己についての認識と自己の絶対的原理とについての認識という二重の認識において、双方の認識が互いに他を照らしあうようになっているのではないだろうか。だから、「否定的要因」によって影響された人間的時間は、個人の実存と歴史の展開とにおいて、神の永遠性に対立するのである。「『〜であった』〔過去〕も『〜であろう』〔未来〕も居所のない『〜である』〔現在〕」が神においては存在する、ということを認識する者は、「存在するためには、汝もまた、時間を超越せよ」と自らに命ずるべきである。そしてもし自分自身の力で時間を超越することができず、〈永遠〉へと上昇することができないならば、彼には贖《あがな》いが必要である。例えば次のように贖いを示すことができる。「もし神が人間を時間のなかに創造したとすれば、神は人間を時間から救済するために受肉したのである」〔ジルソン〕[★04]。時間からの救済であって、単に罪からの救済ではない（この点については後に詳しく説明したいと思う）。この点で、アウグスティヌスのキリスト教にはプラトン主義が含まれており、このプラトン主義は、アウグスティヌスから見て、「すくなくとも哲学によって問うことが可能な限りで、問題を正しく設定したように思われる」。われわれにおいて存在の問題を救済の問題から切り離すことはできない。ミラノで改宗したアウグスティヌスが、存在の問題をまさに問題として問うことができたのは、哲学者たちの助けがあってのことであったが、彼らは「哲学的な救済」をアウグスティヌスにもたらすことはできなかった。

即自〈存在〉[★05]は聖書において見出され、アブラハム、イサク、ヤコブの「われわれとともにある神」と一体化する。この神は、〈旧約〉によって人類に結びつけられ、〈受肉〉において〈新約〉の約束となっている神である。本質に関するプラトン的な存在論がこの聖書の神学に対して根本的に現前しつづけているが、この神学においては、神的なものに対する人間の関係が、永遠なものに対する時間的なもののプラトン的関係を凌駕している。神的なものに対する人間の関係は、二つの意志の関係に包まれている。なぜなら、魂と神は、存在でありかつ認識であって、その限りで、意志すること、あるいはむしろ愛だからである。すでに指摘したように、二重の探求が交錯するなかで、人間の像と神的模範は互いに照らし合う。[★06]もし、ギリシア的な願望が精神を突き動かし続け、その運動が停止するのは享受（frui）においてでしかないとすれば、その享受は福音的愛と合致する。『キリスト教の教え（De doctrina christiana）』によれば、「神のために神を享受し、神のために自らと隣人を享受すること」が肝要である。堕落によって対立し、贖罪によって和解した、二つの意志は愛において合致するのである。救済の全物語が、さまざまな先導者たちの発意（そこには叡知的なものについてのプロティノスの哲学の知られざるドラマがあり、この「抒情的な性質の形而上学」の知られざるドラマがあった）の結果として、いまここに現われているのである。この形而上学において、超感覚的な諸原理に満たされた生活は、「オリンピアの神々の生活がギリシアの地上の町の生活を気にかけることがなかったのと同様に、独立している」（エミル・ブレイエ）。[★07]こうしたプラトン主義はアウグスティヌスにおいて見事に乗り越えられたように思われ、ある意味で、覆されたように思われる。しかし、プラトン主義から立ち去るべきだったのだろうか。この問いこそ今日、神学者たちがやはりアウグスティヌスに対して尋ねている問いである。しかしこの論文の目指す目的を考えると、自由、罪、恩寵が、意志とともに、人間と神に導入されており、『告白録』が全編を通じて見出したのは、「意志の関係、つまり神の意志に対抗する人間の意志という関係、において対置されている」、この人間とこの神である、ということを指摘することで十分であろう。魂そのものがその〈創造主〉によって命を与えられたのだから、もはやイデアによる作用が問題なのではない。自我の最も人格的な部分において現われるものに対して、神はまさに意志として働くのである。「神は私が意志するのを意志する」と力を込めて語られた所以である。

真理に触れているという確信において人間の判断に力を添える照明は、アウグスティヌスにおいて、救いを与える恩寵を視点とする遠近法のなかに位置づけられている。この恩寵は実践的な〔アウグスティヌス思想において典型的でもある〕照明であり、道徳の次元にあって、単に行動の諸規則を保障するのみならず、さまざまな徳における実行力を保障する照明である。いずれの場合にあっても、外的なというよりむしろ超越的な助力が、衰弱した自発性〔判断能力の自発性であれ、自由意志の自発性であれ〕に対して贈与されるのである。精神〔霊〕はその理性的存在において神の現前を含んでおり、その忌避しえない神の根源的な現前によって真理を認識するという事実は、精神〔霊〕が生命に触れる好機として、自我がその絶対的原理へと回心する好機として、理解することができる。知の可能性をこのように理解し、知の根拠を認識することは、救済の条件である神の存在を証明することに等しい。われわれは、完全な真理という形で、〈不易なもの〉に触れているのではないか。〈不易なもの〉が、真理の不易性によって、人間的思惟の根源的に移ろいやすい内容に〔それが外的経験に由来する内容であろうと、内的感覚に由来する内容であろうと〕、逆説的に作用しているのではないか。アウグスティヌスが語る照明は、後にそれについてほどこされた専門的な詳しい説明がどのようなものであろうと、また、分離された能動知性〔トマス・アクィナス〕であるとか、自然の光の贈与〔デカルト〕であるとか、神において元型を観ること〔マルブランシュ〕であるとか、というようないろいろな解釈による変形がどんなものであろうと、われわれが有する必然的諸命題の客観性を、派生的な光であるわれわれの知力と絶対的知力とのある種の連続性に基づいて、根拠づけるすべての哲学のなかに、なんらかの仕方で見出されるのである。この連続性が断ち切られて、有限な経験の観念だけに基づいて知の可能性を確立しようとしたために、カントの革命が必要になったのではなかったか。

〈理性〉を神と同一視するという、マルブランシュが行なったような思考の動きは、彼の著作を読めばわかるように、この〈理性〉がたしかに神のペルソナ〔位格〕であるとしっかり解されており、真正のアウグスティヌス主義に属してはいる。しかし、このペルソナはイエス・キリストにおいて受肉し感覚的に啓示されると解されている。アウグスティヌスの見るところ、もし、「歴史の原因であり、歴史を超越する」〈理性〉が、「それにもかかわらず歴史に介入し、永遠を――時間とともに――、作ろうと望む」ことがなかったとすれば、〈理性〉は人間にとって真理の源泉でないと同様に、生命と救済の源泉ではないはずである。このことは、神においても、われわれの内なる神の像においても、〈理性〉は単に諸観念の場所としての〈理性〉でなく、ギリシア的な智慧にとっては愚かなことと映る、徹底した自発性をもつことのできる自由意志でもある、ということを前提している。人間をその固有の本性に関して照明する神的模範は、人間が自分に基づいて神を想像するように思われるときでさえ、〈御子〉イエス・キリストの〈受肉〉が啓示するこの〈三位一体〉に、その本来の意味が存すること、このことをここで思い起こすべきである。『三位一体論』は、西洋世界に神学の思弁的認識の手本をもたらすと同時に、人間学をもたらしたが、その人間学は、先行の哲学を無視するというのでなく、先行の哲学に反論するというまさにその点で、多くの哲学的な示唆を示している。この思弁の傑作を参照し、永遠の〈御言葉〉と受肉した〈御言葉〉との二重性と単一性を思い起こし、最後に、ラテン教父のなかで最も偉大な教父であるアウグスティヌスのプラトン主義に立ち戻るならば、神学者アウグスティヌスが、先行の哲学者達（アウグスティヌスのよく知らない哲学者も含めて）について、彼らから変わらずに保持したものによってと同時に、アウグスティヌスが打倒しなければならないと感じたものによって、聖アウグスティヌスが哲学史に場所を占めるに値することは明瞭である。

［ポール・ヴィニョー（パリ高等研究学校指導教授）］

訳註

★01　マニ教は、ゾロアスター教やキリスト教の一派であるグノーシス派などを折衷的に取り入れ、自然の謎を合理的に解くと称する、この時代における一種の哲学的宗教。

★02　原語はellesで女性複数代名詞であるが、文意に基づきouvrages（男性名詞）と解する。

★03　*Anthropologie philosophique*（Gallimard, 1953）などの著者Bernard GROETHUYSEN（1880-1946）。

★04　『メルロ＝ポンティ哲学者事典』第三巻「列伝項目」参照。

★05　外部からの視点に対して対象化された〈存在〉でなく、それ自身に即して存在する〈存在〉。

★06　前の段落にある、「自己についての認識と自己の絶対的原理とについての認識という二重の認識」の「照らしあい」を指していると考えられる。

★07　『メルロ＝ポンティ哲学者事典』第三巻「列伝項目」参照。

［翻訳＝伊藤泰雄］

中世初期

ボエティウス

❖BOÈCE　c.480-524

ローマとアテナイで学問をおさめる。ボエティウスが自らの任務としていたのは、ギリシア哲学の遺産を同時代の人々に伝えるということである。その遺産は非常にかぎられたものであって、ボエティウスが翻訳したのは、アリストテレスの論理学関係の著作の一部に過ぎない。彼はプラトンとアリストテレスを調和させようとしており、注解書においては、普遍問題〔＝一般概念の問題〕について検討している。すなわち、普遍的なものは分離した存在をもつわけではないにもかかわらず、われわれは普遍的なものについて事物とは別に考えているのだ。これは言語の問題、事物を意味するためにつくり出された言語の問題でもある。ボエティウスは魔術をつかうという理由でとがめられ処刑されてしまった。彼は獄中で『哲学の慰め』を執筆したが、この書物に着想を与えたのは、キリスト教というよりもむしろプラトンとストア主義である。彼はそのなかで〈運命〉や〈自由〉や〈摂理〉について論じている。神はある永遠の現在において生きるのであって、未来を予知するのではなく眼前に一望するのである。ボエティウスにとって、哲学とは知恵を愛すること、神を愛することであり、神の至福と完全無欠にあずかることである。〔H.D.〕

ベーダ（・ウェネラビリス）

❖BÈDE　673(674?)-735

教会によって、ローマ文化は大ブリタニア島に達した。それは、ローマ帝国がもはや名ばかりの存在でしかなくなったころのことである。中世という時代は、アングロ・サクソン人を介することでローマの伝統と結びつくようになるだろう。ベーダ・ウェネラビリスはジャロの修道院で司祭であり、ラテン語でアングロ・サクソン民族の教会史〔『英国教会史』〕を執筆し、神学への入門書として役立つ百科事典――『事物の本性について』――を著した。後者は、セビーリャのイシドルスの百科事典〔『語源』〕から大きな影響を受けており、体験から資料を集めるというよりも、プリニウスをはじめとして、ほかのラテン語作家やギリシア語作家の書物から資料を集めている。ベーダにいたって、キリスト教はもはや古代文化を理解しようとするのではなく、たんに古代文化を利用しようとするのだ。〔H.D.〕

アルクィン〔ラテン名アルクィヌス〕

❖ALCUIN　c.735-804

ヨークでエグベルトに師事する（ちなみにエグベルトはベーダの弟子である）。七八一年、アルクィンはカール大帝によってフランスに招聘される。著書としては『魂の本性について』『徳について』などがあるが、目を見張るほどの著作家というわけではない。アルクィンは古代文明の遺産にとても強い愛着をもち、まさに布教者という立場から、古代文明を伝える活動によってカール大帝を補佐した。アルクィンのおかげでラテン文化がフランスに再導入されたわけである。彼は新たなアテナイをつくり上げようと計画しており、しかもキリスト教をもつゆえに、もとのアテナイより上位にあるようなアテナイをつくろうとしたのである。哲学者に足りないのは「ただ信仰だけ、そして洗礼」であって、いわば弁証論の学習、論理学の学習というのは、神学を学ぶのに必要となる予備的な科目である。アルクィンはカール大帝によりトゥールのサン＝マルタン修道院に派遣され、そこを教育の中心地とするようにとの任命を受けた。そして、彼はその修道院で没した。〔H.D.〕

エリウゲナ、ヨハネス・スコトゥス

❖Jean Scot ERIGÈNE　c.810-c.877/880?

アイルランドに生まれる。八四五年ころ、フランスにわたる。エリウゲナは、ディオニュシオス・アレオパギテスの著書の翻訳・注釈を行なった。エリウゲナの著作は驚嘆すべきもので、歴史において何度も断罪されている。その著作を培ったのは古代ギリシアの神学者たちの作品を読解するということである。哲学は信仰に取って代わろうとするのではなく、逆に信仰の努力を引き延ばそうとする。言い換えると信仰そのものが、信仰を完成することになる理性的認識を目指すわけである。哲学者が用いる弁証法は、事物それ自体のなかに書き込まれている。それはつまり分析と総合という二重の運動であって、このことはエリウゲナの『自然区分論』（『自然について（＝ペリフュセオン）』、一巻、一章のこと）において論じられている。神は存在のかなたにあるのだが、存在しはじめるときにのみ、つまり自らを啓示するときにのみ、神は自らを知ることができる。つまり被造物はしるしであり、神の言語であって、まさしく神の現われなのだ。このように、神は創造することをとおしてこそ、神自身を創造するのである。そうした形而上学的な冒険の中心を占めているのは人間であり、ここに見られる弁証法はずいぶんと近代的な様相をしている。すなわちこの弁証法は、不可逆的な歴史である。存在から神への還帰とは真なる総合であって、あらゆる事物が神のなかにいきわたるということである。〔H.D.〕

ベレンガリウス（トゥールの）

❖BÉRENGER DE TOURS　998(999?)-1088

十一世紀において、神学のための予備的研究——論理学や弁証論や修辞学——が発展してきたが、それによって新たな関心が起こり、巧妙な議論への好みが現われてきた。トゥールのベレンガリウスは『聖餐について（ランフランクスに論駁する）』という著書において、信仰を哲学へと連れ戻そうとし、啓示された真理と教会の教義とを合理的な用語に翻訳しようとしている。彼は熱心な弁証論者であったシャルトルのフルベルトゥスの弟子であり、彼が巻き起こした論争は十一世紀なかばを揺り動かした。ベレンガリウスは繰り返し断罪されたにもかかわらず、〈聖体〉という教義を思惟することはできないと考えていた。彼は〈聖体拝領〉の象徴的価値についてはたしかに認めたけれども、〈聖体の〉〈実体変化〉という教理に関しては、否定と肯定をどちらも含んでいることから矛盾していると論証したのである。信仰は、理性の要請——さらに言えば否定的な要請——に直面しており、このような彼の関心は、反対者たちから向けられた批判のなかにも見て取ることができる。［H. D.］

ダミアヌス、ペトルス

❖Pierre DAMIEN　c.1007-1072

オスティアの司教で、一〇五七年に枢機卿となる。中世の人文主義に対する反動としての禁欲主義を代表する人物。ダミアヌスは身体をいやしむ——『鞭の称賛について』——だけではなく、世俗的な諸学問をいやしんでいる。例えば文法学も同様であり、なぜなら文法学は、「神」という語が複数形に格変化するといったことを教えるからだ。哲学は信仰に仕える下女、神学の侍女でなければならない（『カトリックの信仰について』）。その上、ダミアヌスはある種の哲学を憎むあまりに、むしろいっそう深淵な哲学に辿り着いた。論理学と弁証論は、信仰の領域に入り込むに値しない。すなわち、神が論理学の規則を守らなければならないということはないし、そうした規則はたんに議論に関わるだけで、事物の本質には関わっていない。ダミアヌスは『神の全能について』という著作において、デカルト以前に、神の根本的な自由を主張している。神の意志とは、存在するすべてのものの原因であって、無矛盾律（すなわち、Aは同時にA以外のものではありえないという原理）にはまったく従わないのである。［H. D.］

アンセルムス（聖、カンタベリーの）

❖Saint ANSELME　1033-1109

アオスタに生まれる。アンセルムスは聖職者として、初めにノルマンディーのベック修道院に入り（一〇九三年まで）、のちにカンタベリーの大司教となる（没するときまで）。最も重要な著作は、

『モノロギオン』『プロスロギオン』『真理について』である。『プロスロギオン』は有名な神の存在論的論証を提示しており、『真理について』はよく知られている四つの対話からなっている。アンセルムスの思考のよりどころとなるのは、理性と信仰の関係をきわめて明確に定義するということである。すなわち、まずは信仰のうちにしっかりと身を置かねばならず、弁証論に聖書を従わせるということがあってはならない。理性を働かせるのは信仰するためであるということではなく、むしろ、信仰してそのあとに理性をはたらかせることができるようでなければならない。実を言えば、アンセルムスは理性の価値を下げているというよりも、理性に対して非常に特別な役割を与えているのであって、たんに信仰を補助するだけではまったくないような役割を与えている。実際に理性は、信仰〔聞くことによる認識〕と観想〔選ばれた者だけに与えられた認識（直観という認識）〕とのあいだに位置づけられる。理性が表わすのは中間の段階であり、その段階を経たあとに観想にいたることができるわけだ。このように理性が定義されることからもわかるように、アンセルムスは理性に対して限りない信頼を置いている〔例えば、三位一体や〈受肉〉の必然性を証明しようとまでしている〕し、さらに言えば、驚くほどに創意に満ちあふれた弁証論というものを見せてくれている。とはいえ、彼がとりわけ力を入れていたのは、神の存在を証明することである。『モノロギオン』という著作の三つの証明はもっぱら弁証論的なもので、その出発点としてまず確認されるのは、存在と事物ではそれぞれの完全性が等しくないということである。アンセルムスの論述においては、存在論的論証はより単純である。彼が言うには、たとえ神の存在を否定する「愚か者」でさえも、信仰が提示する以下のような定義は受け入れるにちがいない。それはつまり、神とは、それよりも偉大なものが考えられえないようなものだという定義である。ところで、そうした観念を考えるということだけでも、神が存在するということになるのだ。たしかに、ある実在を考えるということと、それが存在すると理解するということとは、別のことである。しかし最も偉大な存在という観念は、固有の存在を有している。すなわち、この観念が知性のなかだけにしか存在しないとすれば、〔知性のなかだけに存在するのみならず実在しもするものが考えられることになり、〕最も偉大な存在という観念よりもさらに偉大なものという観念が思惟されうるということになってしまうだろう。これは矛盾である。それゆえに、それよりも偉大なものが考えられえないような存在は、実在においても存在するのである。こうした論証のうちには理性的神学の基盤がある、人々はこれまでそのように捉えようとしてきた。だが実際は、アンセルムスの議論が目指しているのは、神の存在を外から証明するということよりも、右に述べた観念をすでに認めている人に向けて、その観念がもつ自己肯定的な性格を発見させるということである。〔同時代の〕修道士であったガウニロは、アンセルムスの主張する以上の点について、明瞭な批判を寄せた。ガウニロの批判によれば、知性における存在と実在〔＝事物〕における存在を混同してもよい権利などまったくないし、証明可能な認識をもたらしてくれるのはただ経験のみである。たしかにアンセルムスにしてみれば、知性における存在はすでにしてひとつの実在における存在であり、このことは、アンセルムスがロスケリヌスや唯名論者たちに対して行なった非難を見ればよくわかるだろう。観念から存在へと移行できるのはなぜかと言えば、観念はもうすでに存在であるからであって、結局そのような立場は、このあと、存在論的論証を支持する者すべてのなかにふたたび現われることになる。〔M.C.〕

ロスケリヌス〔コンピエーニュの〕 c.1050-1120〔1124?〕

❖ROSCELIN DE COMPIÈGNE

コンピエーニュに生まれ、ブザンソンに没する。トゥール、ロッシュ、ブザンソンで教鞭をとった。ロスケリヌスの思想は、反対論者を介してしか知られていない。例えば、ロスケリヌスに師事していたアベラルドゥスや、聖アンセルムスなどの文章である。ロスケリヌスは普遍問題について、唯名論をとおして明瞭に解決しようと試みた最初の人物だったと思われる。それ以前にもすでにボエティウスによれば、論理学と弁証論は事物に関わるのではなく、事物を意味する言葉に関わるとされていた。ロスケリヌスにとって一般概念とはまさに、その概念が示される言葉のことにほかならず、そのとき個々の実体は、ただひとつの真の実在を表している。ここから彼は三位一体の教義を大胆に解釈するようになり、三位一体は異なった三つの実体からでき上がっていると解釈するようになる。〔H.D.〕

ベルナルドゥス〔フランス名ベルナール〕〔シャルトルの〕 ?-c.1127

❖BERNARD DE CHARTRES

一一一四年から一一二四年まで、シャルトルで教鞭をとる――ちなみにそこは十二世紀において最も知的活動の盛んな都市であった。ベルナルドゥスについては、ソールズベリーのヨハネスによってしか知られておらず、ヨハネスは彼を文法学者として描きつつも、「現代のきわめて完璧なプラトン主義者」と呼んでいる。このころの文法学は、狭い意味でのひとつの学科としては考えられておらず、むしろ言語について省察すること、またそれをとおして存在そのものについて省察することとして考えられていた。ベルナルドゥスは古代の著作家たちを読みながらそこに哲学的観念を見出しているが、これらの観念は、形相と質料の区別とか、イデアと〈分有〉の理論とかいった意味で利用しうるものである。われわれはイデアと分有の理論によって、基幹となる語、すなわち語根から派生語へという関係を理解することができる。ここに見られるのは、学識の豊かさにとどまろうとする姿勢ではなく、教養文化を進歩させようとする姿勢である。われわれは古代の人々よりも遠くを見ているのであって、それというのも「われわれは巨人の肩の上に乗る小人のようなものだ」からだ。　〔H.D.〕

ギヨーム・ド・コンシュ〔ラテン名グイレルムス〕

❖GUILLAME DE CONCHES　c.1080-1145〔1154?〕

シャルトルのベルナールに師事する。ギヨームはベルナールの精神をもって、〔プラトンの〕『ティマイオス』を注釈しており、そこに神の天地創造に関する記述を見出そうとした。ギヨームの著作の多くを見ると、学問について明らかな関心があることがわかる。彼によれば、〔七つの自由学芸のうち〕三学〔つまり文法学・弁証論・修辞学〕は雄弁術にしか関わらないけれども、四科〔つまり数学・幾何学・天文学・音楽〕――哲学――は「存在する事物」を取り扱う。彼は『宇宙の哲学』という著書のなかで、自然について、プラトンとエピクロスとストア主義哲学から同時に着想を得たイメージを示している。そこで原子論はイデアの哲学と結び合わされている。ギヨームは自然的な説明、自律的な自然学の素描を行なう。この自然学は神学に対立しようとするものではなく、むしろ神の〈知恵〉に従い、被造物の形相因たるイデアの世界に従うものである。　〔H.D.〕

ベルナルドゥス〈聖〉〔フランス名ベルナール〕〈クレルヴォーの〉

❖Saint BERNARD　1090?-1153

クレルヴォーの修道院長。ヴェズレーで第二回十字軍を説き勧めた。ベルナルドゥスは一方で政治家として、そして教会の改革者として腕をふるったが、他方で神秘的な愛の教義を始めた人物でもある。彼は、アベラルドゥスのような思想的指導者たちに反対して、「あらゆる哲学は十字架にかけられたイエスを認識することにある」と記している。ここで、神秘主義は信仰という道をとり、生の規範として人間を再興しようとする。〔この神秘主義によると〕神に還帰するということは、まずはわれわれ自身についての考察と反省からはじまり、それによってわれわれは謙虚さにいたる。またこの還帰は、最後には忘我のうちに完成し、そこでわれわれは神と一致する。とはいえ、まったく無に等しい者〔＝人間〕が、どのようにして存在する〈者〉〔＝神〕と一致することができるというのか。ベルナルドゥスによれば、〈神の愛〉のうちに、まさしく〈愛〉である〈神の愛〉のうちに一致するのであって、それは実体の一致というよりも意志の一致である。　〔H.D.〕

フーゴ（サン＝ヴィクトールの） 1096-1141

❖HUGES DE SAINT-VICTOR

著書に『秘跡について』がある。これはまぎれもない神学大全であり、そこには天地創造と〈受肉〉という二つの出来事をめぐって、すべてがととのえられたキリスト教的ドラマがある。フーゴは、パリのサン＝ヴィクトール修道院で教育を行なった。彼にとって観想は、知を排除するものではなく、むしろ知を完成するものである。神秘主義者は学問をけっしておろそかにしてはならず、逆に、学問においてほかの人をしのぐようでなければならない。観想というのは修練の連続であり、その進み具合については、教え、読書、内省、祈禱というように厳しく決められている——ちなみに読書に関して言えば、フーゴは『読解の技法』、すなわち『学習論〔＝ディダスカリコン〕』という書物を記している。彼が到達しようと目指すのは類まれな体験ではなく、内的専心における平和と喜びだけなのである。 〔H. D.〕

ロンバルドゥス c.1100-1164

❖LOMBARD

十二世紀に登場してきた著作といえば、以前にダマスクスのヨアンネスが模範を示した類のものである。それは教父の見解を集めたもので、決まった順序で問題ごとに配置されている。これはまさに、キリスト教の伝統を「ただひとつの集成に」まとめて体系化し、範典として編纂しようと希求してきた成果だと言える。このように〈命題〉を集めたもののなかで最も有名なのは、ロンバルドゥスのもの〔『命題集』〕である。彼は「命題集の師」と呼ばれ、その著書は十三世紀全体をとおして使用された。命題集は、さまざまな見解を集積して議論し、それらの矛盾を明らかにすることで、それらのなかから正統性に合致するものを選び出す。弁証論は「スコラ学」以外の何ものでもない。これは発見の方法というよりも議論の方法であり、すでに所有している真理を明確化し説明するための方法である。 〔H. D.〕

アベラルドゥス〔フランス名アベラール〕、ペトルス 1079-1142

❖Pierre ABÉLARD

初めパリでギヨーム・ド・シャンポーの弟子となったが、まもなく師を追いやるようになる。そして、エロイーズ〔ラテン名エロイサ〕との有名な恋愛事件があったのは一一一三年ころと言われており、その後ノジャンで、それにつづいて「パラクレートス」〔と名づけられた聖堂〕で教授し、さらにパリに戻って教えを広めた。パリに没する。アベラルドゥスの著作は哲学的であるとともに神学的であって、なかでも重要なものとしては、『然りと否』『弁証法』、いくつかの『聖書注解』『キリスト教神学』『倫理学』がある。彼の評判が伝えられるようになったのは、師であるギヨーム・ド・シャンポーとのあいだに、普遍問題に関する激しい論争が起こったからである。この問題はすでにポルフュリオスが提示していたものだ。すなわち普遍は、自然的諸存在を類や種に差し向けているが、はたしてこの普遍とは実在のうちに存在するものなのか、あるいはたんに思惟のうちに存在するものなのかという問題である。ギヨームによれば、普遍的なものは実在であって、この実在は「まるごと、同じ種の個体それぞれのなかに同時にあるのだ」という。これに対してアベラルドゥスは、プラトンの『パルメニデス』にある反論を取り上げなおしている。つまり同一の普遍的なものは、個体それぞれの類や種であるはずなのに、その普遍がまるごとそれ自体としてあり、まるごと個体それぞれのなかにあるということなど、いったいどのようにしてありうるというのか。またさらに、例えば人間を理性的な動物として定義するなら、馬においては両立しない二つの普遍的なもの（すなわち理性と動物）が人間においては共存しているということを、いったいどのようにして説明するというのか。アベラルドゥスによる解決は注目に値するものである。というのも、その解明は実在論と唯名論という対立を越えており、抽象作用を分析することによって、諸観念の心理学的説明に関する基礎を築いたからだ。普遍的なものはたしかにある一定の実在性をもつのだが、とはいえひたすら述語概念という資格でのみ実在性をもつ。言い換えれば普遍というのは、複数のものについて言われることが可能であるひとつの性質を表すけれども、それらのものから切り離されるともはや意味がなくなってしまう。普遍的なものはどのようにして形成されるのだろうか。われわれの知覚は、われわれのうちにイメージをつくり出す。そしてこうしたイメージは、個的なものとして存在することができるし、個別の思惟の対象をつくり上げたり、あるいはより漠然としてより一般的な表象に結びついたりすることができる。このようにして普遍とはまさしく、「名前の意味」（名称の意味表示）でしかないのであって、実在の認識がありうるのは、ただ個物についてだけなのである。こうした解決の仕方によって、論理学は確実に自律性を取り戻すことになったし、アベラルドゥスはウィリアム・オッカムの直接的な先駆けということになった。アベラルドゥスの書いたまさしく神学的な著作にしても、同じ天才と同じ情熱に彩られている。なるほど彼は、一方では（ロスケリヌスのような）弁証論者を強く攻撃し、三位一体に関する異端を厳しく攻め立て、彼自身は権威に従っているというふうに主張したけれども、他方ではプラトンの『ティマイオス』についてきわめて大胆な注釈を行ない、あらゆるこまかな教義をそこに見出そうと努めてもいるのだ。とはいいながらも、彼の本当の傾向が最も如実に現われているのは、『倫理学』という著書である。その作品によれば、ある行為の道徳的価値を判断させてくれるのは意図だけであって、〔良心による〕正しさの提示とわれわれのふるまいとが一致しないときに罪が生まれてくる。それによってアベラルドゥスは、原罪が伝播するという考え、キリストの功徳が各キリスト教徒〔の罪〕を取り消すという考えを拒否することになる。このような説は、恩寵を低く評価して認識に重きを置くもの、ペラギウス派のにおいが感じられるものであり、承認されがたい議論である。だからこそ聖ベルナルドゥスの用心深い注意がアベラルドゥスに断罪を言いわたしたのも、もっともなことである。

〔M. C.〕

ヨハネス〈ソールズベリーの〉

❖JEAN DE SALISBURY

1110〜1120?-1180

アベラルドゥスとギヨーム・ド・コンシュの門弟であり、〔カンタベリー大司教〕トマス・ベケットの秘書である。シャルトル司教として没する。ヨハネスの著書である『政治家について〔＝ポリクラティクス〕』と『論理学について〔＝メタロギコン〕』には、シャルトル学派の人文主義が繰り広げられており、その精神は古代の詩人たち、セネカやキケロなどによって養われている。ヨハネスはキケロの影響から相対的懐疑主義を唱え、あらゆることについて懐疑を推し進めながら、われわれは感覚や理性や信仰によって確実性にいたることはできないというふうに主張した。したがって、普遍問題というものは解決できない仕方で提示されているのだから、われわれは普遍の本性について決定することなどできず、たんに普遍と精神の関係を決定できるに過ぎない。懐疑は認識の努力を追い出すことはなく、それどころか認識の努力を呼び寄せる。いってみれば教条主義とは、無知のためにでき上がったものなのだ。そこからヨハネスは、世俗的学問に価値を認めるし、さらには、論争の手段である論理学にも価値を認めるわけである。

〔H. D.〕

アラヌス〈リールの〉

❖ALAIN DE LILLE

1114〜1128?-1202〜1203?

ある時期オセール司教であり、シトーで没する。アラヌスは『カトリックの信仰について〔異端に論駁する〕』という著書で異端者に対抗しようとしており、科学的ともいいうるような厳密さを神学に与えた。彼の護教論は演繹的に進められており、その出発点となるのは〈モナド〔＝単子〕〉を定義する第一の公理であって、つまり、さまざまなものを生み出す神そのもの、原理であると同時に目的でもあるような、どこにも中心がありどこにも円周がない球体であるような、そうした神そのものである。この表現はパスカルが有名にしたが、アラヌス自身が典拠の不確定な著作から取り入れたものだ。アラヌスの著書『自然の嘆き』は〈自然〉を〈女性〉として描いており、それは無限に豊かな源泉であると同時に事物の法則であって——その法則から人間は逃れようとする――、神の働き手とも言えるものなのだ。「神の働きは単一だが、私の働きは複数である」。こうしたアラヌスの言葉は、プロクロスから影響を受けた合理主義的なものであるが、とはいえ蓋然的なものに達することだけを目指しており、神学に従うことを受け入れている。〔H. D.〕

アマルリック・ド・ベーヌ〔ラテン名アマルリクス〕

❖AMAURY DE BENE　?-1206〔1207?〕

その亡骸は一二一〇年に掘り出されて火にかけられる。それはパリの教区会議で断罪されたときのことだったが、さらに一二一五年にも、教皇インノケンティウス三世の在位期間にラテラノ公会議で断罪された。アマルリック派の主張によれば、〈教会〉〔＝キリスト教教団〉〉に代わるべき〈聖霊〉の王国がアマルリックの啓示によって生まれることが確実に保証されているという。

ヨアキム〔フィオーレの〕

❖JOACHIM DE FLORE　1135〔1145?〕-1202

聖地パレスチナから戻り、シトー会修道士となる。ヨアキムは厳格主義の考えから、カラブリアにあるフィオーレの聖ジョヴァンニ修道院に新たな修道会を設立した。またそれと同じ霊的改革への関心は彼の数多くの文書に見て取ることができる。ヨアキムの著書はしばしば激しい論調からなり、たいてい黙示録的なもので、『二つの福音の調和〔＝新約と旧約の調和の書〕』『黙示録注解』などの著作がある。フィオーレのヨアキムは〈教会〉の根本的変容ということを預言しており、それが新たな時代、すなわち永遠の〈福音〉の時代を開始する革命であって、キリスト教を完成することになるだろうと表明している。〈聖霊〉が支配する未来の治世は、すでに現在――〈教会〉――にも否定的状態として書き込まれているが、この〈聖霊〉の治世によって〈救済〉の歴史は完成するであろう。〔H. D.〕

イスラーム哲学、ユダヤ哲学とビザンティン哲学

キンディー

❖AL-KINDI　801-866〔872?〕

実証的な知識に非常に関心をもった数学者。アラビアのアリストテレス学派哲学者として知られている最初の人物。知性の働きに関するキンディーの考えは神学を含んでおり、これはのちにファーラービーが発展させることになる。

ファーラービー〔ラテン名アルファラビウス〕

❖AL-FARABI　870-950

（トルキスタンの）ファーラーブ地方に生まれる。バグダードでキリスト教徒に師事してギリシア哲学とギリシア科学を学び、のちにシリアに居を移した。ファーラービーは数学者・医者・音楽家でもある。彼の膨大な哲学的著作に影響を残しているのは、アリストテレスであり（例えば天文神学はアリストテレスから取り入れられている）、アリストテレスの偽神学書によるプロティノスであり、さらにはプラトンである。「神はすべてからなっており、いかなる覆いももっていない。それで隠れるようないかなる偶有性ももっていない。神は近くにも遠くにもいないないし、神とわれわれとのあいだにはいかなる仲介者もない」。ファーラービーはイブン・シーナーの師であった。

イブン・シーナー

❖AVICENNE　980-1037

イスラーム哲学の最も偉大な人物のひとり。「イスラーム哲学」という言葉が故意に強調されるのは、より現実にふさわしい表現にしようとするからである。アラビアという呼び方が指し示すのは、主要な著作が書かれた言語のことであり（そのうちいくつかは十二世紀に西洋へと翻訳されている）、つまりはイスラーム文化にとっての「典礼の言葉」としてのアラビア語のことであって、これはキリスト教文化にとってのラテン語と同じものと言える。しかし、ある宗教的概念が世俗化していくとき、それをその概念範囲を越え出た意味においても使用するというのは誤りであろう。したがって、これまでイスラーム哲学を著名にしてきた大家たちは誰もがみな民族としても国民としてもアラビア人だったのだ、などと考えるのはとんでもないまちがいである。彼らのうち大多数はイラン人だったし、ペルシア語でも同じよう

に執筆したり（それが始まったのはイブン・シーナー自身からである）、ときにはペルシア語のみで執筆したりしている（イスマーイール派のナーシレ・フスラウが挙げられる）。さらに、イスラームの世界を一枚岩のものと思い浮かべて、深いところにある差異を見ないということも誤りだろうし、「キリスト教徒の哲学」という概念と似たような意味で「イスラーム教徒の哲学」を語るということもやはり誤りだろう。ラテン語によってなされた〈スコラ哲学〉は、キリスト教哲学という概念を確立することができたけれども、それに対して〔イスラームの〕哲学者たち（ファラーシファ）のほうは、つねにイスラームの正統性に対して疑いをもちつづけてきた。彼らイスラームの哲学者たちを前にしてみると、カラームと呼ばれるもの（イスラーム教徒のスコラ哲学）は、もはや「イスラーム教徒の哲学」の類義語として考えられるべきではないだろう。それに反して「イスラーム哲学」という表現は、いかなる教義的な解決についても予断を下すということはない。「イスラーム哲学」という語が指し示しているのは特徴的・本質的に宗教的な枠組みであり、そのなかにイブン・シーナー主義哲学という現象が書き込まれるということである。この語はいわば学説の多元性というものを保持しているのであって、イブン・シーナーはその多元性がもつ豊かな潜在性にとりわけ注意を向けている。

最初の必然的な訂正があり、それがまた別の訂正を引き起こす。イブン・シーナーとイブン・シーナー主義哲学に関して、これまで長いあいだわれわれの哲学史が位置づけてきた観点は、われわれ〔西洋〕の〈スコラ哲学者たち〉が十二世紀トレドで作成された翻訳で得た知識だけによって決定されてきた。この図式は単純なものであって、そこに載っているのは中世の著作家のなかでも有名な人物だけである。例えばキンディー、ファーラービー、イブン・シーナーといった名前である。そのあとにくるのはガザーリーであるが、彼の批判はカントの批判よりもはるかに鋭いもので、哲学的思考に対して致命的な打撃を与えたと言える。そしてこの哲学的思考は、イブン・ルシュドとともに復興を目指したのであり、彼の名前はイスラーム哲学の絶頂であると同時に終わりのときを示すことになった。

残念なことに、こうした図式化は長いあいだ伝統的なものとなっていた。その図式が不十分であるということが次第にわかってきたのは、この状況における霊的なことがらの複雑さが明らかになったからであり、まさにそうした霊的ことがらに関してである。イブン・シーナーとイブン・シーナー主義哲学が意義をもつのである。イブン・シーナーは九八〇年にトランスオクシアナ（＝マー・ワラー・アンナフル）において、つまりイラン世界の東の果て、ブハラの近くに生まれた。彼が送った人生はきわめて充実したもので、彼の力強い個性、自分の身ですべてを体験したがる個性に見合ったものだった。彼はつらい経験を経たのち、ハマダーンの君主に仕える宰相の職を引き受ける。膨大な作品を書き上げたことから、過労によるひどい疲弊に陥るようになる。書物を執筆するのに夜を明かすことも多く、そのような彼の姿を親しい門弟たちが見ている。一〇三七年にイスファハーンとハマダーンのあいだで、力あふれる年齢のさなかに没する。イブン・シーナーの著作は、ある重大な出来事と同じ時代のものである。それはつまり、イスマーイール派の秘教主義が練り上げられてきたという出来事なのだが、このイスマーイール派の輪郭についてわれわれが垣間見るようになったのはほんの数年前のことでしかない。そこに結びつくのは、とりわけイランの偉大な人物たちであり、彼らは今後哲学史のなかに少しずつふさわしい地位を占めることになるだろう（例えばアブー・ヤアクーブ・シジスターニー、ムアイヤド・シーラージー、ハミード・キルマーニーなど）。イブン・シーナーの父親も兄弟も同様にイスマーイール派に属しており、事実、その宗派にイブン・シーナーが加入するべく彼らが努力していたということを、イブン・シーナー自身が自伝のなかでほのめかしている。しかし、イブン・シーナーの宇宙とイスマーイール派の宇宙論とのあいだにはたしかに多くの構造的な類比があるかもしれないが、イブン・シーナーはこの派に属しようとしなかった。とは言いながら、彼はイスマーイール派のなかのシーア派教理を避けていたとしても、その一方で、ハマダーンとイスファハーンのシーア派の君主に仕えるときに歓迎されたということがあるので、少なくとも名目上においては、十二イマームを支持するシーア派教理に属したのではないかと推測することはできよう。

こうした同時性に目を向ければすでに、イブン・シーナーの精神的な顔立ちの描かれる地平が広がっていく。さらにその著作全体を見てみると、彼の精神と学説が複雑なもので、これまでの西洋の〈スコラ哲学者たち〉が認識していたのはその一部でしかないということが感じられてくる。たしかにその一部というのは、彼の記念碑的な作品である『治癒の書』につながっているし、この著作は〈論理学〉・〈自然学〉・〈形而上学〉を包括したものと言える。しかし、イブン・シーナーという哲学者の個人的なねらいがどこにあったかというと、彼自身繰り返し示していた「東方哲学」たるべきものとして完成するということなのだ。実際そこにはたくさんの痕跡としるしが残っており、東方哲学というものの目的を十分に予感させてくれる。

ざっと概略を述べるにあたり、主要な観点として選ぶべきなのは、まちがいなくイブン・シーナーの認識理論だろう。なぜなら、こうしたノエシス的なもの（＝意識の作用的側面）は〈知性体〉理論のひとつの事例・様相として現われ、この〈知性体〉論はまさに天使論ともなっているからであるし、またこの天使論は宇宙論を基礎づけつつ、それとともに人間論をも位置づけているからである。イブン・シーナーによれば、宇宙は、可能的なものの偶然性と呼ばれるものを含みはしない。可能的なもののうちいくつかは存在へと現実化されるかもしれないが、それはなぜかというと、可能なものの存在がその原因によって必然となるからであって、さらにこの原因のほうはというと今度はそれの原因によって必然的にもたらされるからである。それゆえに天地創造に関する正統派の考え方は、根本的変化を被ることになる。すなわち、過去の永遠において意志の変容がありえたということではなく、神の内部に必然性があったということである。天地創造とはまさに、神の思惟がその思惟それ自体を思惟するという行為そのものであって、神の存在が自分について永遠にもっているこの認識というのは、まさに〈第一の流出〉にほかならず、〈第一のヌース（＝知性）〉、すなわち〈第一の知性体〉にほかならない。この創造活動の第一かつ唯一の結果は神的思惟と同じものであり、〈一者〉から〈多数者〉へと移り変わることを確実にしつつも、「〈一者〉から生じうるのは〈一者〉のみである」という原理にもかなっている。そうした〈第一知性体〉から出発して、いわば宇宙論を天使的意識の現象学とするような一連の観想行為ということからこそ、存在の複数性は生じてくる。〈第一知性体〉が観想の対象とするのは、〈第一知性体〉の〈原理〉であり、〈第一知性体〉とそれを必然的に存在へともたらすその原理との関係であり、〈第一知性体〉固有の即自的存在の純粋な可能性である。この三重の観想から生じるのは、〈第二知性体〉であり、〈第一天体〉（〈天球〉のなかの〈天球〉）の動力因たる〈天体の魂〉であり、この〈第一天体〉を構成するエーテル的（＝霊気的）な物体、基本元素を越えた物体である。このようにその物体は、〈第一知性体〉の下位の次元（影の次元）から生じてくるわけだ。そうして存在をつくり上げる三重の観想は、〈知性体〉から〈知性体〉へと繰り返されていき、ついには、〈十の知性体〉（つまりケルビム（＝智天使））と〈天体の魂〉という二重の位階が完成されることになる。この〈天体の魂〉というのは、感覚しうる能力をもつものではなく純粋な〈想像力〉であって、自分が由来するところの〈知性体〉を求める欲望によって、各天体に固有の運動を伝えていく。宇宙の循環運動はあらゆる運動の起源であり、以上のように、たえず満たされることのない愛の熱望というものの結果なのである。

〈第十知性体〉は、「能動知性」あるいは能動的知性と呼ばれ、われわれの魂はそこから流出してくる。そしてこの能動知性の照明により、観念、つまり認識上の形相は、その知性に向かう習性を獲得したわれわれの魂へと投影される。人間の知性には、抽象を行なう任務もないし、また行なう力もない。あらゆる認識とあらゆる想起は、〈天使〉から発するひとつの流出、ひとつの照明である。同様に人間知性は、〈天使〉の本性を潜在的にもっている。ここには二元的な構造があって、実践的な知性と観想的な知性というその二つの面は「地上の天使」と呼ばれているのだが、まさしくそこにこそ魂の運命の秘密がある。観想的知性には四つの状態がある。この観想的知性は、能動知性または能動的知性としての〈天使〉と内奥においてつながっており、聖なる知性と名づけられている。それら四つの状態のなかで特権的で最高のものは何かというと、預言の精神である。こうしたことすべてによって、次の事情が垣間見えてくる。すなわち、ヌース・ポイエーティコス（＝能動知性）の問題はアリストテレスの注釈者たちのあいだで異説を生んできたが、この問題についてイブン・シーナーは、ファーラービーに続いて、人間知性から切り離されて外在的であるような〈知性体〉を選択したのであり（これはテミスティオスや聖トマス・アクィナスと反対の考えと言える）、しかしだからといってその〈知性体〉を神の概念と同じものとみなしたわけではない（これはアフロディシアスのアレクサンドロスやアウグスティヌス主義者たちと同じような考えと言える）。ファーラービーとイブン・シーナーは、この〈知性体〉を〈充実界〉の存在として捉えており、人間は〈知性体〉によりこの〈充実界〉に偶然結びつくと説明している。ここにこそ、二人の哲学者のグノーシス主義的な独創性が見て取れるだろう。他方で彼らは、魂は身体の形相であるとするアリストテレス学派の考えに満足することができず、「形相を与えるということ」は魂のひとつの機能でしかなく、しかも主要な機能でさえないというふうに考えている。そこから、ファーラービーとイブン・シーナーの人間論は新プラトン主義的だと言える。

　こうした基礎を考えれば、イブン・シーナーの「東方哲学」の計画がもともと基盤のあった体系全体へとどのように連接してきたのかということについて理解できるようになる。だが残念なことに、「東方哲学」について残されているのは、あらましを述べたりほのめかしたりする程度の記述だけである。それに関して最も明確な考えを手に入れるためには、神秘主義的な物語の三部作を見ていくべきだろう。イブン・シーナーはこのなかで個人的な体験の秘密を書き残しており、それは哲学者が自分自身について完全に意識し、自分自身の象徴をかたちづくるにいたるという非常にまれな例だと言える。この三つの物語は、「アリストテレスのものとされる神学」の余白に記された書き込みから幸運にもそろえられたものである。物語の主題はというと、ある神秘的東方へと向かう精神的な旅であって、そこはたしかに地図には見られないが、そこに関する観念はすでにグノーシス（＝覚知的認識）のなかで明らかになっているのだ。イブン・シーナーの『ヤクザーンの子ハイイの物語』（「寝ずの番人の子生ける者の意。エノク諸書における〈寝ずの番人〉を参照）は、照明する天使との神秘的な旅へと誘うものだ。また、『鳥の物語』はこの旅を実際に行なっており、それから始まる一連の作品は、ファリード・アッタール（十二世紀）のペルシア語による見事な神秘主義的叙事詩のなかで頂点に達することになる。そして、サラーマーンとアブサールは『示唆〔と助言〕の書』の最終部の主人公である。これらの物語は寓意ではまったくなく、象徴である。言い換えれば、思弁的な真理に関して別の仕方で語られうるようなつくり話なのではなく、個人の内面的なドラマや人生全体の体験を類型化するような形象なのである。ここにある象徴は暗号であり沈黙であって、語っているとともに語っていないのだ。この象徴について、一度限りですべて説明することなどけっしてできない。象徴というのは、各人が象徴において自分自身を開花させていくにつれて、つまり、象徴を自分自身の変貌の暗号としていくにつれて、だんだんと開いていくのだ。

イブン・シーナー主義哲学（＝アヴィセンナ主義）が辿ったその後の運命については、〈能動的知性体〉である〈天使〉の形象と役割によって理解することができる。実はこの知性のために、純粋なラテン・アヴィセンナ主義の確立は失敗したのだ。正統的な一神論はこの知性体にひどく不安を覚えることしかできなかったのである。しかもそのさい、正統的な一神論が感じ取ったのは、哲学者が知性体の支配下で動くのをやめて劣った目的へと導かれるどころか、むしろかなたにある予見できない出来事、いずれにせよ正統的教理のかなたにある予見できない出来事へと連れていかれるかもしれないということであった。のちにイブン・シーナー主義が実を結ぶようになるのは、根本的な変化と引き換えにしてのことである（そしてそれは、［エティエンヌ・］ジルソンの分析により明らかとなった、アヴィセンナ主義的アウグスティヌス主義においてのことである）。イブン・シーナー主義の諸結果については、アルベルトゥス・マグヌスへの方向（さらにその弟子であるシュトラスブルクのウルリヒの方向や、ライン川流域の神秘主義の先駆者たちの方向）において分析しなければならない。イブン・ルシュドの哲学が勢いを増すにつれて、イブン・シーナーの思想はたしかにキリスト教文明においては埋もれていくのだが、しかし東洋においてはまったくちがった運命の道に進んでいく。東洋では、ガザーリーの批判にしてもイブン・ルシュドの思想にしても、西洋の哲学史研究者たちが考えてきたのとは異なって、重要なものとして取り上げられていなかったし、そもそも認められてもいなかった。イブン・シーナーの継承者にはスフラワルディー（・マクトゥール）（一一九一年没）がいる。彼は自分の著書（『東方照明哲学』）で、「東方哲学」の計画を取り上げ、熟考の末まったく新しい基礎の上に創設して成し遂げている。これは古代ペルシアの照明（イシュラーク（＝日の出））の哲学がよみがえったものと言えよう。そうしたスフラワルディーのイブン・シーナー主義こそ、十六・十七世紀のイスファハーン学派において見事な飛躍を見せて、さらにその結果は今日にいたるまでイラン・シーア派に生きつづけている。例えばミール・ダーマード、ムッラー・サドラー・シーラージー、カージー・サイード・クンミーなど、ほかにも多くの偉大な人物たちがいるけれども、残念ながら西洋の比較哲学の人名表には載っていない。イスラーム世界のほかのいたるところでは哲学的思考が眠りについていたのに対して、これらイブン・シーナー主義の大家たちは、イラン・シーア派のイスラーム文明に哲学的意識をもたらしたのである。イブン・シーナーは、〈聖霊〉としての〈啓示の天使〉というものについて、〈能動的知性体〉と同一のものであるとみなしており、この見方はたしかに〈霊〉の哲学を基礎づけているとはいえ、西洋でいわれている〈霊〉の哲学とは根本的に異なっている。そのためこの哲学を検討するためには、先ほど述べた選択にまで立ち戻らなければならない。他方で、イブン・シーナーの知性論に提示されている預言論の前提は、イマーム〔＝指導者〕論によって、〈完全な人間〉としてのイマームの思想へと移されていく。そうしてイマーム論は、〔ほかのところでのキリスト論のように〕哲学的な表現を見出すようになったし、イマーム主義、つまりシーア派のイスラーム文化というものは、固有の表情をもつようになった。

以上、きわめて大ざっぱではあるがこのような概略を見ただけでも、イブン・シーナーの著作とイブン・シーナー主義哲学が狭い文脈を簡単に越え出てしまうということがわかってくるだろう。われわれは長いあいだずっと、そうした狭過ぎる枠組みのなかでイブン・シーナーを取り扱ってきたのである。［H.C.］

ガザーリー、アブー・ハーミド 1059-1111

❖AL-GHAZALI

ダマスカスで教鞭をとる。それまでイスラーム世界において、信仰は、アリストテレス主義哲学の普及や合理的思索の発展によって脅かされてきたが、ガザーリーはそうした信仰を擁護する立場にある。そして、ガザーリーは哲学に対する反駁を——ギリシア哲学だけではなくアラビア哲学に対しても反駁を——行なうなかで、珍しいことに哲学的要請を示している。例えば彼は、自然的原因の観念に批判を加えている。そのために、彼の思考は一見すると曖昧であるように思えるし、またイブン・ルシュドによれば、彼は神学者たちから自分の身を守ろうとしているという。しかしながらガザーリーの著作の題名——『哲学者の自己矛盾』『宗教諸学の再興』——には、彼の深い意図が表われている。言い換えると、彼は哲学的懐疑主義のおかげで、信仰とのあいだに問題が起こりうるような学説をすべて退けることができた。ガザーリーは、神の唯一性と非物質性、そして魂の霊性と不滅性について哲学者たちは証明できないというふうに非難している。その上で世界の永遠性という主題に関しては、神の自由と相容れないとして反論するし、時間の永遠性という主題に関しては、無限数の観念と同じように矛盾しているとして反駁するのだ。彼は道徳家でもあり、おそらく利発過ぎた道徳家である。［H.D.］

イブン・ルシュド 1126-1198

❖AVERROÈS

われわれはイスラーム世界の東方から極西へと移る。東と西の精神的風土はたしかに別のものだ。というのも、東方で練り上げられていくのは、スフラワルディーの新ゾロアスター教的なプラトン主義である〔そしてこれはビザンティンの哲学者〔ゲオルギオス・ゲミストス・プレトンの構想を先取りするものである〕のに対して、西方で支配的なのは、意識的・自覚的にアリストテレス主義哲学者であろうとする思想家たちであるからだ。アンダルシアの偉大な哲学者たち〔例えばイブン・マサッラ、イブン・バーッジャ、イブン・トゥファイルなど〕の名声にしても、コルドバの哲学者であるイブン・ルシュドの名を前にすると、いくらか色あせてしまう。哲学と宗教の関係を問題とする大論争において、現在までの歴史学者は自分の関心にしたがって、イブン・ルシュドが彼自身の陣営に属していたということを主張してきたように思える。ルナン〔の『アヴェロエスとアヴェロエス主義』〕によれば、イブン・ルシュドは自由思想家の先駆者だと言われているし、その反動として最近の研究の傾向によれば、クルアーン〔=コーラン〕の擁護者、さらには神学者として描かれている。ただしほとんどの場合、この神学者という言葉の意味についてしっかりとした説明はされていない。キリスト教文明において人々がある問題に専心していたからといって、イスラーム文明においてもそうした問題の正確に等価なものがあるとは限らないということはよく覚えておくべきだろう。とりわけ、イスラーム文明では、〈教会〉と類似するような教義上の権威がまったく存在しないということは覚えておくべきだろう。だが実際にイブン・ルシュドの意図を規定しているのは、さまざまな理念を支配的に識別することである。宗教的文章には、一般にも開かれたひとつの文字どおりの意味〔表面的解釈〕と、ひとつないしはいくつかの秘教的な意味〔内面的解釈〕がある。しかし、時機をわきまえぬままに宗教的な教えの秘教的意味を無知な人々や無力な人々に対して明かしてしまえば、最悪の心理的・社会的破局が引き起こされるかもしれない。とはいえやはり大事なのは、同一の真理がさまざまな解釈の次元に現われてくるということなのである。二つの矛盾する真理があると考えていたのはイブン・ルシュド自身であるというふうに説明するのは誤りだった。そのように説明するためには、タアウィール、つまり象徴的解釈と呼ばれる精神上の操作の特性というものをすっかり無視しなくてはならなかった。正確に言えば、イブン・ルシュドが行なうタアウィールについて研究できるようになるためには、イブン・シーナーやスフラワルディーにおいて、また一般的にスーフィズム〔=イスラーム教の神秘主義運動〕やシーア派教理において、とりわけイスマーイール派において、タアウィールがどのように行なわれているのかということを知らなければならないのだ。これらを比較してみると、イブン・ルシュドの宇宙論の動機と帰結がわかってくる。結局のところイブン・ルシュドは、イブン・シーナーの天使論における第二の位階を、言い換えれば〈天体の魂〉の位階を破壊することになる。この〈天体の魂〉は、〈イメージ〉の世界、〈能動的想像力〉の世界を固有な仕方で表わしており、そうした〈イメージ〉や〈能動的想像力〉によって象徴の宇宙は残りつづけることができるのだが、彼はこのような〈天体の魂〉の位階を破壊するのである。この中間の世界がなくなれば、それとともに、魂が新たに生まれることは魂が象徴の闇のなかを進むことだという思想もなくなる。そうなるとタアウィールはたんなる技術に堕していくだろう。イブン・ルシュドの合理主義を考えるのにあたり、キリスト教思想内部の争いに固有の所与を前提とするのはふさわしくない。行なうべきなのはむしろ、問題をただひとつの文脈のなかに位置づけること、それもその問題に真の意味を与えるようなただひとつの文脈のなかに位置づけることである。

イブン・ルシュドの意図がどこにあったかといえば、純粋なアリストテレス的精神のうちに見られる宇宙論を復元するということであって、そのために彼は、イブン・シーナーの三重の図式、すなわち、〈離在知性体〉と天球とのあいだに〈天体の魂〉を置くという図式を非難する。各天球を動かしているのは、ある力であり、ある有限のエネルギーであるのだが、しかしそれには無限の力能がもたらされている。どのようにもたらされるかというと、天球をひとつの存在へと動かすという欲望によってであり、もっと厳密に言えば、物体でもなければ物体内にある力能でもなく、むしろ〈離在知性体〉であるようなひとつの存在、それもこうした欲望を自らの目的因として動かしている〈離在知性体〉であるようなひとつの存在へと動かすという欲望によってである。この運動を与えるエネルギー、この純粋な知性作用としての欲望、そうしたことに関して魂という名が与えられるとしても、それは同じ語ではあれ異なった意味として与えられ、まったくの隠喩として与えられているわけである。こうしたイブン・ルシュドの批判の動機となるのは、彼が基本的に、イブン・シーナーの流出論とは対立する立場、〈一者〉からはじまって一連の〈知性体〉が発出するという考えとは対立する立場を示しているということだ。この流出論は創造の思想と依然として似通うところがあって、まさにそのような創造の思想は、厳格なアリストテレス主義者にとってはわけのわからないものである。〔いわばイブン・ルシュドのようなアリストテレス主義者にとって、〕創造の原因などありえないということなのだ。宇宙論においてはひとつの位階があるかもしれないが、それはなぜかというと、各天球を動かしているものがその〈天体〉に固有の知性を望むのみならず、それと同様に、〈最高の知性体〉をも望むからである。このとき〈最高の知性体〉は天球の原因だと言えるけれども、しかし流出的な原因というわけではまったくなく、むしろ「理解されるもの」が「理解するもの」の原因であるという意味の原因ということ、つまりは目的因ということである。知性的であり可知的なすべての実体は、この意味で多くの存在の原因であることができる。というのもこれらの存在のひとつひとつは、各々の仕方でそうした実体を理解しているからだ。これと同じように〈第一動者〉もまた、多くの動かすものの原因でありうる。というのも各天球を動かすものは、〈天体〉から〈天体〉へとちがった仕方でそうした〈第一動者〉を理解しているからだ。それゆえにここに見て取るべきなのは、創造でも継起的な発出でもなくて、永遠のはじまりのなかにある同時性ということなのである。これまで、「一者から生じうるのは一者のみである」という厳格な原理は、〔イブン・シーナーの〕新プラトン主義的図式を規定してきたけれども、〔イブン・ルシュドにいたって〕もはや乗り越えられたもの、余計なものとなり、取りやめられることになる。

〈天体の魂〉という観念がなくなってしまったからには、イブン・シーナーの人間論を基礎づけていた原理はどうなっていくのか。つまり、〈天体の魂〉と人間の魂とのあいだにある相同性はどうなっていくのか。一方では人間の魂が、天使という〈能動的知性体〉とのあいだに関係をもち、他方では〈天体の魂〉が、その欲望により〈天体の魂〉が動かされていく先である〈知性体〉とのあいだに関係をもっており、これら二つの関係のあいだにある相同性はどうなっていくのか。そして、ヤクザーンの子ハイイと連れ立って、東方へと神秘的な旅を行なうということは、どのようにして可能となるのだろうか。ここではさらに、決定的な選択に遡らなければならない。イブン・ルシュドは、あるところではアフロディシアスのアレクサンドロスと同じ意見で、〈離在知性体〉という考えを支持しているが、別のところでは反対の意見で、可能態の人間知性が有機体の気質と結びついたひとつの特性に過ぎないという考えを拒否している。ここから西洋の思想家たちは、イブン・ルシュド主義であれば宗教的な観念を表わし、アレクサンドロス主義であれば信仰心のなさを表すというように区別しはじめるだろう。イブン・ルシュドは、先に述べた二つの意見のうちひとつ目に関して取り上げると、ルネサンスの反プラトン主義者たち〔ジョルジョ・ヴァッラやポンポナッツィ〕からひどい罵《ののし》りを受けることになる。とはいえこうした反プラトン主義者たちは、ドゥンス・スコトゥスの拒絶をまさにつづけるのではないだろうか。そのさい彼らは、〈能動知性体〉が神的で不滅の分離した実体であり、想像力により人間と結びつけられる実体であるという説を退けている。他方イブン・ルシュドの二つ目の意見に従えば、可能態の人間知性とは、有機体の気質から独立しているもので、個人の知性ではまったくない。個人に残されているのは、知性で理解しうるものを受け取る特性、身体とともに滅んでいく傾向でしかない。質料が個体化の原理であるということ、このことをイブン・ルシュドは受け入れるのである。そうなるともはや、個体的なものは消滅しうるものと同一になるし、不滅であるのは総体としてのものだけとなる。このときいえるのは、個人のなかにも永遠が存在するということであるが、ただし個人のなかの永遠化されうるものは、まったく〈能動知性体〉だけにのみ属している。ここでわれわれはイブン・シーナー哲学のちょうど対蹠点にいるのであり、なぜならイブン・シーナーにとって各個体性とは、自己意識により定義されるもの、疎外されえないものであるからだ。

イブン・シーナー主義〔＝アヴェロエス主義〕は、西洋でもイランでも神秘的な生き方において実を結ぶことになり、それに対してラテン・アヴェロエス主義〔すなわち、西洋キリスト教ラテン世界に導入されたイブン・ルシュドの哲学〕は、政治的なイブン・ルシュド主義〔十四世紀のジャン・ド・ジャンダンやパドヴァのマルシリウス〕に行き着くことになる。この観点からすると、イブン・シーナーとイブン・ルシュドの名前は、東洋と西洋それぞれの精神的運命を象徴するものであるかのように考えられよう。もっとも両者の道が分かれていったのは、イブン・ルシュド哲学にのみ原因があるというわけではない。

のちに聖トマス・アクィナスはひとりひとりの個人に対して、分離しているわけではない〔＝内在的な〕能動知性を付与することになるが、そのとき同時に中断されてしまったのは、個人が個人そのものとして天上の充実界とのあいだに維持していた関係、〈啓示〉の天使によって維持していた関係である。〈教会〉の権威は、ヤクザーンの子ハイイの個人的規範に取って代わることになる。それまで宗教的規範は、個人に秘儀を伝授することなので自由を意味していたわけだが、いまや社会化されてしまったのだから、精神と魂はその宗教的規範に対して反乱を起こすようになるのだ。この社会化された規範は宗教的であることをやめるだろうし、一神論から一元論へと変わるだろう。ここではとりわけ、根拠のない相同性には寄りかからないように注意しなければならない。

イスラーム教には教義を導く権威の機関が存在しないのであり、もしそういうものがあったと仮定するなら、イスラーム教はその理念を社会に伝えていくとともに、社会はそこからの世俗化という ことになるはずだろうし、またそうした組織は「逸脱する動き」から世俗化を守るということになるはずだろう。キリスト教文明においては、このような教義上の権威に対して戦いを挑んだのは哲学であって、さらに言えば、哲学が自律したものになるように一役買って出たのはそうした教義上の権威である。これに反して、イスラーム教文明の宗教者たちを抑圧的な正統性から解放することができたのは、政治的なイブン・ルシュド主義ではなくて、タアウィールの道にほかならない。われわれはタアウィールに類似するもの、例えばイスマーイール派の秘教主義にとってのタアウィールに類似するものを西洋で見つけることはできない。

哲学がそれとして生まれてきたところの断絶が知られないとするならば、こうした努力は神智学というものに達する。すなわち救済としての認識、グノーシスに到達するわけである。同じように、イスラーム世界における宗教的思想の形式に決定的な影響を与えることになるのは、イブン・ルシュドではなく、アンダルシアのもうひとり別の偉大な哲学者イブン・アラビーであって〔一一六六年ムルシアに生まれ、一二四〇年ダマスカスに没する〕、その影響は、スフラワルディーに由来する〈光〉の神智学へと結び合わされていく。

ここから以下のような象徴的対比を見て取ることができよう。つまり西洋には、アレクサンドロス主義と政治的イブン・ルシュド主義があり、東方には、〈照明〉の神智学とイブン・アラビーの神智学があるのだ。そうした神智学に対応する西洋の威光を探すとなれば、エリウゲナやヤーコプ・ベーメといった優れた人物たちのキリスト教信仰を取り上げる必要があろう。 [H. C.]

イスラエリ、イサアク

❖Isac ISRAELI 855-955

ケルアンのカリフの宮廷で暮らす。イスラエリは何よりもまず偉大な医者であった。しかし彼には『定義の書』『基本元素の書』『精神と魂の書』などの哲学的著作がある。それらの著作には、合理的思索の教えを信仰の教えへと調和させようという関心がまったく見出されないにもかかわらず、これらの作品はユダヤ哲学の誕生をしるしづけることになった。そのほとんどはいくつもの資料を集成したものであり、その後継者にとって非常に有益なものとなっている。こうした著作によって、イスラエリという好奇心の強い人物は、西洋中世の哲学者たちのあいだで高い名声をもつことになった。彼の個人的思想には新プラトン主義が深く根づいており、そこからきわめて漠然とした汎神論へと辿り着く。この汎神論はどのようなものかというと、世界の起源に関する流出論的な考えに応じて、下位のものが上位のものから生じるという位階秩序を構想し、それについて研究するものである。 [H. D.]

サアディア(・ベン・ヨセフ)

❖SA'ADYA GAON 892-942

エジプトのユダヤ教徒で、バビロニアで暮らす。哲学を行なった最初のユダヤ人がイサアク・イスラエリであるならば、厳密な意味でのユダヤ哲学を初めて練り上げていったのはサアディアである。サアディアの著作には、『「形成の書」注解』や『信仰と見解の書』などがある。彼はそのなかで、〈理性〉と〈啓示〉を関連させながら位置づけようとしている。すなわち、〈律法〉は合理的であるときもあれば、われわれ人間が見抜くことのできない神的な意志を表すときもあるのだ。サアディアは科学と宗教的伝統を調和させようとし、また聖書と相容れない教説（流出、世界の永遠性、三位一体などの学説）に反対しようとしており、その意味で同時代のアラビア哲学者たちの努力に答えているのだが、しかし彼の著作を読んでみると、多くの点から見て、十三世紀のキリスト教スコラ哲学の前触れであるかのように感じられる。例えば彼は魂の復活という教説を述べており、魂は身体と同時に創造されたもの、身体と結びつき身体とともに滅びるものであって、その後魂は復活するというふうに考えている。 [H. D.]

イブン・ガビーロール

❖AVICÉBRON

1021〔1022?〕-1058〔1090?〕

彼にいたって、ユダヤ哲学はスペインのイスラーム教徒たちへと移っていき、コルドバのカリフの宮廷でも見られるようになる。イブン・ガビーロールは『生命の泉』という書物を残したが、それはアウグスティヌス主義と結合して、中世のキリスト教哲学にのみならず、ルネサンスの思想家たちにも甚大な影響をおよぼした。その影響の秘密を探そうとするなら、イブン・ガビーロールの作品において、複数の主題が矛盾していながらも実り豊かなものとして現われ、きわめて独創的な仕方で混じり合っているということに注目する必要があろう。すべての実体は質料と形相から構成されており――これによって神と根本的に区別されている――、増大する完全性の階級に従って拡大していく。しかし逆説的なことに、こうした新プラトン主義的宇宙論は、主意主義〔＝意志の優位を主張する立場〕的な宇宙論において完成するのだ。すなわちイブン・ガビーロールの神というのは、まさしくユダヤ教徒の神、〔旧約〕聖書の神であって、すべてのものが流出してくる源泉というよりも説明の原理なのである。そしてまた『創世記』の神なのであって、その神の〈意志〉は世界の根源にあるということなのだ。

〔H. D.〕

マイモニデス、モーセス

❖Moïse MAIMONIDE

1135〔1138?〕-1204

コルドバに生まれ、エジプトに没する〔ユダヤ哲学者〕。マイモニデスの『迷える人々の導き』という著書は、十三世紀のキリスト教哲学と聖トマス・アクィナスに非常に大きな影響をおよぼしている。マイモニデスが行なおうとしたのは、旧約聖書とアリストテレスの教えとを両立させることであって、そのさい哲学は、〈律法〉を解明し堅持することを求められる。われわれは神に関していかなる肯定的な属性も認めることはできず、ただたんにその行動の結果を知ることができるのみである。そして神の存在というのは、世界が永遠であろうが永遠ではなかろうが、合理的に論証される。聖書によって決定することができるのは、哲学がどこでためらっているのかということであり、ここには認識の別々の道、しかしながら必然的に平行した道が見られるのである。人間は哲学を行なうことによって自らのうちで知性を発達させていき、その知性はこの人間の死後に能動的な知性に結合していく。これは〔魂の〕不滅性という教理、知的禁欲という規定であって、のちにスピノザの哲学に大きな影響を与えることになる。

〔H. D.〕

ヨアンネス・クリマクス〔聖〕

❖Saint JEAN CLIMAQUE　c.579-c.649

シナイ山の修道院院長で、修道院的な禁欲主義の代弁者。このような修道院での禁欲主義は、六・七世紀において東方教会に広まっていた。ヨアンネス・クリマクスは『楽園の梯子』という著書を残している〔クリマクスはギリシア語クリマコス〔「梯子」の意〕のラテン語形である〕――〔『創世記』の〕ヤコブの夢になぞらえている――が、それは神へと還帰する諸段階を表している。つまりこの世から離脱すること、隠遁すること、他者や自己と闘争することであって、禁欲する修道者が実際にこうしたことを行なうさい、導き手の助け、すなわち「牧者」の助け〔『羊飼いへの手紙』〕をどうしても必要とする。修道とは〈恩寵〉を得るための特別な手段ではなく、神化の道なのであって、その最高の段階は無動揺の段階であり、つまりは「身体の死に先立つ魂・知性の死」ということである。このように修道者は、死についてたえまなく黙想することにより死を前もって覚悟しようと望んでおり、それというのも思いがけず死に襲われて神から引き離されてしまうかもしれないからだ。さらには次のように主張するべきだろうか。すなわち修道者は、修道そのものをとおして神に辿り着くのであり、死という矛盾――還帰でありかつ分離――にとどまるのを選ぶことでしかそれを受け入れることができないということである。〔H.D.〕

プセロス、ミカエル

❖Michel PSELLOS　1018-c.1078

彼が進めようとしたのは自らの独創的な仕事ではなく、たんに、ビザンティウムの大学の門弟たちにギリシア哲学への関心――とりわけ神学者の父たるプラトンへの関心――を呼び起こすこと、そしてキリスト教はギリシア哲学が完成したものだというふうに彼らに理解してもらうことであった。プセロスはそうした試みによって、さまざまな敵を生み出すことになる。すなわち、多くのキリスト教徒たちから敵視されるだけではなく、プセロスの容赦ない批判〔『悪魔のしわざ』〕が向けられた秘術信奉者たちからも敵視されることになる。とはいえプセロスは合理主義の境界線を引いたのであり、彼にとって合理主義が意義をもつのは、根本となる哲学のなかに組み込まれる限りにおいてだと言える。そして彼の著作とは何よりも、神学から科学への移行に関する注釈なのだ。彼によれば神はたしかに原理であるが、神と被造物のあいだには〈自然〉が置かれなければならず、この自然というのは、神の器官、「神の手」のようなものであり、理性の好奇心へと開かれていく領域である。プセロスは『共通概念』という著書において科学的な努力を行ない、それをアリストテレス哲学の批判と結びつけており、それゆえ時代に先んじてルネサンスの人物だと言えよう。〔H.D.〕

グンディッサリヌス

❖GUNDISSALINUS　c.1110-c.1181

セゴビアの大聖堂主席助祭。アリストテレスの最初の編纂者のひとり、アラビア人とユダヤ人としては最初の新プラトン主義者のひとり。グンディッサリヌスは『哲学の区分について』という著作のなかで、伝統的な三学と四科という秩序を、アリストテレスの分類に取り替えている。また同じ考えから、『魂の不滅性について』においては、プラトンによる不滅の証明はあまりに漠然としたものだとして反論している。別の著作としては『一性について』『魂について』などがある。

グローステスト、ロバート

❖Robert GROSSETESTE　c.1175-1253

（サフォークの）ストラドブロークに生まれる。オックスフォード大学の総長で、百科にわたる豊かな学識をもつ。一二三五年にリンカーンの司教に任命された。グローステストは二九の論考（とりわけ科学的な論考、なかでも光学の論考）を著わし、また彼の学派からは一九の論をおさめた『哲学大全』が出版されているが、この作品は形而上学的な問題に関して、トマス・アクィナス哲学に好意的とは言えない立場を取る。さらにグローステストは〔ロジャー・〕ベーコンの師であり、ベーコンはグローステストに対してきわめて忠実な賛辞を表明した。

ギヨーム・ドーヴェルニュ

❖GUILLAUME D'AUVERGNE　1180〔1190?-1249

オーリヤックに生まれ、パリで神学を教授する。一二二八年にはパリの司教に任命される。アンスニの会議において、ブルターニュの領主ピエール〔一世〕の失墜が決定されたときに議長を務めた。ギヨームは〔主著『哲学および神学の第一の指針』という作品のなかの〕『〔被造物の〕世界』で、実在論の学派を代表している。

ボナヴェントゥラ（聖）

❖Saint BONAVENTURE　1221-1274

フランシスコ会修道士、同会総長。本名はフィデンツァのジョヴァンニであるが、ボナヴェントゥラと呼ばれるようになる。

その宗派における著名な思想家として数えられるが、実は思索を行なうというのは、中世における聖フランシスコ修道士のうちでは逆説的なことと言える。

アッシジの貧者フランチェスコは「純朴で無知」であり、パウロの表現に従えば、キリストと十字架上のキリストについてしか知ろうとはしなかった。ボナヴェントゥラは大いに知識があるにもかかわらず、フランチェスコのような感情を保持している。すなわち彼が考える哲学というのは、哲学にはとどまらずに神学への道に進んでいくかぎりにおいて価値をもつのであって、しかもこの神学は神秘主義において完成する。キリストについての考察が位置づけられねばならない場所はどこかというと、右に述べた道のりの終局だけではなく、ボナヴェントゥラの省察の中心でもある。この観点からすると、例えばフランシスコ会の博士ボナヴェントゥラが、アウグスティヌス的な照明の主題をどのような仕方で取り上げなおしたのかということが理解されるだろう。実際、照明という主題はこの時代に、専門的な問題として熟考される理論となってきた。すべての認識は、神的なものでも人間的なものでも、無限のものでも有限のものでも、受肉した〈ことば〉〔＝キリスト〕のうちに見出される。この受肉した〈ことば〉は神と同じように、あらゆるものを知っており、しかも無限にある可能性を含めて知っている。そのように知ることができるのはイデアによってであり、この〈ことば〉はイデアの場所、あるいはむしろイデアの源泉なのである。アリストテレスは「自然哲学」の師であり、プラトンが主張する知性的存在者〔＝自存するイデア〕から遠ざかろうとしていたが、それとは反対に、真の形而上学者はイデアという視点に立とうとする。とはいえ、真の形而上学者がイデアを理解できるのは、神的な〈存在〉のただなかにおいてのみである。そしてこの神的な〈存在〉は、それ自身においてあらゆるものを表出し、たんに可能的なものまでも表出している。それは、〈ことば〉の永遠の誕生を明らかにする、その始原的な豊穣さによってもたらされる。

知性的な〔イデアの〕光は神の認識を基礎づけているわけだが、それは他方で、人間の認識に入り込むことはないのだろうか。そういうふうに照明の問題は立てられてきた。それについてボナヴェントゥラは、以下のように答えている。有限の精神はいかに豊富な経験があっていかに活力にあふれていても、神的イデアがその精神に現われてこないかぎり、必然的な真理を待ち望むことはできない。その〔神的イデアの〕現われを取り去ってみたまえ。そこにはもはや精神は残らず、理性的な本性も残らないだろう。この〔神的イデアの〕照明はあらゆる知のなかに、不信仰者の知のなかにさえも含まれ、精神の生命の最も基底的段階をなしており、この照明によって精神は神的始原に向かって最終的に帰還する。たしかに学知よりも上位のところには知恵があって、それは神が魂を変容させるという恩寵のはたらきと結びつきながら、本質的には神秘的なもの、あるいはもっと正確には忘我的なものとして姿を現わす。このとき有限の認識には、対象〔＝神〕の無限性との接触において、必然的な精神的集中が生じる。

ボナヴェントゥラがそうした精神的集中を見出しているのは、まさにキリストの認識においてである。つまり、永遠の〈ことば〉と一致し、〈ことば〉によって知性的なるものの無限性と一致した人間の魂においてである。ボナヴェントゥラが捉えた精神的集中は、〈ことば〉における魂の忘我であり、これは他のすべての神秘的状態の原型となるもの、精神の生命の最高の段階となるものである。この精神の生命は照明をとおして、へりくだった知から始まっていく。そこに見ることができるのは中世の神学者によるキリスト論的熟考であって、のちの時代に展開されるはずの有限と無限についての思想、それら両者の対立と一致についての思想を予告している。 [P.V.]

アルベルトゥス・マグヌス

❖ALBERT LE GRAND　1193〜1206?-1280

本名はボルシュテート伯アルベルト〔今日ではボルシュテート伯であることは否定されている〕。聖トマス・アクィナスとともに、十三世紀ドミニコ会を代表する最も高名な人物。アルベルトゥスが目的としているのは、アリストテレス学派の援助のもとに、ギリシア・アラビア・ユダヤの学問をキリスト教文化のなかに取り入れることである。当時そうした学問のもつ豊かさが発見されてきたのである。アルベルトゥスの著作は四つの部分に分けられることが多い。つまり、『被造物大全』〔一二四五－五〇〕、『ペトルス・ロンバルドゥス命題集注解』〔同時期〕、アリストテレス哲学の全体を注解した二一の論考〔一二五〇－七〇頃〕、『神学大全〔あるいは驚嘆すべき学知について〕』〔一二七〇以降〕である。実際のところアルベルトゥス・マグヌスは、アリストテレスの哲学についてきわめて幅広い思想をもっている。というのも、彼が学派の代表的人物として受け入れているのは、アリストテレス以降、アフロディシアスのアレクサンドロス、テミスティオス、ポルフュリオス、ディオニュシオス・アレオパギテス、アラビアの哲学者たち〔イブン・ルシュドは除く〕、ユダヤの哲学者たち〔モーセス・マイモニデスなど〕、これらすべてと言えるからである。アルベルトゥスはそうした知識欲に駆られて、哲学と神学の関係を変えていこうとした。なるほど最終的に優位に立つのはやはり神学であり啓示の教義であろうが、しかし哲学的分析を行なう権利はしっかりと守られている。彼は例えば天地創造の問題について、教義の観点からは、神の自由意志の行為により天地は創造されたということをアウグスティヌスとともに認めるのだが、しかし哲学的に語りはじめると、アウグスティヌス主義を激しく攻撃しており、「アリストテレス主義的な」説明を好んで行なうのである。

とはいえこれは実際には新プラトン主義的なアリストテレス主義であって、創造は必然的な順序で創造行為なしに神から生じてくるという考えである。さらにいくつかの分野（自然学や医学など）がそれぞれの領域を与えられるようになり、これ以降はもっぱら概念的な分析、それゆえ神学的ではなく哲学的な分析というものが支配的になるだろう。しかしながらアルベルトゥスは、たんなる編纂者でもなければ、たんなる注釈者でもない。彼が辿り着いた学説はいつでもキリスト教の教義と一致するというわけではなく、したがって彼は独自の解決法を探さなければならない。その証拠に、アルベルトゥスは魂の個体的な不滅性という考えをもっており、そのさいイブン・ルシュドと激しく対立している。事実彼は、質料がただひとつの個体化の原理であるということをアリストテレスとともに認めているとはいえ、そうなるとそれぞれの人間の魂やそれぞれの人間知性にとっての死後の個体の運命という考えを哲学的に主張することができない。したがってアルベルトゥスは、個体化の原理を知性そのものの内部に探すようになるだろう。結局、彼は可能知性と能動知性を分けて考えるにいたる。可能知性とは、元来何も手を加えられていないままで直接与えられたというようなもので、（プロクロスに従って）「ヒュリアティン」、つまり「質料（＝ヒュレー）のようなもの」というふうに名づけられたものである。また能動知性とは、神からやってくる光で、それゆえわれわれの所有とはならないものであり、可能知性に作用するものである。この可能知性が、ひとたび能動知性によって可能態から現実態へともたらされれば、それを基盤にして魂の個体的な不滅性は成り立つことになる。こうしてアルベルトゥスは非常に多彩な仕事を行なっており、その影響は長くおよぶだろう。彼の足跡は、トマス・アクィナスはもちろんのこと、実にライン川流域の偉大な神秘主義者たち、マイスター・エックハルト、ニコラウス・クザーヌスにいたるまで辿ることができる。 [M.C.]

トマス・アクィナス（聖）

❖Saint THOMAS　1225/1227-1274

＊『メルロ＝ポンティ哲学者事典』第一巻《肖像》参照。

トマス・アクィナス（聖）

❖Saint THOMAS　1225／1227-1274

トマス・アクィナスは、おそらく一二二四年の末または一二二五年初頭、南イタリアはアクィノ近郊の町、ロッカ・セッカの有力な上流家庭に生まれた。

モンテ・カシノにあるベネディクト会大修道院の在俗信徒として幼少期を過ごしたトマスは、長じてナポリ大学学芸学部に学んだ。一二四四年、聖ドミニコ修道会に入会し、パリおよび派遣先のケルンで、アルベルトゥス・マグヌスの教えを受けた。一二五二年にパリに戻り、三年間、大学で神学を講じ、一二五六年にマギステルの称号を得て、神学教授として教えた。一二五九年から一二六八年まで、そうした役職から解放され、ローマ周辺の町アナニやオルヴィエト、そしてヴィテルボに置かれた教皇庁に駐在したり、ローマにあるサンタ・サビーナのドミニコ修道院に滞在した。一二六九年から一二七二年まで、パリで再び講義し、それからイタリアに戻ってナポリで教えた。グレゴリオ十世によってリヨン公会議に招請されたが、旅のさなかに病を得て、一二七四年三月七日フォッサ・ヌオーヴァのシトー会修道院で死去した。享年四十九歳であった。列聖されたのは一三二三年で、一五六七年に教会博士に宣せられ、また、一八八〇年、レオ十三世によってカトリック学校の守護聖人に宣せられた。

地上で授かった聖トマスの命は短かったとしても、周知のごとく、彼の作品は膨大である。真作著作リストに含まれる彼の作品数は七十五点をくだらず、その内容は哲学から典礼に広がり、聖書、教理神学と倫理神学、護教論、教会法、勧告・勧奨の書を含んでいる。

代表作は『神学大全』（一二六七－一二七三）であり、彼の最終的思想を集大成した記念碑的体系である。『聖体の祝日の聖務』は聖体典礼のために一二六四年に書かれた感嘆すべき作品で、ほとばしる精神と明晰な教義とが緊密に溶け合い、「知性のある聖性」とはどのようなものでありうるかを、雄弁に語っている。

厳密な意味での哲学作品としては、アリストテレスのテキストについての注釈十三巻とそれ以外に十二点の作品があるが、なかでも『存在と本質』（一二五二／一二五六）は貴重な論考である。『対異教徒大全』（一二五八年－一二六〇年／一二六四）は、実に豊かな哲学的内容のある著作であるが、護教論に分類されている。

❖ Saint THOMAS

トマスの学説は彼の生前も死後も激しく攻撃され、彼の敵対者たちはトマスの学説を、異端的アリストテレス主義者ブラバンのシゲルス[★01]〔一二三五／一二四〇頃－一二八一／一二八四〕との妥協の産物とみなした。「だから、十三世紀をトマス主義者の時代と見るのは奇妙な錯覚である。なぜなら、その時代の人たちが、十三世紀をそのように見なかったのは確かだからである。しかし、遠く離れた時代のわれわれから見て、十三世紀が聖トマスの世紀であると考えるのは、おそらく錯覚ではない」[◎01]。トマスはその著作において自己を実現し、自己を乗り越えているのである。「この隠者は自分の世紀のために書いたのではない。むしろ彼は自分のために時間を使ったのだ」[◎02]。なぜなら、伝統の必要性に対してと同様に、時代の発展にも敏感であったトマスは、時代を越えたものに接近するに足る、十分な自由さと深さを備えていたからである。

さて、まず、聖トマス・アクィナスがどうしてこの『哲学者事典』の一角に位置を占めるのかをおそらくは示すべきであろう。トマスは本質的に神学者であって、彼の思想の光が発する真の中心である神学を、彼の作品に対する見方の中心に据えることなしに、彼を理解することができるのか、また、そもそも彼の名を『哲学者事典』にもちだしてよいものだろうか。つまり、聖トマスを哲学者として正当に扱うことができるのか。

　こうした問いに適切に答えることは、おそらくトマス主義の核心に向かって直進することになるであろう。だから、そうすることを試みよう。しかしその前に多くの問いに答えなければならない。

　いずれにせよ、その難しさは本当の難しさというより、見かけ上の難しさである。なぜなら、トマス・アクィナスにとって、公明正大な組織として構成された、本当の生きた哲学の存在は、神学を完成するための必要条件であって、そもそも神学は、より高くより深くキリスト教徒として生きるために、信仰の真理を知的意識のなかで明らかにすることだと考えられているからである。「哲学は神学の婢女《はしため》」という有名な中世の決まり文句は、哲学と神学、そして両者の関係についてのトマス主義的概念を表現するには、まったくふさわしくない。

　聖トマスの作品における神学の優位を主張し、トマスの哲学的省察が、大部分、神学的テーマに関連する形で展開されていることを想起することは正しいとしても、だからといって、彼の思想の歩みすべてが、その名に充分値する理性的な智慧の効果的で強力な現前を必要としない、などということにはならない。「理性的な智慧」と書いたが、もし「自律」という言葉が、神学的な見方の妥当性を拒絶するような哲学の用語とはかぎらないというのであれば、私はここで、「自律的な理性的智慧」という言葉を喜んで使うであろう。

したがって、聖トマスが、哲学において、アリストテレスの注釈者というつつましい役割に満足したというのは、さほど重要なことでない。たしかに聖トマスは、スタゲイロスの人（アリストテレス）の学説に特別な意義を認めたが、アリストテレスに同意するにしても、充分に批判性を保っている。聖トマスは、歴史的批判の成果を利用することはなかったが、自分自身の反省に基づく要求のおかげで、与えられた知的伝統に対して自らの課すさまざまな奥深い変容を、はっきり意識している。彼は徐々にそれを意識していったと言ってよい。例えば、知識についての問いに関して、もしプラトンとアリストテレスが厳密な意味での創造の観念に辿り着いたとすれば、それは当然の成り行きであるにちがいないと、聖トマスは長い間考えていたように思われる。なぜなら、創造の観念は彼らの形而上学の深い論理に根ざしていたからである。しかし、一二六七年頃、『神学大全』第一部（第四十四問題、第二項）を書いたとき、彼は、プラトンもアリストテレスも創造の観念をはっきり表明したとは、もはや考えなかった。「古代の哲学者たちが真理の認識に達したのは、少しずつ、一歩一歩、でしかなかった、と言わなければならない。当初、彼らの精神はほとんど洗練されておらず、存在というと、感覚される存在にしか思いが及ばなかった。彼らのなかに、諸存在に運動を帰属させる者たちがいたが、彼らは、諸部分の凝集と分離によって生まれる濃密と希薄のようないくつかの非本質的な状態に関してしか運動を考えなかった。また彼らは、諸物体の非被造的実体というものを想定したうえで、いわゆる付帯的変質に対してその変質の原因を見つけることだけに専心した。その結果見出された原因は、愛であったり、戦いであったり、知性であったり、その他諸々であった。さらに進歩して、ひとは実体形相と質料（いずれも非被造的と言われる）とを理性的に区別することを学び、物体の世界では、本質形相に関して変質が生じることを理解した。その後、こうしたさまざまな変質を説明するために、例えばアリストテレスの斜円とかプラトンのイデアなど、もっと普遍的ないくつかの原因が考え出された。というわけで、ソクラテス以前にせよ、プラトンとアリストテレスにせよ、いずれにしても、特定の側面（つまり、個別存在としてであったり、特定の仕方で変容されたものとしてであったり）でしか存在を見ておらず、結果として、すべての事物に対して、特定の原因しか割り当てなかった。しかし、その他の人たちはさらに進んで、存在をまさに存在として考察するにいたり、すべての事物をあれやこれやの特定の存在として考えるだけでなく、まさに存在である限りで、すべての事物に一つの原因を帰属させた……。こうして、第一質料そのものは諸存在の普遍的〈原因〉によって創造されるということを必然的に肯定することになるのである」[03]。

これを見ると、人間の智慧が時間のなかで発展することを、聖トマスが重視しているのがわかる。とはいえ、彼が本来の意味での歴史的観点に立ったということではない。彼が哲学者たちとその思想の歴史を書こうと思ったことは一度もない。そのような学問領域がトマスの時代に存在したとすれば、彼はきっとその有効性を認めたであろうが、だからといって、非時間的な真理基準をかえりみることがなければ、個々の諸哲学と哲学そのものとに対して、その学問領域それ自体が一種の内在的判断〔有意義な判断〕を含むということを、彼は受け入れなかったであろう。彼は、人間の世界で哲学的実践を行なう条件を見つけるための感覚的手段を、その学問領域に見たはずである。つまり、それは、智慧ある反省の義務であり特典である自己認識を明敏に探求するための、きわめて貴重な補助手段として考えられたであろう。

つまり、右に引用したテキストに語られた人間の智慧の時間的生成は、永遠の哲学（philosophia perennis）の時間的生成であって、この時間的生成は、客観的で非時間的な真理において、永遠の哲学が自分との一貫性によって織りなす形成物に、人間的主観性、すなわち、多くの非合理的な条件をあたえられ、動揺を強いられる、人間的主観性による案出物が介入する、そういう時間的生成である。

したがって、哲学的伝統に対して聖トマスがはらう注意は、哲学者の方法と神学者の方法とを混同して得られたものではない。歴史の偶然性を参照しながらトマスは、哲学では真理から真理への同化吸収が行なわれ、内的に老化することなく、哲学が有機的に成長していることを見抜いている。哲学においては、新しさへの生き生きした呼びかけが、過去のもたらすものを基礎として、必然的な成熟から生じる洗練された感覚を伴っているのである。

聖トマスがアリストテレスやアウグスティヌスに対してもつとらわれない尊敬の念は、古代人と近代人との間に生じる論争の先導者たち双方を駆逐する、この深いまなざしの表現にほかならない。しかし彼は言葉の上では自分の先行者たちを信じず、理性の光に照らして、彼らの理性を探査している。華々しさなどまったく求めない静かな勇気をもって、彼は、哲学に対して公明正大な立場を望んだという一事をもって、伝統的神学における家政《エコノミー》〔すなわち、哲学の位置づけ〕を一変させたのである。

しかしながら、この変革の意義について思い違いをしてはならない。

形而上学的理性の諸権利を擁護するといっても、それは人間本性とその内在的諸可能性を明確に認識しようとする関心と同じく、聖トマスにおいて、合理主義的または自然主義的な態度を含んでいるわけではない。理性的被造物への敬意は、直接にその創造主に向かって登ってゆくだけでなく、〈恩寵〉の超自然的な卓越性を称揚するよう命じられている。〈恩寵〉の栄光と超越は、罪の悲惨と対照されることによって現われるもするが、それに劣らず、人間に残された自然な権威に基づいて現われる。

したがって、哲学の智慧は、全体的な智慧において、実存的に[★02]、含まれているとともに乗り越えられており、その全体的な智慧の上位の次元は神を対象にした〈信〉に属している。上位の次元というのは、理性の助けを得て「知解を求める信」[★03]の次元と、恩寵の神的現前を実際に経験するなかで愛徳によって研ぎ澄まされる信の次元である。

これは、真理の控え目で明敏な提供者であるより、魂の指導者であり霊的生活の師であろうとするような諸哲学（たとえそれがキリスト教哲学であっても）にとって、トマス主義的総合に対しておそらく最も容赦しがたい論点——実のところ、主要な論点—である。

あらゆるキリスト教哲学が、理性を超越するものとして信仰を認知し、信仰と理性の調和が実現される道を内在的に探ることによって、信仰と理性の正しい調和をもとめている。このことは自明である。しかし聖トマスは、哲学の理性的な公明正大さ、その活力、自信を強調するので、その分徹底的に、反省的思惟の実践（それがどんなに私欲のないものであっても）において、（指導者としての）あらゆる権威を放棄することを、哲学者に要求する。

トマスの学説で最も揺るぎなく練り上げられた論点の一つは、主知主義によって内部から改変された経験的実在論を採るために、プラトンとアウグスティヌスの観念《イデア》論を放棄したことである。

聖トマスは、アリストテレスとともに、人間的認識にいかなるアプリオリ（先験的）な観念も認めない。人間の本質的構成に基づいて人間の存在に内在する知性の光だけが、唯一、アプリオリである。この光がなければ、事物に透かし模様として書きこまれた知的風景を、われわれの精神が読み取ることはできないであろう。とはいえ、この風景が最初に素描されるのは、われわれの思惟においてではない。それはまず世界の形相《けいそう》であり、この形相自身は神の思惟から生じている。

世界というこのような鈍重な媒体が存在し、世界の物理的実在性の重さが加わえられるのはなぜなのか、と観念論者は問うであろう。そうした鈍重な媒体と物理的加重は、われわれの魂の霊性をねじ曲げ、可感的なものと関連して、超越の証言、すなわち理性は自分自身に従うという証言を、否認しにやってくるのではないか。われわれは、経験が、さまざまな萌しを伝達する使者であり、われわれの思慮深い地上の冒険をつねに新たに再燃させるための跳躍台であるということを知るべきであるのに、鈍重な媒体と物理的加重は、経験を身動きできなくさせ、思惟の、自由で身軽な、しかし恣意的ではない、大胆な試みを抑えつけてしまうのではないだろうか。

これが観念論者の言い分である。

こうした類の質問に対する答えとして、トマス主義の心理学と認識論から借りることのできる周知の諸根拠を、われわれがここでもちださないことを許していただくよう、読者にお願いする。われわれとしてはむしろ、現実存在と人間学という二つのテーマを際立たせたい。それらのテーマは一見無関係のように見えるが、実はその重要性は現在の議論において決定的であるようにわれわれには思われる。

第一に、聖トマスにとって、現実存在は、存在の秩序において、高位の価値を享受しており、偶然的で無生の諸事物でさえ、ただそれらが現実存在しているというだけで、実在的な形而上学的尊厳を授けられているのであって、この権威は認識主観によって受け入れられる以前に、もともとそれらの諸事物に属しているのである。

たしかに、創造された諸々の現実存在は、自由にして創造的な神の〈思惟〉に依存し、現実存在の諸構造は神の諸々の〈イデア〉を原型にしている。したがって、〈精神〉の至上権は存続している。

たしかに、諸事物がその完全な使命に到達するのは、諸事物が、諸事物の真理に従って、人間の被造思惟によって認識されるならばのことでしかない。

しかし、現実存在が、可感的なものの水準へと下落しており偶然的であるという二重の理由で、剝きだしの非理性的事実として経験に提示される時でさえ、現実存在は形而上学のまなざしに対して、本質とその第一級の合理性とを越えて、超可知的なものとして必ず顕現しもする。認識も意識ももたない諸存在の「事実性」は、一種の存在論的な眠りに埋没しており、諸存在がその眠りから抜け出すことができるのは、精神の覚醒によってでしかない。しかし、それら諸存在の沈黙した現前は、神が各現実存在者に与える独特な贈与として現われる。

人間の知性は、存在の主要な諸相を、一つ一つ読み解いてゆくほかはない。存在をよく見るためには、意識する諸主体において現実存在を曇らせているすべての心理的華美を現実存在から剝ぎ取り、純粋に与えられた高位の現実存在が現われ出るようにすることが、人間知性には必要である。

第二に、他方、トマスの人間学は、哲学がその出発点を人間を越えたところに置かないことを要求しているが、人間においては、感覚の次元と知性的諸機能とが――死による以外には――解離しがたく束縛しあっている。古典的合理主義が定式化しているような「観念論の要求」は、重荷を下ろした霊性の道に、思惟を向かわせる危険がたえずある。人間の存在には、受肉のもたらす現実の重さが必要なのであって、ともかくも哲学が人間の仕事としてあり続けることを望むのであれば、哲学的反省を基礎づけるまさにそのときに、この受肉による現実の重さを、無造作に、括弧に入れて除外してしまうのはよくない。私は、観念論が、最初に自分で引き起こした〔現実の重さとの〕断絶にある意味で立ち戻ることによって、あとになってから、人間を回復させようと努力するのはよく理解している。しかし、聖トマスは、その立ち戻りがあとになればなるほど遅きに失することになると判断し、精神の無限ではあるが空虚な力に均衡を与えるために、身体と物理的世界の実在性〔およびその延長〕が、ただちに必要であると判断したのである。なぜなら、精神は、すべての諸形相をアプリオリに〔先験的に〕保有するどころでなく、もっぱら経験の協働を得て形成されうるからである。人間の智慧の根を自然のなかにもっと広く深く根づかせようという願いは、人間が、その本質の確固たる統一性によって、自然でありかつ精神であるとすれば、正当化される。

しかし、人間は精神〔霊〕である。それゆえ、経験に根ざしたトマスの実在論は、形而上学的高貴さをその語義に保つかぎりでの、知性主義を明確に表明する。知性は、理性の直観的契機である。

なるほど、われわれの理性は、人間の理性として、その直観力が微弱なものにとどまっており、この不完全性をいささかなりとも補うために、現実的なものの上に重ね合わされた精神的構築物〔まさに理性的諸存在と呼ばれる〕を十分に用いるべきである。

しかし、たとえ弱められた、あるいはさらに、衰弱した直観であったとしても、理性的直観をもたない認識に対する形而上学的救済は不可能である――カントは、否定的な解答を維持したものの、このことをよく理解していた。ジャック・マリタンはこうした思考のあり方〔微弱な直観〕を指して、「抽象的直観」という巧みな表現を提案した。この思考のあり方は、叡知的なものと同じ平面にあるわけではないが、しかし、可感的条件づけから引き離された叡知的なものの諸相、すなわち思弁的理性の運動がそれに対して自らを養い、自らを照らす諸相を、いわば断続的な閃きによって、見ている。

しかし、無条件的なものへの接近は、自然への支配力以上に、思惟の超越性を確証し、自由を実際に基礎づけている。

対立しているが相互補完的でもある二つのテーマが、ここで邂逅する。哲学者、すなわち、認識の小道を歩む思惟する人は、人間性を剝奪された主体ではないし、個人性を剝奪された人間でもない。哲学の実践は、哲学者にとって、世界と歴史におけるその状況と切り離されうるものではない。これは、以前に述べておいた受肉の要求に結びつく、相対性を確認するものである。しかし、聖トマスの世界は、〈神の智慧〉において基礎づけられており、人間たちの間にあって、智慧の表現として、つまり、絶対的なものへの論及として、神への接近として、実現されることを望まないわけにはゆかない。それで人間は、人間性を否認したり裏切ったりするのでなく、人間性を追い越すのであり、反対に、あまりに人間的な人間性こそが、人間を裏切るのである。

カントのコペルニクス的転換が、あまりに野心的な古典的合理論と、呪縛を解かれたヒュームの経験論との、二律背反によって喚起されたということが本当だとすれば、トマス・アクィナスの学説は、カントの問題に対する答えをトマス自身の思索財産のなかに見出し、思弁的知性の超越が有する権利と義務とを、〔カントの〕「批判哲学」が断念する必要などないようにしなければならない。なぜならアリストテレスとトマスの知性論全体が、反省によって経験を理性に統合することを本義としているからである。

「批判書」の作者カントによれば、思弁的理性は、形而上学のいくつかの大問題に対する答えを問い詰めるが、実践理性はそのなかの一つの問題〔実践に関わる問題〕だけを決定するものであり、魂の不死、意志の自由、神の存在という、実践にかかわるテーマを選ぶ。しかし聖トマスによれば、思弁的思惟の形而上学的権威を実践理性に移しかえることはできない。なぜなら、真理に代わることのできる実践的関心は、たとえそれが高貴であり無私であっても、存在しないからである。

純粋知性が自分自身にとどまるというのは、もちろん間違いである。〈信仰〉の次元において、神の〈御言葉〉は、位格〔ペルソナ〕的〈愛〉〔聖〈霊〉〕として、必然的にあふれ出る。人間の次元において、認識の言葉は、慈愛と喜びとして開花する傾向が通常はある……。「どんな言葉でもよいわけでなく、愛を吹きいれる言葉〔Verbum non qualecumque sed spirans amorem〕……」。そして次に、知性だけではもはや達することのない場所にも、愛は前進する。愛は自らを認識の手段となすのだ。トマスの知性主義は、還元主義者の主知主義とはまったく別のものである。還元主義者の主知主義は、心理的で精神的な活動性という別の相と次元とが有する独自性を、自分の都合にあわせて、無視してしまう。トマスの主知主義は、われわれの思惟の調和において、光と真理の働きが現に果たしており、また果たさなければならない、根本的な役割を、単純に、しかし妥協なしに、肯定しているだけなのである。知性の享受する能力、すなわち、あらゆる境遇と私心とに対して距離をとり、それを飛び越えてゆく能力は、人間が精神の次元で十全に生きるために不可決な構成要素の一つであると、聖トマスは考えているのである。卓越した客観性と無限性を有するこの力は、人間にあって、きわめて多くの仕方で圧迫されるのであるが、しかし、もしこの力が消し去られるならば、そのときには同時に、われわれの最も人格的な自由が破壊されるであろう。

このことは、トマス主義がやはり人格の哲学であることを意味する。人格の哲学といっても、共同体同士の連帯や、共同体を構成する信徒の交わりを、断ち切ったり妨げたりする個人主義という意味ではまったくなく、個としての諸存在を存在論的関係の究極的中心として構成する特性を、個としての諸存在に認めている、そういう意味での人格の哲学である。宇宙、社会、そしておそらく自然も、秩序と相乗作用とからなる全体性をそれぞれ形成しているのであって、実体ではない。世界がコスモス〔単なる自然界〕であるならば、プラトンの意に反して、世界の魂は存在せず……、社会の魂も、自然の魂も、存在しない。

古くからの問題であるが、今も意義ある問題である。たしかに、宇宙の魂という言葉を口にする人は今日ほとんどないし、かつてロマン派哲学を魅了したこの言葉も、今では失笑を買うかもしれない。しかし、いくつか有力な思潮――ほとんどが一元論者である――が、まだ現代思想を貫いて流れており、社会的あるいはコスミックなある種の「大いなる存在」を認めるよう、迫っている。

事物についてのヘーゲルの見方とマルクスの見方は、全体として、個人を全体的な冒険へと弁証法的な仕方で関係させようとするにもかかわらず、余分な存在〔個としての存在〕の密度を考慮しない点で、個人への配慮を欠いている。なぜなら、個人が、不安を掻き立てるおのれの有限性を克服するのは、この余分な存在の密度によってだからである。

同様に、ベルクソンは人格の不可侵性を積極的に評価しているが、「創造的進化」についてのある種の解釈には、人格の不可侵性に対する充分な形而上学的保護を欠く危うさをもったものがある。しかし、まさにこの点について、あらゆる哲学は、注意深い説明を求められている。〔ベルクソンが主張する〕質的多様性や、生命的で精神的な緊張の度合と意味や、絶えず個人化が進展する自由の出現に訴えるだけで、人格主義のさまざまな要求を充分に正当化できると、われわれは確信できるだろうか。

いずれにしても聖トマスは、個人の人格が、現に存在する自然界に属し社会的な連帯性の内部にいながら同時に、あらゆる時間的秩序とあらゆる時間的生成を越えて、自分の運命を成就できるようにするために必要な担保を、存在の平面で、すべて確保した。宇宙の配置と組み立てを構成する数限りない媒体――静態的または動態的な媒体、階層化されている媒体であれ、単に協働しているにすぎない媒体であれ——を通じて、それぞれの被造物は、直接的関係によって、それぞれ単独に、絶えず神に関係づけられ、神において基礎づけられている。それゆえ、ここで問題になっているこれらの個体性がたとえ精神の尊厳には達しないものであっても、各人は真の主体である。それでは、精神の個体性そのものについてはなんと言ったらよいのだろう。

そして次に、各実体、各主体が、被造物の次元において、「究極的な還元と拠り所の中心」であるとすれば、それは、〈愛〉である創造者の唯一の意図が、それを生じさせているということを意味する。つまり、自らを反復したり、模倣したりすることがありえず、自分の最初のねらいに忠実でなかったり、それを訂正したりすることもありえない、そういう意図が、生じさせているのである。だから、〈愛〉によって創造されたすべての主体は、呼びかけの場所であると同時に、輝きの中心であり、開かれた合意、交わりの可能性となるであろう。

人は、聖トマスが、存在論的で「実体論的な」保証のもとで、人格の権利と義務とを確立しようと望んだということに、おそらく驚くだろう。意識の開かれた内面性に、また、想いのこもった愛の寛大さに、これ以上、なにか付け加える必要があるだろうか。つまり、存在と意識は、神の十全性と単純性においてこそ、余すところのない超現前性と超顕現性とによって、同一化するのであるから、神の十全性と単純性に達する以前には、いかなる被造物(存在と意識)も、自分自身の光に完全に入り込むことはできず、また、いかなる意識も、つねに、そして純粋に、現実化されているわけではないので、自分の内にだけ安らっているわけではない。

聖トマスは、個体としての個人に対して彼が容認するもの(すなわち、内在する絆、実体的な結束、魂)を、多様な時間的全体性(自然界の全体性をふくめて)に対しては、拒否することによって、諸人格の超越と諸人格の超-自然的な命運とを根本的に解き放ち、人格同士の間の結びつきの在り方(すなわち、人格同士集いの単なる集いを超えて、神と神の子キリストとの単一性において、結ばれた在り方)に向けて、つまり聖人たちの交わりに向けて、諸人格を解き放つのである。

かくして、形而上学の智恵は信仰の諸真理と出会うことになった。しかし、信仰の諸真理は哲学とのあらゆる共通尺度を超過しているというのが、深遠な哲学者、聖トマス・アクィナスのくだした判断である。

［オリヴィエ・ラコンブ(リール大学文学部長)］

原註

01 Étienne Gilson, *La philosophie au Moyen Age*, p.590. Payot.

○02 同上。

○03 セルティヤンジュによる訳をわずかに修正した。

訳註

★01 『メルロ＝ポンティ哲学者事典』第一巻「列伝項目」参照。

★02 existentiellementを「実存的に」と訳した。上述箇所に、「多くの非合理的な条件をあたえられ、動揺を強いられる人間的主観性」という言葉があり、哲学の智慧が、そうした人間的主観性の場に現われる事態を意味しているとも考えられる。

★03 聖アンセルムス『プロスロギオン』第一章の言葉。「わが心が信じ、愛している汝の真理を、多少なりとも知解したいと私は願う。まことに私は、信じるために知解することをもとめるのでなく、知解せんがために信ずる〔まず信じており、知解にいたる〕のである。と言うのは、もし私が信じないのであれば、知解することもできないということ、このことをも私は信じているからである」。

★04 原語はtransparenceであり、通常「透明性、透過性」と訳されるが、ここでは、文意に即して、trans-paraîtreの原意をいかし、「超顕現性」と訳した。

〔翻訳＝伊藤泰雄〕

キルウォードビ、ロバート

❖Robert KILWARDBY c.1200-1279

イギリスに生まれ、ヴィテルボに没する。オックスフォード大学の学生、その後パリ大学の学生であり、パリで学芸学部の学士号を取得した。一二六一年にオックスフォード大学の神学教授となり、また同年にイギリスのドミニコ会管区長となる。さらに一二七二年にはカンタベリー大司教、一二七八年にはポルトの司教枢機卿となる。ボナヴェントゥラの競争相手であり、一二七七年にはトマス・アクィナスの主張する形相の単一性という考えを非難した。

シゲルス（ブラバンの）

❖SIGER DE BRABANT c.1235-1281(c.1284)

パリ大学学芸学部においてラテン・アヴェロエス主義を進めた主導者。この運動は――（一二七〇年と一二七七年にパリ司教エティエンヌ・タンピエによって）二度ほど非難の宣告を受けており――、信仰と理性との一致を目指す〈スコラ哲学〉の努力の否定を表わしている。当時の非難に従えば、シゲルスは二重真理説を表明したとされているが、そうではない。シゲルスはイブン・ルシュドとは反対の立場から、信仰がもたらす確実性は理性の確実性を上回るというふうに主張している。シゲルスにとって哲学を行なうとは、アリストテレスの哲学を研究するということであって、彼は学生に哲学を教えるさい、哲学と神学との一致に関心を払うことはなかった。理性を進めれば、〈啓示〉とは矛盾する結論に辿り着く。それはすなわち、世界の永遠性であり（『世界の永遠性について』）、能動知性の単一性である（『知性について』）。けれどもシゲルスの哲学は、信仰との関係において自分の範囲を限定することで、その自律性をはっきりと示しているのではないだろうか。つまりその哲学は、自然哲学として定義されるのであり、固有の目的を追求して自らを満足させようとするのである。［H.D.］

ヘンリクス（ガンの）

❖HENRI DE GAND c.1213-1293

パリ大学の神学教授。彼の著作には、『任意討論集』や『神学大全（＝定期討論集大全）』があるが、それらは長いあいだ世に知られずにいた。反省は感覚的世界から始まるのではなく、存在の観念から始まるのであって、そのさいヘンリクスは、自己による存在と可能的存在とを区別している。一方で自己による存在というのは、神的な存在、「存在そのものである何ものか」として捉えられるような存在であり、それにおいて本質は現実的存在と同一のものである。他方で可能的存在というのは、「それに対して存在が適合しうるもの」である。こうしたヘンリクスの考えは、ドゥンス・スコトゥスによってのちに批判されることになる。ヘンリクスは、本質が現実的存在と別のものであることを否定している。

というのも、神はまさに可能的存在に現実的存在を与えるということに自由に同意する限りでのみ、可能的存在の本質を認識するからだ。そのような思考は、アウグスティヌスとイブン・シーナーから大きな影響を受けていると同時に、アリストテレスとトマス・アクィナスの哲学に対する反動を示している。〔H. D.〕

アエギディウス（レシーヌの）

❖GILLES DE LESSINES　?-1304

ドミニコ会修道士。一二七七年にトマス・アクィナスの思想に対する禁令が出されたが、アエギディウスは一二七八年に『形相の単一性について』を出版し、そのなかでトマス・アクィナスを熱心に擁護している。

ヴィテロ

❖WITELO　1220〔1235?-1275〔1280?

ポーランドに生まれる。イタリアではトマス・アクィナスとともに、ムルベケのグリエルムスの友人となる。ヴィテロはグリエルムスに影響を受けて、エウクレイデス、ペルゲのアポロニオス、プトレマイオスの『光学』、とりわけイブン・ハイサムの『光学』、こういったものの集成を執筆した。著書である『知性について』で特に研究しているのは、プラトン哲学の三つの基体、すなわち〈一者〉、〈知性〉、〈魂〉である。

ルルス、ライムンドゥス

❖RAIMOND LULLE　1232〔1235?-1315〔1316?

カタルーニャに生まれる。神話的ともいえる人物。ルルスは波乱万丈の生涯を送り、布教活動に身をささげている。その膨大な著作において表われているのは、詩的本質をそなえた熱烈な神秘主義であり、それは例えば『〔愛する者と〕愛された者についての書』に見ることができる。ここでルルスは、大いなる術によって、すなわち理性的に考えるための普遍的な方法によって、異教徒たちを説得できると信じている。彼自身の言葉に従えば、「諸原理を秩序立てて取り合わせるなら、自然の秘密と真理を指し示すことができる」ということである。こうしてこの書物において、愛する者は愛される者を知る、つまり神を知るということを学ぶのだ。ルルスが熱望しているのは普遍的学問であって、その諸原理には個別的学問の諸原理が含まれている。精神は概念の一覧表を組み合わせることによって、基本概念のあいだにあるすべての関係を自動的に見つけることになるだろう。ここにはあらゆる分野で利用できる方法、「結合術」の最初の着想というものがある。それは思考の進展を機械的な技術へと単純化しようとするものであり、そこにはひとつの論理がそなわっている。この論理は結局のところ、計算の助けを借りることで、どうしても精神を抑えつけることにつながってしまう。〔H. D.〕

エックハルト、マイスター

❖Maître ECKHART　c.1260−c.1328

テューリンゲンの領主の息子として、ホーホハイムに生まれる〔近年では騎士階級出身で、エアフルト郊外のタンバッハ出身とされている〕。エックハルトは「高貴な」騎士の特徴を表わし、それゆえヒトラー主義を喧伝する者たち〔特にローゼンベルクの『二十世紀の神話』〕からはゲルマン民族のまったく純粋な代表的人物として称揚されてきた。高貴な騎士という文句が〔実はエックハルトではなくクレルヴォーの〕聖ベルナルドゥスに直接由来するにもかかわらず、ヒトラー主義者たちは取り違えているのだ。そうしてエックハルトは、法律を尊重する古代ローマ的な態度と、字義に拘泥するユダヤ的な態度と、その両方に対抗しうる人物として賛美されることになった。たしかに、彼の立場に近いのはとりわけプロティノスであり、さらにまたウパニシャッドであるが、彼はウパニシャッドというものがあったということさえ知らない。とはいえエックハルトは、ほかの派についてまったく信用しないといったことはなく、その点については彼の高名な弟子である〔ヨハネス・〕タウラーや〔ハインリヒ・〕ゾイゼとは異なっている。エックハルトは、若いころ才能に恵まれたドミニコ会修道士で、パリのサン＝ジャック通りにある同会修道院に派遣されている。そしてフランシスコ会修道士たちに対抗してすばらしい論証を行ない、博士号を取得し、ドイツに戻りドミニコ会の重要な職階に就く。だが彼は、とくに説教師として非常な成功を収めることになり、まずはザクセン、のちにシュトラスブルクやケルンで知られることになる。一三二五年、敵対者たちが怒りを露わにする。というのもエックハルトが以下のような発言をしたからである。すなわち、世界はずっと永遠に存在している、神の栄光はあらゆる行為において、よい行為においてであれ悪い行為においてであれ同じように輝いている、何かを要求するために祈ることは真に冒瀆的なことである、キリストに関する聖書の記述はあらゆる立派な人間に、あらゆる神化した人間に当てはまる——と。彼に対する長い訴訟が起こされる。そのさいドミニコ会修道士たちは彼こそが指導者であるとみなしていたので、彼に向けられた侮辱や非難をせっせと打ち消そうとしたのだが、訴訟後の一三二九年に教皇ヨハネス二十二世はエックハルトの二八の命題が「異端」かつ「不適」であると宣言した。それでもエックハルトは自説を曲げることは一切なく、自分の言葉は誤解されていると最後まで主張していた。彼はそのまま没し、それは〔ヨハネス二十二世の〕教皇勅書『〔主の〕耕地にて』が公布され〔彼の断罪が確定する〕、その数か月前のことだったろうと思われる〔ただし最終的には教皇の判断を受け入れ、問題視された自説をすべて撤回したことが同書に記されている〕。

エックハルトは『パリ討論集』において、「知性認識」を論じるのに、欲求や愛と対立させている——それによって彼はフランシスコ会修道士たちの怒りを買った——ばかりではなく、存在そのものとも対立させている。すなわち、底知れぬ「神性」〔プロティノスの〈一者〉

に相当するもの）が自らを自らの外へと表現するような運動、秘教的な伝承によって伝わっていく「秘密」とはまったく異なるような運動、こういった存在そのものは、「知性認識」と対立するというわけだ。まったく神秘的な合一によってこそ、自己を喪失した人間は根底へと溶け込んでいき、この根底において自己のうちに「創造されない」ものを見つけ、さらには「創造しえない」ものを見つけていく。それはまた、「理性」「頂点」「閃光」「奥底」であって、こうしたものと神性との関係は、ヴェーダの伝えにおけるアートマンとブラフマンとの結びつきにきわめてよく似ている。

逆説的なことにエックハルトは、はじめ理性や認識と指し示していたものについて、だんだんと一致と呼ぶようになる。しかし彼にとってすべての理論よりも大事なのは、きわめて単純な知恵の教えである。それについてエックハルトは、説教のなかで次のように繰り返している。完全に貧しくなり、空虚になり、純粋になりなさい。そしてあらゆるイメージ、あらゆる概念を捨て去り、もはや何も企むまいというその企み自体をも捨て去りなさい。エックハルトは別のところでもまた、中世に深く結びつきうるストア主義的な表現をしている。つまり、神化した知恵は完全に自由であるということを述べており、そうした知恵が欲するのは、まさしく神が欲するもの、あらゆる欲求を超越している神が欲するものにほかならないということを記述するのだ。

ドミニコ会修道士であるエックハルトは、著作や儀式の表現を越えて、さらに秘跡や宗教的規範（あらゆる偽善的態度のごまかし）を越えて、すべての人々に至福を告げ知らせている。この至福はというと、今すぐにそれぞれの人の至福でありうるようなもの、他方では、偉大な聖人たちがこの世において知らずにいたこともありうるようなものだ。のちにエックハルトの弟子タウラーは、霊的な暗闇の「苦悩」について語ることになるし、同じく弟子ゾイゼは、神の知恵がその高貴な〈下僕〉を感得するという「愛の働き」について語ることになる。エックハルトは目標に向けて直進し、時間や有限性を無視している。当時エックハルトを本当に理解した者は誰もいなかっただろう。その言葉に文句を並べ立てる敵対者たちにしても、弟子たちにしても、教説をより「慎重に」仕上げようとするとき、すなわち定義上一切の妥協に目もくれず、人間を過分に評価して最後には非人間化してしまうような教説を仕上げようとするとき、誰もエックハルトを理解してはいない。〔M.G.〕

ドゥンス・スコトゥス、ヨハネス　1265｛1266?-1308

❖Jean DUNS SCOT

＊『メルロ＝ポンティ哲学者事典』第一巻《肖像》参照。

オッカム、ウィリアム　1280｛1285?-1347｛1349?

❖Guillaume d'OCCAM

＊『メルロ＝ポンティ哲学者事典』第一巻《肖像》参照。

ドゥンス・スコトゥス、ヨハネス

❖ Jean DUNS SCOT

1265/1266?-1308

ヨハネス・ドゥンスはスコットランドに生まれ、フランシスコ会に入会した(一二八一年)。スコトゥスという異名は、生まれ故郷スコットランドに由来する。オクスフォードで学び、一二九一年に司祭に叙品されたのち、パリで学んだ。神学者としての彼の講義は、オクスフォードに始まり(一二九七〜一三〇一年)、パリで継続された。この二つの場所での講義から、『命題集』註解の多様な版が生まれた。『命題集』は、十二世紀にペトルス・ロンバルドゥスが著わした『序言』と四巻の『命題集』(神学者たちの発言を整理し、発言が対立しているように思われる場合には、しかるべく調停したもの)からなる書物のことで、これを注釈することは、十三世紀から十五世紀にかけて大学で行なわれた古典的カリキュラムであった。さまざまな思想の独創性が、この講義のきわめて広範な枠組みのなかで出現している。この講義は、テキストの読解をてがかりに、先行の注釈を考慮しつつ、提起された一連の神学的問いや哲学的問いについて討議することを目的とした。スコトゥスは、フランス王と対立するローマ教皇の側に与したため、一三〇三年にパリから追放されたが、翌年にはパリにもどり、パリで神学博士号を取得した(一三〇五年)。最後は、派遣先のケルンで死去した(一三〇八年)。享年四十二歳。したがって、彼の仕事は未完成なものと考えてよい。実際、彼の仕事は、研究者のそれに似て、分析の道具として自分が用いる諸概念を検証するようたえず気を配っている。その分析の鋭さから、ヨハネス・ドゥンスは〈精妙博士〉と尊称された。しかも彼の批判的研究は、体系構築を目指すとともに、体系構築のさなかで検証されるものにほかならず、大胆な飛躍とそれを抑制する明晰さを求める努力とによって、釣り合いが保たれている。このスコットランド人のフランシスコ会士は、続く数世紀の間、アッシジの聖フランチェスコを精神の父と仰ぐフランシスコ会の、抽象的思弁を代表する最も高名な存在となり、彼の思想に敵対する者に対してさえ、広範な知的影響を与えることになった。彼の弟子たちが形成した神学の一派は、ローマ教会で、長い間トマス学派と競いあうことになるのだが、とはいえ、「スコトゥス主義者」としての統一性は、いくつかの命題を厳密に維持したことに基づくというより、むしろ、知的な技術と学風に基づいている。彼らは、探求の継承者と呼べるであろうが、師であるスコトゥスに対して、精神の大幅な自立を表明することができた。

「哲学者」たちと論争する、哲学の素養をもった神学者。『命題集註解』第一問以来、スコトゥスはそうみなされた。P・バリク★01が監修した

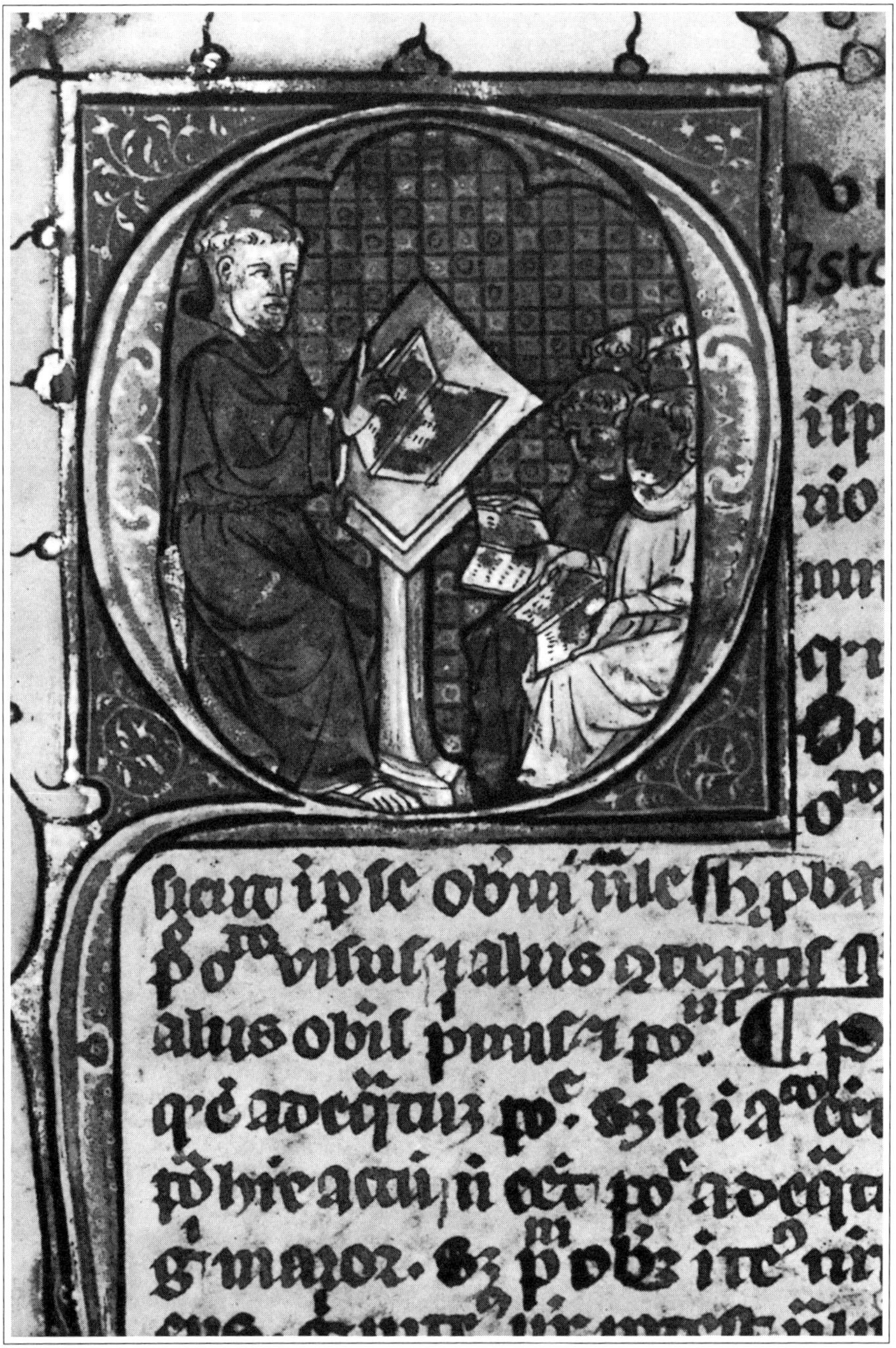

❖ Jean DUNS SCOT

『命題集註解』の見事な校訂版によって、仕事中のスコトゥス自身を見出すテキストをわれわれは手に入れた。それを見ると、神学者たち(〈教会〉における彼らの思想は、〈教父たち〉の思想を継承して、〈啓示〉すなわちキリストの内に根拠をおいている)と、「哲学者たち」(アリストテレスとその継承者、特にアラビア人における継承者)との衝突が、人間およびその本性と運命の概念に係わると同時に、存在の〈原理〉の概念に係わっていることもわかる。つまり、アラビア人アリストテレス学派の〈第一〉存在は、必然的流出の自然原因であるが、他のすべての存在に関しては、偶然的創造の自由原因ではない。これに対してキリスト教徒の奉ずる三位一体の神は、有限な存在を被造物に伝達することによって、永遠の運動(この運動は、そもそも、〈父なる神〉の無限な本質を〈神の子〉と〈聖霊〉とに伝える運動である)を敷衍《ふえん》することによって、偶然的創造の自由原因を形成する。後年の講義でスコトゥスは、神学者として、どのようにして父なる神が御子イエスを、必要性はないのに必然的に生じさせるのかを説明することになるが、その際、彼が根拠として用いたのは「自然的自由性」という概念であった。哲学者アヴィセンナ[★02]は、この「自然的自由性」という概念に従って、〈第一〉存在から第一〈知性〉が生じるのだと思いなした――しかし、この思いなしは誤っていた。神学において形而上学を活用することは、超越が強調されること、つまり、真の神と哲学者たちの神との対立が強調されることを、妨げるより、むしろ初めから想定している。絶対的〈原理〉は、その本性に基づいて、絶対的〈原理〉から精神が発出する仕方を指図するのと同様に、絶対的〈原理〉に精神が立ち返ることのできる仕方を指図するので、人間の救済は、「哲学的救済」(これはジルソンの言葉である)[★03]として生じるわけにはゆかない。哲学が自然的必然性を想定する場面で、神学者スコトゥスは、恩寵すなわち無根拠性が存在し、したがって徹底した偶然性が存在することを、啓示と信仰によって、知るのである。救済という語の本義は「意志の目標(対象)」ということであり、この「目標」は、あらゆる有限な精神に対して自然的には隠されているが、他なるもの(神)への直視と至福の愛とに対しては、自由に自らを贈与するものであって、その目標が自らを与える場合にのみ、その目標が決定する諸条件のもとで、接近可能となる。そういう「目標」である。したがって、救済――「行ないに基づく救済」、すなわち慈愛行為に基づく「救済」――の諸手段の必然性と充分さは、人間の〈目的〉そのものである自由な神によって、そうした行ないが「受け入れられること(選ばれること)」に依存している。この目的(神)は、その本性からして、自然的連続(因果性)によってこの目的を、この目的に達する諸手段に結びつけるのを許さないので、道徳が、合理的必然性の働きによって、組織的に、完成されることはありえない。道徳は神学となり、啓示に伴う〈自由〉のなかに、〈行為〉としてと同時に、行為の〈目標〉において、根拠づけられなければならない。同時に、最高の神学的思弁は、本質的に実践的な面を保持している。つまり、最高の実践《プラクシス》すなわち救済する実践は愛であり、スコトゥスは以下のことをわれわれに想起させる。愛は自らの公正さを愛の対象から引き出す。したがって、愛が、その無限性において、自由な原因であり、偶然的自由性であり、分割も段階的変化もなしに〈三位〉[★04]の間で伝達されうる本質であることを否認するならば、愛が人間をその目的である神に結び付けることはできないであろう。

神学と哲学とがこのように対立する事態を目にし――神学と哲学という二つの思考様式を共存させることは、今日なお西洋の精神状況の根本的諸問題の一つである――、この対立において、神学者の学問の特異性と超越性とについての確信が神学者の前提となっていることを考えた結果、人間が啓示を受け入れ、啓示を考えることの必然性について、哲学が示した「証明」という形態でさえ、その根底においては、あらかじめ信者によって正当と認められた、啓示の本源性が自覚化されたものでしかありえない、という結論になる。そしてまた、ドゥンス・スコトゥスは、『命題集』第一問において、「哲学者たちに対する」三つの議論を妥当なものとして採用するに先立って、この三つの議論が、もっぱら信仰から出発して説得性をもつ、単なる「神学的説得」であって、哲学者たちの自然的理性という領域で哲学者たちに反駁することを狙ったものでないことを、指摘している。神学への導入を計るこの第一問からすでに語り手は神学者であって、この神学者は、自分自身の視点から、信仰における啓示の必然性を承認し、したがって、啓示について自分が与えなければならない説明の必然性を承認している。スコトゥスの議論は、当初こうした平面上で（カール・バルト[★05]の言い方を借りれば、「教会の屋根に庇護されて」）提示されるが、しかし、スコトゥス自身の反省に応じて、別の仕方で解釈され、神学への哲学的導きという、別の平面へと移転されてしまう。採用された三つの議論は、それが含む純粋に理性的な――原文では「自然的な」――ものへと還元されてしまい、その議論を最終的に「神学的説得」として仕上げようとする結論にはもはや達しない。とは言え、返す刀で、今度は哲学者自身に刃を向けることになる。例えば、人間の目的は、顔と顔を向かい合わせて神を観る喜び[★06]であるのかないのかを、われわれは決定するべきなのかという問題。「神学的説得」が示す答えは、哲学は信者に与えられた真理へと導かないし、導くことはできない、ということである。同じ議論が「自然的理性」へと還元されて解釈されると、次のようになる。すなわち、経験の分析によってのみ知識を得、いかなる啓示の恩恵にも浴さないのであれば、人間の知性は、神が人間の目的であるのはいかにしてであるのかを、決定できないであろう。なぜなら、人間の生をその神的目的へと現実に方向づけるためには、啓示の恩恵が必要だからである。十四世紀の人々の精神的姿勢についてジルソンが記した注目すべき表現を借りよう。第一面――「神学的説得」の平面――で問題になっているのは、「神学による哲学批判」である。第二面――「自然的理性」の平面――

では、「神学の審級に関して」さえ、「哲学自身による哲学の批判」だけが見られる。つまり、実践的に避けることのできない問いに、哲学は答えることができない状態にあるという認識が見られる。

スコトゥスが、「哲学者」——アリストテレス——とその継承者たちをもとに、哲学について判断する様子を見ると、彼は哲学を、「すでに検証され、仕上げられたひとつの経験」として、つまり、取り組むべき仕事というより既成事実として、扱っているように思わせる傾向がある。神学者が、「哲学者たち」のさまざまな立場の間に、いかなる結びつきを観取するにせよ、神学者から見ると、哲学者たちが形成する純粋理性の体系に、信仰の真理に対立する必然的誤謬が含まれることはない。理性の自然的本性《ほんせい》は、誤謬の必然性を本当の意味で含むことはできないはずだからである。もし理性が過つとすれば、それは、理性が、証明によって自分が知る以上のことを、肯定してしまうからである。したがって、ドゥンス・スコトゥスの見るところ、「哲学者たち」は複雑な状況に身を置いており、自分たちが考えた証明の価値を錯覚しているのである。ジルソンが認識したように、すくなくともこの錯覚についてきわめて合理的な批判を行なえば、スコトゥス的精神をもつ神学者は、「哲学の領野においても新たなものを生み出せる」のである。

神学に含まれる、神学についての反省として、哲学的入門を素描することはできないことではない。反省する精神にとって、神学は、二重の意味で必然的な知であるように思われる。一つは実践的な必然性であり、この必然性は、はっきり決定された最終目的とそこにいたる諸手段を探す人間に関わっている。しかしそれだけでなく——というより、それに先だって——、学知の可能的諸対象の構造に刻み込まれた絶対的必然性があり、これはすべての知性に課される必然性である。もし、神学研究の源泉である啓示が人間的経験に入り込み、自然的認識の欠陥を埋めるとすれば、それは、自然的認識が神の思惟そのものと連続していること（すなわち、ドゥンス・スコトゥスが「即自的神学」（人間の視点から見られた神学でなく、言わば神の存在に即して神から見られた神学）と呼ぶ〈知〉の十全性、絶対性）によるからである。無限な〈存在〉の現実存在についてスコトゥスが与える証明（その本性と価値とによって形而上学的である、証明）は、「超形而上学的な」学（神学）が必然的な存在であることを承認するよう、導いているではないか。出発点の必然性こそが立論に最大限の厳密性を与えるものであるが、その出発点の必然性は、偶然的な所与である現実存在者（現実存在者としての現実存在者）のなかに見出されず、現実存在者が表出する可能的なもののなかに、すなわち、動力因へとわれわれを差し向ける実現可能性（この可能性は現実的な可能性であって、論理的な可能性ではない）のなかに、見出される。「第一動者」に到達するためには、自然学者になって「第一動者」が「動者」であることを証明する以上に、形而上学者になって「第一動者」が「第一」であることを証明するのでなければならない、と判断したスコトゥスは、諸々の本質に依拠し、存在そのものを本質として扱う。この存在そのものは、その「一義性」において、「有限な」とか「無限な」とかいった事後的な限定すべてに対して「無関心・無差別」な一性として、形而上学の対象「である他《ほか》はない」。それはまさに抽象的な契機である。とはいえ、形而上学は「現実的な学」である。すべての存在可能性がそこへとわれわれを差し向ける動力因は、反省に対して、〈第一の、したがって必然的な、存在〉として現われ、次に、〈無限な知力〉として、現われる。知性性は、スコトゥスの神に特有な特徴である無限性へと、ここで導くことになるという事実を、強調しておくべきだろう。可知的なものの無限性の場所、あるいはむしろ源泉——知性としての——としての無限。したがって、伝統的にスコトゥスに帰されてきた〈主意主義〉を正しく位置づけなおす必要がある。しかし、「神の大きさ（偉大さ）」に依拠する聖アンセルムス★07の議論を思い起こさせる乗り越え（超越）の要求によって、無限知性の地平は、他のあらゆる知性が自然的につかむことができる以上の、認識可能なものへと、すなわち、無限知性だけが本性によって所有する知へと、必然的に広がるのである。有限精神が獲得できるものをすべて越えて、神学は、われわれの内にでなく、「即自的に」、あるいはむしろ、自らの神的対象への同一性によって十全な神的知性の内で、措定されてある。この自己の明証性、そしてそこから派生する、すべての他者の明証性は、本性上、単に、神に割り当てられるだけでなく、神はそれを恩寵によって伝達する。このことは、他者に対する神の諸関係が、本質的に意志的な性格をもつという考えを前提している。

　無限な存在の現実存在についてスコトゥスが示した証明は、第一動因が意志によって、偶然的な仕方で、作用すると考えているのだから、神の自由に関する「哲学者たち」への反論を、神学への形而上学的導入に組み込むことができる。この結論が得られことにより、本質の必然性に惹かれる形而上学と、事実（すなわち、演繹することはできず、啓示されなければならない、神の自由の業《わざ》という事実）のほうを向いている神学との間に、断絶が現われる。かくして、救済の順序を設立する決定がなされ、最高の目的に達するに必要かつ充分なものとして、あれこれの諸手段が容認される。まずはじめになされる決定は、救済の決定、すなわち、人間全体——体と魂——を永遠の生命へと呼び寄せることによって、被造物をその至福において「非被造者」（神）へと結合する決定である（魂の不死性は、ドゥンス・スコトゥスの見るところ、哲学的に証明できるとは思われない）。恩寵によって被造物に伝達可能であるこの至福は、神の本性の直視に接合されており、まず〈御父〉の至福であり、その至福が〈御子〉と〈聖霊〉に永遠に伝達される。この伝達の必然性は、〈第一存在〉の無限性に劣らず必然的であるが、しかし、それは神にとって明瞭な必然性であって、人間にとっては、〈三位一体〉（神と子と聖霊とを一体となす伝達関係）は偶然的な一つの所与としてしか現われない。人間に対しては、たとえ信者であっても、神の本質は隠されたままである。

かくしてすべての教理は、事実的真理という性格をもっている。事実を演繹することは不可能であるが、しかし、一定の理解は不可能ではない。

　授業で教えられるスコトゥスのいわゆる〈キリスト中心主義〉について正しく判断するには、以上のような視点を踏まえなければならない。もし、普遍的秩序の最高作品である神的位格（ペルソナ）の受肉（イエス・キリスト）が、自ら許しを与える贖罪（救済）と贖罪が前提する罪とから独立した価値を、自分自身の内に自覚的に認識するとしても、それは、後世の合理主義（すなわち、最善世界の要素としての〈受肉〉によって創造の充足理由が与えられる合理主義）★08の文脈においてではない。〈創造〉、〈受肉〉、〈贖罪〉は、スコトゥスにおいて、意志あるいはむしろ〈愛〉の絶対的発意であって、意志は自身の外部に求めるべき正当性をもたず、〈愛〉の根源的偶然性が、〈愛〉によって贈与されるもの（〈創造〉、〈受肉〉、〈贖罪〉）の無償性と過剰性を、可能にしている。スコトゥスの神学は、神慮の内に入り込み、「神の心理学」と一体化するように見えるときでさえ、〈受肉〉において啓示される創造の意図を捉えたいと望んでいるだけである（愛徳は、〈受肉〉において、宇宙の意味そのものとして現前している）。キリストと聖母マリアが選民の最前列に位置づけられる運命（救霊予定）の秩序は、第一の意志については、これをいかなる運命にも服従させない。この意志そのものに内在する、この上なく自由な決定、それこそが、創造的〈生命〉のなかで理解される、救済の歴史の秩序そのものである。創造的〈生命〉こそが救済の源泉であり、創造的原理である自由は被造物にとって、あらゆる偶然の根拠であり、あらゆる自由の守り手である。点在するさまざまな問いのさまざまな結論を一瞥《いちべつ》のもとにまとめようとすると、〈啓示〉全体が、有限者と無限者との結合としての、キリストに収斂《しゅうれん》することがわかる。ドゥンス・スコトゥスはこの結合を、ある種の独創性をもって、ぬかりなく分析し、その際、有限者は、無限者に吸収されることなく、無限者へと差し向けることを、忘れずに指摘している。たしかに、〈受肉〉は〈三位一体〉へとわれわれを差し向ける。つまり、キリストは神であり〈御子〉であると認めることによって初めて、信仰は、理性がもつ諸概念を永遠の誕生の次元へと拡張することを理性に強い、神的本性に内在する「産出」を理解するよう理性に強いるのではないか。さらに、もし、理性の事実的能力をでなく、理性の本質を考えるならば、そうした強制はもはや表面的なものでしかなくなる。つまり、神学が形而上学に勧めるさまざまな務めによって真に強制されているのは、有限性に一切結びつけられていない諸限定、在るがままの存在の諸限定、にかかわる知の超越において、形而上学が、より一層、自己実現することなのである。

　神が自らを啓示することがなければ人間に知られないでいるはずの人間存在そのものの根底を、神は、自らを啓示することによって、人間に明かす。〈三位一体〉の教理と永遠の生命の告知とがあるおかげで、われわれは、自分たちが「神の像」であり、「神を受容できる」ことを認識できる。たしかに、哲学的理性は、われわれが自分の現在の状態についてもつ経験を、有効な仕方で分析することができる。しかしそれは、その状態が、人間の本質のさまざまな状態のうちの、一つの偶然的な状態にすぎず、しかも、なかでも最低の状態なのだ、ということを見過ごしている。救済の物語が教えているのはそういうことなのだ。救済の物語にアダムの罪の話が含まれていることによって、この物語は、なぜ、堕罪した人間が、自分の霊的次元を認識しない（むしろ、わかっているのに知らぬふりを決めこんでいる、といったほうがよいかもしれない）のかを、われわれに説明してくれている。人間存在についての哲学的分析を越えて、〈啓示〉は神学的人間学の根拠となる。この学は、恩寵の包容力を、人間の本性において、また、人間が獲得できるものすべてを越えて、人間に教示することによって、人間を「高邁にする」。恩寵、それは、とどのつまり、神そのものなのだ。聖フランシスコの最善観が、この神学的人間学にふたたび現われている。この人間学において、原罪は「良き報せ《しら》」を意味するのである。

［ポール・ヴィニョー（パリ高等研究学校指導教授）］

訳註

★01 Charles BALIC（一八九九〜一九七七）。クロアチア人のフランシスコ会士。教皇庁立聖母マリアアカデミアの創始者。スコトゥス研究で知られる。

★02 『メルロ＝ポンティ哲学者事典』第一巻「列伝項目」参照。

★03 『メルロ＝ポンティ哲学者事典』第三巻「列伝項目」参照。

★04 神と子と聖霊という三つの位階。

★05 『メルロ＝ポンティ哲学者事典』第三巻「列伝項目」参照。

★06 『旧約聖書』出エジ33・11、Iコリ13-17。

★07 『メルロ＝ポンティ哲学者事典』第一巻「列伝項目」参照。

★08 ライプニッツの最善世界説を指している。

［翻訳＝伊藤泰雄］

オッカム、ウィリアム

❖Guillaume d'OCCAM

1280〜1285?-1347〜1349?

ウイリアム・オッカムの名は、十四世紀前半を席巻している。彼の影響は、宗教改革が起こるまで、諸大学に対して最も大きな力を振るったものの一つであった。例えば、オッカムの弟子の一人で、「最後のスコラ学者」と称されるガブリエル・ビールについて、ルターは、あるとき、スコラ哲学の論争に言及して、ビールは「オッカム派の人」だと言った。

十四世紀に入って四半世紀すぎたころから、ウイリアム・オッカムの人生と作品に関する著作が増えている。いまなおオッカムの著作に意味不明なところが所々残るとしても、彼の人生の主要ないくつかの特徴ははっきりさせることができ、彼の人柄と思想を理解するのに役立つ。おそらく一二八〇年から一二九〇年の間にイギリスに生まれ、若くしてフランシスコ会に入会した。幼少期を終えようとするころには、論理学を教わっていた。彼の最初の講義と初期の著作は、アリストテレスの論理学と自然学の註解に順次費やされた。次に、十三世紀から十五世紀にかけての若い神学者たちが皆そうしたように、ペトルス・ロンバルドゥスの『命題集』を註解し、その過程で提示される問題を解くことに専念した。彼は『任意論集』（Quodlibet）のなかでそれらの問題のいくつかを採りあげているが、神学博士の学位を取得する時間はなかったようだ。一三一九年と一三二〇年にオクスフォードで行なわれた『命題集』に関する彼の講義は、特に大学総長（ジョン・ラタレル）から猛烈な批判を引き起こした。大学総長は大学と政治に係わる多くの問題を引き起こした後、事件をアヴィニョンの教皇の前にもちだすにいたり、ウイリアム・オッカムは自らを正当化するため、アヴィニョンに呼ばれた（一三二三年）。神学査問委員会が有罪判決を準備する間（しかし、この判決は下されなかったようだ）、オッカムはアヴィニョンの修道院でフランシスコ会総長チェセナのミケーレによる訪問を受けている（一三二七年十二月一日）。チェセナのミケーレは、キリストと使徒たち、そして聖フランシスコの弟子たちの財産所有と清貧性の問題に関して、教皇ヨハネス二十二世と対立していた。総長は、アヴィニョンを離れるならば破門すると教皇に脅され、逃亡を計った（一三二八年五月二十六日）。総長に付き従った数人の信徒のなかにオッカムもいた。かろうじて敵の手を逃れた一団は、エーグ・モルト（アヴィニョン南西約七十キロメートルの地中海沿岸の町）に入り、次いでイタリアのピサに辿り着いた。当時ピサは、ヨハネス二十二世と対立するバイエルン王ルートヴィヒ（四世）の支配下にあった。一三三〇年、バイエルン王がドイツに帰還したとき、教皇に反対するフランシスコ会士たちも王に従がってドイツに入った。

❖ Guillaume d'OCCAM

それ以降、オッカムはミュンヘンにいて、使徒的清貧性に関するフランシスコ会士の論争に介入すると同時に、教皇との戦いにバイエルンの側に立って参加し、三人の教皇(ヨハネス二十二世、ベネディクト十二世、クレメンス六世)に反対する教義上の戦いを率いた。

一三四二年十一月、オッカムは、死を間近にした総長チェセナのミケーレから、フランシスコ会の印璽を受け継いだ。しかし、次第に孤立を深め、六年後、オッカムはその印璽を新たな総長に返還し、教皇と和解する望みを表明した。しかし、この望みが達成される前に、彼は死去した(一三四七年)。

人生後半の二十年間に書かれた、本質的に論争を目的とした著作が残されているが、そこに示された彼の議論はきわめて錯綜したもので、悪口まじりで、深い情念が現われている。例えば、教皇の神権政治の主張に対するオッカムの憤り。神権政治の主張によれば、教皇はキリストから「十全な権力」を受け取ったのであり、これにより、物質的なものに対しても霊的なものに対しても、指揮権を与えられており、その権利を制限できるのは、ただ自然法則と啓示される掟だけである。これに対してオッカムは、福音の掟という伝統的な考えを「自由の掟」として持ち出すのであるが、それは、何をしても許されるということでなく、福音の掟はたしかに人間に一定の束縛を課すものであることを認めつつ、しかしその束縛は、旧約聖書の掟が課す束縛よりも軽いものであるということを主張している。「明らかに、キリスト教の掟は、モーセの戒めほど大きな隷従を含んでいない。しかし、もし教皇が、キリストの教えと命令とによって、十全な権力をもち、その権力に従って、教皇の権能が、物質的な事柄と霊的な事柄とにおいて、神の掟と自然法とに対立するもの以外のすべてのものに、権利上、例外なしに、拡張されるのであれば、キリスト教の掟は、旧約聖書の掟が課す服従より、比較できないくらいずっと大きな、恐るべき隷従の掟となるであろう」。まさに福音は旧約の掟から人間を解放しにきたのだ。こうした言葉で、キリスト教徒の自由を維持し、教皇の決定に対抗しうる修道会または「王国」(世俗権力)の権利を理解すること、それはただ、オッカムにとって、人間の力をすべて集めても限界があることを神権政治家たちに思い起こさせるためであり、彼らの同胞キリスト教徒が自然と神そのものとについて保持する「権利と自由」に抗して、キリストの権威を用いるのを禁じることであり、最後に、救世主キリストが、人類を引き受け、苦痛と死を引き受けることによって、自分自身に対しては拒絶した物質的な最高の力を、キリストの代理者にすぎない教皇がいかなる理由で保持しうるのかを、神権政治家たちに問いただすためである。フランシスコ会士の清貧性を擁護し、教皇権に対する「王国」の独立を擁護するのも、同じ精神に駆られてのことである。

自然主義、福音主義についても同様であるが、これに関しては、これらの語が、中世神学の歴史において、人間本性の現実性、一貫性、固有の価値についての認識を意味するという事情を考慮する必要がある。オッカム思想において、自然権は有力な概念であり、健全な理性と経験の上に築かれた自然倫理学は、「最も確かな」諸学の一つに数えられている。これは、今日、充分には注目されていない特徴で、オッカムは通常語られているより複雑な思想家である。ウイリアム・オッカムは、神学から自然とその秩序とを排除してしまうような、〈全能〉を主張する神学者ではない。また、唯名論者という語が、概念、普遍者、必然者に対する原理主義的懐疑を思わせるという意味では、唯名論者でもない。

アヴィニョンから逃亡したのち、オッカムが、宗教政治的な戦いで用いた論争の策略や思い切った論法は、もともと彼がオクスフォードで、その当時は互いに結びついていた哲学と神学の諸問題を議論するときに、用いたものだった。彼の教えのなかで最もよく知られているのは彼の唯名論である。われわれはここで、彼の諸作品を調べ、そこから得られる意味においてこの語を理解する必要があり、後の諸学説による解釈のなかでその語がまとったさまざまな意味をそこに混入しないように注意しなければならない。そう注意したうえで、われわれは、まさしく古典的な問いを検討することによって課される諸問題に、取り組むことができる。その古典的な問いとは、普遍者についての問いである。

中世におけるこの問題の位置づけを考えることによって、われわれは、アリストテレス、ポルフュリオス、ボエティウス、そして彼らを継承したアベラール以降の人たちの論理学的教養における、精神構造の根本に触れる。普遍者を扱うということは、位階をなす形で配列された種と類について問うことであり、種と類とに従がって精神は存在者を分類し、存在者の類と種とを明確化する。普遍者とは、多数の主語に〔共通に〕可能な述語を意味する。多数の主語に〔共通に〕可能な述語として、普遍者は、諸命題〔命題は名辞を組み合わせて作られる〕からなる学知に入り込む。命題と名辞は、文字として書かれたり、話されて聞かれたり、あるいは考えられるだけだったりする。言語の下に隠された思考は、こうした仕方で取り上げられ、言語に並行したものとして現われる。すべての精神に共通な、内的で自然な言葉、それはさまざまな国語の多様性を越え、人間の諸制度の多様性を越えるが、自然の多様性を越えるものではない。命題において、名辞が意味をもつとすれば、それは、名辞が代替するなにかしらのものの記号としてである。例えば「人間」という名辞は、「人間は一つの種である」という言明において、何を代替しているのか。なにかしら共通なものを代替している。では、その共通なものは実在するのかしないのか。この問いは、オッカムが証明したように、形而上学者に関わるのであって、論理学者には関わらない。論理学者として、概念の本性を明らかにし、精神における普遍者の存在様態を明らかにすることよりも、形而上学者として、普遍者が「魂の外部に」現実存在するのかしないのかを決定することが、問題なのだ。

この問いに対して、オッカム思想は、徹底的な否定をもって答える。われわれが、類や種について話すとき、例えば、「動物」とか「人間」を考えるとき、判明な実在（すなわち、唯一実在する個物——例えば、ソクラテスやプラトン——から、いかなる程度またはいかなる仕方でも、区別されない実在）が、われわれの外にあって、これらの名辞あるいは概念に対して対応しているということは、一切ない。もしわれわれが、精神の外部に、別々に、あるいは単一存在者（個物）の内部に、普遍者（以下、概念を意味すると考えられる）の実在をなんらかの仕方で認める学説をすべて実在論と呼ぶならば、トマス・アクィナスの実在論もドゥンス・スコトゥスの実在論も含めて、すべての実在論は、首尾一貫したアリストテレス主義において、拒否されなければならない。つまり、オッカムの唯名論には、反アリストテレス主義的なところは一切ない。こうした中世的な意味において、あらゆる実在論を拒否することは、根本的な明証性の力を示している。わけのわからない学説はしりぞき、事物そのものの権威に場所を譲り、それぞれの個物は完全に差異化されて、他の個物と共通の、差異化されていない基盤というものを一切もたないことになる。

とはいえ、われわれのもつ諸概念が、現実のなかに一切の根拠をもたない、まったくの作り話の身分におとしめられてしまうわけではない。ソクラテスが、ロバに対してより、プラトンに対して、より多く似ているのは確かである。しかしこの類似は、種的本性（この種的本性は、（たとえそういうものが存在するとしても）それぞれの種において、個体化原理によって変容されてしまうであろう）の相互的な同一性にその根拠があるわけではない。この類似は、個体化された存在そのものから、同様に個体化された他の存在そのものへと、一気に実現される。個体化された存在同士の間のこの共有関係は、普遍者の判明な根拠（すなわち、諸概念を本質的に区別する根拠）を現実のなかに見出すことを禁じている。しかし普遍者は、現実のなかで、実際に根拠づけられているのである。諸存在者の差異は別にして、諸存在者の類似を実在とみなす「共通本性」を仮定するのをやめるからといって、その類似が現実存在することを否定することにはならない。自然の分類を認め、普遍者の位階が表現している存在構造をその段階に応じて描き出すことは可能である。

普遍者は、諸事物の本性に取り組んでいる精神において、自然記号として存在しているのであり、ひとつの記号にすぎない。その普遍性は、それが述語として付されうる単一現実存在者（個物）において、差異化されていない存在論的層（スコトゥスの言う、無差別な本性のようなもの）へと、われわれを差し向けることはない。したがって、普遍者は、存在者に対して外的であるように思われる。普遍者は、

「名辞」であり「名前」であるにすぎず、名指された事物とはまったく別の記号にすぎない。こうした学説に、「唯名論」という呼び名が与えられるのは理にかなっている。

　この普遍者説は、デカルトが『哲学原理』でやはり扱うことになる区別の問題に対する解決をすでに予想している。その問題は、二つの事物の間で、または一つの事物の内部で、多によって構成される、単に「実在的」な区別についての問題である。[★01] スコトゥス主義者の言う「形相的」非同一性も、トマス主義者の言う「理性による」区別も、不可解である。いずれの考え方も、神の諸属性を、その数に応じて存在する諸完全性として、神そのものにおいて、区別することを許容している。こうした虚構がしりぞけられて、神の本質の単純性は、デカルトにおいてと同様に、オッカムにおいて、内的な区別（「理性による区別でさえ」）をすべて排除するのであり、もはや諸属性は、神の外に存在する「名前」でしかない。「名前」の多様性は、「名前」が神的現実性とは別のものを「含意する」という事実によって、説明される。単純かつ唯一の直観というものはわれわれに与えられておらず、われわれは、神性を理解するために、神的現実である事物そのものから出発しなければならないのだ。これは注目すべき帰結である。あらゆる分析に抵抗する単純性において、どのようにして、諸契機を識別し、一つの動機を想定するのか。もし神学者が、神自身として在る神のことを考えるならば、彼は、「神の心理学」（スコトゥス[★02]）を企てたりしないであろう。

　しかし、彼らの〈原理〉を考える前に、われわれは、事物とわれわれの諸概念とに戻ることにしよう。「実在的な」区別以外のすべての区別を否定するオッカム主義者について、亡きジャン・ラポルト[★03]は次のように書くことができた。この「理性による区別に対する批判は、十七世紀の大哲学者でこれを重視した者は誰もいないが、しかし、バークリーとヒュームが提出しなければならなかったような、抽象に対する批判の本質的原理を含んでいないわけではない。すなわち、現実存在できないと認識されるものを別々に、つまり、別々に与えられることができないと認識されるものを別々に、考えようと望むことには矛盾がある」。しかし、後世の経験論者たちとちがって、十四世紀のフランシスコ会士オッカムは、似かよった主張に根拠を与えるために、心理分析を必要としなかった。オッカムは、そのような主張の存在論的性格を受け入れたのだ。つまり彼は、無矛盾性という最高の要求に基づいて、それを根拠づけた。彼の著作では、論理的な、あるいはむしろ存在論的な、この原理が単独で介入することはない。実在的に区別される諸事物は、それらを分離できる力を前提して初めて、分離可能なものとして現われる。その力とは、神の〈全能（まったき力）〉であり、矛盾なく別々に考えられうるすべての他の対象を、別々に存在せしめる力である。協同すると同時に分離することができる諸事物についての存在論は、被造物の存在論に結びつき、そのようなものとして、根本的に創造主に依存する。すべてのものがその支配下に置かれている〈力〉の広大さと絶対性の観念によって、神学者であると同時に論理学者であるオッカムは、経験の対象が差し出すさまざまな結合関係を論証によって検証する手段を手に入れ、偶然的、遇有的な結合と、存在者の本質に属する必然的な結合とを見分ける手段を手にいれる。なぜ見分けることができるかというと、後者の必然的な結合は、その単一性（特異性）を判明に示す共通本性をそれ自身の内に携えていないが、その結合の定義を可能にする必然的に結合されたさまざまな特性を提示するからである。（非存在者についての）直観的認識または恩寵（要するに、自らを魂に贈与することによって、神が魂を受け入れること）に関するオッカム思想のパラドックスは、定義をめざして論証を進める上で生じた対処の仕方にすぎない。根底的に創造された世界において、「人間は動物である」という命題が、イデアの世界またはアヴェロエスの世界[★04]（この世界では種は永遠である）の場合と同じ必然性を示さないとしても、この命題が、仮説世界において、真であり必然的であることに変わりはない。すなわち、「もし人間が存在する（すなわち、現実存在する）ならば、人間は動物である」。神が人間存在を創造すると仮定すれば、神は人間存在を不可避的に動物として創造する。無矛盾なものすべてに広がるこの「力」の必然性が、被造物においてやはり働いているのである。

神の〈全能〉に提示される諸事物を思惟の支配下に置くということは、神がそれらを創造することの新しさのなかで、つまり、それらの存在を根底的な仕方で差異化するなかで、それらを神が観るように、それらを判断することである。なぜなら、実在論者たちの共通本性は、「神の力によってでさえ」、現実化することはできないからである。対象を創造されたものまたは創造可能なものとして考察することは、神学者として、信仰の目をもって、それを見ることである。オッカムにとって、啓示だけが全能の〈御父〉をわれわれに教える。至高の〈存在〉と〈善〉についての哲学的証明は、啓示の達する高みには達しない。

しかし、フランシスコ会士の神学者オッカムは、神の唯一の力と、神の〈自由〉の十全性を考えているわけではない。オッカムが、神の行為の自由な性格をこれほど強調するとしても、それは、神の行為の無償性を示すためではないだろうか。自然が問題であろうと、恩寵が問題であろうと、神は、強制されることなく、贈与する。オッカムは二つの秩序の区別を力説しており、最初の自然の秩序において、全能な第一「原因」は、実効的な（実際の効果を発揮する）第二原因の助けを必要としないのは明瞭である。もし、全能な第一「原因」が、実効的な第二原因の協働を求めるとすれば、それは第一「原因」が、協働を求めることを、強く望んでいるからである。神の効力は、すべてに対して充分でありうるはずだから、アリストテレス的なさまざまな本性からなる世界（これらの本性もまた動力因的である）の創造は、過剰な働きとして現われる。オッカム思想の神は、最も単純な道を通って働くマルブランシュ[★05]の神の対極に、あらかじめ位置している。オッカムにとって大切な家政〔節約〕の原理は、説明を求める人間にとってのみ価値をもつのであり、それは、自由と〈創造主〉による恩恵とを結びつけることはできないであろう。同じ恩恵が、救済〔これもまた過剰な働きである〕の秩序において現われる。ペトルス・ロンバルドゥス[★06]の有名な学説に関するオッカム思想の思弁が意味するのは、まさにそのようなものだと思われる。ペトルス・ロンバルドゥスの学説によれば、神愛の徳、義認〔罪を赦すこと〕の恩寵は、神そのものに他ならない。オッカムの人間学とルターの人間学とがどれほど対立するとしても〔オッカムの人間学は、道徳に関して人間本性がもつ力を評価する点において、根本的に楽観的である〕、ルターが神について言ったことを、われわれは、オッカムに従って、反復することができる。すなわち、神は「贈与、贈与そのもの、絶対の贈与」である。

〔ポール・ヴィニョー〈パリ高等研究学校指導教授〉〕

訳註

★01 デカルト『哲学原理』第一部六十節参照。
★02 『メルロ＝ポンティ哲学者事典』第一巻《肖像》参照。
★03 『メルロ＝ポンティ哲学者事典』第三巻「列伝項目」参照。
★04 『メルロ＝ポンティ哲学者事典』第一巻「列伝項目」参照。
★05 『メルロ＝ポンティ哲学者事典』第二巻《肖像》参照。
★06 『メルロ＝ポンティ哲学者事典』第一巻「列伝項目」参照。

〔翻訳＝伊藤泰雄〕

ビュリダン、ジャン

❖Jean BURIDAN　c.1300-c.1358

ベテューヌに生まれ、パリ大学総長となる。その知名度はビュリダンのロバ〔という喩え話〕のおかげなのだが、彼の著作にはその話のいかなる形跡も見当たらない。ビュリダンは唯名論を主張したが、おそらくそれほど正統的なものではなく、また師であるウィリアム・オッカムの懐疑主義を非難した。ビュリダンが特に関心をもっているのは自然哲学の研究であり、『自然学の問題』などの著作がある。彼の唯名論的批判は、アリストテレス主義的な力学の原理に挑むものだ。すなわち、ビュリダンがアリストテレスに反対しつつ証明するのは、動かすものが動くものに駆動力〔インペトゥス〕を刻印し、それによって動かされた物体は同一の方向へと自ら動くことができるわけである。ここに見ることができるのは、はっきりと機械論的な批判である。そのときビュリダンは、諸物体の運動の基本的所与を定義しようとしており、こうした努力はガリレイの物理学を告げているとともに、その反響はアルベルト・フォン・ザクセンをとおしてコペルニクスとレオナルド・ダ・ヴィンチにも受け継がれているだろう。［H. D.］

アルベルト・フォン・ザクセン

❖ALBERT DE SAXE　c.1316-1390

一三五三年にパリ大学総長となる。アルベルトは『アリストテレス「自然学」第八巻問題集』や『アリストテレス「天体宇宙論」〔問題集〕』という著作において、天体力学の問題を新たな仕方で示している。「大地は動いており、天は不動である」。ハルバーシュタット司教として没した。

オレーム、ニコル

❖Nicole ORESME　1320〔1330?〕-1382

カルヴァドスに生まれる。一三四八年にパリ大学学生、一三五六年にナヴァール学寮長となり、一三六一年にルーアン大聖堂参事会員となる。オレームは、シャルル五世のためにアリストテレスの著作を〔フランス語に〕翻訳し、また『天体地体論』という自分の〔ラテン語の〕著作で展開した天体力学の新説を、フランス語で広めている。彼はデカルト以前に、幾何学の座標をつかうことを考案した。リジュー司教として没した。

ダイイ〔アイイ〕、ピエール

❖Pierre d'AILLY　1350-1420

パリ大学総長、枢機卿。ピエール・ダイイによれば、「アリストテレスの哲学は学知の名に値するというよりもむしろ、臆見の名に値する」。彼は哲学・論理学・自然学に関する数多くの著書を残しており、そこにはウィリアム・オッカムの大きな影響が見られる。明証性にはさまざまな段階があり、思惟は蓋然的なもののなかを動いているのであって、神の存在を証明することはできないし、それどころか外的世界の存在を証明することさえできない。〈信仰〉こそが、蓋然性を確実性へと変えるのだ。ピエール・ダイイがもくろんでいるのは、アリストテレス主義的な世界観を打破することではなく、そうした世界観の諸限界をただ強調することである。実際あらゆる事物は、神の絶対的自由に依存しているのであり、神の「意志は、自らが欲することを決めるためのいかなる理由ももたないのである」。

〔H. D.〕

ルネサンス

ニコラウス・クザーヌス

❖NICOLAS DE CUES　1401-1464

＊『メルロ＝ポンティ哲学者事典』第一巻《肖像》参照。

フィチーノ、マルシリオ

❖Marsile FICIN　1433-1499

コジモ・デ・メディチから保護を受け、フィレンツェで学ぶ。プラトンの全作品を〔ラテン語に〕翻訳し、「偉大な人物たち」に大きな影響を与えた。彼らは哲学者、芸術家、政治家などであり、〔フィチーノによって創設されたフィレンツェ郊外の〕カレッジにあるプラトン・アカデミーに通っていた。たしかにフィチーノは、宗教的な説教の次に哲学を位置づけようとしているかもしれない〔彼の著書である『プラトン神学〔、魂の不滅性について〕』は、プラトンの『パイドン』をつかって、魂が不滅であることの証明を取り入れている〕。だが他方で彼は、新プラトン主義哲学を越えて、プラトンの深い意図を見出しているように思われる。新たに反省をとおして、人間は中心的とみなされながらも矛盾的な存在とされ、「無限のために創造された」その魂によって、その身体が住まっている世界から逃れるような存在とされる。人間とは主体であり、「地上の神」であって、人間の生は新たな価値を手に入れるのである。こうなると神秘主義がもたらすのは、もはやたんなる観想とか俗世の放棄とかではなく、創造的活動、学問や芸術、そして哲学となる。そこにおいて人間は神に類似することを目指し、神のうちに存在することを目指す。

〔H. D.〕

ニコラウス・クザーヌス

❖NICOLAS DE CUES

1401-1464

クザーヌスは「クースの」をラテン語に置き換えた名であり、クースは、ドイツのモーゼル河畔ベルンカステルに面した、葡萄栽培で知られる一帯にある町の名である。ニコラウスの父はクレープスと言い、生活にゆとりがあったにもかかわらず、船主を仕事にしていた。★01マンデルシャイト伯の庇護のもと、ニコラウスはオランダに送られ、「共住生活兄弟会」のもとで暮らしたという説もある。彼が寝起きしたのは、六十年後、エラスムスが、そこで自由七科の初等教育を受けることになるのと同じ建物であった。一四一六年、十五歳になってすぐ、ハイデルベルク大学の受講登録簿にその名が記され、彼はそこでローマ法と教会法（実際は哲学・自由学芸と考えられる）を学んだ。翌年イタリアに赴くと、ドイツ人として、とても親しみのある気候にすぐになじむのを感じた。教会法のほか、数学とおそらく医学も少し学んでいる。パドヴァに一年、ローマに一年、ついでケルンに滞在して教会法博士となったクザーヌスは、教皇特使オルシニの秘書となり、オルシニとともにラテン語写本の蒐集に励んだとも言われる。司祭に任じられた日付は定かではないが、訴訟の弁護をするためバーゼル公会議に出席したときには、コブレンツの聖フローリン聖堂の首席司祭であった（この訴訟は司教職を要求するマンデルシャイト伯の家族の訴訟であり、気の進まない訴訟であった）。★02

しかし、クザーヌスはすぐにもっと一般的な影響力をもつ論争に力を情熱を注ぐことになる。彼は、暦の更新に関する小論、公会議の議長の権限に関する論文、特に、「カトリックの和合」に関する三部の大著を「バーゼル公会議」に早速提出している。この時期、たしかに、ニコラウスは、ローマ教皇中心派に敵対する側に与していた。しかし、すべての権威の本当の基礎は人々の同意にあると彼は思っていた。彼が夢想したのは、忠実な信者たちが主任司祭を選び、ついでその主任司祭が司教を選び、その司教のなかから同じようにして枢機卿が招集される、そういう〈教会〉であった。それでこそ枢機卿は、すべての人々の真の代表者であり、教皇のまわりに国際〈議会〉を形成する。目に見える〈教会〉はクザーヌスの目には、教会かもしれない教会であるか、教会に近似する教会である。目に見える〈教会〉に聖なる霊が宿っていることの証《あかし》は、つねに異論の余地を残す伝統的な諸制度にではなく、むしろ、その教会が秩序と正義とに向かって行なうさまざまな努力が実を結ぶところに、現われる。公会議がその無力を露呈するにいたるや、ニコラウスは、教皇エウゲニウス四世こそギリシア正教徒との統一を実現する人物であると考え、決然として教皇の側に転じたの

❖ NICOLAS DE CUES

である。ギリシア正教との統一こそ、モーゼル河の船主の息子が初めから情熱を感じた平和の大仕事であった。一四三七年、彼は自らコンスタンチノープル（現在のイスタンブール）に赴き、東ローマ帝国皇帝と東方教会総主教をイタリアに招聘した。しかし、いずれの側も駆け引きしかほとんど考えておらず、フィレンツェで結ばれた束の間の東西両教会の合一は、コンスタンチノープルがトルコ軍によって陥落した後、破棄された。真の意味での合一の条件をつかんでいたのはほとんどクザーヌスだけであり、彼はすでにもっと気宇壮大な合一を構想していたのだ。実際、東ローマ帝国の砦がトルコ軍の手に落ちて間もなく、その間、サン・ピエトロ・イン・ヴィンコリ教会（「鎖につながれた聖ペトロ聖堂」）の枢機卿になっていたニコラウスは、ローマ教皇が東ローマ帝国皇帝たちの継承権をオスマントルコ皇帝に与える、という内容の有名な書簡を、友人である法王ピウス二世に提案している。

　クザーヌスの思いは、政治的な転換を捏造することでなく、イスラムとキリスト教が正々堂々と向かい合う場を設けることであったが、しかし、ここでもまた、クザーヌスの考えは裏切られた。アベラール[★03]の時代以来すでに、誠実な人たちの間では、共通理性を基盤として、対話が可能であるはずだという理想が、最上の精神をもった人間にとっては当然のことであった。しかしアベラールの対話（『哲学者、ユダヤ人、キリスト教徒の対話』）には、一人のユダヤ人、一人のキリスト教徒、そして一人の「哲学者」（すなわち、プラトニスト化したギリシア人）しか登場しなかった。すでにライムンドゥス・ルルス[★04]（一二三二〜一三一五年）によって対話は拡張されていた。彼は、アルジェリアの辺境の町マグレブにあって、自らの立場そのものによって、イスラムの賢者たちを問いただすことになった。シチリアでは、「不信仰者」ホーエンシュタウフェン朝のフリードリヒ二世の時代以来、イスラムとの接触が多くなり、十字軍によるイスラム教徒殺戮が必ずしも祝福されない面がすでにあった。ボッカチオの『三つの指輪』やレッシングの『賢者ナータン』の話のもとになった、「三人の詐欺師」という有名な伝承説話がある。モーセ、ムハンマド、キリストの三人が、かなり似通った三つの宗教を創設しながら、三人とも自分だけが本物だと言い張っているとすれば、この三人のうち嘘をつかなかった預言者をどうやって見分けることができるだろう。三人とも嘘つきだったということにはならないだろうか。これは疑り深い解釈だ。そうなると、もっと単純に、三人とも言っていることはそれなりに正しく、彼らがやってしまった唯一の間違いはその不寛容さであり、あるいはむしろ、狂信者になりたがる彼らの弟子たちの不寛容さである、と考えるほうがよいのではないか。たしかに、異なった宗教が互いに完全に平等であるという考えを、ローマ教会の一枢機卿が肯定するというようなことは期待できなかった。それははっきりしている。しかし、少なくとも、クザーヌスが〈コーランの精査〉を行なったときの口調は、伝統的な論争に見られる通常の悪口と奇妙な対照をなしている。冒頭からクザーヌスはわれわれに言う。自分は、「アラビア人たちの法典(コーラン)を理解するために、可能な限り、すべてを利用した」、そして、最上の翻訳をいろいろ手に入れ、アル－キンディーの[★05]『レサラ』を読み、正真正銘の「コーラン」のテキストを探しに、コンスタンチノープルにある複数のフランシスコ会図書館を調べた。人間の行為は善を等しく欲求するところからすべて生まれるのであるが、その善は、本性上、われわれのもつ概念の純粋な働きに対して接近不可能にとどまるという確信を得て、クザーヌスは、三つの「啓示」はつねに不十分なそれぞれの仕方で、われわれの有限な近似値が漸進的に輪郭を描く同じ真理を、表現していることを承認する。

その善についてわれわれが語るとき、われわれが互いにそれを聴き取るために、われわれはそれを神と呼ぶ。われわれが神に辿り着けるようにするさまざまな道について、モーセはそのなかの一つの道を示したが、その道は必ずしもすべての人たちが受け入れ、理解するものではなかった。キリストはこの道を照らし、完全なものにしたが、現在にいたるまで、多くの人たちがまだ不信仰のままでいる。ムハンマドは、すべての人々(偶像崇拝者でさえ)が同じこの道に近づけるようにするために、その道をもっとわかりやすい形で記述しようと努めた……。賢者と預言者たちは、これらとは別の記述を提案したが、上記の三者が、この道を書き記した最も有名なものである。

最後の一文に注意してほしい。預言者たちの啓示は多様であり、ほとんど無数である。実際、クザーヌス自身、『信仰の平和』という興味深い対話を書いており、この小さな地中海世界(この世界について彼は、『カトリックの和合』のなかで、この世界は自分の外に、人間世界の最大部分を置き忘れている、と注意している)をはるかに越えて、すべての国の人々が、いくつかの根本的な形而上学的真理について、どうすれば、容易に意見の一致をみることができるのかを、粗描している。彼の考えでは、それにはわずかの善意があれば十分であり、各国民が、さまざまな慣習(その大部分は、それぞれの歴史や気候の条件に依存している)を互いに尊重して、自分たちの法の独善的な表現や儀式を、偶然的なところも混じった単に部分的な真理にすぎないものとして、考えることに同意すれば足りるはずである。作者は、この和解が自然発生的に形成されると信じるほど世間知らずではない。しかし、人間たちは闘争状態にうんざりしてしまう可能性があるとホッブスがのちに思ったように、クザーヌス枢機卿はコンスタンチノープル占領の後、宗教戦争で生ずるあらゆる残虐行為がついには彼らの目を覚ますことを期待しているのである。それは、今日なお、純真な心の持ち主が、原子爆弾の脅威を前にして、抱いている夢である。★06 クザーヌスはさらにこの夢を、「神への熱情」に燃え立つ人に訪れる「直視」として、明白に述べている。その人は、天に心を奪われて、天使たちが駆けめぐるのを見る。天使たちはすべての国民の残忍な物語を神に伝え、神の憐れみを誘う。

宗教を口実にして、ほとんどの人間たちが互いに武器をとり、死への威嚇をもって新たな背教を互いに強いている。しかし、われわれは見る。すべてのひとが、自分たちの祭式における目に映る対象を越えて、あがめるのは、すべての事象の〈王〉である〈汝〉〔真の神〕だけなのだ。その結果、〈汝〉が原因となって、宗教戦争が生じる……。さまざまな儀式を通じて、彼らすべてがそれぞれに追い求めているのは、〈汝〉であり、さまざまな神の名を通じて、彼らが名を呼ぶのは「汝」なのだ。なぜなら、〈汝〉が〈汝自身〉においてあるならば、〈汝〉はすべての人に対して知られず、言葉で言い表せないままでありつづけるからである。

これに対して〈主〉は、〈人-神〉キリストの降臨によって平和の印をすでに与えたと、答える。そして、この答えを理解するためには、〈受肉〉に関するクザーヌスの理論をもっと詳しく研究しなければならないであろう。〈受肉〉は、現世を越えすぎもせず、越えなさすぎもしない、ほどほどの仕方で現われ、原罪に対する劇的な贖罪としてよりも、宇宙自身とその無限な原理との、極限における、合致として現われる。いずれにせよ、対話中ずっと、クザーヌスはキリスト教の教理をかなり哲学的な用語〔時として、スピノザやカントの表現にきわめて似た用語〕で示しており、ペルシア人でも、インド人でも、スキタイ人でも、これほど協調的な宗教を受け入れずにいられないはずである。

これらのテキストは、啓蒙思想の前史を記述した人たちによく知られている。そして実際、ある意味でクザーヌスは、人間本性に関して根本的な最善論を十八世紀の人たちと共有していながら、彼はその人間本性をまったく神的なものとして解釈しているのである。さらに彼は、国民たちの歴史的多様性とこの最善論の真理性〔誤ることも欺くこともないこと〕の具体的な諸根拠を、多くの「哲学者たち」より、おそらくずっと深く感じとっている。事の始めから、彼の基調テーマは「調和」であり、この概念は、協約や妥協というより、対立するものの全的な総合である。技術にとても関心のあったクザーヌスは、接ぎ木の例をなんども持ち出している。ドイツ人、それも良きドイツ人でありながら、モーゼル河畔の町からの旅人クザーヌスは、野生の樹木がその本来の強さを保つのと同じように、イタリアに接ぎ木されて順応し、もっと美味な果実をその地にもたらしたのである。これに加えて、最近の生命理論を考えてみなければならない。男女両性が生殖において協働できるのは、男性が女性の、女性が男性の、漠然とした諸特徴（あらかじめおおよそ作られている諸器官の形態においてこれらの諸特徴を認識することができる）を、それぞれの仕方で、互いに含んでいるからにほかならない。ご存じのように、女性を去勢された男性とみなすアリストテレスの古典的な考え方、つまり、女性の役割をたんに養分を供給する大地の役割に還元し、男性的な力のなかに完全にあらかじめ形成されてある（男性の）萌芽が、その大地において、養分を受け取って発育するのだ、という考え方ははるか昔の考え方である。

さて、実際のところ、クザーヌス枢機卿はその企ての大部分において挫折することになる。神聖ローマ帝国を横断して、ボヘミアからオランダに至る「教皇特使」を委任されたクザーヌスは、盲信や偽りの奇跡、また偶像と聖遺物の崇拝に、至るところで出会う。聖職者の金銭的堕落をたびたび目にして、告発するが無駄であった。リエージュでは、クザーヌスが自分たちの言葉を知らないという理由で、妻帯している司祭たちが、彼の話を聴こうとしなかった。フス派キリスト教徒との妥協交渉をまかされて、クザーヌスは、儀式と規律に関するあらゆる妥協案を準備して、ドイツ人とチェコ人を和解させようと努めたが、徒労に終わった。また、ブリクセンの司教となって、修道院改革をもくろむが、チロル大公の誠意のない態度にぶつかってしまう。平和を愛するクザーヌスは、戦いを強いられる。ブーヘンシュタインの森に閉じ込められたとき、強いられた余暇の慰みに数学に関する論考を起草し、そこで、極限問題に関してきわめて深い仕方で思索している。ローマ司教領の裁治者（ローマ司教総代理）に任じられるや、ただちに、大規模な浄化刷新（教会改革）を企てた。トルコ人がウィーンに迫りつつあった時期、人々の話題は十字軍の再開でもちきりだったが、クザーヌスは哲学的対話を重ねて、すべての人たち（トルコ人とキリスト教徒）に理解されるようつねに配慮し、合同国家の設立を目指して、当初からほとんど変わらない自分の思想に新しい表現を求めたのであった。しかし、クザーヌスの話に耳を貸す者はなかった。彼を信奉するイタリア人たち、例えば十六世紀初めにクザーヌスの著作を出版したルフェーヴル・デタープルのような人も、クザーヌスの著作からプラトン的側面しか採りあげなかった。諸宗教の調停をめざすクザーヌスのいくつかのテキストが、啓蒙時代に何人かの好事家の関心を惹いたことが、かろうじてあるにはあった。例えばシュレーゲルはクザーヌスの思想のほうがライプニッツより深いのを発見して、クザーヌスに心酔した。しかし、ドイツ人がクザーヌスという忘れられすぎた哲学者をその正当な位置に置きはじめるには、十九世紀末を待たなければならなかった。

ソクラテスと同様に、クザーヌスは人の目を覚まさせる人物として現われる。彼は自分の話を「聞いて」もらいたいのでなく、ただ他の人たちが「見る」のを手助けしたいと思っているだけなのだ。しかし、世界という大きな書物を読む[★07]ためには、目を開けているだけでは足りず、方法が必要である。そして方法を与えることのできる唯一のもの、それが数学である。無限者にまつわるすべての逆説に大きく場所を設ける数学。すべての形は、極限において、別の形に「変容する」。円周に内接する多角形は、角の数を際限なく増やせば、円周そのものと見分けられなくなる。逆に、その半径が無際限に増加する円の円周の諸部分は直線に漸近する。『学識ある無知』の作者クザーヌスは、概念的で質的な論理の代わりに、推移の方法を提案する。この方法においては、熱さは冷たさの上限（あるいは、下限といってもよいが）でしかなく、円と直線とは、もっと複雑な関係システムにおいては、一体化する。こうして宇宙はすべての「形象化可能な」構造を失うことになる。すでに十四世紀のオッカム主義者たちは、古代の宇宙論に対してきわめて重大な打撃を与えており、例えば、天界の自然学は地上界の自然学と性質を異にするという考え方をしりぞけていた。しかし、クザーヌスは、天界の自然学を「世界という機械[★08]（machina mundi）」に適用したように思われる。「世界という機械」という言葉は、無限球（いたるところに中心があり、どこにも円周がない球）を指すために偽‐錬金術が用いた古い言い方であり、パスカルがまったく同じ意味でこの言葉を採りあげなおすことになるが、その意味には伝統的なものは一切含まれていない。なぜなら、「世界という機械」というこの有名は表現は、ラブレーやリールのアラヌス、その他〔パスカル研究者の〕アヴェ[★09]がパスカル思想の源泉として名前を挙げた著者たちすべてにおいて、神しか意味しておらず、宇宙を意味しているのではなかったからである。

すべての固定点を失ったこの世界を前にして、パスカルは畏怖の念を抱くことになる。なぜなら、帰納の道は、ギリシア的発想による第一の「動者[★10]」に対して、すべてふさがれているからである。反対にクザーヌスはこうした新しい展望に魅了された。世界の真の中心、それは今や人間自身であり、人間だけが、幼年期の顔つきを失ったものに姿を与えることができる。「第二の神」という呼び名に値するのは人間だけであり、新プラトン派が語るデミウルゴス[★11]ではない。長期にわたる忍耐強い仕事によってこそ、人間の作品が歴史のなかで少しずつ実現するのである。この点について、クザーヌスは『形而上学』第一巻のアリストテレスをわずかに想起させ、常套句以上の表現で、ヘーゲルを予示している。クザーヌスにとって、真理の印は、段階的に不完全性が減少してゆき、最も不完全性が小さくなったときに与えられる完全性などでなく、目に見えない「火」のようなもの（精神の「推測する力」）が、たえず適切さを増す推測を通じて、有限者の中心に、微妙な仕方で現前することである。したがって哲学者たちはけっして同じことを語らず、それぞれ、多少とも展開されたことを、多少とも推測に基づいて、語るのである。それは、あらゆる宗教の神学者たちが、同一の、しかしそれ自体としては記述できない、啓示に接近したのと同じである。これは連続論者の考え方であり、むしろライプニッツを想わせる、と言われるであろう。そのとおりであろうが、対立するものの一致は、クザーヌスの場合、弁証法的な側面をもっている。なぜなら、対立するものの一致は、否定性または総合に場所を譲るからである。つまり対立するもの同士は、いずれも乗り越えられるために、互いにぶつかり合うのである。無知が「知」に変ずるのは、その無知が真の無知であるという条件を満たした場合のみである。

同時に、クザーヌスは進歩を信じている。彼は当時の諸発見(ガラスの裁断法、印刷)に興奮している。彼は、血液、体液、空気さえもの重さを計ることができ、海洋の深さを測定し、金属の「性質」にいたるまで測定する道具を提案するために、一つの対話をまるごと費やしている。人間は、天秤を用いるだけで、ペテン師にだまされず、さまざまな病を癒し、寿命を延ばし、人々の交易と平和な協働を容易にするであろう。さまざまな実験の結果すべてを合同会議で検討するために、諸君主に向けられた厳粛な呼びかけが、『イディオータ』の終わりに書かれている。この呼びかけは、デカルトが『方法序説』を最終部分に書いた呼びかけを思い起こさせる。こうした実験結果の収集によって、われわれは、「いまだ知られない多くの真理に容易に達する」ことができるとクザーヌスは書き、「私としては、この企てのために、あらゆる場所で、普及活動をし続けるであろう」と付け加えている。

クザーヌス枢機卿は、神人同型的な神々(人間に釣り合うように諸世界を造ったり統御したりすると想定される神々)をエピクロスが批判しているのを見て、エピクロスに関心をもち、エピクロスを擁護しているが、同時に、人間そのものをあらゆる事物の真の尺度とみなしたプロタゴラス[★12]を復権させもする。というのも人間は、丸裸で生まれるが、機織り技術を発見して、「生活を改善する」ことができる動物である。人間は、食物を火にかけ、馬を飼いならすことを、少しずつ学ぶ動物である。このように技術は多くの仕方で自然に付け加えられるのである。にもかかわらず、人間たちは不平等なままでいる。「多くの人々が悲しみのなかに生き、多くの人々が身体に囚われ、自分の身体のなかで苦しんでいる。他方、同じ人間で楽しい人生を送っている人たちもいる」。こうしたことは運命ではまったくない。クザーヌスが諦めの気持ちに訴えて社会問題を解決することはおよそない。というのも、文化とは、自然を乗り越えようとして人間がする仕事に他ならないからである。「才能のある人間」に祝福あれ。彼らは、「生活条件を改善するために」、あらゆる種類の方法を発明してくれた。機械技術、「種をまき、植えつける新たなやり方」、経済法則の研究、「教育手段」の発見によって。しかし、人間たちが互いに衝突し、互いに相手の弱みにつけこみあっているかぎり、そういう発見はどれも不十分である。クザーヌスが着想したような「宗教的平和」、つまり、帝国を作りなおし、そこに秩序と正義をもたらし、最終的に、すべての王国とすべての自由都市を連邦として組織し、その中心に一種の〈議会〉を置くことをめざして、バーゼル公会議で彼が提案した(しかし徒労に終わった)きわめて明確な企ては、単なる美しい夢でないと信じ込むのは、たしかに素朴であろう。しかし、いずれにせよ、この哲学者であり数学者である人物は、ユートピアを単に思いつきで吹聴する人間とは根本的に区別される。なぜなら、クザーヌスは、いかなる進歩も、経験と計算から出発するのでなければ、ありえないことを洞察したからである。〔モーリス・ド・ガンディヤック(ソルボンヌ大学教授)〕

訳註

★01 「船主」といっても、ただ船を所有して商売をするだけでなく、実際は、流通・問屋業を基盤にした、社会的に有力な人物であった。

★02 トリーア大司教の座をめぐって二重選挙が行なわれ、二人の人物が大司教に選ばれ、その一人が、ウルリヒ・フォン・マンデルシャイトであるが、この二重選挙についての教皇の裁定は、ウルリヒを斥けるものであった。つまり教皇の裁定にあらがうことになる。そのため、「気の進まない訴訟」であった。

★03 『メルロ=ポンティ哲学者事典』第一巻「列伝項目」参照。

★04 『メルロ=ポンティ哲学者事典』第一巻「列伝項目」参照。

★05 『メルロ=ポンティ哲学者事典』第一巻「列伝項目」参照。

★06 フランスは、一九四八年に原子力研究を開始し、一九五六年に原子爆弾実験と核融合研究の実施を決定している。

★07 『方法序説』第一部に出てくるデカルトの有名な言葉。

★08 『学識ある無知について』(山田桂三訳、平凡社ライブラリー)第二巻第十二章にある言葉。「『世界という機械』は、いわば到るところに中心を持ち、しかもどこにも周を持たないことになろう。なぜなら、その周と中心は神にほかならないが、神はいずこにもあり、しかもいずこにもあらぬからである」。

★09 パスカル研究者のErnest HAVET(1813-1889)を指すと思われる。

★10 アリストテレスの「第一の動者」(cf.『自然学』258b10-259a20.)を指す。

★11 プラトン『ティマイオス』の宇宙生成論に登場する造物主。

★12 『メルロ=ポンティ哲学者事典』第一巻「列伝項目」参照。

〔翻訳=伊藤泰雄〕

レオナルド・ダ・ヴィンチ

❖LÉONARD DE VINCI　1452-1519

おびただしい『手稿』が残されている。それが示すのは、あらゆることに対する好奇心であり、検討せずにはいられない欲求である。謎は精神をはぐくむもの、省察の対象は取り替えがたいものだ。レオナルドに関しては、これまで諸分野における技術者・専門家としての科学的成果がいくらか強調されてきたが、そうした業績は彼自身にとっては、絵画の実践にあたって必要な準備でしかなかったということは明白である。ヴァレリーに従うなら、彼にとって絵画はまさしく哲学の代わりとなるものである。なるほどそうかもしれない。しかしその哲学は、ヴァレリーが想像したのとはまったくちがったものであるはずだ。老いゆくレオナルドは絵画の計画・作業の完成をあきらめた。おそらく彼が関心を向けていたのは、成果を出すということよりも、絵画の活動をとおして経験と反省の起源そのものに遡るということなのである。人間は世界から目を背けるようなふりをし、思い切って道に迷わなければならない、そうしてようやく見ることに辿り着く。そのようにレオナルドは予感していたのだろう。〔H.D.〕

ピコ・デッラ・ミランドラ

❖PIC DE LA MIRANDOLE　1463-1494

彼がなしえたのは、まさに神学者を不快にするということである。ピコには、フィチーノとサヴォナローラの影響が結びついている。一四八六年に『〔九〇〇の〕論題』、〔一四八九年に〕『ヘプタプルス』〔『創世記』の創造の六日間についての注解〕を出版しており、そこでは聖書に関して、カバラーとイブン・ルシュドから霊感を受けた寓意的な解釈を提案する。さらに一四九一年には『存在者と一者について』を出版し、そこでは妥協を許さないような神秘主義思想を表明するが、何を述べているにせよ汎神論からはまったく遠いところに位置する。世界と人間の現象とを前にして驚嘆するピコの姿勢は、師であるフィチーノから受け継がれたものだ。いうなれば、人間はすべてを理解できるけれども、まさにそのことによって住んでいる世界とは無縁なのであり、ゆえに人間は世界において幸福を見つけることはできないだろう。またピコは、フィチーノがなおも実践していた占星術を批判している。人間は〈運命〉から逃れるのであって、どんな役割も定められていない。人間が有する実在性というのは、自分自身の力で、際限のない努力によって到達するものにほかならない。これこそ人間の魂を偉大にしている本質的な郷愁であり、人間の魂のうちに無限が存在することのしるしでもある。〔H.D.〕

ポンポナッツィ

❖POMPONAZZI　1462-1525

パドヴァ大学で教鞭をとる。そこではヴェネツィア共和国の保護があって、ポンポナッツィはまったく自由に自分の思想を表現することができた。この自由こそ、彼が大いに必要としたものである。言い換えるとポンポナッツィは、〈啓示〉にまったく関わることなしに人間を定義し、人間を位置づけようとしていたのではないだろうか。彼においても、またフィチーノやピコにおいても、魂に向けて魂自身について問いかけたり、魂を本質的な不安のうちに捉えたりするということは、もはや問題となっていない。人間とは肉の存在であって、その魂は感覚的世界と切り離すことができないもの、世界と同じように滅ぶべきものである(『霊魂不滅論』〔一五一六年出版〕)。なぜなら、思惟が働くのは感覚的なものと接触しているときだけであり、人間を定義しているものは、人間を世界に結びつける特有のつながりであるからだ。つまり人間は、万物の法則というもの、〈運命〉というものに従いつつ(『運命〔、自由意志、神の予定と摂理〕について』〔死後出版〕)、超越的な理想に応じてではなく、人類という種に固有の目的に応じて生きていかねばならないし、行動していかねばならない。〔H.D.〕

エラスムス

❖ÉRASME　1464(1467?)-1536

その時代を知的に支配した人物。エラスムスは古代の文献〔とりわけギリシア語の新約聖書〕を校訂するだけではなく、数多くの書簡や小冊子を残しており、それらが彼の独立不羈の精神をなしている。彼は大貴族たちの友人であり、〔ラテン語の〕教養文化に無知である教授連や「蛮族」を嫌っている(彼の『反蛮族論』を参照)。歴史学者たちはエラスムスに対して公正さを欠いており、彼が碩学であるとも思想家であるとも認めていない。だが実際には、エラスムスは近代的精神をもった最初の人物であり、それというのも彼の活動が多様だからである。人間が目指すべきことは、自分の状況や限界から逃れることではなくて、自分が多様性のなかとともに本質的統一性のなかにいるというふうに、自分自身を認識することである。自己の認識は他者の認識を経るし、方法は皮肉に満ちている。ここにあるのは、認識の方法であると同時に批判の方法である。そういうわけで、エラスムスはその著書である『痴愚神礼賛』〔一五一一年出版〕において二つの「痴愚」を区別しており、一方で人間性を否定するような痴愚と、他方で人間存在の条件そのものであるような痴愚を分けている。〔H.D.〕

マキアヴェッリ

❖MACHIAVEL　1469-1527

彼の著作よりも謎めいたものを読むことはめったにない。マキアヴェッリが書いたものの反響は、その両義性とともにあるように感じられる。それは例えば、『ティトゥス・リウィウス〔の最初の一〇巻〕についての論考〔＝ローマ史論〕』と『君主論』という書物に見ることができる。マキアヴェッリは政治の変動を理解しようと欲しつづけていたが、まさしくその政治的変動の犠牲となり、ほとんど無名のまま逆境のうちに没した。けれども彼は、政治的なやり取りの規則を発見していたのではないだろうか。マキアヴェッリは政治をひとつの自律した秩序として考えて、社会の「科学的」分析を提示しようと試みている。それによると社会というのは、人間のうちに起源をもつさまざまな力が対立する舞台である。こうした力は新たな君主も利用しており、そもそも君主が権力をもつのは、人々を操作する科学のおかげなのだ。政治家とは人間を対象として扱う技術者のことである。しかしながら、とりわけあるひとつの言葉についてはよく考察しなければならない。つまり、マキアヴェッリは「凶悪」という言葉によって、人民に対して取られた手段を述べているのである。そこからわかってくるのは、君主の役割は歴史の大筋に書き込まれるということであり、さらにまた、結局マキアヴェッリというシニカルな人物は共和主義者であるということだ。

〔H. D.〕

ベーメ、ヤーコプ

❖Jacob BOEHME　1571(1575?)-1624

伝統的には、神秘主義的思潮を代表する最後の偉大な人物とされる。この思潮は十三世紀終わりころ、ドイツでマイスター・エックハルトとともに始まった。ヤーコプ・ベーメはラウジッツの都市ゲルリッツで生涯を過ごしている。つまり当地で生まれ、靴匠となり、没した。彼の書いたもの〔主著は一六一二年の『曙光』、一六二四年の『キリストへの道』〕から見えてくるのは、はっきりと特徴づけるのが難しい学説であって、そこにはヨハネス・エックハルト〔＝マイスター・エックハルト〕の神学があると同時に、聖書やルター派の影響があり、さらにそれだけではなく、錬金術やパラケルススの影響もやはり大きい。とはいえベーメの主要な思想のひとつに関して言えば、ルター派が提示した救済論、すなわち〈恩寵〉だけの介入による救済論という考えは不十分なままである。ベーメにとって救済は、人間の魂の内的な生まれ変わりということを前提にしているが、それをもたらすことができるのは、神や創造についての深い省察のみである。こうした状況では当然、真の神智学というものにいたる、つまり哲学的反省よりも神話に近いような神智学というものにいたるであろう。神の照明は、神の意志を理解しようと欲する人間の魂のなかに住みにくる、そのようにベーメは固く信じており、その彼の出発点は、マイスター・エックハルトの出発点に近い否定神学なのだ。すなわち、まずはじめに存在するのは神であるが、神はあらゆる形容から逃れるし、自然本性も好みも名前ももっていない。被造物から見ると、神は無であるように思われるわけだ。そこからベーメにとって取り組むべき問題となるのは、この「無限の深淵」がどのようにして自らを現わすことができるのか、どのようにして天地を創造する具体的・人格的な神となることができるのかということである。彼によれば神は、本源的な「無底」から湧き起こる絶対的存在の暴力であって、彼が何度も繰り返すように、「然りは否を想定する」ということだ。ベーメがこの存在の意志から象徴的に推論するのは、三位一体〈神の意志、神の心、神の知性〉であり、そして自然である（無限の三位一体としての神は、その完全な一体性において知覚されようと欲し、それにいたるときに〈自然〉を生み出す）。次にベーメがパラケルススにもとづいて記述するのは、見える〈自然〉を無限の豊かなものとして構成するような七つの基本的特性である。このように実現されてきた〈宇宙〉には、二重の天地創造が起こったということができる。ひとつ目は〈聖霊たち〉の完全な世界で、これはルーキフェル（＝堕天使の長）の反乱のあとに破壊されてしまう。ふたつ目は今現実にある世界で、これは人間が支配している。人間はルーキフェルにより堕落させられて、動物の地位にまで身を落とすようになり、人間の救済を確実なものとするのは、キリストを模範にした生涯だけである。なぜなら人間のうちには、二つの魂が共存しているからだ。ひとつは滅びゆく汚れた感覚的な魂であり、もうひとつは滅ぶことのない知的な魂である。この知的魂こそ、自らのうちに神の形象を見出すことができ、神に遡ることができる。これは認識することのできない力、そして何よりも存在の意志なのであり、そこから創造が生じてくる。さらに、これは堕落を信じること、そして内省により完全となる〈照明〉を信頼することなのであり、この信頼によって被造物は神へと戻ろうとする。そうしたことがベーメの作品の主題である。たしかにそれははっきりしないものであるが、その影響はひそかながらも長いあいだ広がっており、例えばヘーゲルやショーペンハウアーにまでおよんでいる。

［M. C.］

パラケルスス
❖PARACELSE

1493-1541

放浪の生活を送る。医者。自分はヒッポクラテスの弟子であると表明する一方で、錬金術や魔術を進んで実践したので、同業の医者たちから敵意を向けられた。だがパラケルススの行なったことは、ドイツ神秘主義思想に重大な影響を与えている。彼によると、人間とは小宇宙であり、「世界という機械仕掛けが構成されている全体を抽出したもの」であって、病気のときにこそそのようなものとして感得される自然である。だが他方で、

「人間の認識は大宇宙の認識によってもたらされる」し、「医者よりも哲学者のほうが優先されなければならない」。医者は神の行ないに協力し、自然のはたらきに参与する。医者は病人を対象として扱ってはならないのであり、いわば人間というのは、その生命そのもの、時間性として定義されるような生命そのものなのだ。そして、人間は病気によって神と関わるようになり、病気の治癒はただ神からのみやってくる。このように医学は宗教へと開かれているわけだ。〔H.D.〕

カルダーノ、ジロラモ

❖Jérôme CARDAN　1501-1576

パリに生まれ、勉学を進める〔近年ではミラノに生まれたとされている〕。のちにイタリアに辿り着く。当時は医者として有名であり、パドヴァ学派の自然主義的な考えを信奉しつつも、秘術研究に傾いた。哲学者であるカルダーノは驚嘆しつづける。つまり彼は、世界において汲み尽くしがたい一連の出来事が起こることに驚き——それらの出来事の奥深くには統一性があり、しかもそれは無限の多様性をはっきりと表わしている——、さらにまた、驚くべき一連の出来事から彼自身の生命がつくられていることに驚くのだ。彼の自伝である『わが人生』にはいくらかのうぬぼれが見られるかもしれないが、それは彼が天才的ともいえる大風呂敷と抜け目のなさをそなえているからだ。カルダーノは数学に熱中しており、人間精神は分析によって神の行ないの一部を理解できるはずだと考えている。彼の著書である『大いなる術』には〔三次方程式の代数的解法が示されているが、そこに〕剽窃や捏造があると認めるのは難しい。カルダーノは数学分析における虚数の役割を予感しており、デカルト、フェルマー、そしてとりわけライプニッツなどは彼の考察を利用している。〔H.D.〕

ラムス、ペトルス〔フランス名ピエール・ド・ラ・ラメー〕

❖Pierre de LA RAMÉE　1515-1572

一五三六年に「文学士」の称号を得る。一五四三年に『アリストテレスについての批判的所見』を出版する。それを受けてフランソワ一世は、ラムスが「優れたことや本当のことをとがめている」という理由から、彼が大学で教授することを禁じた。しかし、アンリ二世は一五五一年にこの禁止を解き、ラムスはコレージュ・ド・フランスで一〇年間教鞭をとることになる。その後一五六二年にカルヴァン派に改宗して教授職をやめるが、〔一五六三年に〕アンボワーズの和平〔＝プロテスタント派とカトリック派とのあいだに交わされた平和条約〕が成立するとふたたび教授職に就く。一五六八年にはドイツを訪れ〔そこでラムス主義は大きな影響をおよぼした〕、さらにスイスに向かう〔そこでラムスは二年間教鞭をとった〕。彼は聖バルテルミの日の二日後に〔プロテスタント大虐殺の〕犠牲となる。そのための刺客を雇ったとして告発されたのは、ジャック・シャルパンティエという人物であり、ラムスに敵対していた熱烈なアリストテレス主義者である。

〔J.L.〕

テレージオ

❖TELESIO　1508〔1509?〕-1588

ルネサンスのイタリア・プラトン主義を代表する最初の人物。〔フランシス・〕ベーコンによれば、「新しい者たちのなかで首位に立つ人物」。テレージオは、パドヴァ学派においてすでにもてはやされていた普遍的アニミズムに従っている。しかし他方でパドヴァ学派とは異なって、アリストテレスに反対している。

ポステル、ギヨーム

❖Guillaume POSTEL　1510-1581

ノルマンディーに生まれ、パリに没する。プラトン主義哲学者。ポステルは、はじめサント＝バルブ学寮の使用人であった。その後、ラテン語・ギリシア語・ヘブライ語・アラビア語を習得するが、それは一五三五年、一五四七年頃、一五五三年と、三回ほど東洋をわたり歩いたからである。また一五三八年に、〔コレージュ・ド・フランスの前身である〕王立教授団の一員として教鞭をとるが、一五四二年には、大法官である〔ギヨーム・〕ポワイエを擁護したかどでフランソワ一世から解任される。その後ポステルはローマに赴き、司祭として叙階されており、少しのあいだイエズス会に加わっている。さらに一五四七年、修道女であるジョヴァンナという人物に味方して、彼女は〈聖霊〉から霊感を授かった幻視者だと述べている。ポステルはその著書である『世界和合論』（一五四二年）のなかで、パドヴァ学派とは異なって理性的宗教の研究を進めており、彼に従えば、パドヴァ学派は「行動することを強いられる者として神を示しているので、ついには神を否定することになる」という。一五六二年に、ポステルはサン＝マルタン＝デ＝シャン修道院に監禁されたまま没する。

〔J.L.〕

ボダン、ジャン

❖Jean BODIN　1530-1596

プラトン主義哲学者。ボダンは『国家論』という著作でマキアヴェッリに反論をしている。またカルメル会において誓願を行ない、宗教に関しては『七賢人の対話』という著書を執筆している。そこではボダンの混合主義がはっきりと表われており、さまざまな宗教から引き出されるべきなのは、「神へと向けられた純粋精神のまなざしにほかならないような宗教」である。

シャロン、ピエール

❖Pierre CHARRON　1541-1603

主著は『知恵論』〔一六〇一年出版〕である。そのなかでシャロンは、友人であるモンテーニュの思想を護教論に利用している。人間の矛盾する本性を説明することができ、われわれの真理への要請を満足させることができるのは、ただキリスト教のみである。とはいえ、懐疑主義から信仰へと通じていく道は、道徳論を経なければならない。実際にシャロンは、あらゆる哲学や宗教から独立した道徳論を打ち立てようとした。われわれは、判断の自由、そして意志の自由によってこそ、情念・誤謬・悪徳といったものを脱する。すなわちわれわれは、「天国がなくても地獄がなくても」、数多くの異教徒が述べている知恵をとおして平和を手にすることができる。そしてこの知恵というのは、神を証明するような知恵、宗教により栄誉が与えられるような知恵なのであって、モンテーニュが手に入れようとした内的均衡に近いというよりも、ストア哲学の「恒心」にさらに近いものである。こうした道徳論は、のちにデカルトやジャンセニスム〔＝十七・十八世紀においてアウグスティヌスの流れを汲む厳格な神学教義〕によって評価されることにもなるが、しかしまさにその道徳論のために、シャロン自身は無神論の罪で告発されてしまう。

〔H.D.〕

ファン・デ・ラ・クルス〈聖〉〔十字架のヨハネ〕

❖Saint JEAN DE LA CROIX　1542-1591

文学的研究に専心し、その後はアビラの聖テレサによって開始されたカルメル会の改革に身を投じる。だがファン・デ・ラ・クルスが行なった活動は、徹底的な神秘主義の要請に見合ったものと言える。中世全体をとおして〈信仰〉と哲学的省察はともに存在していたけれども、ファンにおいて両者は切り離されることになる。彼はあらゆる反省とあらゆる知覚を越えた〔またはそれらの手前にある？〕認識という道を発見したのであり、この探究の道は、いかなる発見があっても完成されることのないものである。そのとき、神秘的経験はすべての内容がなくなり、自分の形式を目的とするようになる。つまり神秘的経験は、経験そのものについての、そして経験の条件についての経験――さらにその批判――となるし、それ自体表現の行為をとおしてのみ捉えうるような経験となるのだ。こうした経験は、ファンが記した『カルメル山登攀』や『暗夜』という詩作においてのみ、またそれらの詩作によってのみ捉えうるわけである。真理というのは切り立った険しい道と同一のものであり、この道はいわば詩的創造の道でもある。そうした道を通ることで、魂は根源的な夜へと辿り着き、深淵に陥り、ついには神そのものとなっていくのだ。

〔H.D.〕

リプシウス、ユストゥス

❖Juste LIPSE　1547-1606

ブラバンに生まれる。ケルンのイエズス会修道院で学んだあと、ルーヴェン大学で学ぶ。リプシウスは〔枢機卿グランヴェルに随行して〕ローマに滞在し、その後ドイツに滞在しており、ドイツではキリスト教放棄の宣誓をした。イエーナ大学、ライデン大学、ルーヴェン大学とつづけて教職に就き、キリスト教と和解してルーヴェンに没する。リプシウスは数多くのラテン語著作〔タキトゥスやセネカなど〕を校訂し、自身の著作としては、『政治学または市民の学説』〔一五八九年出版〕や『唯一の宗教について』〔一五九〇年出版〕などの論考を執筆した。彼によると、「存在するのはただひとつの宗派のみ……真理の伴侶であるような……折衷主義的な宗派のみなのだ」。

デュ・ヴェール、ギヨーム

❖Guillaume DU VAIR　1556-1621

一五九五年にプロヴァンス高等法院の裁判長を務める。デュ・ヴェールは、高等法院の上級裁判官になったり〔一五八六年〕、大法官になったりして〔一六一六年〕、そのあと一六一七年にはリジュー司教に任命された。トナンに没する。それはネラックの司教座に向かう途中で、彼を叙階したルイ十三世に随行していたときのことであった。デュ・ヴェールは、エピクテトス『提要』の優れた翻訳を行なったことで知られており、また、彼自身の残した『恒心論』や『聖なる哲学』や『ストア主義の道徳哲学』といった著作は、ピエール・シャロンの『知恵論』に大きな影響を与えた。

ブルーノ、ジョルダーノ

❖Giordano BRUNO　1548-1600

若いころはドミニコ会修道士であったが、世界を知るためにまもなく修道院から立ち去る。ブルーノは一時宗教改革に興味をもつが、とはいえ〔カルヴァンのような〕厳格主義には近さをほとんど感じなかったし、彼にとって重要であったのは、ルターのような信仰というよりもむしろ、大いなる〈自然〉に内在している神との叙情的な一致である。また彼はニコラウス・クザーヌスを熱狂的に支持し、世界には中心も周縁もないと考えているが、その一方では古代宇宙論に対抗しようとして、コペルニクス的な体系を伝えている。すなわち、コペルニクスの理論を熱っぽく擁護するために、数学に皮肉をたっぷり織り交ぜながら、力強く味わいをもった言葉によって、このナポリ出身の哲学者は語るのだ。

しかしながら、ブルーノが支持を得ることになったのはイタリアではない。ロンドンでは駐英フランス大使である〔ミシェル・ド・〕カステルノーに保護されながら、そのあとにはチューリヒでも執筆を行ない、最も重要な著作の数々が、はじめはイタリア語で、次にはラテン語で書かれている。例えば宇宙についての対話、愛についての対話があり、さらに『形而上学用語大全』があって、これによってブルーノはルルスの後継者として、ライプニッツを準備することになる。

ブルーノは不用意にもイタリアに戻り、異端審問にかけられてしまう。四十五歳のときに投獄されて、一六〇〇年に火刑に処せられる。ブルーノは真なる「体系」をつくり上げることができないままであったが、もしかすると彼の暗示的な断片の数々のほうが、見事な概念体系よりも大きな意義をもっているのかもしれない。そのうえ、ブルーノの思想においてまったく新たなものは何もなくて、唯一挙げられるとすれば、まねのしようがない文体である。彼に根本的な主題を与えてくれたのは、ピュタゴラス主義者たち、そしてとりわけ後期プラトン主義者たちであって、それゆえ彼は、神があらゆる統一性を生み出す〈統一性〉であるという考えを得た。たしかにこうした表現は、中世の文書において多く見つけることができる。だがブルーノは、第一の源泉が無限の豊かさをもっているということ、さらに宇宙全体は限界のない力に満たされてさまざまにきらめいているということを、ほかの誰よりも鋭敏に感知しているのである。

ブルーノは枢機卿クザーヌスの思想から、可能態の考えを取り入れている。言い換えると、質料と形相は同じ力動的なものに参与しており、この力動というのは、制作する力であると同時に生成する可能性でもあるということだ。しかし、ブルーノはコペルニクスの弟子であろうとしているけれども、ガリレイやデカルトのような科学に対しては、クザーヌスよりもはるか遠くに位置している。というのもプラトン主義者と同じように、天体のうちに生きた魂を見ているし、「第一知性」が宇宙全体に発露していることについて、生きた魂はわれわれ人間の魂よりもよく分有すると考えているからである。彼の矛盾がどこにあるかといえば、宇宙が有限であるというプトレマイオスの論にとってしか通用しない見方を、古代思想から取り入れてきたところにある。たしかに宇宙の中心に〈火〉があるという古いピュタゴラス主義的な考えを刷新するという条件さえ満たすならば、そうした見方は太陽中心説と一致しうるかもしれない。だがブルーノには、あまりに深くクザーヌスの理論が入り込んでいたものだから、そのように進めてみようという気持ちは起こらなかった。とはいえ、諸天体が一定の中心をめぐって永遠に輪を描き、秩序をもって配列されるものではもはやなくなってしまうとしたら、そして諸天体の運動が第一の天のまったく単純な回転運動に依存するものではもはやなくなってしまうとしたら、天体はそのとき、どのようにして知解可能なものを神的な力で伝達するというのだろうか。ブルーノは、大地は「聖体の秘跡をもたらす愚か者」に似ており、それゆえ人間よりも価値が低いということをほのめかしながら、クザーヌス的な人文主義という重要な主題を取り戻している。ここにカッシーラーは、真の神的中心は人間そのものでありうるといった世界観があることを認めて、ブルーノを称賛している。たしかに、ブルーノにおいてこの世界観はまだ萌芽の状態でしかないということ、またプラトン主義の残滓によって彼の直観は枯渇していくということは認めるべきだろう。しかし彼は、プラトン主義により力を奪われた放浪の修道士であるばかりではなく、それと同時に、イタリア・ルネサンスの最も力あふれる詩人でもある。〔M.G.〕

カンパネッラ、トマーゾ

❖Tommaso CAMPANELLA 1568-1639

カラブリアに生まれる。ドミニコ会修道士。一般的には、カンパネッラの『太陽の都』〔一六〇二〕よりもトマス・モアの『ユートピア』〔一五一六〕のほうが多く読まれているだろう。またカンパネッラは、妄想にふける人物としばしばみなされているが、実はそのユートピア思想は、モアの思想よりも「近代的」である。というのも彼は、当時の多くの人々と同じように、世界が宗教的・政治的に統一されることを夢見ていたとしても、自分の時代に対してしっかりと目を開き、人々が気づかないものを見つけることができたからである。つまり、進歩が約束されており、それは人間の仕事、科学の進展、技術の勝利に基づいていると考えるのである。

カンパネッラは若くしてドミニコ会に入会し、知識への欲求に燃え立つ。テレージオを師として、当時支配的であったアリストテレス主義哲学に対抗しようとする。他方で彼の主張した生物学的生気論は、魔術的な要素を受け入れ占星術を再評価しながらも、より科学的な観察へと入れ替わっていく。クザーヌスと同じように、〈自然〉の書物と学者たちの見解が対立するものであるというふうに捉え、哲学が「感覚によって論証される」べきだというふうに考えている。とはいいつつも、たんなる「感覚論」からは逃れようとしており、アウグスティヌスから〈コギト〉の優位という議論を取り入れることで、デカルトの哲学を準備している。たしかにカンパネッラのさまざまな思想をつないでいる概念は、神のイデアというよりもむしろ〈宇宙〉の存在そのものであって、そこには個人の魂におけるのと同じように内在性が、しかも〈力〉・〈知恵〉・〈愛〉として定義される三位一体の内在性が見出される。彼はプロティノスとともにグノーシス主義の二元論を拒みながら、質料のなかにまで充実への欲望というものを発見しており、この欲望があるからこそ、彼の政治的著作は楽観主義的な側面をもつわけだ。

いずれにしてもカンパネッラの公的生活は、あまりに早急な企てによって始まる。イタリア各地を十年間旅行したのち、生地であるカラブリアの町スティーロのドミニコ会修道院に戻り、一五九九年ころ民衆蜂起の指導者となる。ちなみにこの蜂起を率いていたのは、ほぼすべて修道士たちであった。占星術によって星のめぐりが語るところによれば、ナポリを支配しているスペインの副王を追い出して、福音にかなう〈教会〉を打ち立てるべきときがやってきたというわけである。トルコ人たちもこの意見に好意的で、蜂起した民衆に武器を提供している。だが結局は「治安部隊」が勝利し、革命をもたらそうとした修道士たちはスペイン副王の牢獄で長い苦難を味わうことになった。カンパネッラは二十七年間をこの牢獄で過ごしたわけだが、ここで多くの詩と哲学的著作を残している。そのさいにも自分の運勢を信じつづけており、彼自身が見事なソネットで書き記しているように、「無知を根絶する」という使命に誇りを感じている。

〔一六二一年〕スペイン王フェリペ三世の死去によって、カンパネッラは解放されてローマに身を落ち着ける。そして大きな政治的構想を抱きはじめるが、その草稿は『イタリア諸侯にささげる辞』のなかに見つけることができる。スペインが大洋を越えてナポリを征服していることに衝撃を受け、マドリードこそ世界を統一する運命にあるのではないかと想像する。ただし、スペインの王はやはりイタリア国民を評価せねばならないし、偉大な人文主義者たちに協力せねばならない。もちろんこれは、妄想とも言える希望だ。そのような主張をつづけるカンパネッラは、ローマにおいてさえも自分は疑われていると感じるようになり、フランスに亡命する。そのような彼は、〔すでに〕『太陽の都』という著書を執筆していた。この都はテオクラシー〔＝神権による統治〕が行なわれる奇妙な都市で、そこを統治するのは、哲学者でありかつ司祭であって、またそれと同時に医者でありかつ技術者であるような人物だ。さらに都市の壁ごとに巨大な掲示があって、そこには人間の知のすべてが要約されている。ここからカンパネッラは教育学にも関心をもち、きわめて近代的な方法を先取りしているということがわかるだろう。とりわけ注目すべきことに、彼は経済問題を解決するにあたり、牧歌的な理想のように質素な生活を行なおうとするのではなく、風力をつかったトラクターによって農業の生産性を上げようとする。また医術というものによって、さまざまな結びつきは規制を定められ、競走馬が選ばれるように人間は選抜される。このようにカンパネッラは、たくさんの新しい発明を待ち望んでおり、それによって人間が自然の「支配者」そして「所有者」となることが可能であることを期待しているのだ。さまざまな点から見て、先導者カンパネッラは、十八世紀的な意味での「哲学者」ということができる。

〔M. G.〕

補記

メルロ＝ポンティが、本事典のために編集した「キリスト教と哲学」には、彼自身による同タイトルの「キリスト教と哲学」と題する小論、そして、それに続いて、アウグスティヌス、トマス・アクィナス、スコトゥス、オッカム、ニコラウス・クザーヌスの《肖像》が収録されている。また「列伝項目」のなかにも関連する思想家が紹介される。その執筆陣は次のとおりである。

「キリスト教と哲学」……………モーリス・メルロ＝ポンティ
「アウグスティヌス」……………ポール・ヴィニョー
「トマス・アクィナス」…………オリヴィエ・ラコンブ
「ドゥンス・スコトゥス」………ポール・ヴィニョー
「オッカム」………………………ポール・ヴィニョー
「ニコラウス・クザーヌス」……モーリス・ド・ガンディヤック

ポール・ヴィニョー（Paul VIGNAUX, 1904-1987）、オリヴィエ・ラコンブ（Olivie LACOMBE, 1904-2001）、モーリス・ド・ガンディヤック（Maurice de GANDILLAC, 1906-2006）の三名を並べてみると、メルロ＝ポンティ（1908-1961）と同世代の人々である。ちなみに、「列伝項目」で数多くの項を担当しているH.D.こと美術史家ユベール・ダミッシュ（Hubert DAMISCH, 1928-）は、当時二十代で、パリ大学でメルロ＝ポンティから哲学の指導を受けていた。日本でも『パリスの審判』（ありな書房、一九九八）や『雲の理論』（法政大学出版局、二〇〇八）などの著者としてよく知られているダミッシュの隠れた仕事としても興味深いが、ここでは、メルロ＝ポンティと同世代の、《肖像》の執筆陣について特に述べておきたい。

ポール・ヴィニョーは中世哲学研究（特に唯名論の研究）で知られ、またモーリス・ド・ガンディヤックは中世・ルネサンス哲学研究（特にクザーヌス研究）で知られている。これに対して、オリヴィエ・ラコンブは、著作を見る限り中世哲学研究者というよりも、むしろ、明らかにインド哲学研究者、もしくは比較哲学研究者である。★01

しかし、ラコンブが「トマス・アクィナス」を執筆しているところに、メルロ＝ポンティの「キリスト教と哲学」の編集の特徴が良く示されているとも言える。ラコンブを、中世哲学、とりわけトマス・アクィナスと結びつけるものは、ジャック・マリタン(Jacques MARITAIN, 1882-1973)である。ラコンブは、若いころからマリタンと親しく交流していた。[★02] 後の「ジャック・マリタン、ライサ・マリタン研究協会」(Cercle d'études Jacques et Raïssa Maritain：一九六二年に創設される)の設立メンバーであり、一九九〇年まで初代会長を務めた。マリタンは、エティエンヌ・ジルソン(Étienne Henri GILSON, 1884-1978)と並ぶ、フランスの中世哲学研究、とりわけトマス研究を推進した中心人物である(ジルソンについてはまた後で触れる)。

マリタンはベルクソンの講義を受け、哲学研究の道に進むが、友人で作家のL・H・M・ブロアの感化によってカトリックの信仰に入り、トマス・アクィナス研究に没頭した。マリタンは、トマスの立場から近代ヒューマニズムの限界を明らかにし、人間の尊厳および人格を、トマス的な超自然性および共通善＝公共善の観点から論じるとともに、現実社会に対して哲学的批判・吟味と社会的行動を通じて、積極的に参与し発言していった。一例をあげれば一九三四年には、当時のファシズム的全体主義に反対して『公共善のために：キリスト者の責任と現代』(*Pour le bien commun: les responsabilités du chrétien et le moment présent*)という小冊子を出版している。[★03] これにはジルソンのほか、本書の執筆者のラコンブ、ガンディヤックも参加している。[★04] このような社会的発信は、一九二〇年代に始まり、マリタン自身も積極的に関わった「カトリックアクション」(Action catholique)と呼ばれる当時の社会運動と結びつけてみることができよう。とりわけ、ポール・ヴィニョーは「カトリックアクション」の一環に位置づけられる「青年キリスト教労働者」(Jeunesse ouvrière chrétienne：JOC)に参加し、その後、「フランスキリスト教労働者組合」(Confédération française des travailleurs chrétiens：CFTC)などを経て、政治活動にも参加している。

ここで、本書において「トマス・アクィナス」を執筆しているラコンブに話を戻すと、彼の研究領域は、研究業績として遺されたものを見る限り、広い意味でのインド哲学および比較哲学研究であり、それだけを見れば、なぜ彼に「トマス・アクィナス」の執筆が任されたのかを理解することは難しいかもしれない。しかし、彼のマリタンとの関係、そして、そのなかで培われた哲学的問題意識を踏まえるならば、ある種の必然性をそこに推定することは困難ではないだろう。

ところで、ラコンブとマリタンとの深い結びつきは、吉満義彦(一九〇四〜四五年)の証言にその辺りの消息をたずねることができる。

吉満義彦は岩下壮一と並んで、日本における中世哲学研究、トマス研究の先駆者と呼ぶことができよう。吉満義彦はマリタンと親しく交流し、その著作を翻訳し日本に紹介している。吉満は「神秘主義：ミスティク」を扱った論文中でラコンブを「ムードンの日の友」と呼んでいる。[05]「ムードン」とはマリタンの家の所在するパリ近郊のMeudonを指している。マリタンは自宅をサロンとして開いていた。吉満は一九二八〜三〇年にフランスに留学し、マリタンのもとで学んだ。そのときにラコンブともマリタン宅で交流をもっていたのであり、論文中で「十数年前」のラコンブとの交流が回顧されている。[06]そこで吉満は、ラコンブがウパニシャッド哲学などに基づいて論じる「自然的ミスティク」（mystique naturelle）に言及する。[07]これはその後で吉満が述べる「超自然的恩寵体験のミスティク」と対比される（すなわちトマス的な枠組みで恩寵・超自然と自然とが対比されている）。

やや立ち入った話になるが、「自然的ミスティク」は、そこで、インド哲学やヨーガのほか、プロティノスや、イスラームのスーフィズムにも言及されているとおり、特定の時代・地域の個別の宗教思想としてではなく、「人間精神性の形而上学の問題」の在処として、人間の根源的実存の問題として主題化される。[08]「自然的ミスティク」とは、「絶対者」や「根源的一」と言われるような「実存の根源者」に、人間存在が自らの「実存」において「直接せんとする宗教実存性」を明らかにするものであるとともに、「『神に至るまで憩ひを得ざる』所造的実存の究極的精神努力の形而上学的営み」として理解される。[09]「自然的ミスティク」は「恩寵的超自然的可能性の手前」における「内面化」「霊性化」であり、その限りでの「宗教性の実存的体験知」の探求と努力を意味している。つまり、同時に、そこでは「人間的可能の限界性がその実存体験自らの内に告白される」のであり、そこに「超自然的ミスティクへの要請」が生じるのである。[10]その際、吉満はラコンブの『ヴァガドギータ』註解から次の一節を引いて、「『選ばれたる人達は彼らの自らの存在の充実を越へた神聖なる実在のこの過剰付加においてしか憩ひと喜びを得ぬ』と言ふものに正しく『自然的ミスティク』の告白が見られる如くに思ふ」と述べている。[11]

こうした「自然的ミスティク」の理解がマリタンにもあることを吉満は指摘する。というのも、実は、吉満の引くラコンブ論文が掲載されているまさに同じ雑誌でマリタンも「自然的ミスティク」を論じているのである。吉満はそれを踏まえている。なお、ラコンブとマリタン論文が掲載されていたのは一九三八年の『カルメル会研究』（Études Carmélitaines, 1938）であり、マリタン論文の直後にラコンブ論文が続く掲載順である。[12]吉満は論文中で、そのラコンブ、マリタン二人の名を並べ、「今日マリタンやラコンブなどの如きトミスト的思惟において、印度宗教性思想体験における自然的ミスティクの可能」が探求されているとする。

「トミスト的思惟」と呼ばれているものを、ここでごく簡潔に言い換えるならば、それは自然と超自然・恩寵の《間》に明確な区分を引くが、しかし、その《間》を絶望的な断絶・空隙と見るのではなく、むしろ、その《間》のなかに乖離と連繫の双方向的なダイナミズムをみとめ、恩寵による自然の完成、自然の内にひらかれた超越に向けて、人間の根本的実存をその《間》のうちに探求するものである、と言い換えておきたい。

この《間》は、また、自然と恩寵だけでなく、理性と信仰、哲学と神学・啓示が互いにひしめき合う《間》となっている。マリタンとラコンブは「自然的ミスティク」について語るさい、自然・理性・哲学の側から、その汽水域のような《間》のなかをめぐりつつ、人間存在の根源的実在との直接性に至る可能性のぎりぎりの限界を明らかにしようとするのである。すなわち、先に示したように、「自然的ミスティク」は「恩寵的超自然的可能性の手前」における「内面化」「霊性化」を明らかにするが、同時に、それは「人間的可能の限界性」を「その実存体験自らの内に告白」するのである。つまり、その限界性が示されるところで、人間存在の完成にとって不可欠な超自然の領域が――つまり恩寵・信仰、神学（啓示）の領域が――あらわになるということである。先の言葉で言えば、そこで「超自然的ミスティクへの要請」が生じるのである。

吉満が「トミスト的思惟」と呼ぶマリタン、ラコンブの試み、すなわち、このように自然と恩寵の対比関係の内に人間存在の根源的実在との根本的な関係可能性を究明しようとする試みは、今日の神秘思想研究において参照される重要なトポスを開くものであった。[★13] 不幸にして、ラコンブとマリタンの重要性を高く評価していた吉満が若くして亡くなってしまったが、吉満がもしいのち永らえていれば、日本における両名の評価は別のものになっていたかもしれない。

ここで、話を本書におけるラコンブの「トマス・アクィナス」に戻したい。それはまず、トマスにおける、哲学と神学、理性と信仰の解明から着手される。これは一つには、トマスがいかなる意味で哲学者であるのか、また、いかなる意味でその思想が哲学的であるのかを評価し、哲学史上に定位するための問いに基づくものであるが、ラコンブがそこで述べているように、その問いは「トマス主義の核心に向かって直進すること」に他ならないのである。

トマスにおける、哲学と神学、理性と信仰の関係理解をめぐる問題は、先に見たように、自然と超自然・恩寵の《間》を同時に主題化し、また、その《間》における人間の根本的実存を主題化するトミズムの中心的問題系である。ラコンブは、そこから、その《間》における「実存」(existence)の問題や「自由」の問題を取り上げる。その問題は、自然と超自然の《間》で、超越に開かれた人間存在の解明をうながし、ラコンブが述べているように「現実存在」と「人間学」という二つのテーマがクローズアップされる。ラコンブが述べているように「トマスの人間学は、哲学がその出発点を人間を越えたところに置かないことを要求」する。と同時に「人間の存在には、受肉のもたらす現実の重さ」がある。ここで言う「受肉」は、肉体をもち現実世界のなかに生き、そして死を引き受ける存在としての人間を主題化する哲学的問題の在処を指示している。「哲学が人間の仕事としてあり続けることを望むのであれば、哲学的反省を基礎づけるまさにそのときに、この受肉による現実の重さ」を引き受けなければならない。その上で、ラコンブは、人間の「人格」、そして、人間の人格的完成について筆を進める。「人間は、人間性を否認したり裏切ったりするのでなく、人間性を追い越すのであり、反対に、あまりに人間的な人間性こそが、人間を裏切るのである」と述べられ、人格的完成や自由の実現に必要な、人間の内にひらかれた超越との関係、無制約的な真理との関係が主題化される。

トマス哲学は、そこで「人格の哲学」として解明されるが、それはさらに個人主義的なものではなく、人格間の連帯と一致の実現へと方向づけられている。こうした一連のトマス解釈のなかにマリタンと共通するものを見出すことは困難ではないだろう。なお、ラコンブは、カント哲学と対比して、トマス哲学においては、「真理に代わることのできる実践的関心は、たとえそれが高貴であり無私であっても、存在しない」と述べている箇所があるが、これは、トマスの「真理」(veritas)に対する根本的態度——それを知ることはトマス哲学を理解・解釈する上で重要である——を示すものであるとともに、哲学という営みそのものにとっても、今日なお問い続けられるべき問題の在処を示しているように思われる。

なぜ本書でラコンブが「トマス・アクィナス」を担当したのか。ポール・ヴィニョーやガンディヤックの専門と執筆担当個所の一致の仕方を見れば、ラコンブ以外にトマス・アクィナスを執筆しうる人物は当時複数いただろう。その経緯を明らかにすることは難しいだろうが、マリタンとの関係やラコンブの思想形成をよく知る者からすればある種の必然性がそこにあったと推定することは可能であろう。また、その人選を意識しつつ、編著者メルロ゠ポンティが本書で「トマス・アクィナス」をどのような角度から紹介したかったのか、という意図を探りつつ読み進めることは読者にとっても興味深いことではないかとも思う。ラコンブとマリタンの話題がやや長くなってしまったが、実際、そこには、以下で述べる本書のメルロ゠ポンティの「キリスト教と哲学」の理解にも深くかかわる問題が含まれている。それについて話を進めてゆきたい。

まずメルロ＝ポンティがここで「中世哲学」とは言わずに「キリスト教と哲学」という言葉を用いていることにあらためて注目していただきたい。このこと自体が、メルロ＝ポンティが、中世哲学研究のきわめて重要な問題連関を踏まえて本書を編集したことを示しているだろう。実際、彼は「キリスト教哲学は、ロマン派哲学やフランス哲学だけでなく、二〇〇〇年前から西洋で思考されたすべてを含んでいる」と述べている。彼が意図しているのは中世哲学ではなく、キリスト教と哲学をめぐる一連の思想的運動の歴史である。

メルロ＝ポンティは一九三一年のジルソンとブレイエの論争から説き起こしている。これは一九二八年にブレイエがブリュッセルで行なった「キリスト教哲学は存在するか」と題する三つの講演に発する論争である。[★14] ブレイエはキリスト教哲学の存在を否定し、これに対して、ジルソンが一九三一年のフランス哲学会の討論で応答したのである。[★15]

以降展開されてゆくジルソンの見解の要点をごく簡潔にまとめるならば、哲学はそれ自身の理性的自律性を保ちつつも、歴史的に見れば、キリスト教との関係（その啓示と信仰との関係）によって、哲学そのものの思想内実を——例えば古代哲学から引継いだ、ペルソナ、自由、愛などの思想を——いっそう充実させてきた経緯があるとする。[★16] ジルソンは、この哲学史的事態を、アウグスティヌスなどの教父思想の内に、また、アンセルムス、トマス、そしてデカルトへと通じるスコラ哲学の内に跡づけるのであるが、こうした、キリスト教の存在なしに説明されえないそれらの哲学史的展開をもって、ジルソンは歴史的にキリスト教哲学の存在が認められるとする。

話をもとに戻すと、ジルソンに対して、ブレイエは哲学をただ理性的自律性によってのみ規定し、きわめて素朴な言い方ではあるが、「キリスト教数学」や「キリスト教物理学」が存在しないのと同様に「キリスト教哲学」も存在しないとした。[★17] これに対してジルソンもまた、哲学の理性的自律性をブレイエ同様認める——この点では差異はない——のであるが、哲学的思惟を行なう人間自身が自分自身の信仰や宗教的信念（もしくはさまざまな価値観・世界観）からいかなる時でもまったく自由に独立して思惟することなど不可能であるという、より現実的な態度をとる。[★18]

だがそうであるならば、問題の中心点は、哲学者であり信仰者として生きている、哲学と信仰の間にある当の人間そのものに移らざるをえない。すなわち、キリスト教と哲学の関係理解は、人間の実存的問題を引き起こさざるをえない。しかし、ジルソンのようにたんに歴史的にキリスト教哲学が存在したと認められると述べるだけでは、キリスト教と哲学の本質的な関係理解は尽くされない。それだけではメルロ＝ポンティが述べているように、「同一人物において、混ざり合うことによって、哲学がキリスト教的になっているにすぎない」とも評されることにもなる。[★19]

それゆえ、同じく「キリスト教哲学」を認めるブロンデルは、ジルソンよりむしろキリスト教哲学を否定したブレイエを評価し――ただし「哲学」を「数学」「物理学」のような個別科学と同列に並べるブレイエの取り扱いには反対しているが――、ブレイエのように徹底的にキリスト教と哲学の両者の固有性を明確に区別したところから、キリスト教と哲学の本質的な関係性の解明を進めた。そして、本書において明らかなように、メルロ＝ポンティが「キリスト教と哲学」を書き進めている地点とは、まさしく、このブレイエ、ジルソンから始まりながらも、ブロンデルによってさらに徹底的に深められた問題圏のなかにある。しかも、メルロ＝ポンティはただその問題圏の紹介者にとどまるのではなく、むしろ、ブロンデルからさらに一歩進むことを試み、その問題圏に関わり、理論の展開に寄与しようとしている。

ブロンデルの立場をごく簡潔に言えば、どこまでも徹底的かつ誠実に哲学的認識を遂行することを要求するものである。[★20]ブロンデルはそのさい、哲学が人間存在の全体を取り上げるものであり、数学や物理学のように考察の対象が限定される学問と同一視できないことを思い起こさせる。それゆえ徹底的かつ誠実な哲学的認識の努力は、哲学的認識が存在の全体に対してつねに不十分なものにとどまることを明らかにする。

そうすることで哲学は、人間の実存の内に、哲学によっては充足することのできない領域を空白として示唆する。メルロ＝ポンティが記しているように「哲学は、自分の内部に、そして自分の前に、ひとつの空虚を穿つ」のである。そして、ブロンデルによればこの空虚は信仰によって選択され承認される、恩寵・超自然の領域である。哲学は、それを人間に示すものであることにおいてキリスト教哲学である。

哲学は全体・統一を求めつつもそれを把握的に認識しえないので、ただ仮説としてのみわれわれに提示できる。その空虚を、信仰によって選択し承認することを、ブロンデルは哲学的認識の働きと混同せず、徹底的に区別し、哲学のなかに含めない。[★21]こうしたブロンデルの示した哲学とキリスト教の関係性が、先に見たラコンブや吉満にも受容されており、自然と超自然・恩寵、信仰と理性の関係理解にも深い影響を与えているのである。

そして、メルロ＝ポンティは次のように述べて、さらなる問題提起を行ない、ブロンデルが哲学とキリスト教の関係理解を示したその場所からさらに歩みを進めようとしている。「問題は解決しただろうか。むしろ、否定的哲学と肯定的信仰との繋ぎ目で、問題が再び生まれているのではないか。ブロンデルが望んだように哲学が普遍的で自律的であるならば、哲学が絶対的決断に結論の責任を預けることは考えられない」。メルロ＝ポンティは、ブロンデルがまさに全体的把握を目指す徹底的な哲学的認識の先に現われる「空虚」を、哲学的問いを超えたものとして絶対的決断にゆだねたその地点を、哲学が普遍的で自律的あるがゆえにこそ哲学的問いのなかに含めようとする。そのさい、メルロ＝ポンティが視野に入れるのは、哲学的問いは「生命に関わる選択を含んでいる」という哲学と生命の関係である。こうした実存的観点からメルロ＝ポンティはブロンデルの「哲学」「キリスト教哲学」がとどまっている「肯定」「否定」の二分法や不可知論的態度を乗り越えようと試みているように思われる。

「キリスト教と哲学」、それは、つまり、中世というある特定の区切られた時代（つまり古代と近代の間）の哲学者たちをめぐる個別的研究の総体ではない。文字通り「キリスト教と哲学」とあるように、キリスト教と哲学の二項間で、またそれと関連して、神学と哲学、信仰と理性の二項間の関係をめぐって繰り広げられてきた哲学的問いの総体である。

メルロ＝ポンティが示しているように、それは、よく知られたところでは、デカルト、パスカル、マルブランシュによって問われ、そして現代においてもなお問われつづけている広大な哲学的問題圏である。この哲学的問題圏の歴史は、もはやただの中世哲学史ではなく、フランス哲学の歴史そのものでもある。その問題圏の歴史はまだ完結せず、現在進行形で続いている。近年のフランス中世哲学研究を推進したアラン・ド・リベラは、アルベルトゥス・マグヌスに焦点を当てた『信仰と理性』という大部の本を二〇〇三年に著わしている。ここでもキリスト教と哲学の関係理解が問題となり、ジルソン、そして信仰と理性をめぐって近年示されたさまざまな教皇文書の検討から論が説き起こされ、キリスト教と哲学の関係、信仰と理性の関係をめぐる問いが引き継がれている。その問いなおしを通じて、リベラは、従来の中世哲学史の記述が関所のように必ずトマス・アクィナスに立ちどまることを批判的に吟味する。そしてそこから、トマスを経由しないもう一つの中世哲学史理解の可能性が再検討される。[★22] このように、キリスト教と哲学、信仰と理性の問題が哲学のアクチュアルな問題圏としていまなお人々の関心を集めているフランス哲学の生きた伝統のなかに、われわれは、メルロ＝ポンティによる本書の編集の特徴を見出すことができるだろう。

★01 *La doctrine morale et métaphysique de Râmânuja*, Paris: Adrien-Maisonneuve, 1938. *L'absolu selon le védânta: les notions de Brahman et d'Atman dans les systèmes de Çankara et Râmânoudja*, Paris: P. Geuthner, 1937. *Chemins de l'Inde et philosophie chrétienne*, Paris: Alsatia, 1956。

★02 ジャック・マリタンについての著書もある。Olivier Lacombe, *Jacques Maritain, la générosité de l'intelligence*, Paris: Tequi, 1991。

★03 *Pour le bien commun: les responsabilités du chrétien et le moment présent*, Paris: Desclée de Brouwer et cie, 1934. 現在は次の全集に収載されている。*Les Œuvres complètes de Jacques et Raïssa Maritain*, t. V, Fribourg Suisse/Paris: Éditions universitaires/Éditions Saint-Paul, 1982, pp. 1022-1041.

★04 この冊子についてのジルソンとの書簡のやり取りの一例については次を参照。Etienne Gilson/Jacques Maritain, *Correspondance, 1923-1971: deux approches de l'être*, ed. Géry Prouvost (ed.), Vrin, 1991, p. 118.

★05 吉満義彦「神秘主義の形而上学」『カトリック研究』第二十三巻(一–五九頁、一三頁)、一九四三。

★06 同二二頁。

★07 Olivier Lacombe, "Un exemple de mystique naturelle: l'Inde", *Études Carmélitaines*, 1938, pp. 140-151.

★08 吉満、前掲書一六頁。

★09 同一八頁。

★10 同一八–一九頁。

★11 同一九頁。

★12 Jacques Maritain, "L'expérience mystique naturelle et le vide", *Études Carmélitaines*, 1938, pp. 116-139.

★13 Ysabel De Andia, *Henosis*, Leiden: Brill, 1996, pp19-21.

★14 ジルソンについては様さまざまな文献が日本語でも手に入る。だが日本の研究者および一般読者において十分に顧みられてこなかったこの二十世紀フランスを中心としたキリスト教と哲学をめぐる論争に関して、メルロ=ポンティが本書で当然のように前提としている問題の広がり、つまり、フランス哲学史そのものとも言える、パスカル、マルブランシュ、レオン・ブランシュヴィック、モーリス・ブロンデルへとつながる問題圏について、まとまった記述によって紹介がなされている参考文献はあまりなく、おそらく次の書が古いものだが役立つと思われる。モーリス・ネドンセル(Maurice NÉDONCELLE, 1905-1976)『キリスト教哲学は存在するか』(カトリック全書10)片山輝彦訳、ドンボスコ社、一九六四(特に一一一頁以下)。

★15 前掲書一一二頁参照。こうした見方に対して、例えば、ルーヴァンのトマス研究者ファン・ステーンベルゲンは、キリスト教徒は信仰を捨てることなく、信仰に励まされていても、信仰に影響されずに自分自身の自然的認識を批判できるとし、また、啓示・信仰が所与として理性的思惟に内在的に影響を与える学としては神学があるとし、伝統的な神学と哲学という見地から、「キリスト教哲学」という折衷的存在を否定している(同一二四頁参照)。

★16 中川純男「総論 信仰と知の調和」『哲学の歴史3』二〇–三四頁、中央公論新社、二〇〇八、二九–三三頁。

★17 同三〇–三一頁。

★18 ネドンセル、前掲書、一一四頁参照。

★19 同一三七–一三九頁参照。

★20 ブロンデルの説明については、同書一二六－一三一を参照。

★21 同一四八－一四九頁参照。

★22 アラン・ド・リベラ『信仰と理性』阿部一智訳、新評論、二〇一三。なお、リベラは本書で多くの項目を執筆しているヴィニョーに捧げられた記念論文集の編集者のひとりである。*Lectionum varietates: hommage à Paul Vignaux (1904-1987)*, J. Jolivet/ Z. Kaluza/ A. de Libera (ed), Paris: Librairie philosophique J. Vrin, 1991. ヴィニョーは、ジルソンとは別の仕方で中世哲学史の豊かな多様性を示そうとした研究者として特徴づけられる。ごく簡潔に言えば、ジルソンの中世哲学史の把握に、アウグスティヌス、トマス・アクィナス、形而上学、カトリック的信仰に強調点を置く傾向があるとすれば、ヴィニョーでは、ルターや唯名論など、ジルソン的視点から漏れ堕ちるところの中世哲学史の内容に目が向けられている。

参考文献

＊《補記》で言及した注記の文献も参照していただきたい。

1．中世哲学思想史の概観（以下の書の参考文献も参照していただきたい）

▼K・リーゼンフーバー『古代中世哲学史』平凡社、二〇〇〇。

▼K・リーゼンフーバー『中世思想史』平凡社、二〇〇三。

▼荻野弘之・桑原直己『西洋哲学の起源』放送大学教育振興会、二〇一六。

2．キリスト教哲学、信仰と理性について

▼エティエンヌ・ジルソン『キリスト教哲学入門　聖トマス・アクィナスをめぐって』山内志朗監訳、松本鉄平訳、慶應義塾大学出版会、二〇一四。

▼エティエンヌ・ジルソン『神と哲学』三嶋唯義訳、ヴェリタス書院、一九六六。

▼エティエンヌ・ジルソン『中世哲学の精神』（上・下）服部英次郎訳、筑摩書房、一九八五。

▼吉満義彦『中世精神史研究　吉満義彦全集2』講談社、一九八四。

▼稲垣良典『信仰と理性』第三文明社、一九九四。

［補記＝阿部善彦］

訳者略歴

❖翻訳分担・補記執筆箇所

加賀野井秀一

かがのい・しゅういち

❖肖像——ソクラテス｜プラトン｜エピクロス

1950年生まれ。中央大学文学部仏文科卒業後、同大学院、パリ第8大学大学院に学ぶ。現在、中央大学理工学部教授。専攻は哲学、言語学、文学、メディア論。著書に『メルロ＝ポンティ 触発する思想』『猟奇博物館へようこそ』（白水社）、『メルロ＝ポンティと言語』（世界書院）、『20世紀言語学入門』『日本語の復権』『ソシュール』（講談社）、『日本語は進化する』（NHKブックス）、『日本語を叱る』（筑摩書房）など。

伊藤泰雄

いとう・やすお

❖序文

❖総論——東洋と哲学｜哲学の創始者たち｜キリスト教と哲学

❖肖像——プロティノス｜アウグスティヌス｜トマス・アクィナス｜ドゥンス・スコトゥス｜オッカム｜ニコラウス・クザーヌス

1950年生まれ。学習院大学大学院（博士課程）単位取得満期退学。大学非常勤講師。著書に『神と魂の闇　マルブランシュにおける認識と存在』（高文堂出版社）、『哲学入門 第二版 身体・表現・世界』（学研メディカル秀潤社）。共著に『真理の探究　17世紀合理主義の射程』（知泉書房）など。共訳にメルロ＝ポンティ『見えるものと見えざるもの』（法政大学出版）など。

本郷均

ほんごう・ひとし

❖肖像——ヘラクレイトス｜パルメニデス｜ゼノン｜クリュシッポス

1959年生まれ。早稲田大学大学院文学研究科哲学専攻後期課程満期退学。現在、東京電機大学教授。主要著書に『概説　現代の哲学・思想』（共編著、ミネルヴァ書房）、『現代フランス哲学に学ぶ』（共編著、放送大学教育振興会）、主要訳書に、ディディエ・フランク『現象学を超えて』（共訳、萌書房）、メルロ＝ポンティ『フッサール「幾何学の起源」講義』（共訳、法政大学出版局）など。

加國尚志

かくに・たかし

❖肖像——アリストテレス｜エピクテトス

1963年生まれ。立命館大学大学院文学研究科西洋哲学専攻博士後期課程修了（文学博士）。現在、立命館大学文学部教授。著書に『自然の現象学』（晃洋書房）。

小嶋洋介

こじま・ようすけ

❖肖像・補記――ブッダ｜ナンマールヴァール｜荀子｜荘子

❖哲学史要覧――インドの二人の哲学者～梁啓超

1960年生まれ。中央大学大学院文学研究科仏文学専攻博士課程単位取得退学。パリ第12大学(現パリ東大学)大学院人文科学研究科哲学専攻博士課程修了。哲学博士。博士論文：*Approche d'une ontologie de la nature – Merleau-Ponty, Heidegger, Dôgen.* 現在、中央大学、青山学院大学、白百合女子大学、非常勤講師。研究テーマは、自然の存在学。画業にも携わる。

山下尚一

やました・しょういち

❖哲学史要覧――タレス～カンパネッラ

1979年生まれ。筑波大学大学院人文社会科学研究科一貫制博士課程修了。博士(文学)。現在、駿河台大学准教授。著書に『ジゼール・ブルレ研究――音楽的時間・身体・リズム』(ナカニシヤ出版)。

宮崎文典

みやざき・ふみのり

❖補記――ソクラテス以前の哲学者たち｜プラトン

1980年生まれ。早稲田大学大学院文学研究科哲学専攻博士後期課程満期退学。博士(文学)。現在、埼玉大学准教授。主要論文に「不正が恥ずべきことであるのはいかにしてか？――プラトン『ゴルギアス』474c4-475e6をめぐって」(日本哲学会編『哲学』第62号)、主要訳書にデイヴィッド・ジョンストン『正義はどう論じられてきたか――相互性の歴史的展開』(共訳、みすず書房)など。

岩田圭一

いわた・けいいち

❖補記――ソクラテス｜アリストテレス

1973年生まれ。東京大学大学院人文社会系研究科基礎文化研究専攻哲学専門分野博士課程修了。博士(文学)。現在、早稲田大学文学学術院教授。著書に『アリストテレスの存在論――〈実体〉とは何か』(早稲田大学出版部、2015年)。

近藤智彦

こんどう・ともひこ

❖補記——ヘレニズム・ローマ期

1976年生まれ。東京大学大学院人文社会系研究科博士課程修了。現在、北海道大学准教授。主要著書に『西洋哲学史 II 「知」の変貌・「信」の階梯』(分担執筆、講談社)、『愛——結婚は愛のあかし？(愛・性・家族の哲学 第I巻)』(分担執筆、ナカニシヤ出版)、*For a Skeptical Peripatetic: Festschrift in Honour of John Glucker*(分担執筆、Academia Verlag)、主要訳書に『アリストテレス全集 I』(共訳、岩波書店)など。

阿部善彦

あべ・よしひこ

❖補記——キリスト教と哲学

1980年生まれ。上智大学大学院哲学研究科博士後期課程修了(博士・哲学)。現在、立教大学准教授。主要論文に、「エックハルトにおける「一」——"unum, ut iam saepe dictum est, appropriatur patri" (In Io, n. 549)」(『パトリスティカ』第20号、教父研究会、2017年)など。

川本愛

かわもと・あい

❖翻訳協力——ソクラテス〜ルクレティウス｜エピクロス｜クリュシッポス｜エピクテトス

1986年生まれ。京都大学大学院文学研究科博士後期課程修了。博士(文学)。現在、北海道大学文学研究科(事務補助員)。主要業績：「トマス・アクィナスにおける私的所有権」(田上孝一編著『権利の哲学入門』、社会評論社、2017年)。「ストア派の倫理学における行為と規則について」(『西洋古典学研究』第63号、2015年)。

村上寛

むらかみ・ひろし

❖翻訳協力——初期中世｜中世

1981年生まれ。早稲田大学大学院文学研究科哲学コース博士課程単位取得退学。博士(文学・早稲田大学)。現在、日本学術振興会特別研究員PD(東京大学)。主要業績：「『単純な魂の鏡』における三つの死と三つの生」(甚野尚志・益田朋幸編『ヨーロッパ文化の再生と革新』、知泉書館、2016年)、「マルグリット・ポレートと修道院神学——意志概念を手がかりとして」(『中世思想研究』第54号、2012年)。

袴田渉

はかまだ・わたる

❖翻訳協力——キリスト教哲学のはじまり｜イスラームの哲学、ユダヤ哲学とビザンティン哲学

1979年生まれ。東京大学大学院人文社会系研究科博士課程単位取得退学。現在、清泉女子大学非常勤講師。主要業績：出村和彦・橋村直樹・袴田渉訳『フィロカリア』第5巻(新世社、2012年)。

メルロ=ポンティ哲学者事典［第一巻］

索引

あ

い

う

え

お

か

き

く

け

こ

さ

し

す

せ

そ

た

ち

て

と

な

に

ぬ

ね

は

ひ

ふ

へ

ほ

ま

み

む

め

も

や

ゆ

よ

ら

り

る

れ

ろ

「列伝項目」執筆

メルロ=ポンティ哲学者事典　第一巻
東洋と哲学・哲学の創始者たち・キリスト教と哲学

二〇一七年七月一五日　印刷
二〇一七年八月一〇日　発行

編著者　モーリス・メルロ=ポンティ
監訳者　加賀野井秀一
伊藤泰雄
©本郷均
加國尚志
発行者　及川直志
印刷所　株式会社　三秀舎
発行所　株式会社　白水社
東京都千代田区神田小川町三の二四
電話　営業部〇三（三二九一）七八一一
編集部〇三（三二九一）七八二一
振替　〇〇一九〇-五-三三二二八
郵便番号　一〇一-〇〇五二
http://www.hakusuisha.co.jp
乱丁・落丁本は、送料小社負担にてお取り替えいたします。

株式会社 松岳社

ISBN978-4-560-09311-5

Printed in Japan

メルロ=ポンティ哲学者事典　全3巻・別巻1

モーリス・メルロ=ポンティ　編著
加賀野井秀一、伊藤泰雄、本郷均、加國尚志　監訳

第一巻　東洋と哲学　哲学の創始者たち　キリスト教と哲学　既刊
第二巻　大いなる合理主義　主観性の発見　既刊
第三巻　歴史の発見　実存と弁証法　「外部」の哲学者たち　既刊
別　巻　現代の哲学　年表・総索引　【次回配本】